歷代「朱陸異同」文類彙編

第二册

明代卷 上

王耐剛 編撰

上海古籍出版社

目録

周琦

程敏政……四九

羅欽順

夏尚樸……

湛若水

季本 …… 三八八

朱得之 …… 三九五

聶豹

張袞……四三〇

鄭曉……五九〇

薛甲

危素

危素（一三〇三—一三七二），字太樸，號雲林，金溪（今屬江西）人。師從吴澄、李存，遂通五經，以學識淵博聞。元時，薦爲經筵檢討，預修宋、遼、金三史。至正時，官拜參知政事。元亡，將殉難而不果。入明，以熟知史事，授翰林院侍讀學士，晚年謫居和州，卒。著有説學齋稿、危學士全集等。明史卷二八五有傳。

説學齋稿卷一 樂平州慈湖書院贍學田記 甲申

昔楊文元公之宰樂平也，崇教化，敦禮義，治人事神，克盡其道，樂平之民向之蒙公惠澤者，由今觀之，皆其高曾祖父矣。然去之百年猶不能忘，非摩漸撫循，使之心悦而誠服者，詎能至是。孔子曰「君子學道則愛人」，有以哉。袁正肅公之提點江東刑獄，乃創書樓廟學，之後入國朝，至元十九年，縣尹翟君衡謀於故宋丞相馬公專祠楊氏，請以貢士莊田若干以供祭祀，以贍師生，馬公以爲宜。乃得魏氏之隙地於縣治之東，高明亢爽，山川獻奇，爰築宫其上，率諸生舍奠焉。事既上聞，賜額曰慈湖書院，設官如令式。廿七年，覈天下户口。延祐二年，經理田畝皆係於書院。其後不知緣起者，每以貢士莊爲辭，而吏得以舞文其間，甚不足以仰承聖朝敦厲學校、成俗化民之意。至正元年，公之五世從孫同翁來爲山長，列其事於郡。饒州路總管府知事于君凱言於郡守曰：「慈湖書院以貢士莊田養士，行之於國初，非害於法，若何而靳？」又以上於江浙行省，行省是其言。自是，書院始有田。素始過是州，既拜謁祠下，同翁具述其顛末，求爲之記。惟楊氏之學得之陸文安公，其爲樂平也，實朱文公爲浙東常平使者之所薦也，而不知者紛紛然謂朱陸異學，可勝歎哉。今書院有田以自養，學於其間者他日出而仕於明時，有民社焉，當以公樂平之政爲師範焉可也。是爲記。

危學士全集卷一三上饒祝先生行録節録

上略。昔者朱文公、陸文安公同時並起，以明道樹教爲己事，辨論異同，朋友之義。其後二家門人之卑陋者，角力門户，若仇讎然。陸氏不著書，而其學幾絶。下略。

胡翰

胡翰（一三〇七—一三八一），字仲子，一作仲申，金華（今屬浙江）人。洪武初，薦爲衢州府教授，聘修元史。胡氏少從許謙學經，從吴師道、吴萊學古文，其文章多得二吴遺法，而持論多切世用，與許謙坐談誠敬稍殊。有胡仲子集十卷。明史卷二八五有傳。

胡仲子集卷五送祝生歸廣信序

余觀秦漢以來，學術之盛，未有加于宋諸儒者。方乾道、淳熙間，朱子紹明道學之□于東南，時則有若廣漢張氏、東萊吕氏，相與左右而扶持之，其它豪傑之士，如永嘉薛氏、戴氏、東陽陳氏、□氏，亦皆角立，自以其所長，暴于一世之間，而江西陸子静氏，則又其卓然者也。自鵝湖會集，而議論往來，□□抵牾，至不能挈而合之，則欲各尊所聞、行所知，以俟後之君子。二子既没，國家混一南北，表章聖賢之學，教人取士非朱子不著爲令，於是天下靡然向風。顧凡昔之所謂豪傑，則已磨滅澌盡，雖其説之存者，蓋亦無幾矣。獨爲陸氏之學者，今江東西間往往不乏其人。世雖欲舍之，而終不能使之不傳者，何也？竊徵諸其書，不能盡其奥，恒思就其人問焉。故處州録事鄭復初先生嘗爲余言，其鄉人祝蕃遠之學出自陸氏，且甚高其行，今十有五年矣。至正丁亥，余居先人之喪，有友偕客來見者，余匍匐釋杖而出，望見冠服若不肅，即而與之語，則樸乎儒者，問其家世，則蕃遠先生之從子元暉也。問先生，則即世矣。因述其行己之概。先生遇事不顧利害，與人開心見誠，所至以講學爲己任，指授有師法。尤屬意其門人危素，與之語，或終夕不寐，去輒目送之，以爲興吾教者，必斯人也。噫！使先生苟在，則僕承下風而趨，固所甘心焉，而今不及見之。元暉之所得者，又特其地理之説爲詳，殆其支餘耳。地理家者夸尚禍福以惑人，僥取重貲，而元暉見利不苟趨，見不可不苟就，漸濡世澤，猶不失爲儒家子。余間與之周旋，登麓而望，指某水某丘，類若可徵者，窮其故，不余告也。於其歸省，乃率交友賦詩贈之，敢致一言曰：「子之不我告者，其術秘耳，願聞子從父所紹於陸氏者，可乎？余嘗識危君於京師，危君不自言其學之所自，子言之。又聞安仁李仲公，子之先友也。余視其文章不在子從父下矣，子幸歸而拜之，以余言質諸先生，有若朱子之徒者，其言如此，且翹翹然望之，先生其謂何哉？子它日其有以語我乎？」

宋濂

宋濂（一三一〇——一三八一），字景濂，號潛溪，金華潛溪（今浙江義烏）人。少師從吴萊、黄溍等，以經術、文章名。元至正中，薦爲翰林院編修，以親老辭不受命。明太祖時，以文學受知，歷官江南儒學提舉，爲太子講經。詔修元史，充總裁官，官至翰林院學士承旨、知制誥。洪武十年(一三七七)致仕。十三年,因長孫宋慎涉胡惟庸案,謫居茂州,卒於途中,謚文憲。有文憲集行世。明史卷一二八有傳。

文憲集卷十胡長孺傳贊 節録

上略。贊曰:長孺之學出於國子正青田余學古,學古師順齊處士同邑王夢松,夢松事龍泉葉文脩公味道,味道則徽國公朱子之弟子也。考其淵源,亦有所自哉。初長孺既於學古獲聞伊洛正學,及行四方,益訪求其旨,始信涵養用敬爲最切,默存靜觀,超然自得。晚年深慕陸九淵爲人,「宇宙即吾心」之言,諄諄爲學者誦之。今其説猶在,安得豪傑者興而正其異同哉?

文憲集卷二八段干微 節録

段干氏問龍門子曰:「秦、漢以來,正學失傳,至宋而復盛,因願竊有聞也,幸歷以告我。」中略。曰:「金溪之學何如?」曰:「學不論心久矣,陸氏兄弟卓然有見於此,亦人豪哉。故其制行,如清天白日,不使纖翳可干,夢寐即白晝之爲,屋漏即康衢之見,實足以變化人心。故登其門者,類皆緊峭英邁,而無漫漶支離之病,惜乎力行功加而致知道闕,或者不無憾也。」曰：「横浦之學何如？」曰：「清節峻標，固足以師表百世，其學則出於宗杲之禪，而借儒家言以文之也。儒與浮屠，其言固有同者，求其用處，蓋天淵之不相涉也，其可混而爲一哉？金溪之學，則又源於横浦者也。考其所言，蓋有不容掩者矣。」下略。

王褘

王褘（一三二二——一三七四），字子充，義烏（今屬浙江）人。少時從學於黄溍、柳貫，遂以文章名世。元至正十八年（一三五八），明太祖朱元璋取婺州，爲中書省掾史，後授江南儒學提舉，累遷侍禮郎，掌起居注，知南康府事。洪武二年，與宋濂同掌修元史。五年，赴雲南詔諭元梁王，被殺，贈翰林學士，謚文節。正統中，改謚忠文。著有王忠文公集等。明史卷二八九有傳。

王忠文集卷五朱左司集序　節録

厲志先生朱公集若干卷，褘與公之曾孫烈既訂定而編次之，因序其後曰：中略。始，公受學鄉先生毅齋徐公僑，既又從四明絜齋袁公燮游。徐公，考亭朱子門人。袁公，象山陸氏弟子。公之學蓋會朱陸之異以爲同，是以著於大節，表表如是。惜乎不克展其所藴，賫志以死。既死，史闕其傳，其言行又無以暴於後世，不亦可悲也夫？故𥚃序其集，特論著其大節，俾後有考焉。

王忠文集卷六送樂仲本序

至正戊子，予與樂君仲本胥會京師於是。仲本之齒長七年，而客京師已三年，不以予爲後生未至，辱相與定交焉。久之，爲予言曰：「四明之定海，其西二水焉，曰大浹、小浹，並流東入海。小浹之上，吾之所居也。山水之樂，足以佚吾私。吾將歸而益讀書，以修吾業。暇則泳游於小浹之間。蓋達則期有以自見於世，否則樂天安命，終焉而已爾。吾之歸也，子寧無有所言耶？」予聞昔日新安朱氏、象山陸氏，一時並興，皆以聖人之道爲己任，而其所學不能無異，雖以鵝湖有會，終莫能絜其異以歸於同。陸氏之傳，爲慈湖楊簡氏、絜齋袁燮氏，皆四明人，故四明學者祖陸氏而宗楊、袁，朱氏之學弗道也。東發黄震氏、果齋史蒙卿氏者出，而後朱氏之學始行於四明。黄氏得於朱氏之遺書，而史氏傳於湖南大陽先生咠、小陽先生枋。二陽氏傳於蜀人㬎淵氏，而㬎氏實朱氏之高弟子也。及今國家建學立師，設科取士，一用朱氏説。天下學者咸推朱氏爲大宗，而四明陸氏之學，莫或講矣。仲本受業於敬叔程先生，而先生學於史氏者也。承師之所傳，因時之所尚，朱氏之學，仲本蓋以致其力矣。陸氏之學，向之所以祖而宗之者，承傳之自，故未泯也。仲本可不兼致其力耶？先儒以謂陸氏主於尊德性，朱氏主於道問學。然尊德性、道問學，未始可以偏廢。此臨川吴氏學基、學統之篇所由作也。會而同之，顧真知允蹈何如爾。予於仲本，寧無望乎？仲本識明而行果，有志於聖賢之學，而不以得失累其心，觀其出處之際可知矣。故其歸也，予竊致其愛助之私，欲已於言不能也。抑予圖以自淑其身之不暇，而顧爲仲本言之者，知之深故望之厚，而言之至爾。仲本其亦以予言爲弗畔矣夫！

王忠文集卷八靈谷書院記 節録

靈谷書院，在塵湖山中。塵湖者，貢溪之名山，崇峻而幽邃，最爲奇勝，與龍虎山相距十五里。中略。且塵湖之東有象山者，陸文安公之所講學也。陸氏之學，簡易正大，然與新安朱氏並立而異趨。先生固繼陸氏而興起者，而所學則本之朱氏爲多，蓋庶幾會朱陸之異而同之。學術之懿，不其有可徵者歟？下略。

蘇伯衡

蘇伯衡（？—一三八八？），字平仲，金華（今屬浙江）人。元末貢於鄉，洪武初徵入禮賢館，後爲國子學正，以薦擢翰林編修。所著有蘇平仲集十六卷。明史卷二八五有傳。

蘇平仲文集卷五送陳伯柔序

伯衡弱冠讀虞文靖公送陳伯柔遊金陵序，見其稱陳君超邁不群，慨然有志程伯子之學，心竊異之。後十有七年，忝被徵來南京，適陳君官中書典籤，始得胥會。於是君齒長二十四年，且至南京已一年，不以伯衡晚至後生，辱與爲忘年交。乃知君爲吴文正公之高弟弟子，其學篤實而閎博，其文融暢而淵永，信乎稱其人焉。既而出佐諸暨，承兵革之餘，而能不大聲色，以舉庶務，耄倪有所攸賴。於戲！明體而適用，陳君其庶幾乎哉。君在諸暨且滿三載，以例來朝，吏部疇其庸，用進秩之律將超遷之，而君引年辭歸。禮部以議禮留之，又辭。翰林以館職薦之，又辭。執政矜其志，不欲重煩以政，乃聞諸天子，俾歸田里，以彰朝廷佚老之意。時之大夫士，莫不高其風，而伯衡深有望焉。君臨川人也，臨川，陸文安公鄉郡也。昔文安與朱文公並起於一時，其自任以聖賢之道則同，而其學有不同焉者。雖以鵝湖、白鹿有會，終莫能定于一。其後文公之學天下咸宗師之，而文安之學獨行於臨川、四明、番昜。自夫前代設科取士，一用文公之説，學者往往狥時以希寵。而文安之學，雖三郡之士亦莫之或講矣。先儒有云，文公以道問學爲主，文安以尊德性爲主。夫道問學、尊德性二者，如之何其可偏廢也。則文安之學，豈不在所當講乎？是以文正學統、學基之篇作焉，去短集長，真知允蹈，亦惟後來是望。陳君生文安之鄉，登文正之門，有志乎程伯子之學，師友淵源之所自，固習聞而素講者也。觀其進不苟同，退不苟異，其學之所至，豈不較然矣乎。我國家方建學立師，丕變士習，然則推所承傳者，以淑諸人君，安得苟辭哉。伯衡辱交最深，故於君之歸也，不以衆人之高之者爲君美，竊以鄉學有不可廢者，致屬望焉。

朱同

朱同（一三三六——一三八五），字大同，自號紫陽山樵，休寧（今屬安徽）人。洪武十年（一三七七）舉明經，任本郡教授，修新安志進之。十三年，舉人材，授吏部司封員外郎，升禮部右侍郎。有覆瓿集。傳附明史卷一三六朱升傳後。

覆瓿集卷六書先子臨晦庵夫子書尊德性齋銘後贈曹子純

右考亭朱夫子爲程允夫書齋銘一紙，先子所臨。玄默困敦之冬，余友曹子純解館告歸，因以是貽之，而書其所以然於左。嗚呼！此吾晦庵之精義而先子之手筆也，余奚敢輕以畀人哉。先子以斯道授人者，蓋不爲不多，而禀資英敏超邁穎悟者，亦不少矣，晚歲始遇子純。子純貌質而言訥，内明而外晦，人視之魯者也。至其隆師親友之誠，好學踐履之篤，則有非他人所能及者。是以先子甚喜得人於暮年，而惓惓期其底於成也。業未卒，道未傳，而先子已捐館矣。僕雖不敏，奚可不推原過庭遺訓，爲子純終告乎？列聖傳心，宣尼集厥大成。三千之徒，參以魯得，子思中庸之書，原乎曾子，其曰「尊德性」、「致廣大」、「極高明」者，存心之要；而「道問學」、「盡精微」、「道中庸」者，致知力行之事也。濂洛之學，至吾考亭而集厥大成，搜尋疏剔，會元統宗，幾無餘蘊。然其智知、仁行、勇强之説，與夫知及仁守、期月之守、顔子服膺者不能脗合。諸如此類，雖矯時弊，而於經文本旨不能無遺憾焉。此陸氏之論所以不能同歸，而先子每爲之長太息也。此扁此銘發明藴奥，啓迪後人者，尚復奚加？使子静復生，亦當斂衽。先子所以臨摹傳久之意，夫豈徒以筆墨畦徑之故？而僕以是授子純而期待之者，亦豈以爲常情瓊琚之報也哉？

程本立

程本立（？—一四〇二），字原道，號巽隱，桐鄉（今屬浙江）人。宋儒程頤之後。洪武九年（一三七六）舉明經秀才，除秦府引禮舍人。建文初，因安夷之功，徵爲翰林，充太祖實録纂修官，拜都察院左僉都御史。實録成，出爲江西按察副使。未行，聞燕王朱棣「靖難」兵入應天，遂自縊。有巽隱集。明史卷一四三有傳。

巽隱集卷三送朱叔仁之官序

宋之遷，道統之寄，南集於閩，及其衰也，又東南而寓金華，以迄於元。蓋自黄文肅公得朱子之傳，而北山何文定公又得黄公之傳，以授之王文憲公及金文安公、許文懿公，四公者皆金華人，故議者以金華之學爲朱氏世適，蓋實録也。初許公在金華開門授徒，遠近來學者無慮數千百人，而鄉邑子弟得以親承授受之的者最多。烏傷朱氏者，公夫人父母家也。朱氏兄弟子姓登公之門而爲高弟者十數人，其最賢者，夫人之從子彦修，所謂丹溪朱先生者也。許公遠矣，門人鮮有存者，其遺説緒論益以散落，獨朱氏子弟猶能守其家法以傳諸人。叔仁者，夫人同産子弟也，不及登公之門，而私淑其説於其父兄。予從其諸兄學，於叔仁有同門之好，知其爲人，蓋能世其家者也。今年秋，予以親王長史隨侍赴京，與叔仁相見於會同館。居數月，而叔仁用薦者選，知撫之崇仁。將之官，叔仁求一言以別。念予與叔仁兄弟游時，各自奮勵，欲卒其所業於山林之間，今皆不果遂其所志，而奔走於四方，則於聚散離合之際，豈能恝然於其心，而無一言以相告語乎？自乾道、淳熙以來，天下學者皆歸仰於朱子，以爲大宗，而其同時名儒，各自以其説名家者不一。於是，陸象山兄弟以徑造頓悟之學，興於大江之西，一時學者，樂其簡便，靡然從之，不可勝數。雖其大旨歸趣不大異於朱子，而求其求端用力入道之方，卒不能合。其後朱子之書雖家傳而人誦之，亦不過取其章句以應主司之舉而已，不能皆如金華四君子之相傳者之爲親切篤實。其於兩公所見之殊，何望其能明辨而決其取舍哉？而江西士人乃至今往往有能堅守陸公之説者，有識之士亦不過爲之喟然太息而已。嗚呼，在此者既徒誦習其書，而不知實用其力，在彼者又狃於氣習，而不肯舍其舊見以歸於一，然則斯道何由而明，學者之趨向何由而定哉？夫曾子、子思、孟子之傳所以無弊者，豈不以下學篤實、明善誠身、集義深造之有科級次第哉？且性與天道，自子貢而下已不得而聞，而子游氏之輕灑掃應對，則不能不見黜於子夏，此學者所共知也。朱、陸之辨蓋決於此，奈之何學者猶懵然而不知所從哉？叔仁之崇仁，崇仁，陸公鄉里也。叔仁持其家學而遽以語其學者，彼必厭鄙之而不以聽，然叔仁不可以是而棄其所守，怠於誨誘也。篤信而立諸己，誠確以語諸人，則未必無省悟者，省悟則化之亦易也。夫明道學以正人心，令之職也，故其行也，書以爲贈云。

張宇初

張宇初（一三五九—一四一〇），字子璿，號耆山，貴溪（今屬江西）人。道教第四十三代天師。其學主張匯通儒、道、佛，故云「孔李殊途，道本一源」，「貫通三氏，融爲一途」。永樂時，奉旨編修道藏，未竟而卒。著有峴泉集等。傳附明史方技傳張正常傳後。

峴泉集卷二宗濂稾序

予友倪君子正少從學先師夏先生柏承，而授陸氏本心之説於彭先生孟悦。其踐履篤實推信於鄉里者，雖庸夫愚婦皆知其爲君子也。窮居陋巷，貧窶自守，慎交寡言，於師友請益不怠，而動容常若不足。間苦疾，鮮爲文辭，或强綴作，必稽諸經，一出於純正。余嘗聞性理之説於彭公，其琢磨討論，皆君之益。凡交處十餘年，猶一日也。某年以薦辟除新建教諭，間兩還鄉里，獲與之研究古先賢哲前言往行，陶冶于疏林荒磵軒燈池月間。其意味醇愨，求之古人，不多讓也。洪武十七年春，服缺，赴京，示微疾終，予悲不勝，嘗勉其子衡勿墜其手澤。後四年，衡持文若干篇曰宗濂稾，請曰：「先君居新建時，縣庠乃元江丞相宗濂書院也，故稾以是名。先君託知之深，莫公若也，願序其端。」予不獲辭，讀之再而感曰：夫士之爲學，求足於人者多，求足於身者寡矣。君育天地之和、山川之秀，蒙先世之澤，質淳氣清，性行端潔，自非庸儒俗生所能至，内既足於身，而外亦無待乎人者也。故其言論風旨，一本諸簡易之理，精微之得，道不待究而自明，誠不俟立而自著，是所以得之本心也歟？宜其施諸事爲，訓諸講解，舉不淪於口耳之習、言辭之辨，一存乎端本誠身而已矣。本端身誠，則聖人之道、經世之法具矣，尚何俟其繁贅也哉？其策問、講義、序説，皆發乎正大之要、存養之方。陸門之楊、錢，殆不是過也。其詩歌篇什得乎性情之實，而韋、孟之閑雅，陶、柳之沖澹有焉，惜未之大用，無以發其和粹之蓄，豈聖代之可多見也乎？今凡新建學徒在當時嘗聞其言者尤有立，是豈其涵濡操勵之工爲少哉？惜其學本諸陸，而世之宗朱者或有不與焉，是故其特立不惑，宜世之鮮知也已。然究其會同，其言可得而竟泯泯者乎？使其傳之不替，豈不羽翼乎周程朱陸之言必矣。墓則友人吴君伯宗爲之銘，惜予無足以發之，姑以義弗辭，序其概焉。

峴泉集卷二三峰堂記 節録

上略。江右之學宗象山陸氏，而求合乎考亭朱子者也。吴氏世稱行修，其於誠立明通，見諸身淑諸人也久矣，宜乎詩、書之澤不徒衍迤于子姓，而其淳風厚俗有以被其鄉里，是以益久而益著，豈不與山川之勝同其悠永也哉。易曰：「履道坦坦，幽人貞吉。」予於孟啓之素履見矣，尚亦以是訓諸將來，則後之登是堂者，猶造乎朱陸之閫奥，又豈聲利之足盡吴氏之賢也夫。

峴泉集卷三故紹庵龔先生墓誌 節録

予友龔君，諱繼祖，字克紹，信之貴溪治南裏源人也。君之學行修於身，聞於鄉里，信於士君子益久矣。家世業儒，唐宋多顯宦，而君温厚篤實，有古隱君子風。凡士之知言者，皆推其性行純潔。其上世受業予家，君是踵之，因獲託交焉。若其言論造詣，愈叩而不竭，而似不能言。嗚呼，可謂成德篤行君子也。曾祖霆松諱某，元漢陽府教授，博學能文，嘗輯朱陸二氏書爲會同，爲時所推重。及受知曾大父留公，割地若干，築室鑿池以居之，遂遷吾里。若道門玄典增輯之故漢陽勑，皆留公力焉，今藏于家。世稱艮所先生，其自號也。祖某某，州學録。父某，隱德弗仕。君少端謹嗜學，甫長從鄉先生彭公孟悦究陸文安公本心之學，盡通經傳大旨，涵泳精粹，而尤切於躬行力踐也。元季兵興，遁跡山谷，抱遺經蓁莽間，諷誦自得，潔身無事，於時人亦莫知也。下略。

峴泉集卷三通彭先生書

去春獲詢動履之詳，莫不推先生純篤自守，爲學明正，不爲事物所移變，素以古道自任，此某之願見之急也。第念志力駑鈍，讀書究理，未知趍進之方，雖欲致鑽仰之工，不可得也。況日羈塵俗，跡與心違，負愧萬萬。雖嘗欲絶交獨處以守道，自期庶幾有足繼乎古人之遺轍者也，猶恐世殊時異，動招訶議，惟坐歎其不可追也，然能不力致心其間乎？蓋今之言學也，鮮與古先聖賢真履實踐有所契合者，非道不同，學之不同也。今之所異也，誠不過循習腐朽之説，以意見疑測，未明謂之明，未得謂之得，即輒自盈足，不惟以古人爲不足追及，或以爲不已若者有之，及求之奇言卓行，則甚相懸絶，又豈得以是責夫世哉？矧將以究濂洛之緒，會朱陸之異，則猶親師取友之難，而同異邪正不得不辯也。古之言學也，先儒碩德之徒，言不可泯，行不可揜，此無他，皆由操踐之實也，豈苟且循習之可儗似也哉？既知所趍矣，必底乎是而後可，非是則不足師友矣。子正兄嘗辱不棄，每相指明，其啓發琢磩多矣。若俗學淺陋之弊，故嘗粗知鑒燭，而日有得矣。别後凡過山間者，皆未足以真實研究，人情薄惡，不怪以迂，必非以癖，豈果盡知所從哉？竊惟古之人以道德性命垂之萬世，具之經史子氏者，億千萬言，充塞焕耀，流之無窮，而與日月並明，天地並久者，非積諸中者至大至幽，而發乎外也能若是哉？其繼承未緒，何代不有之，而卒若牛毛之於麟角，又何若是之難哉？抑道之明晦亦時之係焉，況文墨之小，道義之大也乎？故知言力行之士，特立獨行，其所造詣必異乎流俗者也，雖未足抗行古人，其無愧乎道，則亦庶幾矣。士之所以擔簦躡屩，雖祈寒隆暑驅馳道途，所以汲汲不自安席者，誠亦己分所當究而已矣。先生相去不數舍，嘉言善行聞之於耳，見之於目，苟不知所從焉，是舍近而求諸遠也，豈不甚愧乎千里之行也哉？異日專圖躬侍講席，面究欲言，惟左右以先德接引晚學爲心，萬有以終惠之也。幸甚。

薛瑄

薛瑄（一三八九—一四六四），字德温，號敬軒，河津（今屬山西）人。永樂十九年（一四二一）進士，官至禮部右侍郎兼翰林學士，入内閣，卒謚文清。薛氏論學以復性爲宗，濂洛爲鵠，主張「氣有聚散，理無聚散」。所著有讀書録、薛文清公文集等。明史卷二八二、明儒學案卷七有傳。

讀書録卷一

無極而太極，非有二也。以無聲無臭而言，謂之無極；以極至之理而言，謂之太極。無聲無臭而至理存焉，故曰「無極而太極」。以性觀之，無兆朕之可窺，而至理咸具，即無極而太極也。

四書集注章句、或問，皆朱子萃群賢之言議，而折衷以義理之權衡，至廣至大，至精至密，發揮先聖賢之心，殆無餘蘊。學者但當依朱子精思熟讀，循序漸進之法，潛心體認而力行之，自有所得。竊怪後人之於朱子之書之意尚不能遍觀而盡識，或輒逞己見，妄有疵議，或勦拾成説，寓以新名，衒新奇而掠著述之功，多見其不知量也。

無形而有理，所謂無極而太極；有理而無形，所謂太極本無極。形雖無而理則有，理雖有而形則無，此純以理言，故曰有無爲一。老氏謂無能生有，則無以理言，有以氣言，以無形之理生有形之氣，截有無爲兩段，故曰有無爲二。

讀書録卷二

讀書不體貼向自家身心上做工夫，雖盡讀古今天下之書，猶無益也。

德性之學，須要時時刻刻提撕警省，則天理常存而人欲消熄，苟有一息之間，則人欲長而天理微矣。

不察理之有無，而泛讀一切不經駁雜之書，務以聞見該博取勝於人，吾知其記愈多而心愈窒，志愈荒而識愈昏矣。如此讀書，非徒無益，是又適所以爲心術之害也。

無極而太極，天地之性也。太極動而生陽，静而生陰，氣質之性也。天地之性，以不雜者言之，故曰「無極而太極」，○是也。氣質之性，以不離者言之，故曰「太極動而生陽，静而生陰」，是也。然無極而太極，即陰陽中之太極，陰陽中太極，即無極而太極，太極雖不雜乎陰陽，亦不離乎陰陽。天地之性，氣質之性，一而二，二而一者也。

讀書録卷三

宋道學諸君子，有功於天下，萬世不可勝言。如性之一字，自孟子以後，荀、揚以來，或以爲惡，或以爲善惡混，議論紛然不決，天下學者莫知所從。至於程子「性即理也」之言出，然後知性本善而無惡；張子氣質之論明，然後知性有不善者乃氣質之性，非本然之性也。由是性之一字，大明於世而無復異議者，其功大矣。自孟子之後，漢唐以及五代之間，異端與吾道争爲長雄，至有讀聖人之書，游聖人之門，以儒自名者，猶匍匐而歸之，况其餘乎？獨唐之韓子，不顧侮笑，力救其失，而一齊衆楚，猶莫之能勝也。至宋，道學諸君子出，直擣異端之巢穴，而辯其毫釐似是之非，由是邪正之分，昭然若覩黑白，雖未得悉絶其道，無使並行，然吾道既明，如精金而不得淆以鉛錫，明珠而不得混以魚目，彼雖援引比附，亦無自而入也。是以庠序育才，科舉取士，講學命詞，粹然一出於堯、舜、禹、湯、文、武、周公、孔子、顔、曾、思、孟之正，絶口於異端之教，是皆道學諸君子距邪閑正之功也。嗚呼，盛哉！

讀書録卷五

學有所得，必自讀書入。讀書千熟萬熟時，一言一句之理，自然與心融會爲一，斯有所得矣。

象山謂人讀書爲義外工夫，必欲人静坐，先得此心。若如其説，未有不流於禪者。

讀書録卷八

讀書講明道義，求日用之實理也。若讀書而不講明道義，則溺心於文字之間，終不能知實理之所在。

讀書録卷九

宋儒亦有流於禪者，不可不察。

臨川吴氏曰：「太極無動静，故朱子釋太極圖曰『太極之有動静，是天命之流行也』，此是爲周子分解。太極不當言動静，以天命有流行，故只得以動静言。」竊謂天命即天道也，天道非太極乎？天命既有流行，太極豈無動静乎？朱子曰：「太極，本然之妙也；動静，所乘之機也。」是則動静雖屬陰陽，而所以能動静者，實太極爲之也。使太極無動静，則爲枯寂無用之物，又焉能爲造化之樞紐，品彙之根柢乎？以是而觀，則太極能爲動静也明矣。

讀書録續録卷六

朱子論陸象山之學具有定論，臨川吴氏猶左右之，何也？

劉定之

劉定之（一四〇九—一四六九），字主静，號呆齋，永新（今屬江西）人。正統元年（一四三六）探花，授編修，官至禮部侍郎兼翰林院學士，卒謚文安。所著有呆齋前稿、續稿等。明史卷一七六有傳。

呆齋前稿卷四策問

問：周、程、張、朱之外，有康節、温公、南軒、東萊，與夫陸象山之與朱異，許衡、吴澄之與朱同，可得言歟？

對：聖賢不作，則百世無善治；聖學不傳，則千載無真儒。羲、農、堯、舜之後，幾千百年而有洙、泗、魯、鄒，洙、泗、魯、鄒之後，幾千百年而有濂、洛、關、建。斯皆真元會合，光岳鍾靈，一大幾會，非偶然也。且夫太極有圖，明聖道之仁義中正；易通有書，明聖學之静虚動直。玉淵金井，志慮高潔，光風霽月，襟懷灑落，此周子所以得聖學之傳也。明道之德性寬大，規模廣闊；伊川之氣質剛方，文理密察。座上春風，意象渾厚，門外立學，師道尊嚴，此程子所以得聖學之傳也。張子之精思力踐，妙契□書，訂頑有訓，仁孝之要約，正蒙有書，窮性命之精微，其得聖學之傳，豈不然乎？朱子之從容禮法，沉潛仁義，豪傑之才足以折群疑於百家，聖賢之學足以集大成於諸子，其得聖學之傳，又不然乎？蓋是道自孟子既殁之後，□□於楊墨，□□於佛老，功利權謀，涇渭混淆，□□□□□□□，其□有甚於咸陽之火、驪山之坑者。幸而周子有以啓其源，程、張有以濬其流，紫陽又有以揚其波而□□□，四子之功，卓卓乎不可及矣。至於康節、涑水，與程子同時者也，而其學皆見推於程。東萊、南軒，與朱子同時者也，而其學實宗主於朱。内聖外王之道，先天心法之傳，此康節之學所以爲高，而涑水之篤學力行，始終一誠，亦不易得。蟬蜕人欲之私，春融天理之性，此南軒之學所以爲至，而東萊之弘容博辨，變化氣質亦未易能，其於周、程、張、朱，雖或一間之未達，然沇、濟同源，而江、漢合派者也。惟陸氏之學，則有可議者焉。□其有肯綮之阻，雖積九仞之高不敢遂，有毫釐之疑，雖立萬夫之表不敢安。公聽並觀，卻立四顧，務造乎至平之地，務立乎至大之域，其志可謂□矣，其功可謂篤矣。然而務存養而忽講學，務約禮而忽博文，疑西銘爲釋氏之兼愛，疑無極爲老氏之虚誕，其終也，幾何不背正學而入異端者乎？吾所端拜敬服者，魯齋許公，玉裕金相，準乎繩直，行己似秋霜烈日，化人如時雨和風，足以追考亭之絶跡。吾所仰止高山者，草廬吴公，勤謹有度，敬和有□，以文子□身，爲存天理之方，以武夫勝敵，爲遵人欲之法，庶乎足以昭武夷之□緒。雖然，任聖學之傳者，窮而在下，則爲一代之宗師；任聖道之傳者，達而在上，則爲一代之君師。方今聖天子比隆堯、舜、文、武之繼天立極，而爲致輔弼者，自附於皋、夔、周、召之見而知之矣。執事乃以道學詢于愚生，竊聞程、朱子皆年十七八而棄科舉之業，以從事聖學。今愚之所業科舉之業，而所來爲科舉而來，苟嘐嘐能曰「吾將志聖賢之學」，執事未必□以爲然，而有自盡於是，苟要人□，又非末學之所爲云也。謹對。

呆齋前稿卷四策問

問：太極圖説言四德而缺禮智，皇極經世言四經而缺禮、樂，若夫通書之與圖説同歸，正蒙之與西銘共旨，象山之與晦庵互辨，皆可言歟？

對：先賢立言，惟性理之言爲難精；後學待問，惟性理之學爲難對。執事詢其精微，愚請言其梗概可乎？圖説言仁其中正而不及禮智，蓋中即禮也，禮得其中，則非所謂奢靡之禮；正即智也，智得其正，則非所謂穿鑿之智。言中正而有以包太極之全。仁不源於兼愛，則仁之中正；義不流於爲我，則義之中正。中正蓋包四德而兼該也。言仁義而有以分太極之半，仁屬乎陽之動而不屬乎陰，義屬乎陰之静而不屬乎陽，仁義□分□□而□立也。

圖說之所以不言禮智者以此。經世言易、書、詩、春秋，而不及於禮、樂，蓋皇、帝、王、伯爲易、書、詩、春秋之體，易、書、詩、春秋爲皇、帝、王、伯之用。易始於皇而終於王，書始於帝而終於伯，詩始於王而終於王，春秋始於伯而終於伯。皇、帝、王、伯皆有禮而不可以偏屬也，皇、帝、王、伯皆有樂而不可以獨指也。經世之所以不言禮、樂者以此。通書之作，所以明圖說之□。蓋圖說不過言一理萬化之本，而通書之說，言性則析爲剛柔，又析爲剛柔善惡中之五者；言德則析爲善惡，又析爲仁義禮智信之五者。誠無僞，即太極也；一無欲，即太極也。正蒙之作，所以明西銘之指。蓋西銘不過言理一分殊之妙，而正蒙之說，如「惟一故神，惟兩故化」，「由太虛，有天之名，由氣化，有道之名，合虛與氣，有性之名，合性與知覺，有心之名」。即所謂「天地之塞，吾其體也」，即所謂「天地之帥，吾其性也」。夫以太極之道如此，而陸氏疑之以爲老子無極之說，殊不知無極只是無形，太極只是有理，奚可岐而二之哉？夫以西銘之旨如此，而陸氏攻之以爲曇氏兼愛之說，殊不知西銘本一而分殊，曇氏二本而無分，奚可合而一之哉？甚矣，世之入耳出口者，好妄議先儒之書也。龜山□□□□□之然而□然。彼陸氏者，獨何其惑而不解也。何□朱子□□□□之心，不白於天下後世矣。抑愚尚有以復於執事，□世之君子，其所以主於中者，無確定之見，所以景於前者，無篤信之心。越□□□□□□□□□井蛙，各執己見。議邵子者，未窺其內聖外王之□□，而先已斥其無禮不恭之小疵。議張子者，未效其精思力踐之規矩，而先已□其清虚太一之高論。議温公者，則首以潛虚藉口，而誠無妄之德不之取也。議象山，則首以頓悟戟手，而尊德性之功不之問也。其流之弊，恐其將至於以程子爲迂闊，以朱子爲支離。此今日主張吾道者，所當預爲之防，而未可先倡是非之問，以啓其喙也。謹對。

丘濬

丘濬（一四一八—一四九五），字仲深，號瓊臺，瓊山（今屬海南）人。景泰五年（一四五四）進士，改庶吉士，授翰林院編修。官至禮部尚書，文淵閣大學士。丘氏熟知國家典故，以經世濟民自任。又以真德秀大學衍義於治國平天下條目未具，乃博采群書補之，成大學衍義補。弘治八年卒，贈太傅，謚文莊。著述除大學衍義補而外，尚有重編瓊臺稿等。明史卷一八一有傳。

重編瓊臺稿卷八太學私試策問 其二

問：道學之説，唐以前無有也。有之其始於宋乎？宋科目取士有進士、明經二途，進士試詩賦，明經試墨義，其後罷明經，而改試進士以經義，其所試之經用漢唐之疏義、王安石之新説。此當時儒先所以有道學之説也。我祖宗準古制立進士科，以五經四書取士，一主程朱之説，今日士子所習以應科者，是即先儒所謂道學也。但學者假此以出身，謂其無得於身心則有之矣，若謂此外又別有所謂向上一著，而後謂之道學，吾不知其何説也。自洪武、永樂以來，士之養於學校，進於科目，仕於中外，竝無異議。今世士子乃有輒於舉業之外別立門户，而自謂爲道學者。然彼自相稱謂草澤之中可也，而吾士夫由科目以仕中外者，亦從而張大之，何耶？豈習見宋人凡攻道學者即謂之邪黨，而爲此邪？嗚呼，儗人必於其倫，茲豈其倫邪？説者有謂朱子道問學之功多，陸氏尊德性之功多。斯人之徒，蓋專主陸氏尊德性之學，措其心於言語文字之外。其然，豈其然哉？且中庸謂「君子尊德性而道問學」，二者之功其可偏廢歟？朱子之學其果一偏之學歟？或者之言是歟、非歟？諸士子所讀者五經四書，所主者程朱之説，在學校以此爲學，應科目以此爲文，他日出而有官守、有言責者，亦將以此爲用也。請試言道學之所以爲道學，考朱陸之實，辯吴氏之言，遡其源而沿其流，而推其所以致弊之由，盍各言爾志。凡其平日存心致知以爲學，其本何在，并及其用功之序，致力之方，一一爲我言之，以祛所惑。

何喬新

何喬新（一四二七—一五〇二），字廷秀，號椒丘，廣昌（今屬江西）人。景泰五年（一四五四）進士，授禮部主事，官至南京刑部尚書。爲官剛直，有政聲。著有椒丘文集等。明史卷一八三有傳。

椒丘文集卷一六寄羅應魁内翰書

殿元先生閣下，自管竹溪上之别，于兹四易寒暑矣。緬想山林日長，造詣益深，斯道幸甚。僕膠於塵務，不能自拔於物外以親道德之光，徒深抱愧而已。近者友人吴僉憲自京回，録得陳公甫二書及其門人林緝熙寄公甫書。僕尋繹數日，深喜公甫玩心高明，非俗儒所及，斯道之傳有望矣。但書中所言，有不能無可疑者，得非鄙劣，學未聞道，不足以窺公甫立言之旨故邪？心有未安，願就有道而質焉。夫道之難言也尚矣，中庸曰「天命之謂性，率性之謂道」，是則所謂道者，不外乎性命，非窈冥昏默之謂也。又曰「君子尊德性而道問學」，是則所以入道者，不越乎存心致知，亦非有甚高難行之事也。自濂洛關閩諸大儒繼作，其於道之全體大用與凡所以入道之方，發明詳且盡矣，儒者世守之，毋庸異説也。今公甫之書云：「夫道至近而神，至無而動。」又曰：「虚其本也，致虚之所以立本也。」得非老莊虚無之説歟？又曰：「不須廣覽前言，徒亂心目。」得非子静不必讀書之説歟？又曰：「僻處作室，静處用功。」審如是，則學道者必如仙翁、釋子，絶類離倫，乃可以得道歟？至於緝熙之書曰：「終日静坐，杜門面壁。」無乃禪家之意歟？又曰：「端默踰月，從此得些光景。」無乃佛氏頓悟之説歟？凡此數説，參諸濂洛關閩之書，誠爲可駭，不知公甫何爲而然也？近世儒者所學，詞章而已，潛心道學者，惟閣下與公甫、廷祥數君子耳，而公甫之説又如此，豈所謂「智者過之」邪？抑天於斯道之傳固靳之邪？愚於公甫素所敬仰，所以云云者，非敢少訾也，蓋望公甫造詣精純，以紹百世之絶學耳。謹録三書，并陳鄙説以質諸左右。閣下若以鄙見乖謬，望以一字示教焉。倘愚者或有一得，亦望移書公甫，庶幾其察而改之也。不知道而强言之，宜爲有道者所笑，惟閣下恕之，幸甚，不宣。

周瑛

周瑛（一四三〇——一五一八），字梁石，號翠渠，莆田（今屬福建）人。成化五年（一一四六九）進士，授廣德知州，官至四川右布政使。周氏論學，以居敬窮理爲鵠，故雖於陳獻章爲友，論學則不合。以爲主敬則心存，然後可以窮理。「自六經之奧，以及天地萬物之廣，皆不可不窮，積累既多，則能貫通，而於道之一本亦自得之矣。」其學端的可見。所著有翠渠摘稿八卷。明史卷二八二、明儒學案卷四六有傳。

翠渠摘稿卷四題嘉魚李氏義學

嘉魚有士族曰李氏，李氏先世曰宗儒、宗儀，宋慶曆間相與建義學于其所居西保湖西，以待四方學者。建炎亂，學廢，慶元間其孫貢元名桂者復之。縣判云：「鄉校不存，家塾獨著，此難事也。」今新脩縣志載其事特詳。弘治辛亥，瑛以鎮遠知府書滿歸，宗儒某世孫承箕來謁，爲説甚異，最後請曰：「先世義學，願有言。」承箕字世卿，嘗取鄉第矣，近游南海，從陳白沙，歸遂欲居大崖山以老。其説以爲静極則心虚，心虚則理見，故視六經若土苴，視形骸若仇敵，視聖人所立禮義之防若纏束綑縛，欲徹去之。白沙，予友也。二十年前同在都下，瑛見其神清氣完，心地定疊，往往以其静觀天下之動，竊以爲古閉關人也。今世卿從白沙，不知此意果出白沙否。果出白沙，則吾盡己之説矣，聽世卿擇焉。瑛聞人心無外，聖人静有以立天下之大本，動有以行天下之達道，由體及用，一以貫之。自餘爲學，皆由博以及約。博者，萬殊也。約者，一本也。求諸萬殊而後一本可得，既得一本，則所謂萬殊者，亦可推此以貫之矣。瑛請得以言其功程次第。蓋始學之要，以收放心爲先務，收放心，居敬是已。蓋居敬則心存，聰明睿知由此日生，然後可以窮理。窮理者，非静守此心而理自見也，蓋亦推之以極其至焉耳。孟子曰「萬物皆備於我矣」，此言人心無外也，不即物以窮理，其能静此心之體乎？故自性情之微以及形骸之粗，自食息之末以及綱常之大，自六經之奥以及天地萬物之廣，皆不可不求其理。求其理，謂求其自然與其當然，又於自然當然求其所以然，積累既多，自然融會通貫，而於所謂一本者，或自得之矣。一本固非學者所敢言，然聞之中庸有曰「喜怒哀樂之未發謂之中」，又曰「『上天之載，無聲無臭』，至矣」。此譬如穀種，雖曰塊然，而根苗花實皆聚於此。又如雞卵，雖曰渾然，而羽毛嘴爪皆具於此。及其發見於行事，在聖人則體用一貫，在學者未免差誤。蓋在己者有所拘蔽，故所發不無偏重之殊；在外者有摇奪，故所施不無遷就之異。然而既見本源，則於處善亦安，循理亦樂，至於患難事變，雖以死易生，亦甘心爲之矣。此聖學之大略也。今夫静坐，不相與講學窮理，果足以立天下之大本乎，果足以行天下之達道乎？因記官禮部時，嘗夢入僧寺，見木案閣古書數帙，取視之，皆言動静有無。予曰：「子静云何？」僧曰：「吾所謂静與儒同，静無而動有也。」予曰：「是惡得同。儒於静言無，雖無而實有也。惟其實有，是以見諸用也。

天高地下，萬物散殊，不可改易。子謂無則直無耳，吾知其見於用也，天可以爲地，地可以爲天，雖欲不倒置，不可得也。」時白沙在側，白鬚而朱頰，予質以僧言，笑而不答。此事嘗書以寄白沙矣，今世卿論學與瑛異，復欲得瑛言，故備書之，以附義學諸題跋之後。世卿謂何，白沙謂何？

胡居仁

胡居仁（一四三四——一四八四），字叔心，餘干（今屬江西）人。學者稱敬齋先生。從吴與弼學，絶意仕進，以布衣終老。成化二十年卒，萬曆十三年（一五八五）從祀孔廟，追謚文敬。其學總與敬，而以主忠信爲先，以求放心爲要，以治心養性爲本，以經世宰物爲用，史以「醇儒」許之。所著有居業録、胡文敬集等，明史卷二八二、明儒學案卷二有傳。

居業録卷二

今人有厭讀朱子傳注以爲太煩者，又有博覽朱子諸書以資解説者，二者皆非也。憚其煩，厭其卑，此好簡易高大，必流於異學空虚。昔陸子静惡伊川之言，蓋其天資過於高大，有凌空駕虚之病，與程子收斂謹密實地工夫異矣。況朱子博學精詳，細密纖悉，尤非趨簡徑樂閑曠者所便也。

居業録卷三

陸子説道理多不條暢，説仁説心亦偏枯，其作敬齋記亦疏。蓋形容敬中工夫不出，可見其學之偏。

居業録卷三

象山天姿高，力量大，用力甚切。但其見理過於高大，存心過於簡易，故入於禪。其自幼與伊川不合者，伊川收斂謹密，其言平實精確。象山必有凌虚駕空之意，故聞伊川之言，似有傷其心。其晚年，身在此處，能知民間事，又預知死期，則異學無疑。其門人楊簡以問答之間，忽省此心之清明，忽省此心之無始末，忽省此心之無所不通，此非儒者之傳授。其行狀言「四時之變化，先生之變化也；天地之廣大，先生之廣大也；鬼神之不可測，先生之不可測也」，亦過高之言矣。每讀象山之文，筆力精健，發揮議論廣大剛勁，有悚動人處，故其遺風餘烈，流傳不泯。然細推之，則於聖賢細密工夫不甚分明，故規模腔殼雖大，未免過於空虛也。

胡文敬集卷一復汪謙

竊謂道非學不明，學非道不正。蓋學所以明道，苟不明道，又何以學爲哉？然此道也，原於性命，具於人心，見於日用。但人之生也，氣稟有拘，物欲蔽之，故失其性命之真，喪其本心之善，而於日用之間，無非私意妄作，甚則陷於禽獸之域者有矣。此道之所以不明不行也。是以古昔聖賢，恂慄戒懼，存養於未發之前，使是道之體，昭然於方寸之內；精一謹獨，省察於已發之際，使是道之用，流行於日用事物之間。極其至也，與天地同其大，造物同其功，豈詞章功利之可擬哉？昔孔子之所傳，顏、曾、思、孟之所學，皆以此也。及孟子没而失其傳者千有餘年，周子發其端於前，程子遂擴而大之，朱子又集而全之，故吾道遂大明於宋焉。西山真氏亦庶幾乎此也。元之魯齋許氏，雖其道德之全未及於宋，觀其所行，端慤務實，亦非世儒訓詁之可比也。此外諸儒，皆以考索爲足以明道，注解爲足以傳道，求其操存踐履之實者，蓋寡焉。若雙峰饒氏、公遷朱氏，已不免此弊。其流至於陳氏、吴季子等，則其口語亂道，其不得罪於聖門，吾不信也。但其纂組鈎摘，有便於人之口舌，故幼學之士皆悦而尚之，其害爲尤甚也。居仁思與天下豪傑之士，講明而踐行之，刊落浮華，一趨本實，庶有以革其弊，但力學疏淺，終不能遂也。今憲府潮陽李先生有見於此，即文公舊日講道之所，重復作興，此正斯文復盛之秋，豪傑奮勵之日。而足下已與其選，必將用力於聖賢之學，以明斯道者。復蒙見諭區區之出處，然此事但當揆之以道，決之以義，亦非居仁之所敢適莫也。

胡文敬集卷一奉羅一峰

道之在天下者，未嘗一日無，所以有明不明者，由人之學不學也。然世之學者不少，而道卒無以復乎古昔之盛者，由其所學有正不正，用功有真不真也。以不真不正之學，雖倍其功而無益，其害於世也必矣。自宋儒既没，正學不傳，士風頹靡，間有英才豪傑有志於此者，然以信從者寡，終無以振起斯文，丕變士風也。伏聞先生有志於此，未知其詳。近日得會丘、董二公，具道先生處心行己之要，又獲覩佳翰，遂此推求，而知所志不凡，任道甚力。居仁不勝忻躍，正嘆今世乏此等人品，不意得生同時，何幸如之，豈但托交而已哉？意者天憫斯道之孤，生此豪傑，共任倡興之責歟？即欲趨拜，未知能就道否？兼以賤體瘧疾，故謹裁書并疑義數端，專人齎奉，其餘欲求正者甚多，尚期面晤，不盡述也。

竊疑程夫子、朱夫子俱傳聖人之道，其全體大用無不同者，然其工夫造極，亦不能無大同小異處。如程子言：「涵養須用敬，進學則在致知。」朱子又作敬齋箴，又言：「主敬以立其本，窮理以進其知，使本立而知益明，知精而本益固。」愚意此聖賢千百世爲學之要法，程朱能用力如此，故其工夫全體，道亦全盡，非諸儒所及。然細推之，則程子涵養功完，故踐履極其純正；朱子窮理翫索功密，故文理極其纖悉。此造德亦各有所極，而不能無少異也。未知是否？

竊疑朱子没，其門人親炙朱子日久，尚未甚失。然訓解漸煩，實體之功少矣。再傳則流於口語，遂失其真也。自是以後，儒者多是窮索文義，以博物洽聞爲學，僅有西山真氏知居敬窮理，故學雖博，有本體工夫。魯齋許氏不務辭説，故學雖未極全體，而踐履確實。吴草廬初年甚聰明，晚年做得無意思，其論朱陸之學，以朱子道問學，陸子尊德性，説得不是。愚以爲尊德性工夫亦莫如朱子。平日操存涵養，無非尊德性之事。又觀其德性箴，何嘗不以尊德性爲重乎？但其存心窮理之功，未嘗偏廢，非若陸子之專本而遺末。其後陸子陷於禪學，將德性都空了，謂之能尊德性，可乎？未知是否？

竊疑日用間工夫最怕做得不真，第二則怕間斷。近見語類中有做主敬存心工夫，不得其要，遂入於禪學者；又有不知主敬存心，廣覽博記，遂成博雜，無以貫通乎體用之妙者；又有恃其才氣剛大，自謂能任道力行，不知聖賢操存省察之要，終爲一節之士者；又有氣質温厚恬淡，自能涵養工夫，不知戒謹恐懼之實者；又有工夫間斷，卒無成得者；又有兼好詩文，遂爲所害，造道不純者。大抵要傳聖賢之道，須實有聖賢工夫，稍有所偏，便爲全體之害，故不真者多害道，間斷者無成功。未知是否？

竊疑先儒言爲政不法三代，終苟道也。居仁嘗思須要有聖賢之學，方做得三代成。程子言「有天德，便可語王道」是也。三代以下，漢、唐、宋爲盛。唐之人才駁雜，無可與議此者。漢之人才大概近古，如董仲舒、諸葛亮，庶幾乎此。然董仲舒本領純正，才力恐有未及；孔明才力可爲，純正不及者。伊周事業，大抵難若。宋則人才之盛，三代治道乃所優爲，惜乎不曾收拾來做也。今之人才寥落特甚，此有志者所當益修，其遇不遇則在時也。未知是否？

右疑義管見所窺測，竊恐工夫未足，不能無差。因書求正高明，辯以示教爲幸。

胡文敬集卷一又復張廷祥

奉别歲久，愈增懷想。一峰既亡，所與共事者，惟有望於尊兄。竊觀近年以來，四方士子頗知趨向，尊兄與一峰之功爲多。雖然，尤有可憂者。今之士風，雖若振於昔年陷於邪異者，又非昔年比也。此實吾人莫大之責，當明理正心以先之也。蓋昔年之學，專於記誦博覽，訓詁詞賦，其所從事者淺而陋。近年以來，學者立心稍高，而不能仔細體驗聖賢切實工夫，而妄意聖賢，故遂入於空虛玄妙，其凌高駕空，反成狂妄，其入異教也宜矣。原其存心之失有二焉，只爲工夫未至，身心紛擾放逸，要求虛静，故有屏絶思慮，以爲心不放者；又有體察照看，心在内裏以爲存者。其心如此，自然不暇即事窮理。故窮理之失亦有二焉，以爲天地萬物無非此理，無適而非道，凡其知覺運動，視聽云爲，無非至神至妙，其曰無動而非神，即此意也；又有懸空想出一箇道理，在虛空杳冥之中，以爲無極之真，太極之妙，此乃吾之真性，不生不滅，無有始終窮盡，其曰物有盡而我無盡，即此意也。不意此等亂賊生於吾世，非但爲我兼愛而已，其與天地人倫物理俱已離絶，非但無父無君而已。不知一峰何故反尊信之。一峰後來亦有曠大之意，想必爲其所染也。今吾人但當實做居敬窮理工夫，使身心内外一歸於正，方有内修外攘之具。高明以爲如何？

胡文敬集卷一與蔡登

聖賢之教，一而已矣。人之資禀不同，用力或異，而真妄邪正分焉。然其初只在毫釐間，究其極不啻千里之繆，吾道異端是也。似是而非者，莫如禪教。學者舉足一差，便流入去。蓋其高妙足以動人，工夫與儒者甚相似，彼之學亦用功於心性，而以虛静存養爲主，與吾儒工夫爭幾何。然彼之存心，適足以空其心之體，滅其心之用。彼之見性，不過想像其形似，非真能見乎天命之性，而萬事萬物之理無不該也。故爲心學之害者，莫甚於禪。今之於心學多入之者，以其喜虚静，好高妙，忽吾儒下學之卑近，厭應事察理之煩，而欲徑趨高大無滯礙之境故也。禪學工夫，居仁亦嘗究之。其存心之法，未嘗敬以直内，其初只是不柰心何，故專於静坐；或反觀内視，照看一箇心在内裏；或用一箇念頭羈制其心，使之不走；或屏除思慮使之不出。獨達摩高於諸佛，不立言語，只索静打坐，掃除思慮，自然心中空豁，廣大無邊，而其剗滅天理根原尤速也。其於見性，未嘗格物窮理，以至融會貫通，達夫天命之本原，只在空静之中，心不累事，懸空想出一箇太極之妙，以爲吾性之真，以爲覺得此物，則至神至妙。凡知覺運動視聽，無非此箇神通妙用。自視之高，以爲天下之人皆莫我若也。其自守之陋，或形如槁木，心如死灰，以爲能存養也。賢友用力於心學，實居仁所愛敬，故陳鄙見以爲擇善之一助。吾儒工夫，義理具在方策，更冀熟讀詳究，實體於身，幸甚。

吴寬

吴寬（一四三五—一五〇四），字原博，號匏庵，長洲（今江蘇蘇州）人。成化八年（一四七二)狀元,授翰林院修撰,官至禮部尚書,卒謚文定。工詩文,善書。著有家藏集七十七卷。明史卷一八四有傳。

家藏集卷五三題朱陸二先生遺墨後

朱陸二先生道學之妙,皆傑出于百世之下者也。世之論者謂其學不同,此特因其議論之不合耳。夫惟不合,故各得發其所蘊而理愈明,豈非後學之幸哉?二先生並稱于世,其遺墨乃亦聯焉。朱子書與黄商伯,作于提舉鴻慶宫時,正韓侂胄用事,故有「時論日變」等語。若陸子書則殘缺不完,莫知所與主名,獨其語及晦翁者猶存。寧波通守王君必充家藏二帖已久,與其弟宜都令必懋謁選都下,携以相示。大賢君子之書,豈區區所當題識,亦可謂不知量者也。

莊昶

莊昶(一四三七—一四九九),字孔暘,號定山,江浦(今屬江蘇)人。成化二年(一四六六)進士,選庶吉士,授翰林院檢討,官至南京禮部郎中。弘治十二年卒。天啓初,追謚文節。莊氏論學以無言自得爲宗，且與陳獻章交好，故四庫全書總目云：「莊昶與陳獻章、羅倫皆講主静之學，實開姚江之先。」著有定山集。明史卷一七九、明儒學案卷四五有傳。

定山集卷八大梁書院記

大梁書院者，集天下書以資學者遊學之處也。嗟乎，書不一也，有吾心之書，有紙上之書。吾心之書者，吾心之神也，吾心之道也。而紙上之書者不然，不吾心之書，而吾心之書著之於言語也；不吾心之道，而吾心之道托之於文字也。書果何集乎？吾心之書乎？紙上之書乎？吾心之書無形也，無見也，無見而無所見，則真見也；紙上之書有形也，有見也，有見而有所見，則無見也。書之所集，雖三尺童子必皆知有以集矣。而人復有曰紙上之書，何書耶？六經四書書已，子史百家書已。子史百家不足言也，而文至於四書，書至於六經，而亦不可集乎？嗟乎，聖人貴無言而不貴有言，有言則不以心契，不以心傳而言，徒言矣。如六經莫大於易，而易言陰陽也，方其無言也，易具於心，渾然而無破，及其有言，則孰爲陰，孰爲陽，而陰陽之授受皆得之紙上，而易始散矣，易非散也，紙上而易者散也。四書莫精於中庸，中庸言性、道、教也，方其無言也，中庸具於心，噩然而無名，及其有言，則孰爲性，孰爲道，孰爲教，而性、道、教授受皆得之口耳，而中庸始亂矣，中庸非亂也，口耳而中庸者亂也。至於詩、書、禮、樂、春秋、論、孟，無不皆然。故善觀六經者，不觀六經，而觀吾心之六經；善觀四書者，不觀四書，而觀吾心之四書。果何書哉，不楮墨而文也，不文字而見也，不誦讀講説而明也。秦火雖烈而不可以焚，漢儒雖陋而不可以鑿也，不河圖不洛書而九疇八卦自形也，不詩不禮而温柔敦厚之妙自著也，品節防範之等自嚴也，不春秋而華衮鈇鉞之賞罰自當也。極之而天地位，推之而萬物育，幽之而鬼神感，微之而神化妙也。克之爲堯舜、爲孔孟、爲周程、爲張朱也，用之爲百姓安，爲禮樂和，爲人心正，爲異端息，爲臣不敢以僭君，爲四夷不敢以輕中國也。吾心之書至於如此，豈索之於玄冥，求之於罔象哉？此以心授，而彼以心領也；此以心得，而彼以心見也。郢人之運斤，九方皋之相馬，得之心而應之手也，取乎内而忘乎外也，神交默契於不言，而圓融渾合於真静也。悟則真悟，見則真見，知則真知也。一理融而萬理融，一境徹而萬境徹也。書不於是而集哉，集之何如？集之以主静，集之以居敬，集之以窮理而已矣。蓋心非静則無所歛，主乎静者，歛此心而不放也。心非敬則無所持，居乎敬者，持此心而不亂也。理非窮則無所考，窮乎理者考此心而不失也。往年陳白沙先生過予定山，論及心學，予以是質之。先生不以予言爲繆，亦不以予言爲是，而謂予曰：「此吾緝熙之在清湖者之所得也，而子亦有是哉？」蓋先生之學在是，予竊其緒餘而乘之，無有得也。世之好事以詆陳爲禪者，見夫無言之説，予與先生之論如此，必以爲禪。夫禪之所謂無者，無而無，然無極而太極，静無而動有者，吾儒亦不能無無也。但吾之所謂無者，未嘗不有而不離於有；禪之所謂無者，未嘗有有而實滯於無。禪與吾相似而實不同矣。嗟夫，天下之人豈無真與僞哉，天下之事豈無是與非哉？有以辨之耳，然苟不知夫周行之大者，惡知曲徑之爲小？不知吾儒之真者，安知他道之有僞？遊學於是者，其亦以予言爲禪否哉？是役也，始於憲副劉公欽謨，中於僉憲吴公伯通，成於開封守張公九雲，而維持上下則都憲李公也。既成，提學僉憲石公宗海謂不可無記，於是張公九雲謀之僉憲傅公商佐，以請於予。予與商佐、九雲爲同年，宗海爲同里、爲同學而又爲同年，皆予友也，予所敬慕而請益者也。敢盡所衷以復，亦未知其是與否也，諸公將亦教乎我哉！

定山集卷九徽州府修學記

徽州府學故不治，蓮塘婁先生以御史奉命提學南畿，至則嘆曰：「此吾朱子之鄉也，而是鄉乃不治哉？」於是郡之守貳莫不鼓舞振作，積材鳩工，以後爲戒，而奔走執役之人亦皆晨夜展力，不以勩告。越明年，徽學大治，且爲南畿諸學之冠。定山莊某諗於衆曰：「蓮塘所以汲汲是學者，豈止徽哉，將以汲汲天下之學也。夫以朱子之鄉而止於徽，則天下之學所當治者皆古聖賢之地，而必孔子之魯、孟子之鄒、濂溪之舂陵、二程之河南，以及是徽，而以天下無古聖賢者，其學皆不治也。蓮塘之意止於徽哉？」蓋曰自堯、舜、禹、湯、文、武之後，惟一孔子；自濂溪、二程之後，惟一朱子。有孔子則堯、舜、禹、湯、文、武之道益大，有朱子則濂溪、二程之道益明。是孔子、朱子者，天下斯文之主，古今學者之師也。世之爲學者得似朱子，可以無愧；爲人者得如孔子，亦可以足。而曰朱子之鄉，則鄉之人學聖賢者，庶幾其可以不出其鄉，而不至以爲東家丘矣。嗟夫，鄉之人去其國千里，見夫故鄉之人，則必談笑而喜，其不然者，必未吾故鄉之人也。居於稠人廣坐之中，有笑夫聖賢人者，其鄉之人必曰「此豈爾所知哉，吾知其詳也，吾里相同而居相接也」。至於學也，獨無然乎？此徽人所以學朱子者，吾蓮塘之意也。雖然，朱子亦可以概學哉？一朱子也，有吾之朱子，有古之朱子。蓮塘之所教徽人者，古朱子乎，吾朱子乎？古朱子者，影響糟粕，聖賢紙上，而吾朱子者，在我也。吾心之本體，吾朱子也；吾心之神明，吾朱子也。吾之朱子，居吾敬也以立其本，窮吾理也以致其知，精以察之，一以守之，涵養操存，以虛靜其神明之府，而吾之主人翁常固惺惺也，如是而已。如是，則吾之所以參天地者此，吾之所以繼往聖而立人極者亦此，吾謂朱子者，豈有他哉，在我而已乎，朱子之後又一朱子矣。蓮塘每與余論學，未嘗不以是言，而至所謂敬、所謂静者，未嘗不爲之切切也。夫以予之頑鈍，而蓮塘且爲之不棄如此，而況夫徽之豪傑出於聖賢之鄉者，將無所處哉？或曰：朱子之與孔子，終有聖賢分，學朱子而不學孔子，何也？曰：以徽人言也。以徽人言，故謂之朱子也，朱子學孔子者，學朱子乃所以學孔子也。孔子者，自然之朱子；朱子者，勉然之孔子。學朱子者，將止於朱子哉？教授某命諸生某詣定山，請書於石，遂書以畀之，蓋將以告夫徽之學朱子者得以爲何如也。

章懋

章懋（一四三七——一五二二），字德懋，别號闇然子，蘭溪（今屬浙江）人。學者稱楓山先生。成化二年（一四六六）進士，選庶吉士，授編修，以南京禮部尚書致仕，卒謚文懿。明儒學案評章氏之學云：「其學墨守宋儒，本之自得，非有傳授，故表裏洞澈，望之龐樸，即之和厚，聽其言，開心見誠，初若不甚深切，久之燭照數計，無不驗也。」著有楓山語録、文集等。明史卷一七九、明儒學案卷四五有傳。

楓山語録

格物窮理，須物物格，事事理會，講明停當，方接物應事得力。

爲學之方，當依程子「涵養須用敬，進學在致知」，故無弊。朱子亦是從此語。務涵養者偏于静，多流入禪學矣。

人之進學，不在于志氣進鋭之時，而在于工夫有常之後。吾曩見先生請益，先生以爲：「爲學之道，居敬、窮理不可偏廢。浙中多是事功，如陳同父、陳君舉、薛士龍輩，只去理會天下國家事，有末而無本。江西之學多主静，如陸象山兄弟，專務存心，不務講學，有本而無末。惟朱子之學知行本末兼盡，至正而無弊也。」

道學自孟子失傳後，漢諸儒專守經傳章句無心得，宋兩程子鑒其流弊，方提出「敬」字做工夫教學者，門人下稍又流入禪學去。朱子鑒其流弊，遂重在致知格物上做工夫教學者，門人下稍又流入支離，專鑽研書册，以著書爲事。今白沙見朱子之後支離，遂欲捐書册，不用聖賢成法，只專主静求自得，恐又不免流於禪學也。今之學者須持敬、致知兩下工夫方可。

虚寂之學，最爲心害，後儒高明者往往溺焉，自謂得簡易之妙，終莫覺其非。

今江西之學，還有陸氏遺風；浙中之學，還是事功。

周琦

周琦，字廷璽，號東溪，馬平（今廣西柳江）人。成化十七年（一四八一）進士，官至南京户部員外郎。周氏之學出於薛瑄，大抵宗程朱，以復性爲本。所著有東溪日談録十八卷。傳見嘉靖廣西通志卷四七。

東溪日談録卷一五陸象山之學

陸子静與胡明仲皆强執之人，但胡明仲議論英發，旁若無人，雖强執無偏廢，陸子静則執到底，且又不肯説破，故朱子謂之禪語。觀其所論「克己復禮」一句，謂「不是專克去利欲忿懥之私，有一念要作聖賢亦是私」。議論至此，却是論到極偏處，鑿壞正理。人之爲學不以聖賢爲期，却將何者爲準的，士何以希賢，賢何以希聖，聖何以希天？九淵之學真與朱子不合，非朱子之學偏，乃象山之學偏矣。吴草廬曰：「朱子道問學功多，子静尊德性功多。」此草廬爲子静言也，朱子豈只道問學而非尊德性者哉？

朱子謂：「子静不著言語，其學正似告子。」吴澄所謂陸子静以尊德性爲本，朱晦庵以道問學爲本，所見亦非確論。

程敏政

程敏政（一四四五—一四九九），字克勤，號篁墩，休寧（今屬安徽）人。成化二年（一四六六）以進士第二人及第，授翰林院編修，官至禮部右侍郎。程氏以學問賅博，著述繁贍著稱。所著道一編，創爲朱陸學説初異終同之説，王守仁朱子晚年定論亦受其影響。又著有篁墩集、新安文獻志等。明史卷二八六有傳。

篁墩文集卷一六淳安縣儒學重修記 節録

上略。蓋聞此邦有融堂錢氏，實得慈湖之傳，上宗陸子，其言淵以慤，其行碩以顯，真可謂百世士矣。然朱陸之辨，學者持之至今，予嘗誦兩家之書，而竊懼夫人之不深考也，自艾于粗浮之習，而追病夫支離之過，其言具在，炳若日星，今弗究其晚年之同，而取決於早歲之異，其流至于尊德性、道問學爲兩途，或淪於空虚，或溺於訓詁，卒無以得真是之歸，此道所以不明不行，而師之教弟子之學淵源所承，宜有據焉可也。下略。

篁墩文集卷一六道一編目録後記

宇宙之間，道一而已。道之大原出于天，其在人則爲性，而具于心，心豈有二哉，惟其蔽於形氣之私，而後有性非其性者，故聖門之教在於復性。復性之本，則不過收其放心焉爾。顔之「四勿」，曾之「三省」與子思之「尊德性」「道問學」、孟子之「先立乎大者而小者不能奪」，其言鑿乎如出一口。誠以心不在焉，則無以爲窮理之地，而何望其盡性以至於命哉？中古以來，去聖益遠，老佛興而以忘言絶物爲高，訓詁行而以講析編綴爲工，辭章勝而以譁世取寵爲得，由是心學晦焉不明，尼焉不行。雖以董、韓大儒尚歉於此，而亦何覬其他哉？子周子生千載之下，始闡心性之微旨，推體用之極功，以上續孟氏之正傳。而程子實親承之，其言曰：「聖賢千言萬語，只是欲人將已放之心約之，使反復入身來，自能尋向上去，下學而上達也。」此其言之切要，意之誠懇，所望於後學者何如？而卒未有嗣其統者。然於是朱、陸兩先生出於洛學銷蝕之後，並以其説講授於江之東西，天下之士靡然從之。然兩先生之説，不能不異於早年，而卒同於晚歲，學者獨未之有考焉，至謂朱子偏於道問學，陸子偏於尊德性，蓋終身不能相一也。嗚呼，是豈善言德行者哉？夫朱子之道問學，固以尊德性爲本，豈若後之講析編綴者，畢力於陳言。陸子之尊德性，固以道問學爲輔，豈若後之忘言絶物者，悉心於塊坐。走誠懼夫心性之學將復晦且尼於世，而學者狃於道之不一也，考見其故，詳著于篇。

篁墩文集卷二八道一編序

朱陸二氏之學，始異而終同，見於書者可攷也。不知者往往尊朱而斥陸，豈非以其早年未定之論，而致夫終身不同之説，惑於門人記録之手，而不取正於朱子親筆之書耶？以今攷之，「志同道合」之語著於奠文，「反身入德」之言見於義跋，又屢自咎夫支離之失，而盛稱其爲己之功，於其高第弟子楊簡、沈焕、舒璘、袁燮之流，拳拳敬服，俾學者往資之。廓大公無我之心，而未嘗有芥蔕異同之嫌。兹其爲朱子，而後學所不能測識者與？齋居之暇，過不自揆，取無極七書、鵝湖三詩鈔爲二卷，用著其異同之始，所謂早年未定之論也。别取朱子書札有及於陸子者，釐爲三卷，而陸子之説附焉。其初則誠若冰炭之相反，其中則覺夫疑信之相半，至於終則有若輔車之相倚，且深有取於孟子道性善、收放心之兩言。讀至此而後知朱子晚年所以推重陸子之學，殆出於南軒、東萊之右。顧不攷者斥之爲異，是固不知陸子，而亦豈知朱子者哉？此予編之不容已也。編後附以虞氏、鄭氏、趙氏之説，以爲於朱陸之學蓋得其真，若其餘之紛紛者，殆不足録，亦不暇録也。因總命之曰道一編，序而藏之。弘治二年歲己酉冬日長至，新安程敏政書。

篁墩文集卷二九送汪承之序

新安郡學生汪祚承之從予講學南山精舍，其資蓋可進於道者，將赴秋試南京，壎子與之聯研席相好，請一言道其行。予因取案上一卷書謂之曰：「此予所輯道一之編也，子嘗誦習之矣，然則吾之告子，庸能出乎是哉？夫尊德性而道問學，二者入道之方也。譬之人焉，非有基宇，則無所容其身，終之爲佃傭而已。德性者，人之基宇乎？基宇完矣，器用弗備，則雖日租於人而不能給，且非己有也。問學者，人之器用乎？蓋尊德性者，居敬之事；道問學者，窮理之功。交養而互發，廢一不可也。然有緩急先後之序焉，故朱子曰『學者當以尊德性爲本，然道問學亦不可不力』，其立言示法所當審矣。中世以來，學者動以象山藉口，置尊德性不論，而汲汲乎道問學，亦不知古之人所謂問學之道者何也？或事文藝而流於雜，或專訓詁而入於陋，曰『我之道問學如此』，孰知紫陽文公之所謂問學者哉！尊德性而不以問學輔之，則空虚之談；道問學而不以德性主之，則口耳之習。茲二者，皆非也。噫！其弊也久矣。此吾所以拳拳於學者，而犯不韙之罪於天下，不得而辭者歟？子輩勉之，庶幾吾紫陽文公之道。所望於後學者，將不淪胥以斁而莫之振也。」壎子曰：「祚也將上其藝於有司大人，以是發之，何如？」予曰：「小子烏足以知之，道固無往而不在也。象山於白鹿洞開講之言曰：『名儒巨公多出科舉，要之其志之所向，則有與聖賢背馳者矣。誠能深思利欲之習，怛焉痛心，而專志乎義，因是而進，於場屋之文，必能道其平日之學、胸中之蘊，而不詭於聖人。由是而仕，必皆共其職，勤其事，心乎國而不爲身計，豈得不謂之君子乎？』我紫陽文公深取其義，刻之書院，以示來者，斯豈非今之學子所當從事者哉？」於是祚起謝曰：「先正所謂道問學而發其所蘊，不詭於聖人者，正惟尊德性爲之本耳，謹受教而行。」於是乎叙。

篁墩文集卷三八書朱陸二先生所論無極書後

按，以上七書幾數千言，二先生所以論無極者，援引擿發，纖悉畢具，後學不容復置喙矣。然陸子第一書云周子「若懼學者泥於形器而申釋之，則宜如詩言『上天之載』，於下贊之曰『無聲無臭』可也」，朱子第一書云「孔子贊易，自太極以下，未嘗言無極也，周子言之。若於此實見太極之真體，則知不言者不爲少，而言之者不爲多矣」。竊窺二先生之言，無易此兩端，然猶反復不已者，尹氏所謂「有所疑於心而不敢强焉」爾，是正中庸「辨之弗明弗措」之義。豈若後世口耳之學，隨人立説，不復求之心得，而苟焉以自欺，泛焉以應人者哉？抑此皆二先生早歲之事？考兩家之書，陸子他日不復論無極，而朱子注太極圖説，首曰「『上天之載，無聲無臭』，而實造化之樞紐，品彙之根柢，故曰無極而太極」，實陸子語意，豈非二先生晚年有合而然與？

篁墩文集卷三八書朱陸二先生鵝湖倡和詩後

按，此三詩，二陸與朱子會講於鵝湖所作，考其時所論皆不合而罷，蓋二陸早年於尊德性爲重，故其詩有「支離」之説，疑朱子爲訓詁。朱子早年於道問學爲重，故其詩有「無言」之説，疑二陸爲禪會。兩家門人遂以成隙，至造言以相訾，分朋以求勝，而宗考亭者尤不能平，恚其以支離見斥也。然朱子晚年深自悔其支離之失，凡七見於書劄之間，蓋不獨以咎己，又以之警人。而陸子亦有「追維曩昔，粗心浮氣，徒致參辰」之語，見於奠東萊之文。以是知道無終窮，學無止法，雖大賢近聖之資，亦必「盈科而後進」者如此。或乃謂朱陸終身不能相一，豈惟不知象山有克己之勇，亦不知考亭有服善之誠。篤志於爲己者，不可不深考也。

篁墩文集卷三八書朱子答吕子約書

按，此書朱子未與陸子相見時語，所謂「脱略文字，直趨本根」，與中庸先學問思辨而後篤行之説，乃朱陸最異處。今考陸子與其門人書，亦孜孜以講學爲務，而獨切切以空言爲戒，疑所謂空言者，指朱子也。朱子豈倡爲空言者哉？其説可謂大不審矣。此所以來議者之紛紛乎？陸子之説，略附一二，以見其早年所以爲不同者之甚焉。

篁墩文集卷三八書朱子答吕子約蔡季通二書

按，以上二書，朱子始謂陸子全是禪學，且嘆其深誤後生之好資質者。今考象山之書，往往以異端爲憂，其於儒釋之辨亦嚴。蓋朱子直以其主尊德性之説太過，而疑其爲禪耳。然陸子與朱子書，則又譏其爲「葛藤末説」，不知縈絆多少好氣質底學者。殆其言皆出於早年氣盛語健之時，學者未可執以爲定論也。

篁墩文集卷三八書陸子與朱子及陶贊仲鄭溥之三書

按，朱子有言「學匪私説，惟道是求」，今以陸子此三書觀之，其意未始不與朱子同。而其稱朱子一則曰高明，一則曰英特，真有古者「君子和而不同」之義。豈若後世操上人之心，執一己之見，至於交惡而不可解者哉？宜其德盛仁熟，而驩然合并於晚歲也。

篁墩文集卷三八書朱子答劉季章書

按，此書乃朱陸不同之肯綮。蓋陸子方以學者口耳爲憂，欲其以尊德性爲先，以收放心爲要。朱子乃欲學者依文句玩味，意趣自深，又欲其趁此光陰，排比章句，玩索文理，正與象山之教相左。然朱子晚歲乃深有取於陸說，今摘附於後。

篁墩文集卷三八書朱子與黄直卿書

按，陸子之書最尊顔子、曾子，以爲曾子傳子思，子思傳孟子，外此不可以言道，絶不見有推尊琴張、曾皙、牧皮之説。是豈門人流言，朱子一時聽之而以爲實然者邪？

篁墩文集卷三八書陸子與李省幹張輔之書

按，陸子前與胡季隨、曾宅之及此四書，皆亟稱夫子之殁，其傳在曾子，謂曾子得之以魯，子貢失之以達，且深有憾於空言多識，務外狥人之弊。今考朱子注曾子「三省」章，用尹、謝二氏之説。尹氏曰：「曾子守約，故動必求諸身。」謝氏曰：「諸子之學，皆出於聖人，其後愈遠而愈失其真，獨曾子之學專用心於内，故傳之無弊。觀於子思、孟子可見矣。」然則守約固疑於捷徑，專用心於内固疑於近禪，而象山之學不能免於世之疑矣。但曾子三省，忠信所以尊德性，傳習所以道問學，而朱子以忠信爲傳習之本，學者宜有味於斯言。

篁墩文集卷三八書朱子答劉公度書

按，朱子此書深斥荆公祠記之非，而陸子亦與其門人胡季隨書曰：「王文公祠記乃是斷百餘年未了底大公案。餘子未嘗學問，妄肆指議，無足多怪。同志之士猶或未能盡察，良可慨嘆。」殆謂朱子也。今考其記所云，多與朱子讀兩陳奏議遺墨相出入，而又率本諸司馬温公及明道先生之言。今摘其大略，附注諸説，以見其語意所從來，亦後學考求探討之不能已者。然朱子讀兩陳奏議遺墨，其詞峻。陸子乃荆公鄉人，其詞婉。殆各有攸當，而朱子拔本塞原之論，尤不可少也。

篁墩文集卷三八書陸子記荆公祠略

按，文公語録：「門人吴琮問：『萬世之下，王臨川當作如何評品？』曰：『陸象山嘗記之矣，何待他人。』問：『莫只是學術錯否？』曰：『天姿亦有拗强處。』」觀此語，則又與答劉公度書不同。語録雖未足盡據，然亦不應牴牾若是，學者詳之。

篁墩文集卷三八書朱子答張敬夫書

按，此書謂陸子廢講學而專務踐履，將流于異學。然朱子他日又謂「温公只恁行將去，無致知一段」，疑其與論象山之失同。至於滄洲精舍祝文則云：「周程授受，萬理一原。曰邵曰張，爰及司馬。學雖殊轍，道則同歸。」遂以温公上班周、程、張、邵，以侑宣聖，豈別有見邪？抑大賢之造詣淺深，必歷其域者然後知之，非後學小子所得驟而窺邪？

篁墩文集卷三八書朱子與陸子静書

按，陸子輪對五劄首言版圖未復，讐恥未雪，願博求天下之俊傑，相與擧論道經邦之職。次言漢唐之治，因陋就簡，願益致尊德樂道之誠以慰天下。次言人主莫難於知人之明，不宜信俗耳庸目，以是非古今，臧否人物。次言天下之事有可立致者，有可馴致者，三代之政，豈終不可復，顧爲之以漸而不可驟。次言人主不宜親細事，致叢脞之失。皆不見所謂禪者。然析理之精，擇言之審，百代之下，孰有加於紫陽夫子者哉？殆必有毫釐之差，千里之謬者矣。學者諦玩而自得之可也。

篁墩文集卷三八書朱子答吕伯恭書

按，東萊先生居父之喪，文公遣子從學，而象山有書與東萊，甚言居憂講授之非禮，此亦二先生相異之一。然於此亦覺於尊德性、道問學各有所從入而致隆之意。

篁墩文集卷三八書朱子與林擇之書

按，朱子此書云「日前講論，只是口説，不曾實體於身，故在己在人都不得力」，又云「陸子壽兄弟近日議論却肯向講學上理會，其門人有相訪者，氣象皆好」，蓋朱子自是有取于象山，日加一日矣。

篁墩文集卷三八書張南軒先生與陸子書

按，南軒先生嘗有書與二陸，論爲學之大端，不出致知、力行二者，且稱朱子卓然特立，真金石之友。殆聞其平日各主尊德性、道問學之説，而爲之中處邪？今録以相次，庶幾一時大賢君子之切劘講肆，學者得有所觀感，而爲之法守也。

篁墩文集卷三八書朱子白鹿洞書堂講義跋

按，朱子於此始亟稱象山之言，蓋發明懇到者，道問學之效；反身深察者，尊德性之功。學者所當究心也。

篁墩文集卷三八書朱子祭陸子壽陸子祭吕伯恭文

按，淳熙八年二月，二先生復會於南康，議論之際，必有合者，故朱子特請象山于白鹿洞，升講席以重之，而又爲文以奠復齋，有「道合志同，降心從善」之語。後五月而東萊訃至，象山奠之，有「追惟曩昔，粗心浮氣，徒致參辰」之語。蓋二先生之道至是而有殊途同歸之漸云。

篁墩文集卷三八書朱子表曹立之墓略

按，此表謂「以心之所得者爲學，有非文字言語可及」，又謂「先期于一悞，而遂至于棄百事以趨之」，皆譏陸氏之失。然陸子之學，主于孟子「先立乎其大者」，亦未始盡廢窮理之功，其教學者惓惓以本末先後爲説，其書具存，可以考見。若朱子之言，則實足以拯後學躐等陵節之弊，可相有而不可相無也。

篁墩文集卷三八書朱子答項平父書

按，此書則知朱子所以集諸儒之大成者如此，世之褊心自用，務强辨以下人者，於是可以惕然而懼，幡然而省矣。然陸子亦有書，論爲學有講明，有踐履，全與朱子合，而無中歲枘鑿之嫌。書附于左。

又按，草廬吴氏爲國子司業，謂學者曰：「朱子於道問學之功居多，而陸子静以尊德性爲主。問學不本於德性，其敝必偏於言語訓釋之末，故學必以尊德性爲本，庶幾得之。」當時議者以草廬爲陸學而見擯焉。然以朱子此書觀之，則草廬之言正朱子本意，學者宜考於斯。

篁墩文集卷三八書朱子答陳膚仲書

按，朱子書在前兩卷者，曰「子静全是禪學」，至此始謂陸學固有似禪處，且勸學者要得身心，稍稍端静，方於義理知所決擇。即是觀之，則道問學固必以尊德性爲本，而陸學之非禪也明矣。

篁墩文集卷三八書朱子答吕子約何叔京書

按，朱子此二書謂學者自家一箇身心不知安頓去處，而談王談霸，將經世事業別作伎倆，謂不察於良心發見處，則渺渺茫茫，恐無下手處。又謂多識前言往行，固君子所急，近因反求未得箇安穩處，却始知此未免支離。而陸子與人書曰「事外無道，道外無事。前言往行，所當博識。顧其心苟病，則非徒無益，所傷實多。他日敗事，如房琯、荆公，可勝既乎」，又曰「若得平穩之地，不以動静而變。苟動静不能如一，是未得平穩也」。蓋兩先生之言不約而同者如此。

篁墩文集卷三八書朱子答吴伯豐書

按，朱子謂兩種爲學之人，其一徑趨簡約，脱略過高，蓋指陸子之門人。其一覺得外馳，支離繁碎，殆謂己之門人也。然陸子晚年益加窮理之功，朱子晚年益致反身之誠，取是編前後所書考之，則二先生之學，所謂去短集長，兼取衆善者，真入道進德不易之法程也。

篁墩文集卷三八書朱子與周叔謹書

按，朱子此書勸學者且讀孟子「道性善」、「求放心」兩章，著實體察，其餘文字，未須著力考察。蓋與陸子爲一家之言，而陸子之言已見前卷者，不復重出，間附一書以備參考。

篁墩文集卷三八書朱子答吕子約書

按，朱子謂「覺得此心操存舍亡，只在反掌之間」，又謂「豈可汩没於故紙堆中，使精神昏蔽，而可謂之學」？陸子之言則曰「念慮之正不正在頃刻之間」，又謂「非明實理有實行之人，往往乾没于文義間，爲蛆蟲識見以自喜而已」。朱子前所謂「道合志同」者於是益驗。

篁墩文集卷三八書朱子答陸子七書

按，以上七書曰「日用工夫頗覺有力，無復向來支離之病」，曰「近日方實見得向日支離之病」，曰「却始知此未免支離」，曰「覺得外馳，支離繁碎」，曰「向來説話有大支離處」，曰「向來誠是太涉支離」，曰「若只如此支離，漫無統紀，展轉迷惑，無出頭處」。蓋朱子深悔痛艾于支離，而有味于陸子之言，既以之自咎，又以之語人，鞭策淬礪，極其警惻，所謂豪傑之才，聖賢之學，知有義理之公，而無彼我之見，百世之下所當刻骨而師之者也。

篁墩文集卷三八書朱子答滕德章符復仲書

按，此二書皆稱象山爲陸丈，所以尊禮之如此。前一書稱其收拾身心有功，居敬之益密者也；後一書稱其所言明當窮理之益精者也。朱、陸二先生於是將所謂一而二、二而一者乎？

篁墩文集卷三八書虞道園所跋朱陸帖

按，朱子此書與陸子，有「病中絕學捐書，覺得身心頗相收管，向來泛濫，真不濟事」之語，然不見于大全集中，殆門人去之也。明道嘗爲新法條例司官，而伊川作行狀略之；歐陽公記呂、范解仇事，而忠宣公於碑文删之。況學識之下先正者，宜其不能釋然於此也。

篁墩文集卷三八書鄭師山送葛之熙序及與汪真卿書

按，此二條議論平正，可驗學術之醇，宜其能振高風于一時，全大節于叔世也。

篁墩文集卷三八書趙東山對江右六君子策

按，此篇曲盡二先生道德之詳，獨謂朱子「去短集長」之説在陸子没世之後，則恐未然。蓋朱子劾唐仲友在淳熙九年，陸子有書亟稱之。而虞道園考朱子與陸子書所謂「病中絶學捐書，覺得身心頗相收管」，及周叔謹、胡季隨二書皆在一時，則兩先生殊途同歸之好，當不出此數歲間，而謂陸子去世，不及與朱子合并者，殆未之深考也。

篁墩文集卷三八書趙東山陸子像贊

按，此亦因朱子謂「陸學固有似禪處」一句而發，然歷考先正之論象山者博而費，不若東山此贊之約而該也。

篁墩文集卷五四復司馬通伯憲副書

向承手教示及，展轉數處，乃到山齋，坐是不得以時裁上，今茲所得尊翰，則李太守專人送至，且云來使歸速，始欲一布所懷，而病後血氣衰減，筆硯都廢，將書復止者再三。然惠教諄複義，不得不少申一二。僕自歸田，連歲抱病，至庚戌夏秋間幾不救矣。門生子弟取僕平日猥説若道一編之屬，彙次鋟梓，僕蓋不知也。杪冬，疾少間，乃始知之。蓋深懼出之太早，必致人言，可見執事之愛僕至深切矣。僕生朱子之鄉，服其遺教，克少有立者，實有罔極之恩，而恨報之無所也，故誦其遺書，玩索紬繹，頗自以爲勤苦。竊意近世學者，類未探朱子之心，及其所學肯綮何在，口誦手録，鑽研訓釋，只徒曰「我學朱子」云爾。僕所以深憂大懼，思有以拯之，豈敢藉此爲二陸之地於百世之後，如執事所云者哉？僕又何利於二陸而犯不韙之譏於天下哉？執事以是編爲抑朱扶陸，又以爲辱朱榮陸，使誠有之，則僕乃名教中罪不可逭之人，而況其學之陋、力之薄，亦安能爲之抑扶，爲之榮辱，徒見其不知量耳。然理之所在，則有不可誣者，但恐執事以高明之資，疾讀未能終卷，又未始平心觀理，止欲尊朱斥陸，占上風爾。此正朱門高第知尊吾師而不知所以尊者。觀朱子與諸葛誠之書，殊使人惕然不能自已，執事試取僕此編稍諦觀之，曾有一字不出於朱子之自言者乎？僕於中間不過提掇數語，使人知朱子之爲學，泛觀約取，知行並進，故能集大成而憲來世如此，使後之褊心自用者愧汗交下，以求入德之門，隨聲附影者不敢專一於口耳，以求放心爲之本，則此學朱子庶幾不墜。而考之當時，未有互相發也。惟二陸生同時，且其所言悉經朱子論斷，或異或同，具有成説，類聚而觀之，求自得師云爾，豈敢必人之同己哉？不謂門生輩便爾公誦於人，以致塵編上徹尊覽，過蒙鐫諭，敢不敬承？但以朱子手書考之，其於二陸始本異而終則同，是編所載，有目者可共見也。今欲縷析於明者之前，固更僕莫盡，只如答項平甫一書，亦不審執事曾一挂目否邪？然竊意執事未必不疑非朱子之筆，思欲删之而後快於心耳，又不知此心視朱子之心果何如也？若於此處見得，則必有劃然，無俟乎多言者矣。然僕則豈敢以區區左見，而不求天下之公是哉？亦徒主於朱子之手書凜凜然若耳提面命云爾。執事又以朱子之於二陸平生本末細考其遺餘，甚是顯白，此必更有所聞，得之家傳，或直以獨見判其同異，雖朱子復生，亦不容自主其説者。切望一一示教，使此身幸而不死，猶得以窺見大賢君子所學之淵懿，誠有非淺見薄識所與知者，豈非平生之一快歟？若恐爲仇家之地，重後世之譏，此尤見所以愛僕者無已也。心感心感。和定山年兄佳章，惓惓此道，警發益多，況妙於語言，可以追逐餘響，無由奉答，欽羡而已。引領南望，不勝馳情，千萬爲道自愛，不宣。

篁墩文集卷五五答汪僉憲書

近得寄示書，謂僕所葺心經附注大意與道一編同，且謂尊德性、道問學，修德凝道之大端，乃朱先生定論，其改道問學齋爲「尊德性」，所以警學者支離耳。奉誦再三，知行部之暇，不廢簡册，所養益深，所得益粹，欽羡無已。僕性迂僻，而獨喜誦朱子之書，至行坐與俱，寢食幾廢。竊幸稍窺其一二以自得師云爾，非敢必人之同己也。至於道一編所葺，則皆據朱子成説書之，觀者不審，殆以僕爲陸氏之學。每自訟何苦，而必犯此不韙之譏，蓋亦君子謂其有所疑於心，而不敢强焉者也。夫尊德性、道問學二者，初學小子便能知之，然皆不過吟諷於口，其能體諸身而驗諸心者，蓋鮮也。僕不佞，請試言之，而左右聽焉。夫所謂尊德性者，知吾身之所得皆出於天，則無毫髮食息之不當謹，若中庸之「戒慎」、玉藻之九容是也。所謂道問學者，知天下無一事而非分内，則無一事而非學，如大學之格致、論語之博約是也。古之人自八歲以下悉入小學，其所學者，大抵多尊德性之事，故至十有五歲則志氣堅定。德性之尊，十且八九，然後入大學而以格物爲首事。今之人未嘗有小學工夫一日，乃遽侈然從事於大學，故其弊至於躐等陵節而無成。惟朱子深見古人立教之意，故以之注大學第五章曰「始教」，見格致之非小學首事也。知而謂之已知，窮而謂之益窮，皆因小學工夫已十八九，而後可施格致工夫，求至其極也。又以之注中庸第二十七章曰「非存心無以致知」，玩「非」、「無」二字，則有以見尊德性者其本也。「存心者又不可以不致知」，玩「又」之一字，則有以見道問學者其輔也。大抵尊德性、道問學只是一事，如尊德性者制外養中，而道問學則求其制外養中之詳；尊德性者由中應外，而道問學則求其由中應外之節，即大學所謂求至其極者，實非兩種也。日用之間，每有所學，即體之於身，驗之於心，而無性外之學，事外之理。是乃朱子繼往開來之業，而後學有罔極之恩者也。其爲門人改道問學齋爲「尊德性」，而左右以爲警學者支離，豈不亦有見於是乎？孟子曰：「學問之道無他焉，求其放心而已矣。」聖賢立言垂教，無非欲學者於身心用功。而學朱子之學者，漸失其本意，乃謂朱子得之道問學爲多，蓋非惟不知所謂尊德性，亦并不知爲何云道問學，而道問學者何用也。其在宋末元盛之時，學者於六經四書纂訂編綴，曰集義，曰附録，曰纂疏，曰集成，曰講義，曰通考，曰發明，曰紀聞，曰管窺，曰輯釋，曰章圖，曰音考，曰口義，曰通旨，棼起蝟興，不可數計。六經注脚，抑又倍之。東山趙氏謂近來前輩著述，殆類夫借僕鋪面張君錦繡者，如欲以是而爲朱子之的傳，咎陸氏於既往，不亦過乎？説者謂朱子之學有傳，陸氏之學無傳，以其學之似禪也。夫此道自孟子而後幾千五百年，曷嘗有傳之者，顧以此爲優劣，既非所以服人，而宋元諸儒如前所云者，謂其能得朱子道問學之的傳，可不可乎？陸氏之學，固未暇論也。左右謂朱陸二先生同主性善，同是堯舜，同非桀紂，同知善之當好，惡之當惡，未始不一，而進爲之方則不同矣。夫其主性善，而是堯舜非桀紂，知善之當好，惡之當惡，是皆道問學之極功，不知此外更有何等進爲之方，誠有非淺陋可及者矣。今去朱子三百年，人誦其書，家傳其業，顧未有小學追補之功，而又以記誦詞章之工拙爲學問之淺深，視晚宋盛元諸儒，更出其下，此僕所以大懼，而不敢苟爲異同者也。陸氏之學，已備道一編中。而朱子晚年以尊德性爲重，見於書者可考也。今略舉數條爲左右誦之。其一語門人曰：「某向來説得尊德性一邊輕了，今覺得未是。上面一截便是坯子，有這坯子，學問之功方有指處。」其一節賀孫問：「往前承誨，只就窮理説，比來如尊德性一節，數蒙提警，此意是如何？」曰：「覺諸公近日去理會窮理工夫多，又自漸漸不著身己。」此載之語録者也。其一答項平父曰：「子思以來教人之法，惟尊德性、道問學兩事。今子静所説專是尊德性事，而某平日所論却是道問學上多了。今當反身用力，去短集長，庶幾不墮一偏爾。」其答黄直卿曰：「爲學直是在要立本，考較異同，研究纖悉，此是向來定本之誤。今幸見得，却煩勇革，不可苟避譏笑誤人。」此載之文集者也。朱子之言痛切懇到，一至於是，則其所望於及門之士與後學者，可謂極矣。左右試取而諦觀之，勿横一己之見而廢聾瞽之説，則將犂然以解，涣然以釋，亦何俟於譊譊而後有得於心哉？遠惟左右博學美才，高出鄉里，正言直道，增重士林，嘉績茂恩，不日可俟，矧在姻末，注望尤深，更乞於先正。朱子之書，沉潛玩索，務得其旨趣所在，勿作一讀便了。而於諸子之言亦須悉其首尾，然後判其得失，考求歸宿。彼我無嫌，示家學之成規，踵先賢之大業，區區誠不能不有企於賢者。僕自牽復到京，百無寸補，濫塵講席，惶恐奚勝。以左右相愛之深，不覺傾倒，因風鐫諭，俾得再盡所聞，幸惠大矣。維時盛暑，良覿末由，千萬爲道自重，不宣。

篁墩文集卷七一贈淳安丁尹鍊丁嘗主教白鹿洞。

白鹿重開講院基，多君曾此服遺規。學分朱陸心能辨，跡比龔黄事可知。客路盃長留坐久，鄰封情厚發船遲。青溪坊下人行處，他日來看德政碑。

張吉

張吉（一四五一——一五一八），字克修，號翼齋，別號古城，餘干（今屬江西）人。成化十七年（一四八一）進士，授工部主事，官至貴州左布政使。張氏窮研諸經及宋儒之書，以爲道在於是。且以象山之學爲禪學，故作陸學訂疑一卷，今編入張氏古城集中。事迹詳本朝分省人物考卷五九、明儒學案卷四六。

古城集卷二陸學訂疑并序

朱陸之學，先輩論之詳矣。近世儒臣又謂其學始雖殊途，終則同歸於一致。備摘二家辭旨近似者，類而證之。是蓋又一説也。然陸氏自謂使堯舜禹湯文武數聖人同堂而處，其議論必有不合者。然則象山復起而覩是書，不過撟口一盧胡耳。吉少習朱氏諸經傳義，漸漬既久，而堯舜周孔之道坦然如在目前，非異說所能遷惑矣。如適國者之由通衢，一啓耳目，意會心慊，而豈崎嶇榛莽以取捷疾者所能回其視聽耶？竊惟學朱不得，猶不失爲博達之士，學陸不得，流爲禪釋之歸必矣。予惡夫世之從邪而畔正也，乃取象山語録反覆玩味，有可疑者，韻而訂之。藏諸篋笥，以俟知者擇焉。若與其閑邪衛正，不失爲朱氏忠臣，則世之偏執一隅詆呰先哲者，亦可以少愧矣。正德己巳夏五月既望，後學餘干張吉序。

道理只是眼前道理，雖見到聖人田地，亦只是眼前道理。

道在三才，如地有水。四海聖涯，衆溝渠耳。鉅細殊形，烏有異旨。先哲訓詞，健誦無已。

唐虞之際，道在臯陶。商周之際，道在箕子。天之生人，必有能尸明道之責者，臯陶、箕子是也。箕子所以佯狂不死者，正爲欲傳其道，既爲武王陳洪範，則居於朝鮮不食周粟。

唐虞商周，道孰不由。式陳厥謨，式演厥疇。式在臯箕，孰曰獨修。稷契周召，力贊皇猷。道不領會，何異庸流。箕封朝鮮，匪自竄投。不粟之說，不經可尤。

論語中多有無頭柄底說話。如「知及之，仁不能守之」之類，不知所及所守者何事。如「學而時習之」，不知時習者何事。非學有本領，未易讀也。苟學有本領，則知之所及者，及此也；仁之所守者，守此也；時習之，習此也；説者，説此；樂者，樂此；如高屋之上建瓴水矣。學苟知本，六經皆我注脚。先生曰本，其本安在。鄒孟有言，先立其大。道散在物，伊則炳然。種種異形，執一難言。曰忠而忠，曰孝而孝。不因君親，何以自效。專求諸内，曰我得之。脱竄禪流，孰止塞之。

天理人欲之言，亦自不是至論。若天是理，人是欲，則是天人不同矣。此其原蓋出於老氏。樂記曰：「人生而静，天之性也。感於物而動，性之欲也。物至知至，而後好惡形焉。不能反躬，天理滅矣。」天理人欲之言，蓋出於此。樂記之言，亦根於老氏。且如專言静是天性，則動獨不是天性耶？書云：「人心惟危，道心惟微。」解者多指人心爲人欲，道心爲天理，此説非是。心，一也，人安有二心？自人而言，則曰「惟危」，自道而言，則曰「惟微」。罔念作狂，克念作聖，非危乎？無聲無臭，無形無體，非微乎？因言莊子云「眇乎小哉，以屬諸人；謷乎大哉，獨遊於天」，又曰「天道之與人道也相遠矣」，是分别裂天人而爲二也。

寂然不動，乃性之静。感而遂通，爲情之正。情失其正，欲乃熾盛。禮言性静，未足爲病。動則爲情，謂性奚證。記宗易繫，詞出元聖。歸咎老聃，徒亂瞻聽。心雖無二，知覺靡定。飲食男女，道德性命。體驗危微，天淵昭映。欲持其危，在克念敬。子謂危者，克念作聖。滋惑後人，奚從考訂。

近來論學者言「擴而充之，須於四端上逐一充」，焉有此理。孟子當來，只是發出人有是四端，以明人性之善，不可自暴自棄。苟此心之存，則此理自明，當惻隱處自惻隱，當羞惡處自羞惡，當辭遜處自辭遜，是非在前自能辨之。又云：當寬裕温柔，自寬裕温柔；當發强剛毅，自發强剛毅。所謂「溥博淵泉，而時出之」。

擴充爲説，發自鄒人，厥功甚碩，貴驗諸身。有士於兹，忽見大賓。揖遜威容，雅雅循循。焕然在目，有識所珍。謂禮止此，不笑即嗔。百千經曲，爛漫輪囷。不俟人行，曷自具陳。若曰心存，統攝無垠。不假餘力，應物自神。釋氏守心，堅確靡倫。不忠不孝，紀度隳堙。得罪名教，却又何因。

夫子問子貢曰：「女與回也孰愈？」子貢曰：「賜也何敢望回。回也聞一以知十，賜也聞一以知二。」此又是白著了夫子氣力，故夫子復語之曰：「弗如也。」時有姓吴者在坐，遽曰：「爲是尚嫌少在？」先生因語坐間有志者曰：「此説與天下士人語，未必能通曉，而吴君通敏如此，雖諸君有志，然於此不能及也。」吴遜謝，謂偶然。

古今大患，在篤自信。賜不如回，颶言不吝。此何可及，通敏奮迅。重言煅煉，以驅其進。嫌少詆誣，不異童齔。首頷稱嗟，何無少靳。

此道與溺於利欲之人言猶易，與溺於意見之人言却難。

釋老空無，楊墨仁義。努力前驅，不復顧忌。皆溺意見，誠難與議。先生論道，每曰簡易。啓鑰抽關，非不切至。概以聖謨，終岐而二。片言自狀，默樹赤幟。

居象山多告學者云：「汝耳自聰，目自明，事父自能孝，事兄自能弟，本無欠闕，不必他求，在乎自立而已。」

視不思明，聽不思聰。耳目之則，壅閼不通。愛敬怡然，施於親長。雖根於心，亦貴相强。若都沒事，曰本無虧。湯武聖人，何假修爲。累德之基，固在自立。所立無差，庶幾有及。

或問：「先生何不著書？」對曰：「六經注我，我注六經。韓退之是倒做，蓋欲因學文而學道。歐公極似韓，其聰明皆過人，然不合初頭俗了。」或問：「如何俗了？」曰：「符讀書城南、三上宰相書是已。至二程方不俗，然聰明却有所不及。」

人之聰明，相去絶異。明此暗彼，比比皆是。韓歐所業，種學爲文。二程所得，成性存存。本末重輕，難並收拾。寶玉棄珉，何謂不及。

或問：「先生之學，當來自何處入？」曰：「不過切己自反，改過遷善。」

二程夫子，造就人才。必先格致，涵養栽培。孔氏家法，久欝復開。鼎鼐犧象，□□瓌瓌。傳播累葉，統緒不頽。逮乎先生，别出己見。不貴研探，力惇行踐。切己自反，改過遷善。崇德條綱，敢不自勸。懼乏真知，久之必變。若嚼柹屑，可當肴饡。悦口澤膚，孰不歆羡。

吾與常人言，無不感動。與談學問者，或至爲仇。舉世人大抵就私意建立做事，專以做得多者爲先，吾却欲殄其私，而會於理，此所以爲仇。

殄私會理，其語甚大。其理其私，其旨安在。不見孔釋，冰炭相背。其多私耶？轍環不輟，聖功烈烈。其少理耶？聲色屏徹，頑空孑孑。斯理昭融，充周八表。鉅萬非多，毫芒不少。明誠洞徹，暉彩必彰。本相既露，亦難掩藏。

今之論學者只務添人底，自家只是減他底，此所以不同。

學惡孤單，孤單無親。亦惡駁雜，駁雜不純。道有因革，事有屈伸。活人手段，推陳致新。增減既異，孰僞孰真。增所當增，肺腑生春。損所宜損，瘠餒不貧。調瑟膠柱，伐道揮斤。若有捷徑，可造聖人。伊周孔孟，胡不指陳。

先生問學者云：「夫子自言我學不厭，及子貢言『多學而識之』，又却以爲非，何也？」因自代對云：「夫子只言我學不厭，若子貢言多學而識之，便是蔽說。」多材多藝，公旦攸稱。哀多益寡，易象所登。說曰多聞，孔曰多能。於稽多義，歷歷可憑。先生所貴，直截冥斤。推挹繁簡，累有辭徵。至是病賜，尤闖不宏。多學而識，浚自師承。以開其端，以發其曹。歸咎於賜，殊乏準繩。賜咎安在，一唯不曾。是非易處，塹谷頹陵。

「可與適道，未可與立。可與立，未可與權。『唐棣之華，偏其反而。豈不爾思，室是遠而。』子曰：『未之思也，夫何遠之有？』」上面是說階級不同，夫子因舉詩中「室是遠而」之語，因以掃上面階級。蓋雖有階級，未有遠而不可進者也。契勘哲人，格言篤論。血脉條貫，聯屬膚寸。苟於其間，牽引藤蔓。左枘右鑿，終不相巽。是章析之，詞義俱暢。合之不類，適增疑障。宛轉附會，巧鄰哲匠。細味詳研，終爲冗長。

繫辭首篇三句可疑，蓋近於推測之辭。

吾之深信者書，然易繫言：「默而成之，不言而信，存乎德行。」此等處深可信。六籍恢恢，輿輦斯道。聖筆刪修，古今共寶。說事說天，易書暐暐。缺文疑義，容或懊惱。敢布然疑，區分醜好。首繫淵微，渾然天造。謂近推測，殊顛白皁。典貢盤誥，精思力討。屢降屢殊，居然可考。盡信無疑，恐終潦草。易可信者，若止三言。昭昭衆訓，豈盡爲諼。神徂聖伏，蛙黽宵喧。

自周衰以來，人主之職分不明。堯典命羲和敬授人時，是爲政首。後世乃付之星官曆翁，蓋緣人主職分不明所致。孟子曰：「民爲貴，社稷次之，君爲輕。」此却知人主職分。

昔在鴻荒，民風簡約。茹毛飲血，巢栖穴托。犧皡炎黃，應時迭作。卦爻書契，以陳以拓。耒耜舟車，室廬棺槨。利用周完，既康且樂。獨于占候，法猶濶略。帝不垂情，民時奚莫。舜命九官，己默欽若。豈隳厥職，事異今昨。君職何居，弼亮是度。不得則憂，得之乃樂。憂樂在人，胡不寬廓。孟氏斯言，對疾良藥。目爲君職，恐失之鑿。

詩大雅多是言道，小雅多是言事。大雅雖是言小事，亦主於道。小雅雖是言大事，亦主於事。此所以爲大雅、小雅之辨。

道寓於器，器載乎道。剖析以言，終爲潦草。四牡、鹿鳴，唐棣、天保。反覆吟哦，芬腴盈抱。公劉、后稷，板、蕩杲杲。即顯知微，悔讀不早。季札所次，載稽載考。淺深低昂，如析鮮槁。晦蝕埃氛，誰加汛埽。

諸公上殿多好説格物，且如人主在上，便可就他身上理會，何必別言格物。

所議奏對，固泯無聞。主身與物，似不可分。明目達聰，天叙人文。爲暴則滅，爲德則君。所格不越，所陳不群。觸類而長，匪身曷云。知人則哲，作室楣芬，大學首義，敢棄不論。

先生在勑局日，或問曰：「先生如見用，以何藥方醫國？」先生曰：「吾有四物湯，亦謂之四君子湯。」或問：「如何？」曰：「任賢、使能、賞功、罰罪。」

醫國醫人，必審疾勢。勢則不審，藥之必厲。襄遁筆誅，仇復九世。魯莊見貶，視仇泄泄。語宋多難，聞者揮涕。荼毒衣冠，劫遷二帝。神州赤子，禽獮草薙。宗社爲墟，播越海澨。忍恥偷安，不思大計。浮沉累代，一切蒙蔽。九法三綱，掃地陵替。苟以復讐，感激自誓。血誠上達，事當允濟。簡任賢能，福威明嚫。翕張開闔，作我凡例。勿藥之喜，不假占筮。

先生云：「後世言道理者，終是粘牙嚼舌。吾之言道，坦然明白，全無粘牙嚼舌處。此所以易知易行。」或問：「先生如此談道，恐人將意見來會，不及釋子談禪，使人無所措其意見。」先生云：「吾雖如此談道，然凡有虚見虚説，皆來這裏使不得。所謂德行常易以知險，常簡以知阻也。今之談禪者，雖爲艱難之説，其實反可寄託其意見。吾於百衆人前，開口見膽。」

不伐不矜，望道未見。神禹聖文，萬古歆羡。宣尼自視，欿然不勝。不曰豈敢，則曰未能。烏有後人，侈然自大。信己既篤，殆且無奈。開口見膽，自詫非禪。不知失脚，墮落井天。彦國鋪陳，晦叔簡當。君實優游，伯淳條暢。如子所詆，悉匪好辭。號於百衆，誰則信之。

先生云：「凡物必有本末，且如就樹木觀之，則其根本必差大。吾之教人，大概使其本常重，不爲末所累。然今世論學者，卻不説此。」

棄本逐末，舉世滔滔。一遇智人，錙銖莫逃。屏絶百計，惟心是操。釋氏本相，西域稱豪。聖門事業，獨異此曹。表裏一致，不遺纖毫。日月匪明，泰華匪高。運參天地，簡易無勞。回視他術，輕眇一毛。

劉淳叟參禪，其友周姓者問之曰：「淳叟何故捨吾儒之道而參禪？」淳叟答曰：「譬之於手，釋者是把鋤頭，儒者把斧頭。所把雖不同，然却皆是這手。我而今只要就他明此手。」友答云：「若如淳叟所言，我只就把斧頭處明此手，不願就他把鋤頭處明此手。」先生云：「淳叟亦善喻，周亦可謂善對。」

懷玉待沽，手吾之手。不壞金剛，鋤視厥肘。形骸外物，於我何有。不操吾斧，奮力擊剖。詖辭依阿，迭有勝負。善喻善對，胡取二叟。

先生居象山，多告學者云：「汝耳自聰，目自明，事父自能孝，事兄自能弟，本無少缺，不必他求，在乎自立而已。」學者於此亦多興起，有立議論者。先生云：「此是虛説。」或云此是時文之見，學者遂云：「孟子闢楊墨，韓子闢佛老，陸先生闢時文。」先生云：「此説也好，然闢楊墨佛老者，猶有些氣質，吾却只闢得時文。」因一笑。

耳目聰明，實維天則。聾瞽滿前，伊誰之責。孝弟根心，世多凶德。弗究弗圖，並隳厥職。雖無欠缺，學敢不力。不學求立，其仆必亟。楊墨佛老，惡紫亂朱。其色不紫，何事驅除。居今之世，由今之途。應舉取第，能不文乎。躋險捐階，則近於愚。闢所當闢，拊卷嗟吁。

惟温故而後能知新，惟敦厚而後能崇禮。

人非温故，固莫知新。故而不新，奚取陳陳。自非敦厚，亦莫崇禮。厚而無禮，亦何足齒。知行兼舉，内外交修。不遠之復，庶爲我收。

有士人上詩云「手抉浮翳開東明」，先生頗取其語，因云：「吾與學者言，真所謂取日虞淵，洗光咸池。」

聖言近遠，如地如天。觀其所處，猶自退然。餘者立説，安保無偏。厚自夸詡，甚無謂焉。執此明道，彌鬱不宣。胡爲自況，取日虞淵。

「冉子退朝。子曰：『何晏也？』對曰：『有政。』子曰：『其事也。』」魯國無政，所行者亦其事而已。政者，正也。

政出於國，事行於家。圜冠句屨，截爾無差。求所退者，季氏私衙。謂魯無政，獨未思耶？所對忍使，騂駑同秣。聖訓片言，潛施抑奪。陽舒陰慘，生意潑潑。萬世之下，想見顛末。涸轍猶歡，枯稊尚活。此而未省，去道遠濶。紫陽微辭，端倪軒豁。彼疏斯粺，孰可撥抹。

「陽，一君而二民，君子之道也。陰，二君而一民，小人之道也。」陽奇陰偶。陽以奇爲君，一也。陰以偶爲君，二也。

易繫深奥，未易研詳。粲然明朗，不有是章。震、坎與艮，卦體皆陽。巽、離屬陰，兑亦相當。陽奇陰偶，牝牡驪黄。奇則爲君，上體乾剛。偶爲民象，柔比坤鄉。君寡民衆，得道必昌。民寡君衆，失道必亡。六子既列，奇偶既張。其寡其衆，不假敷揚。以偶爲君，象數俱荒。説經未瑩，終類粃糠。

元晦似伊川，欽夫似明道。伊川蔽固深，明道却通疏。

軻没學絶，長夜漫漫。天憫斯人，冥趨瞽竄。篤生二程，旭日始旦。上接墜緒，扶摇霄漢。姬孔情文，淵思條貫。錫謚不虚，萬代偉觀。伯子之純，固不待贊。渾渾元氣，誕無畔岸。叔子之正，同本異幹。寒冰凍雪，凜不可玩。夷齊可作，必興羨嘆。謬摘瑕疵，顛覆公案。他人爲此，乃無忌憚。奈何先生，亦欠詳緩。

「天下之言性也，則故而已矣。」此段人多不明首尾文義。中間「所惡於智者」至「智亦大矣」，文義亦自明，不失孟子本旨。據某所見，當以莊子「去故與智」解之。觀莊子中有此「故」字，則知古人言語文字必常有此字。易雜卦中「隨無故也」，即是此「故」字。當孟子時，天下無能知其性者，其言性者大抵據陳迹言之，實非知性之本，往往以利害推説耳，是反以利爲本也。夫子贊易，「治曆明時」，在革之象，蓋曆本測候，常須改法。觀革之義，則千歲之日至，無可坐致之理明矣。孟子言「千歲之日至可坐而致也」，正是言不可坐而致，以此明不可求其故也。

談性何居，惟故與利。故則有徵，利爲之地。不見神禹，利導百川。縱横捭闔，一出自然。故如曆家，先考躔度。星遠天高，豈逃乎數。是章兩段，申解甚明。自子引據，大易莊生。字義隱晦，讀者始驚。已逝陳迹，孰匪故情。故而可去，古訓須更。明目張膽，敢昧權衡。

「所謂誠其意者，毋自欺也」一段，是總修身、齊家、治國、平天下之要，故反覆言之。「如惡惡臭，如好好色」，乃是性所好惡，非出於勉强也。自欺是欺其心，慎獨即不自欺。誠者自誠，而道自道也。自欺不可謂無人知，十目所視，十手所指，其嚴如此。大學是章，專釋誠意。自慊者充，自欺者蔽。充則必誠，蔽則必僞。始終發越，莫非二義。舍慊言欺，何所底至。雖修厥德，不足潤身。終愧自慊，豈曰成人。修齊治平，固有其要。執一以言，能無遺漏。

「惟器與名不可以假人」，只當説繁纓非諸侯所當用，不可以與此人，左氏也説差却名了，是非孔子之言。如孟子謂「聞誅一夫紂矣」，乃是正名。孔子謂蒯聵、輒之事，乃是正名。至於温公謂「名者何，諸侯卿大夫是也」，則失之矣。惟器與名，似二非二。區别太過，反害於義。蓋古謂名，潛寓於器。大夫歌雍，諸侯請隧。峻拒嚴誅，賴彼聖智。大防苟在，名未墜地。國脉奄奄，猶有屬繫。繁纓雖小，雍隧何殊。奈何不恤，陰長禍樞。聖慮淵深，圖難於易。逆之則亂，循之則治。謂此非名，終啓異議。

或謂先生之學是道德性命，形而上者；晦翁之學是名物度數，形而下者。學者當兼二先生之學。先生云：「足下如此説晦翁，晦翁未服。晦翁之學，自謂一貫。但其見道不明，終不足以一貫耳。吾嘗與晦翁書云：『揣量模寫之工，依倣假借之似，其條畫足以自信，其節目足以自安。』此言切中晦翁之膏肓。」

道之大原，本出於天。散在萬物，形色自然。流行古今，滔滔百川。播諸六籍，因言以宣。士志於兹，力貴精專。駁雜泛濫，多岐所牽。空寂孤單，不覩大全。獨有一法，孔鑄子淵。博文約禮，並造兼權。未入聖域，惜無長年。鄒孟而下，絶學不傳。競取魚兔，不操蹄筌。終日無獲，奚足怪焉。卓哉晦翁，亞聖大賢。孔顔法度，宛在目前。公惡異己，騰口翩翩。彼所得者，略不推先。昧耶私耶，孰任厥愆。

松又曰：「智聖雖無優劣，却有先後，畢竟致知在先，力行在後。故曰『始終』。」先生曰：「是。」

先後次第，學者梯階。天運乾知，惟聖與儕。豈有程度，往來於懷。始終終始，更迭相諧。區分既謬，旨趣頓乖。其知生知，不假思齊。其行安行，豈俟安排。管窺蠡測，天海一涯。蕩蕩無垠，見與孰偕。

中心斯須不和不樂，而鄙詐之心入之。外貌斯須不莊不敬，而易慢之心入之。與告子不動心，是操持堅執做。孟子不動心，是明道之力。

和樂莊敬，養心大方。顯微一致，表裏兼防。希賢門户，入聖梯航。其視告子，屏絶商量。塊守一心，自獨俾臧。霄壤懸隔，亦孔之彰。擠爲一類，於義奚當。孟不動心，資兼勇智。自述所長，知言養氣。明道之力，先生所譽。却以知言，爲心後事。又舍養氣，不以爲言。胡逝其梁，不入其門。九泉可作，能無異論。

松嘗問梭山云：「有問松，『孟子説諸侯以王道，是行王道以尊周室，行王道以得天位？』當如何對？」梭山云：「得天位。」松曰：「却如何解後世疑孟子教諸侯篡奪之罪？」梭山云：「民爲貴，社稷次之，君爲輕。」先生再三稱歎曰：「家兄平日無此議論。」良久，曰：「曠古以來無此議論。」松曰：「伯夷不見此理。」先生亦云。松又云：「武王見得此理。」先生曰：「伏羲以來皆見此理。」

文王作則，保民周矣。豈有他圖，爲商仇矣。孟談王道，亦茲儔矣。心在元元，寧無憂矣。匪勸齊梁，爲邪謀矣。輕重之分，何不侔矣。再三歎賞，不深求矣。奸雄借口，沛横流矣。我則憂之，曷其瘳矣。

「舜隱惡而揚善」，説者曰「隱，藏也」。此説非是。隱，伏也。伏絶其惡，而善自揚耳。在己在人，一也。「爲國家者，見惡如農夫之務去草焉，芟夷藴崇之，絶其本根，勿使能殖，則善者信矣。」故君子以遏惡揚善，順天休命也。

謹按是章，意在用中。不問不察，傷明與聰。不事揜覆，疵纇靡容。不樂揄揚，玉偶賤工。曷施權度，以振皇風。先生取譬，除草去本。斷則有餘，遇夬必損。矧施諸此，尤未深忖。

「人之其所親愛而辟焉，之其所賤惡而辟焉，之其所畏敬而辟焉，之其所哀矜而辟焉，之其所敖惰而辟焉。」辟，比量也。家中以次之人，以我親愛賤惡而比量之，或效之，或議之，其弊無窮，不可悉究。要其終，實不足以齊其家。親愛賤惡，畏敬哀矜。情所必有，理所必登。若畏比量，將何所懲。必與槁木，死灰爲朋。釋氏捐家，猶病罕承。風自火出，奈愧彼僧。亂家之政，恐因是增。

徐仲誠請教，使思孟子「萬物皆備於我矣，反身而誠，樂莫大焉」一章。仲誠處槐堂一月，一日，問之云：「仲誠思得孟子如何？」仲誠答曰：「如鏡中觀花。」答云：「見得仲誠也是如此。」顧左右曰：「仲誠真善自述者。」因説與云：「此事不在他求，只在仲誠身上。」既又微笑而言曰：「已是分明説了也。」少間，仲誠因問：「中庸以何爲要語？」答曰：「我與汝説内，汝只管説外。」良久曰：「句句是要語。」梭山曰：「『博學之，審問之，慎思之，明辨之，篤行之』，此是要語。」答曰：「未知博學學個什麽，審問個什麽，明辨個什麽，篤行個什麽。」

子藥仲誠，欲先反觀。根柢欲固，基址欲完。名近務本，實亦未安。心齋坐忘，獨回不難。曾閔猶未，矧後儒酸。奚怪仲誠，輒語更端。學問思辨，篤行之説。梭山所陳，要旨截截。未契子心，終被反詰。子壽仲誠，若能早悟。擊節稱嗟，不在平素。

臨川一學者初見，問曰：「每日如何觀書？」學者曰：「守規矩。」歡然問曰：「如何守規矩？」學者曰：「伊川易傳、胡氏春秋、上蔡論語、范氏唐鑑。」忽呵之曰：「陋説。」良久，復問曰：「何者爲規？」又頃，問曰：「何者爲矩？」學者但唯唯。次日復來，方對學者誦「乾知大始，坤作成物，乾以易知，坤以簡能」一章，畢，乃言曰：「乾文言云『大哉乾元』，坤文言云『至哉坤元』，聖人贊易，却只是個簡易字道了遍。」目學者曰：「又却不是道難知也。」又曰：「道在邇而求諸遠，事在易而求諸難。」顧學者曰：「這方唤作規矩，公昨日來道甚規矩。」

易簡至德，聖神能事。賢如淵騫，猶假積肄。後生小子，踵門委質。意趣未見，綸緒未比。驟而語之，聖神地位。茫然莫措，顧增疑慮。古人設教，循矩蹈規。有禮有樂，有書有詩。以育其德，以解其疑。童而習之，長而成之。陟遐自邇，升高自卑。日積月化，成德比比。於稽虞周，孔孟施爲。孰有越此，別樹旌麾。下逮竺僧，流入中國。直指心性，謂超聖域。滔滔千古，誑誘迷惑。得罪名教，童齔所識。嗚呼先生，暗投其隙。嗚呼吾人，謹修其慝。

曆家所謂朔虚氣盈者，蓋以三十日爲準。朔虚者，自前合朔至後合朔，不滿三十日，其不滿之分曰朔虚。氣盈者，一節一氣共三十日有餘分爲中，分中即氣也。

氣盈朔虛，以期爲斷。理可推知，度易考算。以月爲準，先生公案。離合乍分，躔度始判。精察雖知，約求易亂。月之有日，三十其恒。於稽節氣，其數必增。於稽晦朔，數必不登。逮夫一年，粲然易見。增減五日，如合契券。盈虛之辨，耿于沃燈。古訓具在，吾意所仍。

「士不可以不弘毅」，譬如一個擔子，盡力擔去，前面不奈何，却住無怪。今自不近前，却說擔不起，豈有此理。故曰：「力不足者中道而廢，今女畫。」

弘毅爲言，主賓對待。匪弘不容，匪毅不耐。不見小車，無以任大。不見潎車，載輸爾載。廢一則偏，於道奚望。子獨言毅，不言弘狀。設可小成，終鮮通暢。曾氏遺言，中心想像。

學者不長進，只是好己勝，出一言，做一事，便道全是，豈有此理。古人惟貴知過則改，見善則遷，今各自執己是，被人點破便愕然，所以不如古人。

子於晦翁，高喝大罵。辭色之間，不少假借。若曰明道，事尤可訝。俯仰低昂，判如旦夜。靡聖管管，孰定其價。堅執己是，欲人莫疑。數尺童子，恐亦難欺。今觀是言，最爲切實。胡乃律人，不以自律。

須是信得及乃可。

知之必真，信之必篤。信而不知，燕石良玉。蕭衍事佛，豈信不酷。國破身亡，古今大辱。不知而信，自貽鴆毒。

道在天下，加之不可，損之不可，取之不可，捨之不可。要人自理會。

斯道坦坦，平鋪面前。幽厲不由，道何與焉。本無加損，本無取捨。如曰不可，終未脱洒。

「皇極之君，斂時五福，錫厥庶民。」福如何錫得？只是此理充塞乎宇宙。

建極惟皇，四海嘉靖。民情不擾，民性自定。壽福康寧，好德終命。如川之至，如苗之盛。不濬而通，不扶而徑。豈必手授，方爲錫慶。斯理充周，其論固正。但以説經，未免有病。

韓退之言「軻死不得其傳」，固不敢誣後世無賢者，然直是至伊洛諸公，得千載不傳之學。但草創未爲光明，到今日若不大段光明，更幹當甚事。

絶學草創，乃在濂溪。逮夫二程，顏孟肩齊。千古墜緒，兩手提攜。千古迷途，指示東西。俊偉光明，孰過乎此。子所冥司，禪門宗旨。汩没他蹊，莫知所止。却曰二程，未光明耳。安知後人，乃以病子。

某平日未嘗爲流俗所攻。攻者却是讀語録、精義者。程士南最攻道學人，或語之以某。程云：「道學如陸某，無可攻者。」又如學中諸公，義均骨肉。蓋某初無勝心，日用常行，自有使他一個敬信處。孔道至大，天下莫容。絶糧陳蔡，匡人見攻。伐樹削迹，宋衛俱窮。功高堯舜，猶遭閔凶。何况後儒，可休厥躬。人心如面，種種不同。苟非鄉愿，孰必我從。矧彼群小，多私少公。不德嫉德，無功忌功。嚚嚚讒口，曷病晦翁。子之學術，逃讒固工。惜所乏者，謙退之風。

問作文法。先生云：「讀漢、史、韓、柳、歐、蘇、尹師魯、李淇水文，不誤後生。」問伯敏云：「作文如何？」伯敏云：「近日讀得原道等書，猶未成誦，但茫然無入處。」先生云：「左傳深於韓柳，未易入，且讀蘇文可也。」六經包括，天地古今。道體粲然，秋空太陰。其氣渾厚，其詞雄深。萬世所寶，合璧兼金。韓歐諸子，近代所欽。各奏其説，下上浮沉。亦以根據，六籍爲心。長公之文，天材逸出。大江洪河，諸篇一律。苟乏其材，欲窺其室。何異夸父，虞淵逐日。况其出入，佛老百家。學步效嚬，能保無差。先生素業，惇本是嘉。及觀是訓，能不惑耶？

伯敏云：「如何是盡心？性、材、心、情如何分別？」先生云：「如吾友此言，又是枝葉。雖然，此非吾友之過，蓋舉世之弊。今之學者讀書，只是解字，更不求血脈。且如情、性、心、材，都只是一般物事，言偶不同耳。」

我觀聖賢，迭作輝映。前乎堯舜，後乎孔孟。所論心學，明備中正。心體孔圓，虛中而應。四德畢具，其名爲性。感動乃情，昭昭可證。其仁不忍，其義不爲。擴充發越，廣大無涯。不目曰材，其孰以之。孟氏既没，此學陵夷。醇如仲舒，未免支離。曰性質樸，曰情私欲。懸疣負贅，吾體奚屬。自餘諸子，説尤未精。如惡如混，三品之稱。各出意見，自爲機軸。正學榛蕪，久之不復。直逮有宋，真儒挺生。周啓其鑰，詳於張程。紫陽晚出，集厥大成。錙銖秒忽，必入權衡。寥寥絶學，至是重明。性材心情，如何分别。伯敏所問，非爲不切。不意先生，反施抑折。若謂四者，不必分區。耳目口鼻，可通名歟？

見道後，須見得前時小陋。君子所貴乎道者三，説得道字好，動容貌，出辭氣，正顔色。其道如此，須是暴慢自遠，鄙倍自遠。

容貌辭氣，稟於有生。狂迷不減，聖哲無增。暴鄙之風，了不我即。誠意交孚，不假矯飾。斯乃盡善，道固彰彰。一有未至，即匪周行。若於動作，正出之間。是非善惡，弗究其端。遽自爲道，却恐未安。人具是形，必有天則。匪則是由，動致顛蹈。幸而不敗，亦必無成。豈可濫竽，斯道美名。

予舉荀子解蔽「遠爲蔽，近爲蔽，輕爲蔽，重爲蔽」之類，説好。先生曰：「是好，只是他無主人，有主人時近亦不蔽，遠亦不蔽，輕重皆然。」主敬窮理，療蔽良藥。群哲攸傳，詳於伊洛。欲開聰明，在力專確。鬼神依歸，水鑑照灼。遠近重輕，隨手脱落。涣然冰釋，融爲至樂。若不理會，物理事情。曰有主人，不假他營。似敬非敬，似誠非誠。所守益堅，所失益宏。畢竟共猷，禪釋宗盟。毫釐千里，所係匪輕。

「吾有知乎哉」，晦庵言謙辭，又來這裏做個道理。無而爲有，儉夫洋洋。視有如無，君子謙光。聖心廣大，日月並明。却曰無知，匪謙奚當。惡增樂損，先生之常。此而可損，義則弗彰。

不愛教小人以藝，常教君子以藝。蓋君子得之不以爲驕，不得不以爲歉，小人得以爲吝，敗常亂教。先生曰藝，不審謂何。若曰六藝，固列童科。若曰九流，役心則訛。小人挾藝，足以餬口。敗常亂教，豈出其手。是在吾人，宜知自咎。

古之君子，知固貴於博。然知盡天下事，只是此理。所以博覽者，但是貴精熟。知與不知，元無加損於此理。若以不知爲慊，便是鄙陋。以不知爲慊，則以知爲泰，今日之慊，乃他日之泰。

庬工鳩材，志在作屋。繅絲振采，期製爾服。博洽多聞，徒資耳目。若遇至人，能無慚恧。學不知要，奚事精熟。約必反求，德必深蓄。孔易軻篇，開緘啓匱。翊戴以行，遠到可卜。

理只在眼前，只是被人自蔽了。因一向悞證他，日逐只是教他做工夫，云不得只如此。見在無事，須是事事物物不放過，磨攷其理，且天下事事物物只有一理，無有二理，須要到其至一處。

水必歸海，星必麗天。萬里森著，烏有二原。釋氏守空，欲照無邊。如奩一鑑，坐了媸妍。咸知不可，豈在明賢。博而精之，静以俟焉。融會貫通，終歸渾然。斯乃至一，昭映天淵。二程朱子，數以爲言。豈其獨見，古聖流傳。先生此論，脗合無偏。開示後學，規矩方圓。吾人敢不，奉以周旋。

問：「子路死之非，只合責當時不合事輒。」曰：「此是去册子上看得來底。亂道之書成屋，今都滯在其間。」後云：「子路死是甚次第。」

經於蒯聵，書衛世子。不斥絶之，固有深旨。爲輒計者，理宜何以。聵未歸戚，攝位以俟。聵既入戚，請君衛氏。聵力引咎，遜輒不履。輒乃嗣立，情非得已。庶蓋前愆，亨屯傾否。子路仕衛，固昧進止。大計復乖，國議蔑此。後雖執義，結纓而死。徒善其終，不善其始。册子陳迹，有非有是。不與考訂，奚分惡美。成屋諸書，固多異指。權度在我，寧無可紀。概目亂道，未之思耳。

初教董元息自立，收拾精神，不得閒説話。漸漸好，後被教授教解論語，却反壞了。

收拾精神，固爲學本。若匪切磋，懼終不穩。行必空疏，言必邪遁。見諸事爲，不困即蹇。論語一書，言近指遠。譬切於人，穿衣喫飯。不學牆面，後悔恐晚。講授容疏，寧致壞損。元息漸好，勉修婉娩。脚跟未定，安保不反。歸咎授書，恐未深忖。

我無事時，只似一箇全無知無能底人。及事至，方出來，又却似箇無所不知、無所不能之人。

人之有心，廣大無垠。克充其量，斯乃大人。方其未發，體静以真。沛而爲用，浩無涯津。明參天地，幽贊鬼神。聖以是聖，仁以是仁。履謙戒滿，孰肯自陳。施姿婀娜，衆目所珍。倘伐厥美，見者必嗔。

嘗作高祖無可無不可論，誤解了書，謂「人心，人僞也。道心，天理也」，非是。人心，只是説大凡人之心。惟微，是精微，纔粗便不精微。謂人欲、天理，非是。人亦有善有惡，天亦有善有惡，豈可以善皆歸之天，惡皆歸之人。

典謨精義，莫過是章。三聖授受，帝道大綱。體驗諸身，滋味孔長。皮膚摸索，終隱弗彰。心之爲用，本異其方。飢欲得食，寒欲增裳。是曰人心，亦匪不臧。爲臣思忠，爲子思孝。道心自然，不待詔教。危則易陷，微則難較。一察秋毫，一執勍豹。念之惕然，千古猶效。善惡之分，畔經傷巧。可聞其聲，不覩其貌。

與小後生説話，雖極高極微，無不聽得。與一輩老成説，便不然。以此見道無巧，只是那心不平底人揣度便失了。

聖門設科，以待學者。軒輊低昂，因人高下。如器在陶，如金在冶。各成其形，隨宜用舍。若有豪傑，深造允升。前俯後仰，亦因其能。公執一説，以概不平。後生聽受，寧無變更。老成枘鑿，固亦難憑。苟反諸己，或筮得朋。專持我是，殊覺不宏。

數即理也，人不明理如何明數。

意言象數，以理爲宗。謂數即理，似太渾融。必據其理，以求其數。不雜藝術，方免差誤。

「人而不爲周南、召南，其猶正牆面而立也」，學者第一義。「古之欲明明德於天下者」，此是第二。孔子志學便是志此，然須要有入處。周南、召南便是入處。

自古論書，無如大學。階布條分，既明且約。士子權輿，君師矩矱。天下明德，學之極功。自何而入，物我交融。二南叙述，風化之首。修齊明驗，燦如星斗。目爲入處，却難下手。二者兼收，盛美無儔。曠古再見，有虞成周。

漢書食貨志後生可先讀，又着讀周官考工記。又云：「後生好看繫辭，皆贊嘆聖人作易。」食貨辨覈，考工精嚴。易繫如仙，超然不凡。後生爲學，固有次第。讀書先此，懼非首義。

學者不可翻然即改，是私意，是不長進。勇於改過，孔門所嘉。賢如子路，孰不稱嗟。聞風而起，進德無涯。翻然即改，子路流亞。病其爲私，終可疑訝。恐彼頑懦，因風長價。

某觀人不在言行上，不在功過上，直截是雕出心肝。孔孟觀人，各有法度。尺寸無差，分毫不誤。其語渾然，含蓄不露。縱有後人，雕出肝肺。力議晦翁，已爲失據。自餘得失，何足深計？

某平生有一節過人，他人要會，某不會，他人要做，某不做。當會而會，會之爲貴。當做而做，其做不過。惟理是視，吾何容心。乃無滯泥，君子所欽。

又云：「孔門弟子如子夏、子游、宰我、子貢，雖不遇聖人，亦足號名學者，爲萬世師。然卒得聖人之傳者，柴之愚，參之魯。」

由喜聞過，百世之師。先哲定論，確然無疑。游夏四子，子路等夷。若師萬世，先聖何爲。聖道所屬，獨在子淵。天不慭遺，早歲夭闕。賴有子輿，晚得其傳。子羔行義，固已卓然。過譽傳道，曾氏齊肩。前此未聞，乃一家言。

先生舉「公都子問『鈞是人也』」一章，云：「人有五官，官有其職。某因思是便收此心，然惟有照物而已。」他日，侍坐無所問，先生謂曰：「學者能常閉目亦佳。」某因此無事，則安坐瞑目，用力操存，夜以繼日。如此者半月，一日下樓，忽覺此心已復澄瑩。中立竊異者，遂見先生。先生目逆而視之，曰：「此理已顯也。」某問先生：「何以知之？」曰：「占之眸子而已。」因謂某：「道果在邇乎？」某曰：「然。昔者嘗以南軒張先生所類洙泗言仁書考察之，終不知仁，今始解矣。」

子南登樓，不踰半月。已令眸子，瞭然不汩。假以歲年，丰神所發。當如聖先，夜光勃勃。莊列伎倆，土苴緒餘。辛勤收拾，見子南且。持此適道，背馳非歟？不施鍼砭，病痛曷除。

先生曰：「讀書不必窮索。平易讀之，識其可識者，久將自明，毋恥不知。子亦見今之讀談經者乎，歷叙數十家之旨，而以己見終之，開闢反覆，自謂究竟精微，然試探其實，固未之得也，則何益哉？」

熟讀精思，優游涵泳。讀書良法，亦惟主敬。若但平易，不必窮探。義理精微，何日沉酣。漢儒穿鑿，唐儒瑣碎。説經病經，固莫逃罪。程朱晚出，折衷群言。下垂軌範，上遡淵源。試探其實，誕無涯涘。但恐殊途，自生異議。

洪範「有猷」是知道者，「有爲」是力行者，「有守」是守而不去者，曰「予攸好德」是大有感發者。

衆人所長，不能無異。或有謀略，或饒幹濟。或自矜持，恬於勢利。隨器甄收，固可用世。罔知好德，何所底至。建極惟皇，慮厥流弊。俾羞其行，不職一藝。欲昌乃邦，道甚直遂。若以三者，咸歸道義。復使之羞，却爲疣贅。

湯放桀，武王伐紂，丘民爲貴，社稷次之，君爲輕之義，孔子作春秋之言，亦如此。

湯武放伐，事非得已。順天應人，歷數歸止。春秋大義，明如皎曦。尊王賤霸，内夏外夷。雖其行事，假權南面。力主宗周，何嘗少變。迹異湯武，居然可見。君民輕重，有爲而言。中解甚明，不俟引援。先生對客，累稱其説。亂賊流聞，恐致心熱。三綱攸繫，敢廢辨析。

「誠則明，明則誠」，此非有次第也，其理自如此，可欲之謂善，知至而意誠亦同。誠明明誠，性教分岐。雖無次第，却有等差。善信美大，至於聖神。大學條目，有脊有倫。次第懸殊，如廉如陛。概而言之，似乖本義。

天理人欲之「分」(私)論，極有病。自禮記有此言，而後人襲之。記曰：「人生而静，天之性也。感於物而動，性之欲也。」若是，則動亦是，静亦是，豈有天理物欲之分？若不是，則静亦不是，豈有動静之間哉？子在洞中，深辨義利。學者感激，至於垂涕。理欲區分，於是爲至。發自聖門，綽有端緒。胡輒忘之，歸咎戴記。方其静時，泯然無迹。烏有是非，容窺罅隙。動則可尋，是非曲直。子謂是者，其存主乎。動静之間，煞有工夫。不加檢點，必入他途。

楊廉

楊廉(一四五二—一五二五)，字方震，號月湖，一號畏軒，豐城(今屬江西)人。成化二十三年(一四八七)進士，改庶吉士，官至南京禮部尚書，卒謚文恪。楊氏與羅欽順交好，論學亦受羅欽順影響，爲居敬窮理之學。著有楊文恪公文集。事迹見羅欽順所撰墓志銘，明史卷二八二亦有傳。

楊文恪公文集卷四七與席文同

嗚冤録足見主張陸學處，大抵朱陸之學就其偏處爲之，猶勝於俗學，而況於其大中至正者乎？然在學者皆當去短集長，豈可安於一偏而已哉？廉亦嘗謂後人未考陸學，望風而罵，今見高明此書，則象山不負屈於地下矣。但朱子晚年自悔之語，將以自警，且以警人。自古聖賢不自聖賢，孔子之言曰：「出則事公卿，入則事父兄，喪事不敢不勉，不爲酒困，何有於我哉？」如此等類，皆謙己（悔）〔誨〕人之意。廉於朱子亦云，不知是否。廉又謂學陸學就覺得力，但恐後來漸漸冷淡。學朱學初若茫然，久之却愈有味，善學者當自得之。不識高明以爲何如？

汪舜民

汪舜民（一四五三——一五〇七），字從仁，號静軒，婺源（今屬江西）人。成化十四年（一四七八）進士，授行人，官至南京都察院右副都御史。汪氏與程敏政就道一編揚陸抑朱反復辯論，深爲不滿。著有靜軒先生文集。事迹見靜軒先生文集附嘉議大夫南京都察院右副都御史汪公神道碑。

靜軒先生文集卷四答程皇墩學士書節録

近蒙教札，兼以所輯心經附注見示，伏讀數四，有以見先生心學之密，誠非末識可及也。第觀尊德性齋銘下附注，大意與道一編同，愚則以爲朱、陸二先生之道，恐不可合而爲一。蓋陸先生專尊德性而不道問學，朱先生則尊德性而道問學。中庸章句所謂「尊德性所以存心，而極乎道體之大；道問學所以致知，而盡乎道體之細」，二者修德凝道之大端。又謂「非存心無以致知，而存心者又不可以不致知」，此朱先生之定論也。其改道問學齋爲「尊德性」，特以警學者之支離耳。愚嘗謂朱、陸二先生，同主性善，同是堯舜，同非桀紂，同知善之當好，同知惡之當惡，其道未始不一，而進爲之方則不同矣。不審高明以爲何如？下略。

靜軒先生文集卷四答程學士書

寓洪都眷生汪某頓首，書復大學士程大人先生眷丈閣下。近典籍吴君來承教札，開示朱、陸二先生之學，從流泝源，諄切再四。某於焉有以見先生所稟之高，所學之大，所造之深，所見之定，誠非末學晚生萬一可企及者。某曩之奉書，僭謂先生尊德性齋銘附注大意與道一編同，非敢故相訐也。蓋以先生道一編按據朱先生成説以爲左驗，似謂朱先生晚年進德，盡從乎陸先生之學，至於朱先生所以爲學之源流，則引而不發，此聾瞽之狂，所以妄謂尊德性、道問學二者修德凝道之大端，乃朱先生定論，其改道問學齋爲「尊德性」，所以警學者之支離，是雖未喻先生道一編之旨，亦將有意乎爲先生之忠臣也。今讀來教，謂：「尊德性、道問學二者，初學小子便能知之，能體諸身而驗諸心者蓋鮮。」謂「尊德性者其本」，「道問學者其輔」，「大抵只是一事，實非兩種」。謂：「日用之間每有所學，即體之于身，驗之于心，而無性外之學，事外之理，是乃朱子繼往開來之業，而後學有罔極之恩者也」。又謂：「從古聖賢立言垂教，無非欲學者於身心用功，而學朱子之學者，漸失其本意，乃謂朱子得之道問學爲多，非惟不知所謂尊德性，亦并不知爲何去道問學，而道問學者何用也。」又謂：「宋末元盛之時，學者於六經、四書纂訂編綴，幾於可恥。」而歷舉其著述之繁冗。先生言至乎此，所以開某之茅塞者，可謂深切著明，而道一編亦可以不必讀矣。來教又謂：「小學大抵多尊德性之事，至十有五歲則志氣堅定，德性之尊，十且八九，然後入大學，而以格致爲首事。今之人未嘗有小學工夫一日，乃遽侈然從事于大學，故其弊至于躐等陵節而無成，惟朱子深見古人立教之意，故以之注大學傳之第五章曰『始教』，見格致非小學首事。知而謂之已知，窮而謂之益窮，皆因小學工夫十已八九，而後可施格致工夫，求至其極也。」某伏讀至此，又不能無少疑焉。朱先生曰：「學之大小，固有不同，然其爲道則一而已。方其幼也，不習之於小學，則無以收其放心、養其德性，而爲大學之基本。及其長也，不進之於大學，則無以察夫義理、措諸事業，而收小學之成功。是則學之大小所以不同，特以少長所習之異宜，而有高下淺深、先後緩急之殊，非若古今之辯、義利之分，判然如薰蕕冰炭之相反，而不可以相入也。」又曰：「『敬』之一字，聖學所以成始而成終者也。不幸過時而後學者，誠能用力於此以進乎大，而不害兼補乎其小，則其所以進者，將不患於無本，而不能以自達矣。」今如來教，似又以尊德性爲小學之事，以道問學爲大學之事。所謂尊德性、道問學者判爲兩種，所謂小學、大學者分爲二道，彼不幸年之既長，而不及乎小學者，亦將無所用力於主敬之功，以進乎大而兼補乎其小矣。某至愚且陋，竊謂人之生也，良知良能本乎天賦，所以充此良知良能，而全乎爲人之道，不過曰學而已。學之道不過曰尊德性、道問學兩事而已。古之小學未始不道問學，古之大學未始不尊德性。朱先生補大學傳之五章，釋格物致知之義，而曰「始教」者，蓋就大學言之，綱領有三，條目有八，而格致乃其首事。物而謂之格，則理無不窮；知而謂之致，則知無不盡。于焉以收小學已知之成功，非謂小學全不用致知之功也。苟徒從事於洒掃應對而不知其節，從事於禮樂射御書數而不知其文，是爲行不著、習不察，而大學格致之功無所基本矣。某曩者僭謂：「朱、陸二先生同主性善，同是堯舜，同非桀紂，同知善之當好，同知惡之當惡，其道未始不一，而進爲之方則不同。」來教爲其主性善而是堯舜、非桀紂、知善之當好、惡之當惡，非道問學之功何以至此？而謂別有進爲之方，亦非淺陋所及。某三復斯言，自咎狂妄不能已已。然伏而思之，終有未釋然者。蓋中庸所謂「尊德性而道問學」以下五句，子思子之言，垂教萬世，朱先生爲之章句曰：「尊德性所以存心，而極乎道體之大；道問學所以致知，而盡乎道體之細。二者修德凝道之大端也。」又曰：「非存心無以致知，而存心者又不可以不致知。」故此五句大小相資，首尾相應，聖賢所示入德之方莫詳於此，學者宜盡心焉。陸先生則專主尊德性，所謂「進爲之方不同」者，即此可見矣。若復不主性善，不是堯舜，不非桀紂，不知善之當好，不知惡之當惡，是初學之士且不如，又何足以爲陸先生，而敢與朱先生抗論也哉？來教又謂朱先生晚年以尊德性爲重，而舉語録中所語門人、所答葉賀孫，文集中所答項平父、黄直卿數條以見示，先生之教某與朱先生之教門人，同一痛切懇到，誠不屑之教也。雖然，朱先生平日教人雖兼道問學，未嘗不以尊德性爲重。愚故曰：章句所云乃其定論，如前數條，一時答述應酬之語，或因人而發，亦猶改道問學齋爲「尊德性」，所以警學者之支離耳。李果齋謂：「朱先生之道主敬以立其本，窮理以致其知，反躬以踐其實，而敬者又貫通乎三者之間，所以成始而成終者也。」又謂：「朱先生晚見諸生繳繞於文字之間，深慮斯道之無傳，始頗指示本體，使深思而自得之。」以果齋之言驗此數條，亦甚明白，恐不可指此以爲左驗，而合朱、陸二先生之道爲一也。宋末元盛，諸儒學朱先生之學而不得，朱先生之的傳如來教所云者，乃學者之過也，豈朱先生之學其流弊固如是哉？來教又釋陸氏之學無傳，而謂此道自孟子而後幾千五百年，曷嘗有傳之者，不可以此爲優劣，是誠確論矣。然陸先生固有得於孟子「先立乎其大者」之旨，謂其直可以接乎孟氏之傳，恐亦難言也。宋末元盛，諸儒未暇概舉，若魯齋許先生、草廬吳先生者，皆非常儒也。許先生平日所尊信者在朱而不在陸，不必言矣。吳先生嘗爲學者言：「朱子道問學工夫多，陸子静卻以尊德性爲主，問學不本於德性，則其弊偏於言語訓釋之末，果如陸子静所言矣。今學者當以尊德性爲本，庶幾得之。」又嘗序陸先生語録，謂：「其學非可以言傳，而學之者非可以言求也。道在天地間，古今如一，人人同得，智愚賢不肖無豐嗇焉，能反之於身，則天之所以與我者，我固有之，不待外求也。先生之教人蓋以是，豈不至簡至易而切實哉？不求諸我之身，而求諸人之言，此先生之所深憫也。」吳先生之言如此，似乎崇陸而抑朱矣。然而考其學基所述，皆尊德性之事，學統所述，皆道問學之事，未嘗專主尊德性而不道問學。考其道統之圖，上至伏羲，下至朱子，未嘗一字及乎陸氏，且曰：「近古之統，周子其元，程、張其亨也，朱子其利也，孰爲今日之貞乎？」亦未嘗一毫屬意於陸氏焉。考其謁趙判簿之書，又曰：「我臨川之邦前後人才，有王荆公之爲人，非常人也，然與程子同時，而不與程子同道；有陸象山之爲學，非俗學也，然與朱子同時，而不與朱子同道。吾爲此懼。」嗚呼，吴先生一人之身，何其先後著論不同，一至於此。又況考其平生著述，自易、書、春秋、禮記纂言，以至陰陽醫葬之末，其道問學工夫未嘗少於朱子，不當如前所云，豈其學基、學統與謁趙判簿書，皆初年未定之見，至於崇陸抑朱乃晚年進德之論乎？抑其平生所學，實尊信朱子，而謂朱子道問學工夫多，當如陸子以尊德性爲本者，亦猶朱子晚年之言，所以警學者之支離乎？皆非末學所及知也。雖然，先生道一編之作，不欲苟爲異同，使後生讀之，不敢萌輕議先正之心，有益於斯文誠不淺淺。某又聞之元儒虞文靖公有曰：「孟子没千五百年而周子出，河南兩程子爲得其傳，時則有若張子，精思以致其道，其迥出千古，則又有邵子焉，邵子之學既無傳，而張子之殁，門人往往卒業於程氏，程門學者篤信師説，各有所奮力，以張皇斯道，奈何世運衰微，民生寡祐，而亂亡隨之矣。悲夫！斯道之南，豫章、延平高明純潔，又得朱子而屬之，百有餘年間，師弟子之言折衷，無復遺憾。求之於書，蓋所謂『集大成』者。時則有若陸子静氏，超然有得於孟子『先立乎其大者』之旨，其於斯文，互有發明，學者於焉可以見全體大用之盛。而二家門人，區區異同相勝之淺見，蓋無足論也。朱子以來，又將百年，爲其學者毫分縷析，日以增盛，曾不足少救俗學利欲之禍，而宋遂亡矣。」近世劉文安公論朱子集諸儒之大成，亦據其所答項平父、吕祖謙書，并陸子壽文爲證，謂陸象山兄弟始與朱子異論，而朱子卒兼其所長以爲己有，且謂：「曾皙之狂、子路之勇、原憲之狷、公西赤之容、端木賜之辯，皆見集於孔子而不見黜，朱之與陸，以其所言而觀之，曷嘗終見黜哉？」夫二公之言如此，既可見朱先生之全，又不掩陸先生之善。若取其言附于道一編以傳，亦確論也，未審高明以爲何如？某少時不知所學，長而幸竊科第，又爲俗吏，間因舛謬，備遭險阻，既無小學追補之力，又無大學窮理之功，志氣日昏，狂愚弗改，曾不知尊德性而道問學者爲何事。顧乃自信井天之見，謾騰筆舌於大賢君子之前，以是求教，可謂不知量矣。伏惟先生篤念媢黨，憫其陷溺，恕其狂妄，而進教之，幸甚。春寒，更乞爲斯文倍加珍愛，餘不敢一一。

静軒先生文集卷一二跋篁墩程先生往復三書奉呈彭秋官濟物

右二書，歲乙卯舜民與今禮部右侍郎兼翰林院學士篁墩程先生往復論朱、陸二先生者也。其夏，舜民朝賀聖節抵京師，因謁程先生。先生曰：「朱陸尊德性、道問學之説，子之書意大略得之矣。然鵝湖之争，議論不傳，所傳者惟辯無極而太極數書耳。古之人執經如讎，議禮如訟，一争之間曷足以斷其道之同不同乎？」舜民因舉近思録爲問，程先生曰：「是録首篇乃尊德性之事，次篇乃道問學之事，此正朱先生體道之功也。」舜民曰：「苟如是，則朱、陸二先生之學果不同矣。蓋朱先生之近思録，乃淳熙二年因東萊吕先生訪其寒泉精舍，相與讀周、程、張子之書，掇取其關於大體，切於日用者而爲之也。録成，送吕先生過鵝湖，而陸先生兄弟來會。議論不合，至於賦詩相諷，其所以議論者雖不傳，然朱先生體道之功已如彼，而陸先生乃與之不合。是則朱先生尊德性又道問學，陸先生專主尊德性而不道問學，曉然可見矣。以所賦詩句觀之，其時朱先生年近五十，詞氣雍容，略不以老成自居；陸先生兄弟俱少年，而詞氣峻厲，略無婉曲之意。所養之不同，亦曉然可見矣。無怪乎舜民之狂妄也。」程先生頗以爲然，且謂舜民可教，所以開茅塞者不一而足。今隨牒萬里，孤陋寡聞，忽遇秋官金城彭公濟物奉命鞫事于滇，相見既久，每公暇輒承啓迪。一日論及朱、陸二先生之學，與鄙見頗合。蓋公之所造者深，其論有先得乎區區之所同然者。舜民因録二書奉呈，且記程先生所以耳提面命，啓發乎舜民者如此。嗚呼，楊氏爲我，墨氏兼愛，伊洛大儒，謂其同是堯舜，同非桀紂，昔人亦以孔墨竝稱，賊楊墨，豈非當時賢者？然爲我疑於仁，兼愛疑於義，其流至於無父無君，故孟子不得不距之。陸先生一時大儒，誠不可與楊墨列論，然專主尊德性而不道問學，以是教人，異乎聖人博文約禮之訓，其流或至於廢學矣。此舜民所以不得不疑且懼，而必以朱先生爲正也。況陸先生議論見於文字之間者，曷嘗一語不自道問學中□□，乃專主尊德性而不道問學乎？此舜民所以不得不益疑且懼，而必以朱先生爲正也。公歸見程先生，幸言舜民自領教以來，此志頗篤，倘不以遠見棄而終教之，是所望焉。

蔡清

蔡清（一四五三——一五〇八），字介夫，號虚齋，晋江（今屬福建）人。成化二十年（一四八四）進士，授禮部主事，官至江西提學副使。蔡氏爲人忠正有節，論學大體以程朱爲尊，其學主於虚，以爲天下之理以虚而入，以虚爲應。著有虚齋集等。明史卷二八二、明儒學案卷四六有傳。

虚齋集卷四讀蜀阜存藁私記

竊惟先天地而始，後天地而終，一道耳。道一則其説不容有二，宋理學大明，至朱子與陸子俱祖孔孟，而其門户乃不盡同。先生之學則出自慈湖楊先生敬仲，而宗陸氏者也。其議論有曰：「毫分縷析較便宜，若個便宜總不知。總是自家家裏事，十分明白十分疑。」此先生之學也。正所謂尊德性工夫居多者也，故其論詩曰：「詩成正自不因題，看取風人發興時。語到口頭無可奈，未須搜攪苦吟詩。」則先生之詩可知其高矣。其論文則曰：「不爲世態酣濡，不受古人繩束，卷舒出沒，如朝霏暮雲，筆下始有自然風味。」則先生之文可知其高矣。嗚呼，亦一世之人豪哉。蓋其在萬山中玩心，高明有日，是以其言論概以六經爲吾心注脚，每有引而不發之意，而其興之所適，軒然霄漢之上，俯視萬有，若無一足嬰其懷者。此可以見陸學之未盡符於大中至正之矩。使當日得究其用，恐於開物成務之實終必有疏處。苟其疏也，則其所自受用亦恐其不覺而近於佛老。此朱子之於陸氏，所以每欲周旋以補其欠，而不得苟同焉者也。噫，千聖相傳家法，類皆自博之約，而一敬以成其始終。陸學固不可謂不主敬者，而稍墜於徑約。既失之徑約，則其心宜不周於細微，而其弊容可遏乎？自古高明之士往往有此，在孔門則曾點之徒是已，夫子所以欲歸而裁之也。載觀集中，亦屢屢以夫子欲無言之類爲説，先生固亦知夫子斯言爲子貢多言設矣，然愚以爲又安知其非發於子貢「多學而識之」，後學將有得之日乎？故嘗謂自其次致曲以下，無仰鑽瞻忽之勞，則卓爾之見或非，真無隨事精察力行之功，則一貫之命必不泛及。考之先生所自敘，亦未始不自博中得之也。夫道也者，萬世無弊，考諸三王而不謬，建諸天地而不悖，質諸鬼神而無疑，百世以俟聖人而不惑，平平正正，使高明者不得以獨騖，而其下者可以企及，然後爲中庸，而可以主張乎皇極，詎容一毫有我於其間哉？故曰聖人之言，遠如天，近如地。遠如天，遠之至也。近如地，近之至也。能遠者不能近，能近者不能遠。能遠而又能近，能近而又能遠，此所以爲中也，此所以爲極也，此吾道正統所以卒獨歸之朱子，而陸氏所就猶未免爲偏安之業也。細推其故，陸氏毋亦有激於朱氏門下一二之支離文義，而不知反躬以踐其實者耶？第激於此墜於彼，而或者爲之危其流之亂真耳。嗚呼，天地有常經，萬世有定論。一蜀阜存藁而其關涉得失有如此者，竊懼高明之士或又激於文義之弊，耽其味而殉之，并其所長而失之也，故不得不一私記之。

附録：林希元重刊四書蒙引敘

虛齋蔡子四書説十五卷，坊間有舊刻，其徒李子亦刻之蜀。林子病其荒亂弗理也，取而更訂之；病其缺逸弗備也，取而補完之。書成，將刻之葉氏，或曰：「是書之繁，若非聖人易簡之旨也。」或曰：「是書之繁，若非學者業舉之便也。」林子曰：「是何言與？聖人之道，有舍博而趨約者與？舉子之學，有舍道而攻文者與？夫聖人之道，載諸經，備諸考亭。

蔡子之書，則攻堅發微，而考亭是翼也。闡其蔓詞賾義，若近於繁瑣，然皆非有馳於外，固反約者之所不廢也。夫茍由此以入道，則自博而之約，是書固吾之筌蹄也，何軏於聖人？夫茍由此以業舉，則據理而成章，是書固吾之根本也，何妨於舉業？」曰：「博約之教似矣，然世有病傳注之支離，欲從簡易以至道者，而此書不尤支離也與？」曰：「聖人作經以明道，賢人因經以作傳，學者以傳而求經。傳注，聖人所不廢也。支離之説，起於陸氏，而非聖人之所予也。夫陸氏自處太高，觀其『六經注我』之言，則正經猶在所忽，況傳注乎？然非學者之所可及也。且如性善之説，有漢、唐、宋諸儒之不了，今三尺童子能言之，豈三尺童子賢於楊、韓、蘇、胡諸公與？毋亦傳注之功爾。如必以傳注爲支離，則聖人贊易，數言足矣，乃有十翼，而文言之旨至於疊見而不已，毋亦支離之甚與？」或曰：「此書之不爲支離，則吾既得聞命矣。謂無妨於舉業，其詳可得聞與？」曰：「若知舉業之所起乎？士生天地，學與仕而已。學所以求其仕也，仕所以行其學也。科舉之學，古無有也。選舉法廢，姑由此以入仕爾，而非其本也。故古人務學而已爾，舉非所先也，學至而舉隨之矣。今舍學不務，而茍且時文以謀仕，憚繁不學而剽竊陳言以攻舉，不既失其本乎？本失則内之不足以語學，外之不足以語仕，體用胥失，而皆由於學術之差，乃不自省而反屑屑吾言之惑，不其舛與？」或者聞林子之言，欣然而起，再拜曰：「昔者惑，聞吾子之教，今知方矣。然天下之不若予者或寡矣，不可使吾一人者獨聞之也。」林子悟，乃書其言於編端以遍告學者。嘉靖丁亥中秋日，次崖林希元譔。蔡文莊公集卷八

李堂

李堂（一四六二——一五二四），字時升，號堇山，鄞縣（今浙江寧波）人。成化二十三年（一四八七）進士，任工部主事，官至工部右侍郎，總理漕河。所著有堇山集。事迹見張邦奇明故工部侍郎李公墓志銘。

堇山集卷一三書淳熙四先生傳後

吾郡南宋時，楊、沈、舒、袁稱爲「淳熙四君子」，俱宗象山陸氏之學，當時袁正肅、陳和仲及國朝桂彦良先生，又稱承學於楊，惟黄東發與史蒙卿同時獨宗朱氏，元程畏齋兄弟共傳朱子明體適用之學，頗深後學門户之疑。近年程學士敏政著道一編，序云：「朱、陸二氏之學，始異而終同，見于書者可考也，不知者往往尊朱而斥陸，非以其蚤年未定之論，而致夫終身不同之決，惑於門人記録之手，而不取正於朱子親筆之書邪？以今考之，『志同道

合」之語著於奠文，『反身入德』之言見於義跋，又屢自咎夫支離之失，而盛稱其爲己之功。於其高第弟子楊簡、沈焕、舒璘、袁燮，拳拳敬服，俾學者往資之。廓大公無我之心，而未嘗有芥蔕異同之嫌。兹其所以爲朱子，而後學所不能測者歟？」莊誦之餘，質之諸賢傳録，備見朱陸門人互相師資切磋論難，務期講明至當，以歸於道體本源之同。至黄氏日抄論敬仲之學，不可謂其有禪，其源出於上蔡，則伊洛又同一淵源也。程公之論頓驅後世分門異户之惑，豈獨見哉？

蔣冕

蔣冕（一四六三——一五三三），字敬之，一作敬所，全州（今屬廣西）人。成化二十三年（一四八七）進士，選庶吉士，授編修。正德時，以禮部尚書兼文淵閣大學士入閣，參預機務，後改武英殿大學士。隆慶初，追謚文定。所著有湘臯集。明史卷一九〇有傳。

湘臯集卷二六跋遼庵楊公所藏朱子與包祥道手帖

右紫陽朱夫子與包祥道手帖二紙，其後有祥道族曾孫鑄及雪樓程文憲公二跋。鑄謂祥道兄弟三人，祥道其長，次顯道、敏道，並游朱子、象山之門。考宋史包恢傳，亦謂「自其父陽、世父約、叔父遜皆從朱陸學」。蓋約則祥道，陽則顯道，遜則敏道，而恢則顯道之子，即文憲跋所云宏齋公者，其言皆合。二帖今皆不見於大全集中，乃別有答祥道兄弟八帖，文憲跋所云「古人爲學，漸次解到人欲自去，天理自明」等語，猶八帖中之一，獨所云「陸删定已歸否」一帖，則集中今亦不復存矣。包氏自祥道至鑄，皆居盱江，而文憲亦盱江人，由與鑄同時，故爲之跋。今日豈惟朱子此帖未易得，雖文憲此跋，亦固未易得也。此卷今藏太宰邃庵先生家，冕間獲拜觀，無任欣幸，遂不揣庸陋，輒敬疏所聞者以求教。惟包氏兄弟雖往來朱陸之門，而其學實主於陸，觀朱子所答諸帖載集中及附見文憲跋中者，猶可概見。其曰：「大率來喻，依舊有忽略細微、徑趨高妙之意。」又曰：「觀所講論，恐卻與未相見時所見一般。蓋執處難忘耳。」又曰：「如某所見，愈退而愈平；賢者所見，愈遠而愈險。彼此不同，終未易合。」又曰：「曾子功夫只是戰兢臨履，中間一唯，蓋不期而會。」又曰：「聖門之教，豈是塊然，都不講學，今卻謂讀書窮理便爲障蔽，東坡銘蓮華漏，譏衛樸以己之無目而欲□天下之視，來喻無乃類此？」甚至有「道不同不相爲謀，不必更紛紛」之語。使非象山平日「此心自靈、此理自明，亦何事乎讀書窮理」之説有以膠於其心，則朱子之告論必不諄諄懇切至於如此。鑄顧謂朱陸之學未宜以同異論，而文憲亦拈出朱子玩索持守語，以爲正無害其爲同，其言蓋與近世道一編所論實相表裏，後生小子終有未能釋然於心者。遼庵先生深於理學，爲世儒宗，平時與及門群弟子講授於此，必有確然一定之論，其幸以語冕而勿恪哉！正德壬申夏五月望日，後學湘源蔣冕拜手謹識。

汪俊

汪俊，字升之，一作抑之，號石潭，弋陽（今屬江西）人。弘治元年（一四九三）進士，選庶吉士，授翰林院編修，官至禮部尚書。汪氏學宗程朱，與王守仁交好而不以其説爲是。所著有濯舊集等。明史卷一九一、明儒學案卷四八有傳。

濯舊集卷一仁説節録

孔門之訓，使人自求其仁而已。仁者何？人之本心是也。富貴有不處，貧賤有不去，死生患難有不避，求即其本心之安，是爲仁也。殷有三仁，夷、齊求仁而得仁，皆謂此耳。然則求仁之方，但嘿焉以守吾此心，可乎？曰：非其説也。視聽言動，出門使民，居處執事與人，以至事賢友仁，學問思辨，皆爲仁之地也。程朱大儒論之精且詳矣。近世有尊象山而鄙朱子爲訓詁章句之學者，曰「吾心學也」。好異者靡然趨之，惑世誣民，其罪大矣。

下略。

濯舊集卷一學説

道一本而萬殊，夫子之一貫是已。以學言之，則必有事於萬殊，而後一者可幾也。曾子之隨事力行，子貢之多學而識，皆親受業於夫子之門者也。夫子知其將有得焉，於是始有以發之。曾子遂有忠恕之論，子貢有「性與天道，不可得而聞」之嘆。其授受之際，心法相傳，猶可得而見也。顏子之博文約禮，而後如有所立；易之知崇禮卑，而後成性存存，皆一説也。程子論學，曰：「涵養須用敬，進學則在致知。」朱子申明之，曰：「主敬以立其本，窮理以致其知，本立而知益明，知進而本益固。」可謂盡矣。陸氏之學，蓋略有見於道體，遂欲單刀直入，以徑造夫所謂一者，又自以爲至簡至易，立躋聖域，故世之好異者靡然趨之，而不知其相率而陷於異端之説也。張子曰：「儒者窮理，故率性可以謂之道；釋氏不知窮理，而自謂之性，故其説不可推而行。」程子有言：「自物格而充之，然後可以至聖人。不知物格而先欲意誠心正身脩者，未有能中於理者。」據此，可以斷陸氏之學。

人有是心，梏於形體，知有我而已，不復知有其性。性者，天也，理也，天下之公心也。

故君子必有貴於學。學所以復其性也，性之所以能復者，其固有也。學之道奈何？拂性其氣質之性而已。氣質之性何性也？梏於形體，剛柔萬殊，乃有我之私心也。是故人之情莫不欲利，必矯而後能義；莫不欲惰，必矯而後能勤。言矯而後能訥，行矯而後能敏。顏子之「四勿」，曾子之「三省」，董子所謂「事在强勉，沉潛剛克，高明柔克」，凡所以拂其性以就乎理者皆是也。「學而時習之」，則所學者熟而悦可得矣。何悦也？向之所勉而學者，乃吾性之固然也。凡學而至於悦，則習與性成矣。子曰「吾十有五而志於學」，言不敢從心所欲，而必求夫道之所在。所謂學也，至「從心所欲不逾矩」，則性而天矣。此論語章首一字之大義也。

氣質之性，生於形者也，心爲形役，故惟氣質用事。天地之性，言性之本然，初不外於一心也。生乎形而不役於形，超然獨立，物我並照，則本性見矣。學者知求復性而不知即心以求，則未嘗讀孟子者也。性即理也，窮理則盡性至命，以格物窮理爲外爲末而非之者，則未嘗讀程子也。

凡民不知所謂理，不知所謂命，任情肆意，冥頑弗靈，一物而已。其次知有理而不能從，知有命而不能安，欲勝故耳。於是乎有學，克己以就理，强義以安命，此士君子之所自立以成其名，以異於凡庶者也。若夫道由我立，命由我出，窮理盡性以至於命，乃聖賢之高致，而學者之極功也。

未克己則己一物也，理一物也。所謂反身未誠，猶是二物。以己合彼，終未有之，又安得樂者也？既知克己復禮，則己即理也，以己視、以己聽、以己言、以己動而已。所謂「天下只有一箇理」，既明此理，夫復何障？若以理爲障，則是己與理爲二者也。是非之心人皆有之，性也，是是而非非，即理也。所謂循理爲樂，何苦而不循理以害吾樂者也？由是言之，爲學不過求復其性而已。學之道奈何？曰：「明明德」，必先於格物窮理而後可以盡性。若曰「吾性自足，不事外求」，則是知其一說，不知其又有一說也，象山之學是已。

人之本心乃天理也，爲氣習所勝，故天理不得用事。今人不學，亦有能自知其過者，曰「吾生性如是，不可改」。彼知過之心，乃本心也。曰「不可改」者，爲氣所勝也。由此言之，豈可以不學？明道云「某學雖有所受，然天理二字卻是某自家體出來」，亦惟自識其本心而已。存心養性，即易之「忠信所以進德也」。「言有教，動有法，晝有爲，宵有得，瞬有養，息有存」，顔子「四勿」，曾子「三省」，所以居業也。修業即進德之事也。程子論敬，意亦如此。「主一之謂敬」，所以進德也。「至於不敢欺，不敢慢，尚不愧於屋漏，皆是敬之事」，所以居業也。道之浩浩，何處下手，此乃實下手處也。體用一原，顯微無間，其要只在慎獨，程子之學也。中和分屬動靜，靜存以致中，動察以致和，朱子之學也。所入之途雖異，所至之域則同。朱子嘗云：「不用某的工夫，亦看某的不出。」學者既用朱子之功，未有不聞道者，但所入各有門徑耳。

聖人之心，道也。言者心之聲，行者心之迹，六經之爲教，皆出於聖人之心，故曰：心，道也。常人之心，去道遠矣，於是乎有學。必窮理讀書廣聞見，而後理可明。必克己治心强恕，而後性可復。學而至於成性，而後聖人之心可言也。今始學者知習静以入德，亦一門徑，而遂曰「道在是，不假外求」，則妄説也，不可不戒。

道者，事物當然之理，所謂在物爲理也，而其實體在我，何事何物不出於此心？所謂處物爲義也，故曰中。理在事，義在心。聞樂而樂，食旨而甘，居處而安，人之情也、理也。其居喪也，聞樂不樂，食旨不甘，居處不安，亦人之情也、理也。故君子之學，求不失其本心而已。朱子與門人辨論，有曰：「主敬所以存此心，格物所以明此心。」斯言也，得程子之旨矣。自誠明謂之性，誠則無不明矣。中庸論性而曰慎獨，曰篤恭，所以存誠也。自明誠謂之教，未至於誠者，必由明而後至。大學論學而首曰格物，曰致知，所以求明也。程子論天、論仁諸説，即中庸首章之旨；論窮理、論進學諸説，即大學首章之旨，皆本乎一心而爲言也。今爲異説者，趨徑取捷，亦略見道之仿佛，而不自知其陷於異端。舉世方崇尚之，至詆朱子爲俗學。程子嘗論佛曰：「本以利心上得來，故學者亦以利心向之。」今之言學者，恐不出此。

形而後有氣質之性，能善反之，則天地之性存焉，莫非天也。陽明勝則德性用，陰濁勝則物欲行。領惡而全好者，其必由學乎？此爲學之本也。爲學莫先於窮理，窮理必在於讀書。循序致精，居敬持志，此爲學之方也。通此二説，然後可以言復性之學。

「師也過，商也不及」，此氣質之性也。中庸之德，乃可欲之善而天命之性也，二子能克己，虚心以聽夫子之訓，則氣質不用，而德性用矣。

儒、釋皆從心地上做工夫，故有相似處。所謂以心役物，不以物役心，以理自勝，不爲事物所侵亂，夫豈不同？本末一貫，心跡合一，儒者之公而大也。釋氏離本末，判心跡，求以自私自利而已，豈可同日而語哉？

養氣爲養心之助，程門已自説破：「謂之愈疾則可，謂之道則與聖人之學不干事。」今有從事養生而得其術者，遂曰「道在是」，先儒所謂「及自我發之」。世亦靡然趨之，遂欲以象山爲宗，良可慨矣。

象山於心體上非無所見，但非所以論學。朱子謂：「子静要之不知有氣質之性。」此言公也。

主敬所以存此心，格物所以明此心。如此論學，有何不可？敬一言而足，格物工夫大，故朱子之説詳。

學者謹守朱子之説，亦可以弗畔矣。必求深造自得，須宗程子，而兼通張、邵二子之説，斯可以見道之大全。若遂入於老佛，則不善學者也。

羅欽順

羅欽順（一四六五——一五四七），字允升，號整庵，泰和（今屬江西）人。弘治六年（一四九三）進士，授翰林院編修，官至南京吏部尚書，卒謚文莊。羅氏自謂「學宗朱子」，主張性即理，以陸王「心即理」之説乃本諸釋氏，故論學深闢陸王一派及禪學。然主張理氣一元，則與朱子有異。著有困知記、整庵存稿等。明史卷二八二、明儒學案卷四七有傳。

困知記卷上

孔子教人莫非存心養性之事，然未嘗明言之也，孟子則明言之矣。夫心者，人之神明；性者，人之生理。理之所在謂之心，心之所有謂之性，不可混而爲一也。虞書曰「人心惟危，道心惟微」，論語曰「從心所欲不踰矩」，又曰「其心三月不違仁」，孟子曰「君子所性，仁義禮智根於心」，此心性之辨也。二者初不相離，而實不容相混，精之又精，乃見其真。其或認心以爲性，真所謂差毫釐而謬千里者矣。

盈天地之間者惟萬物，人固萬物中一物爾。「乾道變化，各正性命。」人猶物也，我猶人也，其理容有二哉？然形質既具，則其分不能不殊；分殊故各私其身，理一故皆備於我。夫人心虚靈之體，本無不該，惟其蔽於有我之私，是以明於近而暗於遠，見其小而遺其大。凡其所遺所暗，皆不誠之本也。然則知有未至，欲意之誠，其可得乎？故大學之教，必始於格物，所以開其蔽也。格物之訓，如程子九條，往往互相發明。其言譬如千蹊萬徑，皆可以適國，但得一道而入，則可以推類而通其餘。爲人之意，尤爲深切。而今之學者，動以不能盡格天下之物爲疑，是豈嘗一日實用其工，徒自誣耳。且如論語川上之嘆，中庸「鳶飛魚躍」之旨，孟子犬牛人性之辨，莫非物也，於此精思而有得焉，則凡備於我者，有不可得而盡通乎？又如中庸言：「大哉聖人之道，洋洋乎，發育萬物，峻極于天。優優大哉，禮儀三百，威儀三千，待其人而後行。」夫三百三千，莫非人事，聖人之道固於是乎在矣。至於發育萬物，自是造化之功用，而以之言聖人之道，何邪？其人又若何而行之邪？於此精思而有得焉，天人物我，内外本末，幽明之故，死生之説，鬼神之情狀，皆當一以貫之而無遺矣。然則所謂萬物者，果性外之物也耶？

此理誠至易、誠至簡。然易簡而天下之理得，乃成德之事。若夫學者之事，則博學、審問、慎思、明辨、篤行，廢一不可。循此五者以進，所以求至於易簡也。苟厭夫問學之煩，而欲徑達於易簡之域，是豈所謂易簡者哉？大抵好高欲速，學者之通患。爲此説者，適有以投其所好，中其所欲。人之靡然從之，無怪乎其然也。然其爲斯道之害甚矣，可懼也夫！

朱子年十五六，即有志於道，求之釋氏者幾十年，及年二十有四，始得延平李先生而師事之。於是大悟禪學之非，而盡棄其舊習。延平既卒，又得南軒張子而定交焉，誠有麗澤之益者也。延平嘗與其友羅博文書云：「元晦初從謙開善處下工夫來，故皆就裏面體認。今既論難，見儒者路脉，極能指其差誤之處。自見羅先生來，未見有如此者。」又云：「此子别無他事，一味潛心於此，今漸能融釋，於日用處一意下工夫。若於此漸熟，則體用合矣。」觀乎此書，可以見朱子入道端的。其與南軒往復論辨，書尺不勝其多。觀其論中和最後一書，發明心學之妙，殆無餘藴，又可見其所造之深也。誠明兩進，著述亦富。當時從游之士，後世私淑之徒，累百千人，未必皆在今人之下，然莫不心悦而誠服之，是豈可以聲音笑貌爲哉！今之學者，概未嘗深考其本末，但粗讀陸象山遺書數過，輒隨聲逐響，横加詆訾，徒自見其陋也已矣，於朱子乎何傷！

自昔有志於道學者，罔不尊信程朱；近時以道學鳴者，則泰然自處於程朱之上矣。然考其所得，乃程朱早嘗學焉，而竟棄之者也。夫勤一生以求道，乃拾先賢所棄以自珍，反從而議其後，不亦誤耶？雖然，程朱之學可謂至矣，然其心則固未嘗自以爲至也，何以明之？程叔子易傳已成，學者莫得傳授。或以爲請，則曰：「自量精力未衰，尚覬有少進爾。」朱子年垂七十，有「於上面猶隔一膜」之嘆，蓋誠有見乎義理之無窮，於心容有所未慊者，非謙辭也。愚嘗偏取程朱之書，潛玩精思，反覆不置，惟於伯子之説，了無所疑。叔子與朱子論著、答問，不爲不多，往往窮深極微，兩端皆竭。所可疑者，獨未見其定於一爾，豈其所謂「猶隔一膜」者乎？夫因其言而求其所未一，非篤於尊信者不能，此愚所以盡心焉而不敢忽也。

理之所在謂之心，故非存心則無以窮理。心之所有謂之性，故非知性則無以盡心。孟子言心言性，非不分明，學者往往至於錯認，何也？求放心，只是初下手工夫，盡心乃其極致，中間緊要，便是窮理。窮理須有漸次，至於盡心知性，則一時俱了，更無先後可言。如理有未窮，此心雖立，終不能盡。吾人之有事於心地者，其盡與不盡，反觀内省，亦必自知。不盡而自以爲盡，是甘於自欺而已矣，非誠有志於道者。

「既不知尊德性，焉有所謂道問學」，此言未爲不是，但恐差認却德性，則問學直差到底。原所以差認之故，亦只是欠却問學工夫。要必如孟子所言博學詳説以反説約，方爲善學。苟學之不博，説之不詳，而蔽其見於方寸之間，雖欲不差，弗可得已。

困知記卷下

朱陸之異同，雖非後學所敢輕議，然置而弗辨，將莫知所適從，於辨宜有不容已者。辨之弗明而弗措焉，必有時而明矣。豈可避輕議先儒之咎，含胡兩可，以厚誣天下後世之人哉？夫斯道之弗明於天下，凡以禪學混之也。其初不過毫釐之差，其究奚啻千萬里之遠？然爲禪學者，既安於其陋，了不知吾道之爲何物；爲道學者，或未嘗通乎禪學之本末，亦無由真知其所以異於吾道者果何在也。嘗考兩程子、張子、朱子早歲皆嘗學禪，亦皆能究其底蘊，及於吾道有得，始大悟禪學之非而盡棄之。非徒棄之而已，力排痛闢，閔閔焉，惟恐人之陷溺於其中，而莫能自振，以重爲吾道之累。凡其排闢之語，皆有以洞見其肺腑，而深中其膏肓之病，初非出於揣摩臆度之私也。故朱子目象山爲禪學，蓋其見之審矣，豈嘗有所嫌忌，必欲文致其罪，而故加之以是名哉？愚自受學以來，知有聖賢之訓而已，初不知所謂禪者何也。及官京師，偶逢一老僧，漫問何由成佛，渠亦漫舉禪語爲答云：「佛在庭前柏樹子。」愚意其必有所謂，爲之精思達旦，攬衣將起，則恍然而悟，不覺流汗通體。既而得禪家證道歌一編，讀之如合符節，自以爲至奇至妙，天下之理莫或加焉。後官南雍，則聖賢之書未嘗一日去手，潛玩久之，漸覺就實。始知前所見者，乃此心虛靈之妙，而非性之理也。

自此研磨體認，日復一日，積數十年，用心甚苦。年垂六十，始了然有見乎心性之真，而確乎有以自信。朱陸之學，於是乎僅能辨之，良亦鈍矣。蓋嘗遍閲象山之書，大抵皆明心之説。其自謂所學因讀孟子而自得之。時有議之者云「除了『先立乎其大者』一句，全無伎倆」，其亦以爲誠然。然愚觀孟子之言，與象山之學自别，於此而不能辨，非惟不識象山，亦不識孟子矣。孟子云：「耳目之官不思而蔽於物，物交物，則引之而已矣。心之官則思，思則得之，不思則不得也。此天之所以與我者。先立乎其大者，則其小者不能奪也。」一段言語甚是分明。所貴乎「先立其大者」何？以其能思也。能思者心，所思而得者性之理也。是則孟子吃緊爲人處，不出乎思之一言。故他日又云：「仁義禮智，非由外鑠我也，我固有之也，弗思耳矣。」而象山之教學者，顧以爲：「此心但存，則此理自明，當惻隱處自惻隱，當羞惡處自羞惡，當辭遜處自辭遜，是非在前自能辨之。」又云：「當寬裕温柔自寬裕温柔，當發强剛毅自發强剛毅。」若然則無所用乎思矣，非孟子「先立乎其大者」之本旨也。夫不思而得，乃聖人分上事，所謂生而知之者，而豈學者之所及哉？苟學而不思，此理終無由而得。凡其當如此自如此者，雖或有出於靈覺之妙，而輕重長短類皆無所取中，非過焉斯不及矣。遂乃執靈覺以爲至道，謂非禪學而何？蓋心性至爲難明，象山之誤正在於此，故其發明心要，動輒數十百言，亹亹不倦，而言及於性者絶少。間因學者有問，不得已而言之，止是枝梧籠罩過，並無實落，良由所見不的，是以不得於言也。嘗考其言有云「心即理也」，然則性果何物耶？又云「在天者爲性，在人者爲心」，然則性果不在人耶？既不知性之爲性，舍靈覺即無以爲道矣，謂之禪學，夫復何疑。然或者見象山所與王順伯書，未必不以爲禪學非其所取，殊不知象山陽避其名，而陰用其實也。何以明之？蓋書中但言兩家之教所從起者不同，初未嘗顯言其道之有異，豈非以儒佛無二道，惟其主於經世，則遂爲公爲義，爲儒者之學乎？所謂陰用其實者，此也。或者又見象山亦嘗言致思，亦嘗言格物，亦嘗言窮理，未必不以爲無背於聖門之訓，殊不知言雖是，而所指則非。如云：「格物致知者，格此物，致此知也。窮理者，窮此理也。思則得之，得此者也。先立乎其大者，立此者也。」固皆本之經傳，然以「立此者也」一語證之，則凡所謂此者，皆指心而言也。聖經之所謂格物窮理，果指心乎？故其廣引博證，無非以曲成其明心之説，求之聖賢本旨，竟乖戾而不合也。或猶不以爲然，請復實之以事。有楊簡者，象山之高第弟子也，嘗發本心之問，遂於象山言下，「忽省此心之清明，忽省此心之無始末，忽省此心之無所不通」。有詹阜民者，從游象山，安坐瞑目，用力操存，如此者半月，一日下樓，忽覺此心已復澄瑩，象山目逆而視之，曰「此理已顯也」。蓋惟禪家有此機軸，試觀孔、曾、思、孟之相授受，曾有一言似此否乎？其證佐之分明，脉路之端的，雖有善辨，殆不能爲之出脱矣。蓋二子者之所見，即愚往年所見之光景。愚是以能知其誤而究言之，不敢爲含胡兩可之詞也。嗟夫，象山以英邁絶人之資，遇高明正直之友，使能虚心易氣，舍短取長，以求歸於至當，即其所至，何可當也！顧乃眩於光景之奇特，而忽於義理之精微，向道雖勤，而朔南莫辨，至於没齒，曾莫知其所以生者，不亦可哀也夫。其説之傳至於今未泯，尊崇而信奉之者，時復有見於天下。杜牧之有云：「亦使後人而復哀後人也。」愚惕然有感乎斯言，是故不容於不辨。

程子曰：「聖賢千言萬語，只是欲人將已放之心約之使反，復入身來，自能尋向上去，下學而上達也。」嘗見席文同鳴冤録提綱有云：「孟子之言，程子得之。程子之後，陸子得之。」然所引程子之言，只到「復入身來」而止。最緊要是「自能尋向上去，下學而上達」二語，却裁去不用，果何説耶？似此之見，非惟無以直象山之冤，正恐不免冤屈程子也。

程子言「性即理也」，象山言「心即理也」。至當歸一，精義無二，此是則彼非，彼是則此非，安可不明辨之？昔吾夫子贊易，言性屢矣，曰「乾道變化，各正性命」，曰「成之者性」，曰「聖人作易，以順性命之理」，曰「窮理盡性以至於命」。但詳味此數言，「性即理也」明矣。於心亦屢言之，曰「聖人以此洗心」，曰「易其心而後語」，曰「能説諸心」。夫心而曰「洗」、曰「易」、曰「説」，洗心而曰「以此」，試詳味此數語，謂「心即理也」，其可通乎？且孟子嘗言「理義之悦我心，猶芻豢之悦我口」，尤爲明白易見。故學而不取證於經書，一切師心自用，未有不自誤者也。自誤已不可，況誤人乎？

象山言：「孔子十五而志於學，是已知道時矣。雖有所知，未免乍出乍入，乍明乍晦，或警或縱，或作或輟。至三十而立，則無出入、明晦、警縱、作輟之分矣。然於事物之間，未能灼然分明見得，至四十始不惑。」夫其初志於學也，即已名爲知道，緣何既立之後，於事物之間，見得猶未分明？然則所已知者果何道，所未見者果何物耶？豈非以知存此心即爲知道邪？然象山固嘗有言：「但此心之存，則此理自明。」以聖人之資，猶待二十五年之久方能灼然有見，則其言亦不副矣。且所知所見各爲一物，吾聖人之學安有是哉？愚非敢輕議儒先，不直則道不見。有罪我者，固不得而辭也。

困知記續卷上

異端之説，自古有之。考其爲害，莫有過於佛氏者矣。佛法初入中國，惟以生死輪迴之説動人。人之情，莫不貪生而惡死，苟可以免輪迴、出生死，安得不惟其言之聽？既有求於彼，則彼之遺君親滅種類，凡得罪於名教者，勢不得不姑置之。然吾儒之信之者猶鮮也。其後有達磨者至，直指人心，見性成佛，以爲一聞千悟，神通自在，不可思議，則其説之玄妙，迥非前日比矣。於是高明者亦往往惑焉，惑及於高明，則其害有不可勝救者矣。何哉？蓋高明之士，其精神意氣足以建立門户，其聰明才辨足以張大説辭，既以其道爲至，則取自古帝王精一執中之傳，孔門一貫忠恕之旨，克己爲仁之訓，大學致知格物之教，中庸性道中和之義，孟子知言養氣、盡心知性之説，一切皆以其説亂之，真妄混淆，學者茫然莫知所適。一入其陷穽，鮮復能有以自拔者，故内之無以立大中至正之本，外之無以達經世宰物之用，教衰而俗敗，不但可爲長太息而已。向非兩程子、張子、朱子身任斯道，協心并力以排斥之，吾人之不變於夷者，能幾何哉？惟數君子道德之充備，學術之純深，辨論之明確，自孟子而後，莫或過之，故其言一出，聰明豪傑之士靡不心服，近者親而炙之，遠者聞風而起，相與爲之羽翼，以推行其説於天下者，繩繩不乏。迨我聖祖出，位隆君師，興學育才，一以五經四書及數君子之説爲教，則主張斯道者又誠有所賴矣。故自朱子没，迄今三四百年，天下之士非聖賢之學不講，而所謂禪學者，以之滅息，是豈一人一日之力哉？夫何近世以來，乃復潛有衣鉢之傳，而外假於道學以文其説？初學之士既莫能明乎心性之辨，世之老師宿儒，又往往不屑究心於所謂禪者，故其説之興，能救正者殊鮮，而從之者實繁有徒。其志將以求道也，曾不知其所求之非道也，豈不誤哉？愚也才質凡下於數君子，無能爲役，但以初未學禪而偶嘗有悟，從事於吾儒之學也，久而性命之理亦粗若有見焉，故於異同之際，頗能辨别。雖嘗著之於策，傳之吾黨，庶幾愛助之萬一。時復披閲，則猶病其説之未詳，懼無以解夫人之惑也，記於是乎有續云。

傳習録有云「吾心之良知即所謂天理也」，又云「道心者，良知之謂也」，又云「良知即是未發之中」。雍語有云「學問、思辨、篤行，所以存養其知覺」，又有「問『仁者以天地萬物爲一體』，答曰『人能存得這一點生意，便是與天地萬物爲一體』」，又「問『所謂生者即活動之意否，即所謂虚靈知覺否』，曰『然』」，又曰「性即人之生意」。此皆以知覺爲性之明驗也。

吾儒之闢佛氏有三，有真知其説之非而痛闢之者，兩程子、張子、朱子是也；有未能深知其説而常喜闢之者，篤信程、張數子者也；有陰實尊用其説而陽闢之者，蓋用禪家訶佛駡祖之機者也。夫佛氏似是之非，固爲難辨，至於訶佛駡祖之機作，則其辨之也愈難。吁！可畏哉！

論語首篇，首以學爲言，然未嘗明言所學者何事。蓋當時門弟子皆已知所從事，不待言也，但要加時習之功爾。自今觀之，「子以四教，文、行、忠、信」，夫子之所以教，非學者之所學乎？是知學文修行，皆要時時習之，而忠信其本，尤不可須臾失焉者也。注所謂「效先覺之所爲」，亦不出四者之外。若如陸象山之説，只一箇求放心便了，然則聖門之學與釋氏又何異乎？

孟子曰：「孩提之童，無不知愛其親也，及其長也，無不知敬其兄也。」以此實良知良能之説，其義甚明。蓋知能乃人心之妙用，愛敬乃人心之天理也。以其不待思慮而自知此，故謂之良。近時有以良知爲天理者，然則愛敬果何物乎？程子嘗釋「知覺」二字之義云「知是知此事，覺是覺此理」，又言「佛氏之云覺，甚底是覺斯道，甚底是覺斯民」，正斥其認知覺爲性之謬爾。夫以二子之言明白精切如此，而近時異説之興，聽者曾莫之能辨，則亦何以講學爲哉？

聖賢千言萬語，無非發明此理，有志於學者，必須熟讀精思，將一箇身心入在聖賢言語中，翻來覆去，體認窮究，方尋得道理出。從上諸儒先君子，皆是如此用工。其所得之淺深，則由其資稟有高下爾。自陸象山有「六經皆我注脚」之言，流及近世，士之好高欲速者，將聖賢經書都作没緊要看了，以爲道理但當求之於心，書可不必讀，讀亦不必記，亦不必苦求解。看來若非要作應舉用，相將坐禪入定去，無復以讀書爲矣。一言而貽後學無窮之禍，象山其罪首哉。

陸象山與詹子南書有云「日享事實之樂」，即語録中所謂「此理已顯」者也。其與晦翁辨無極書，所謂「言論未詳，事實先著」，余嘗意其指識此心爲事實，今始驗得分明。

包顯道所録象山語有云：「仰首攀南斗，翻身倚北辰。舉頭天外望，無我這般人。」按，傳燈録智通禪師臨終有偈云：「舉手攀南斗，迴身倚北辰。出頭天外見，誰是我般人。」不知象山之言其偶同邪，抑真有取於智通之説也？

元之大儒稱許魯齋、吴草廬二人。魯齋始終尊信朱子，其學行皆平正篤實，遭逢世祖，致位通顯，雖未得盡行其志，然當其時而儒者之道不廢，虞伯生謂「魯齋實啓之」，可謂有功於斯文矣。草廬初年篤信朱子，其進甚鋭，晚年所見乃與陸象山合，其出處一節，自難例之魯齋。若夫一生惓惓焉羽翼聖經，終老不倦，其志亦可尚矣。

困知記續卷下

癸巳春，偶得慈湖遺書，閲之累日，有不勝其慨嘆者。痛哉，禪學之誤人也一至此乎！慈湖頓悟之機，實自陸象山發之。其自言「忽省此心之清明，忽省此心之無始末，忽省此心之無所不通」，即釋迦所謂「自覺聖智境界也」。書中千言萬語，徹頭徹尾，無非此箇見解。然而意氣之横逸，辭説之猖狂，比之象山尤甚。象山平日據其偏見，横説竪説，直是果敢。然於聖賢明訓有所未合，猶且支吾籠罩過，未敢公然叛之。慈湖上自五經，旁及諸子，皆有論説，但與其所見合者，則以爲是，與其所見不合者，雖明出於孔子，輒以爲非孔子之言。而大學一書，工夫節次其詳如此，頓悟之説更無隙可投，故其詆之尤力。至凡孔子之微言大訓，又往往肆其邪説以亂之，刳實爲虚，揉直作曲，多方牽合，一例安排，惟其偏見是就。務令學者改視易聽，貪新忘舊，日漸月漬，以深入乎其心，其敢於侮聖言叛聖經，貽誤後學如此，不謂之聖門之罪人不可也。世之君子曾未聞有能鳴鼓而攻之者，反從而爲之役，果何見哉？

人心、道心之辨，只在毫釐之間。道心，此心也。人心，亦此心也。一心而二名，非聖人强分别也。體之静正有常，而用之變化不測也，須兩下見得分明方是。盡心之學，佛氏之於吾儒，所以似是而實非者，有見於人心，無見於道心耳。慈湖之志於道，不爲不篤，然終蔽於所見，直以虚靈知覺爲道心，夫安得不謬乎？集中己易一篇，乃其最所用意，以誘進學徒者，衮衮數千言，將斷而復續，左援右引，陽開陰闔，極其馳騁之力，茫茫乎若無涯涘可窺。然徐究其指歸，不出乎虚靈知覺而已，於四聖之易絶不相干。參之佛氏之書，則真如符節之合。試舉一二以概其餘。其曰：「吾性澄然清明而非物，吾性洞然無際而非量。天者，吾性中之象；地者，吾性中之形。故曰『在天成象，在地成形』，皆我之所爲。」楞嚴經所謂「山河大地咸是妙明真心中物」，即其義也。其曰：「目能視，所以能視者何物？耳能聽，所以能聽者何物？口能噬，所以能噬者何物？鼻能嗅，所以能嗅者何物？手能運用屈伸，所以能運用屈伸者何物？足能步趨，所以能步趨者何物？血氣能周流，所以能周流者何物？心能思慮，所以能思慮者何物？」波羅提「作用是性」一偈，即其義也。其曰：「天地非大也，毫髮非小也，晝非明也，夜非晦也，往非古也，此非今也，它日非後也，『鳶飛戾天』非鳶也，『魚躍於淵』非魚也。」金剛經所謂「如來説世界，即非世界，是名世界；説三十二相，即是非相，是名三十二相」，即其義也。凡篇中曰己、曰吾、曰我，義與惟我獨尊無異，其爲禪學也，固昭昭矣。認紫爲朱，明是大錯，乃敢放言無忌，謂：「自生民以來，未有能識吾之全者。」吾不知所謂吾者，果何物耶？夫堯、舜、禹、湯、文、武、周公、孔子，皆天下之大聖，其遞相傳授，無非精一執中之旨。而所謂中者，決非靈覺之謂，非惟人人有之，乃至事事有之，物物有之，慈湖顧獨未之識耳。誠有以窺見其全，已易其敢作乎？閱斯集者，但看得此篇破時，譬之破竹，餘皆迎刃而解矣。

吾聖賢之言與佛氏之言殊不相入，謂儒佛無二道，決非知道者也。慈湖所引經傳，如「範圍天地」、「發育萬物」等語，皆非聖賢本旨，第假之以成就其説。竊恐將來疑誤後學不淺，故不得不明辨之。程子嘗言：「聖人本天，佛氏本心。」此乃灼然之見，萬世不易之論，儒佛異同實判於此。是故天叙有典，吾則從而惇之；天秩有禮，吾則從而庸之；天命有德，則從而章之；天討有罪，則從而刑之。克綏厥猷，本於上帝之降衷；脩道之教，本於天命之在我。所謂「聖人本天」者，如此其深切著明也。以慈湖之聰明，宜若有見乎此，何忍於叛堯、舜、湯、孔，而以心法起滅天地，又任情牽合，必欲混儒佛於一途邪？蓋其言有云：

「其心通者，洞見天地人物，皆在吾性量之中，而天地萬物之變化，皆吾性之變化。」又云：「意消則本清本明，神用變化之妙固自若也。無體無際，範圍天地，發育萬物之妙固自若也。」此等言語，不謂之以心法起滅天地，謂之何哉？人之常情，大抵悦新奇而慕高遠，故邪説得以乘間而入。學者於此苟能虚心遜志，無所偏主，而執吾説以審其是非之歸，將不爲其所惑矣。

愚嘗謂人心之體即天之體，本來一物，但其主於我者謂之心，非臆説也，乃實見也。若謂「其心通者，洞見天地人物皆在吾性量之中」，而此心可以範圍天地，則是心大而天地小矣，是以天地爲有限量矣。本欲其一，反成二物，謂之知道可乎？「易有太極，是生兩儀」，乃統體之太極。「乾道變化，各正性命」，則物物各具一太極矣。其所以爲太極則一，而分則殊。惟其分殊，故其用亦別。若謂天地人物之變化皆吾心之變化，而以發育萬物歸之吾心，是不知有分之殊矣。既不知分之殊，又惡可語夫理之一哉？蓋發育萬物，自是造化之功用，人何與焉？雖非人所能與，其理即吾心之理，故中庸贊「大哉聖人之道」，而首以是爲言，明天人之無二也。此豈蔽於異説者之所能識邪？況天地之變化，萬古自如，人心之變化，與生俱生，則亦與生俱盡，謂其常住不滅，無是理也，慈湖誤矣。藐然數尺之軀，乃欲私造化以爲己物，何其不知量哉？文言曰：「夫大人者，與天地合其德，與日月合其明，與四時合其序，與鬼神合其吉凶。先天而天弗違，後天而奉天時。」此言便是的確。

有心必有意，心之官則思，是皆出於天命之自然，非人之所爲也。聖人所謂無意，無私意耳。所謂何思何慮，以曉夫憧憧往來者耳。書曰「思曰睿，睿作聖」，非思則作聖何由？易曰「聖人立象以盡意」，意若可無，其又何盡之有？故大學之教不曰無意，惟曰「誠意」；中庸之訓不曰無思，惟曰「慎思」。此吾儒入道之門，積德之基，窮理盡性必由於此，斷斷乎其不可易者，安得舉異端之邪説以亂之哉。彼禪學者，惟以頓悟爲主，必欲掃除意見，屏絶思慮，將四方八面路頭一齊塞住，使其心更無一線可通，牢關固閉，以冀其一旦忽然而有省，終其所見不過靈覺之光景而已。性命之理，實未嘗有見也，安得舉此以亂吾儒窮理盡性之學哉？學術不明，爲害非細，言之不覺縷縷，不識吾黨之士以爲何如？如欲學爲佛邪，慈湖之書宜不忍廢；必欲學爲聖人，則固有五經四書及濂洛關閩之説在。彼譸張爲幻者，又何足以溷吾之耳目哉？

「心之精神是謂聖」，此言出於孔叢子，初若可疑，及考其全文首尾，亦頗明白。「聖」字自不須看得重，而其意義亦非此句所能盡也。慈湖獨摘此一句，處處將來作弄，豈有他哉？蓋此句實與佛家「即心是佛」之言相似，其悟處正在此，故欣然取以爲證，使人無得而議焉，更不暇顧其上下文義何如也。請究言之：「子思問於孔子曰，『物有形類，事有真僞，必審之，奚由？』子曰：『由乎心。心之精神是謂聖。推數究理，不以物疑。周其所察，聖人病諸？』」切詳問意，蓋以物理事情皆所當審，而欲知所以審之之由，夫子遂以「由乎心」答之，而申言心之妙用如此。蓋聖者通明之謂，人心之神無所不通，謂之聖亦可也。惟其無所不通，故能推見事物之數，究知事物之理，物理既得，夫復何疑？若於形迹之粗，必欲一一致察，則雖聖人亦有未易能矣。玩其辭，詳其義，可見能通之妙，乃此心之神，而所通之理，是乃所謂道也。若認精神以爲道，則錯矣。易大傳曰「一陰一陽之謂道」，又曰「陰陽不測之謂神」，道爲實體，神爲妙用，雖非判然二物，而實不容於相混，聖人所以兩言之也。道之在人，則道心是也；神之在人，則人心是也。若此處錯認，焉往而不錯乎？或疑所通之理爲道，則道乃在乎事物，而不在吾心，殊不知事物之理與吾心之理，一而已矣，不然，何謂「一以貫之」，何謂「合内外之道」？

因閱慈湖遺書有感，偶賦小詩三章：「斜風細雨釀輕寒，掩卷長吁百慮攢。不是皇天分付定，中華那復有衣冠。」「裝成戲劇逐番新，任逼真時總不真。何事貪看忘晝夜，只緣聲色解迷人。」「鏡中萬象原非實，心上些兒却是真。須就這些明一貫，莫將形影弄精神。」書曰「道心惟微」，程子曰：「心，道之所在。微，道之體也。」解得極明。「些兒」二字乃俗語，邵康節詩中嘗用之，意與「微」字相類。天人物我，所以通貫爲一，只是此理而已。如一線之貫萬珠，提起便都在掌握，故盡己之性便能盡人物之性，可以贊化育而參天地。慈湖謂：「其心通者，洞見天地人物，皆在吾性量之中。」是將形影弄精神也。殊不知鏡中之象與鏡原不相屬，提不起按不下，收不攏放不開，安得謂之一貫耶？

慈湖所引論語「知及之」，以合佛氏之所謂慧也；「仁能守之」，以合佛氏之所謂定也。定慧不二，謂之圓明，慈湖蓋以此自處。其門人頗有覺者，則處之日月至焉之列，乃慧而不足於定者也。觀慈湖自處之意，豈但與「三月不違仁」者比肩而已哉？大哉一歌，無狀尤甚。凡爲禪學者之不遜，每每類此。

慈湖紀先訓內一條云：「近世有以小道與其門人講習，學者宗仰，語録流行，人服其篤行，遂信其説。其説固多矣，而害道者亦多，遺患頗深。」其所指乃伊川程先生也。何以知之？蓋慈湖嘗與學者講聖人有所不知不能之説，因議及伊川，又回護數語云：「程之篤行，亦豈易及，不可不敬也，但講學不得不辨明耳。」家庭議論，如出一口，決非偶然之故，得無以其所覺者爲極致，遂敢於自大邪？夫以大舜之聖，爲法於天下，可傳於後世者無他，惟是「明於庶物，察於人倫」而已。凡伊川與其門人之所講習，無非人倫庶物之理，千萬世之所通行者也。安有千萬世之所通行者，而可目之爲小道哉？若謂大道混成，不容分析，則伏羲既畫八卦，又重爲六十四卦，文王繫卦，周公繫爻，孔子作十翼，又出許多文字，何其不憚煩也？安知千條萬緒，無非太極之實體？苟能灼見其精微之妙，雖毫分縷析，自不害其爲一。伊川所作易傳，蓋深得四聖之心者也，顧可以小道目之耶？必如其言，則是大道不在伏羲、舜、文、周公、孔子，而黄面瞿曇獨得之矣。害斯道者，非若人而誰？

千聖相傳，只是一理。堯、舜、禹、湯所執之中，孔子所不踰之矩，顔子之所謂「卓爾」，子思之所謂「上下察」，孟子之所謂「躍如」，皆是物也。上聖大賢，惟其見之真，是以執之固，而行之盡。其次則「博文約禮」，吾夫子有明訓矣。蓋通天地人物，其理本一，而其分則殊，必有以察乎其分之殊，然後理之一者可見。既有見矣，必從而固守之，然後應酬之際，無或差謬。此博約所以爲吾儒之實學也。禪家所見，只是一片虚空曠蕩境界。凡此理之在吾心，與其在事物者，竟不能識其至精至微之狀爲何如，而顧以理爲障，故朱子謂「禪家最怕人説這『理』字」，誠切中其病矣。慈湖訓語有云：「近世學者沉溺乎義理之意説，胸中常存一理，不能忘捨，捨是則豁然無所憑依，故必置理字於其中。不知聖人胸中初無如許意度。」其怕這「理」字也，不亦甚乎。聖人胸中固自清明瑩澈，然於中則曰「允執」，於矩則曰「不踰」，豈是漠然蕩無主宰，而凡視聽言動、喜怒哀樂，一切任其自作自止，真如水泡之自生自滅乎哉？必不然矣。且吾儒若除箇「理」字不講，更講何事？若見得此理真切，自然通透灑落，又何有於安排布置之勞？爲此言者，適以自狀其不知理焉爾。

慈湖遺書不知何人所編，初止十八卷，有目録可考，皆自諸稿中選出。續集二卷，又不知出自何人。自十八卷觀之，類皆出入經傳，不雜以佛氏一語，有以知編者之慮至深。吾雖目爲禪學，人或未必盡悟。及觀至續集，則辭證具備，亦其勢終有不可得而隱者。如炳講師求訓、莫馮氏妹詞二首，已自分明招認，尚何説哉？程子嘗論及佛氏，以謂「昔之惑人也，乘其迷暗；今之入人也，因其高明」。若慈湖者，天資亦不爲不高矣，乃終身爲禪學所誤。今其書忽傳於世，有識之士固能灼見其非，亦何庸多辨？惟是區區過慮，自有所不能已爾。

困知記三續

庚辰春，王伯安以大學古本見惠，其序乃戊寅七月所作，序云：「大學之要，誠意而已矣。誠意之功，格物而已矣。誠意之極，止至善而已矣。正心，復其體也。修身，著其用也。以言乎己，謂之明德；以言乎人，謂之親民；以言乎天地之間，則備矣。是故至善也者，心之本體也，動而後有不善。意者，其動也。物者，其事也。格物以誠意，復其不善之動而已矣。不善復而體正，體正而無不善之動矣，是之謂止至善。聖人懼人之求之於外也，而反覆其辭。舊本析而聖人之意亡矣，是故不本於誠意而徒以格物者謂之支，不事於格物而徒以誠意者謂之虛。支與虛，其於至善也遠矣。合之以敬而益綴，補之以傳而益離。吾懼學之日遠於至善也，去分章而復舊本，傍爲之什以引其義，庶幾復見聖人之心，而求之者有其要。噫！罪我者，其亦以是矣夫。」此其全文也，首尾數百言，並無一言及於致知。近見陽明文録，有大學古本序，始改用致知立說，於格物更不提起。其結語云：「乃若致知，則存乎心悟，致知焉，盡矣。」陽明學術以良知爲大頭腦，其初序大學古本，明斥朱子傳注爲支離，何故却將大頭腦遺下？豈其擬議之未定歟？合二序而觀之，安排布置，委曲遷就，不可謂不勞矣。然於大學本旨，惡能掩其陰離陽合之迹乎？

王伯安答蕭惠云：「所謂汝心，却是那能視聽言動的，這箇便是性，便是天理。」又答陸原静書有云：「佛氏本來面目，即吾聖門所謂良知。」渠初未嘗諱禪，爲其徒者，必欲爲之諱之，何也？

答黃筠谿亞卿 節録

上略。知行當並進，而知常在先，先儒有定論矣。南軒之說，未見全文。所謂知有淺深，理固如此。陽明學術，大本已自不同，其餘要不足深辨。知萬物同出一理爲知至，此言未爲不是，但不知呂氏於格物處若何用工，乃自爲四說之異？據其所說，與同出一理之言自不相應。朱子以「牽合」二字斷之，可謂切中其病矣。余所云「物格則無物」者，誠以工深力到而豁然貫通，則凡屈伸消長之變，始終聚散之狀，哀樂好惡之情，雖千緒萬端，而卓然心目間者，無非此理。一切形器之粗迹，舉不能礙吾廓然之本體，夫是之謂無物。孟子所謂盡心知性而知天，即斯義也。天人物我，其理本一，不容私意安排。若有意於合物我而一之，即是牽合之私，非自然之謂矣。勉强牽合，此處或通，他處復礙，何由得到盡心地位邪？來書所舉無物之句，「格」字在「物」字上，恐一時筆誤也。下略。困知記附録

按：此函及答陳侍御國祥、答湛甘泉大司馬、與林次崖僉憲、答胡子中大尹書五書皆不見於羅整庵先生存稿，今據困知記附録輯入。

答陳侍御國祥 丁酉春 節録

上略。又承論及佛氏與陸象山，斯亦講學之所不容後者。然彼此之論，似乎小有未合，敢略申之。僕論佛氏「有見於心，無見於性」，高論亦既在所取矣，而又以爲「責之甚恕」，豈非以佛氏之於此心，見之猶有所未盡耶？然既云「無見於性」，即不得比於孟子之「盡心」矣。僕謂象山亦然，高論初以「未悉」爲詞，既而欲處之告子之列。朱子固嘗以告子目象山矣，蓋以力制其心之同也。然僕嘗細推之，不能無别。告子之不動心，其心死，其時未有佛

氏，但以燭理未明，而墮於意見之偏，高論以爲「學焉而流者」是也。然其爲説，初無以動人，其害終小。象山之不動心，其心活，蓋誠有得於頓悟之妙，從源頭便是佛氏「本來面目」，夫豈末流之失乎？其人雖遠，其説方行，所以陷溺人心而蓁蕪正路者，固君子之所深慮，未可容易放過也，請更詳之。中略。又承有感於僕所論吴草廬之言，而深病夫近世學者妄議朱傳之失，示及所嘗論辨之説，甚是詳明，自非留心正學，安能及此！夫世之妄議朱傳者，其始蓋出於一二人崇尚陸學之私。爲其徒者，往往貪新而厭舊，遂勇於隨聲逐響，肆爲操戈入室之計。姑未論夫至道，就其師説亦何嘗有實見也。浮誕之風日長，忠實之意日微，世道所關，有不勝其可慨者矣。然義理真是無窮，吾輩之尊信朱子者，固當審求其是，補其微罅，救其小偏，一其未一，務期於完全純粹，而毫髮無遺恨焉，乃爲尊信之實，正不必委曲遷就於其間。如此，則不惟有以服妄議者之心，而吾心正大光明之體亦無所累。且朱子之於兩程子，何如其尊信也！觀其注釋經書，與程説亦時有小異，豈非惟是之從乎？然非極深研幾，則所謂是者，要亦未易言也。下略。困知記附録

與林次崖僉憲 辛丑秋　節録

頃承光顧，極感高誼。山鄉牢落，愧無以爲禮。匆匆就別，甚欲追送十數里，以少盡薄

情，而筋力不逮，第深悵怏而已。隨得留別及留題中墅高作三首，次日又得所與貴同年馬宗孔辨書。時一展玩，宛然故人之在目也，用此爲慰。中略。辯書議論甚正，即其詞而味其旨，其淵源所自，非陽明即甘泉，高見固已先得之矣。僕與王、湛二子皆相知，蓋嘗深服其才，而不能不惜其學術之誤。其所以安於禪學者，只爲尋箇理字不著，偶見如來面目，便成富有，而其才辨又足以張大之，遂欲挾此以陵駕古今，殊不知只成就一團私意而已。嘗見傳習録有云：「於事事物物上求至善，卻是義外。至善是心之本體。」又云：「至善，即是此心純乎天理之極便是，更於事物上怎生求？」以此知陽明不曾尋見理字。又嘗見雍語有云：「天理只是吾心本體，豈可於事物上尋討？」以此知甘泉不曾尋見理字。二子平生最所尊信者，莫過於明道先生，其遺書具存，不知緣何都不照勘，乃爾相反！明道先生曰：「所以謂萬物一體者，皆有此理，只爲從那裏來。『生生謂之易』，生則一時生，皆完此理。人則能推，物則氣昏推不得，不可道他物不與有也。」又曰：「『萬物皆備於我』，不獨人爾，物皆然，都自這裏出去。只是物不能推，人則能推之。」詳味此言，便是各正性命之旨，便是格物第一義。二子都當面蹉過，謂之「尋箇理字不著」，可不信乎！抑程子止言物爾，未及於事？只如俗説「殺人償命，欠債還錢」，則事事皆有定理，亦自可見。

斯理也，在天在人，在事在物，蓋無往而不亭亭當當也，此其所以爲至善也。果然尋得著，見得真，就萬殊之中悟一致之妙，方知人與天地萬物原來一體，不是牽合。惟從事於克己，則大公之體以立，而順應之用以行，此聖門之實學也。若但求之於心，而於事物上通不理會，厭煩而喜徑，欲速而助長，則其回光反照之所得，自以爲千載不傳之秘者，圓覺固其第一義矣。儒書中僅有良知一語，大意略相似，陽明於是遂假之以爲重，而謂「良知即天理」。孟子何嘗指良知爲天理耶？是誣孟子也。

嘗閱陽明文録，偶摘出數處。凡用良知字者，如其所謂，輒以「天理」二字易之，讀之更不成説話。許多聰明豪爽之士，不知緣何都被他瞞過，可歎也夫！如答陸元静有云：「能戒慎恐懼者，是天理也。」答顧東橋有云：「所謂善惡之機，真妄之辯者，舍吾心之天理，亦將何以致其體察乎？」答南元善有云：「耳而非天理，則不能以聽矣。目而非以天理，則不能以視矣。心而非天理，則不能以思與覺矣。」答歐陽崇一有云：「天理發用之思，自然明白簡易，天理亦自能知得。若是私意安排之思，自是紛紜勞擾，天理亦自會分別得。蓋思之是非邪正，天理無有不自知者。」答魏師説有云：「能知得意之是與非者，則謂之天理。」諸如此類，非徒手足盡露，誠亦肺肝難掩。曾不自考，顧乃誣孟子以就達磨，裂冠毁冕，拔本塞源，言之可爲痛恨！其自誤已矣，士之有志於學而終不免爲其所誤者，何可勝計！非有高明特立之君子，以身障其流而撲其焰，欲求斯道大明於世，其可得乎？下略。困知記附録

答胡子中大尹書 即堯時，號仰齋。

頃承見惠長書，欲以發老朽之所未發，愛厚之意，何日忘之。第素愚且耄，愧無以奉酬高論也。

來書反覆乎致知格物之説，不下二千言，大概以傳習録爲主，將誠意與格物致知打成一片，更無先後之分。考之大學經文，容有未合，程朱訓釋，更不待言。然以爲其説甚長，其未明既久，非有定見，殆不能爲此言也。夫所爲講學者，只緣燭理未明，懷疑未決，故須就朋友商量切磋，審求其是，以弗迷其所往，若所見既定，固當自信而無疑矣，而又奚講焉？且區區謬見，皆嘗著之於篇。賢契既不鄙而遍閲之，異同之際，度已判然如黑白之在目矣，而未聞稍契正。使猶有精華可發，亦將何自而入，以究其是非之實哉？况實無所有也。

然賢契格致之説，雖非僕所敢知，其以獨知爲持循之地，則固自修之第一義也。誠加以固守力行之功，必無自欺，必求自慊，所以潤身而及物者，將豈無其驗乎？老朽屬望，實惟在此，計亦賢契之所自勵而不能自已者也。

更有少瀆。來書所舉「窮致事物之理」一句，朱注原作「至」字。又「窮致中和之理」一句，則朱注所無。且大學、中庸篇首兩「致」字，朱子皆未嘗以「窮」字訓之，亦不容不爲之別白也。一字異同，毫釐千里，切希照悉。困知記附録

附録

陳察　困知記後序

察向獲見整庵先生是編，粹然一出於正，竊歎服之。兹有客貽續編至，復加展玩，心目彌開。先生洵真儒哉！蓋其遜志惟聖，匪聖弗學也；禔身惟敬，匪敬弗居也。動惟中正之趨，恒恐有過不及。式克獨求墜緒，真積力久，融會貫通，卓有定見，誠立道明。折之必悉其幽微，辯之必究其極致。是故精一執中，克復忠、恕、格、致、誠、正之本義。升堂睹奥，是闡是敷，理經辭緯，片言弗苟。而凡異説之近理亂真，足以惑世誣民者，自此可以少息矣。

夫吾道淵源，川流日麗，終古常新，晦明通塞，存乎其人。學士經生，讀書較同，識趣或異。志在發策決科，竟於浮華利達者，固不足論；志不止此者，所見又或差池：抗失則虚，偏失則滯。間有資稟英明，高視闊步，自詭於深造獨得，志則偉矣，顧涵養本源，未必中正純粹，卒之辭意頗辟。有眩光景而忽精義者，有欲以靈覺爲道心者，甚至以主敬爲綴，以朱子傳注爲支離。後生好事，隨衆觀場，因依以爲新奇。殊不知其起於一念之好高，其流之弊將有不可勝言者矣。然則求正學於今日，略無

可指摘而足以羽翼聖經賢傳者，微斯編吾誰與歸！

察極無似，第念切緇衣，君子必見。近歲如楓山章公、虛齋蔡公，數獲承顔接詞，感其持正。比于先生，益用仰止。夫愛日於嚴侍，則司成如遺；介石於感時，則峻辭冢宰。而端莊之操，清肅之行，經世宰物之猶，察往往躬得聞見。有本者如是，然則是編豈後世之文學可比擬倫哉？察昔昌言於朝，今附題末簡，匪曰阿好。第乏筆力，未能摹寫其妙。始終典學，得其精華，請借以爲贈焉。世之有志者，試即是編，平心易氣，從容潛玩，而無以他説淆焉，不將有所感發興起也夫！嘉靖甲午季秋望日，虞山陳察寓虔抑抑堂拜書。

歐陽鐸　讀困知記後語

天下之物，莫不有理，亦莫非吾心之理也。或生而知之，或學而知之，或困而知之，及其知之，一也。聖愚相去遠矣，而同歸於知，非曰不絶物耶？是故爲公理，爲正道，爲達德，其於言也，爲通訓。「夫子博我以文」，謂文非道，不可也，謂文非文，亦不可也。易大畜曰：「君子以多識前言往行，以畜其德。」夫言行何曷託而載？多識以爲畜德，無疑於支離者耶？今夫行邁者，一步一趨，跛者可企；馮風御氣，力士有弗能，是舉夫人而棄之也。君子之教，由乎人所同也。知行相因，而先後有序；内外交養，而本末必辨。木滋其液矣，而溉之，而藩之，不亦遂乎！此亦人事之易見者也。

後世言學者，大率有二：以讀書爲道問學，不知約之於心，已失朱子之本指；而以静養爲尊德性，遂流於空寂，則主象山而又甚焉者。人情大抵厭膠擾而樂徑直，陸學蓋於今盛矣。嘗聞其說而未解於心，就其徒問之，愈覺茫然。嗟乎，天下至愚，乃有如我者耶！

繼得整庵羅公困知記讀之，謂「格物即分殊以見理之一」，謂「道心爲性，人心爲情」，謂「人之知識，不容有二」，謂「理當於氣轉折處觀之」，印諸經傳，無弗合者。雖誠愚，亦時有耿耿焉。已輒自疑：胡爲而異，胡爲而同？將異者爲障，而同者乃偶然耶？已又思之：言所以明道也，行所以信言也。公立朝有羔羊之節，正家有柳氏之嚴，居鄉有陝洛之化，早歲剛毅，晚更和平，有如玉之温，士無賢不肖，莫不心服其誠。夫焉有誠而非知至者乎？鐸未嘗聞道，而知公之得於格物者，行足以信其言也。於戲！沙彌杯水，頓覺無期，饑食渴飲，公之示我厚矣。因以志幸，非曰能執鞭授綏，以相從於赤幟之下也。嘉靖丙申夏五月戊辰，賜進士出身南京都察院右副都御史奉敕提督操江兼管巡江姻生歐陽鐸識。

陸粲　書重刻困知記後

太宰整庵先生羅公所著困知記，中丞海虞陳公嘗刻之虔南矣，粲又刻諸家塾云。

或曰：是書何爲者也？曰：公自識其所得也，抑有救世之志焉。夫自宋氏以來，談經者折衷於程朱之書。今之爲新學者，視如弁髦而將棄之。猖狂恣睢，一唱百和，末流之害，君子懼焉，是書所爲作乎！是故其辭確，其說詳，其剖析於異同之間，明白簡直，無所回互。公豈好辯哉？公亦有不得已焉爾矣。然則公之學奚師?曰:公師程朱者也,而深思力踐,不爲空言,則所自得者多矣。故曰:「精之又精,乃見其真。」斯言也,曰公自謂也,非歟?明興,言理學獨薛文清爲稱首。其醇且正,以公方之,吾未知所先後也,而深嚴縝密,殆於過之。讀其書,知其用力於斯道之專且久也。

粲無似,得侍公最晚,嘗辱與進,以爲可教,因獲窺見是編,而愚惰不立,未之能學也。刻且成,録公所貽手書附其後,既以識吾愧,又以視諸同志,期共勉焉。記凡四卷,曰「困知」者,公之謙也。嘉靖丁酉冬十二月望,吴郡後學陸粲謹識。

李楨　重校困知記序

古豳氏曰:夫聖賢之道,如日行天,如水行地。皇以道而皇,帝以道而帝,王以道而王,胥率性行之,以治夫家國天下,用能世躋雍皞悠久之盛;民安物阜,心志醇一,耳目不易。五霸作而帝王之道始假。魏斯、田和篡,而惠、威之儔居然稱王。法制淪夷,帝王之道于是澌滅殆盡。孔孟本身心以殫制作,蕩氛祲,排昏墊,鼎建乾坤。明道之功,上與帝王並。

慨自達磨航泛以來,直指人心,見性爲佛。五傳六傳,宗擘南北。闡釋迦金河秘説,法寶閎輝,盧舍那之形象,遍厥十千世界。訌讀生民,俾髡頂火身,甘荼毒戕賊,不自寧衈。當是時,訓詁詞章之儒,日放心于蒙茸誕蔓之場,熒惑吾道本真。彼禪氏者流,執心説以烜赫天下,苦身修行之士,往往捐軀比肩,日談所謂心而壆赴之,反駕馭俗儒上,則聖道之弗著弗察,愈離愈遠,無怪也。

二程氏崛起天中，撥翳抑絳。伯子清明純粹，明覺自然，有爲應迹，潛續洙泗脉絡。叔子從而闡繹之，孔孟之道，劃以昭朗，而伯子學術，亦因以發明。向非正叔氏作，則明覺自然之真傳，適足以齊定慧家之口吻。親炙楊中立輩，先自染迦毗羅氣習，彼隨影逐波者，又何以尤？正叔氏之功，于是爲大。

緊自唐宋大臣，蕭瑀以佛爲聖人。晁文元迥氏嚌色空之胾，而啖其精髓，曉然執鞭，各不失本色實相。張無垢始灑掃中立之門，既竊宗杲冥語，而委身皈依，情狀無甚回互。陸子静則儒其身而禪其心，大漏明心機緘，而受用在此。其徒楊簡氏，又縱横宣暢妙義，執爲吾道正脉。考所行事，猶云踐履氣節，苦行頭佗，眇能睎驥之乘。嗟嗟，此尚可論。其世學術日下，人心彌巧。何近世儒者之紛綸錯沓，緐質而豹紋也。吾嘗禪之矣，彼且粗無煉魔戒行，彼且精無上乘圓覺，法嗣且嫌與儷。吾將儒之，彼且鼓簧聽聞，彼且螟蝨根氣。祇竊據三藐三菩提之咳唾，高自推托，擅置椎鑿。鑿真元竅，掉臂先儒，上秤量大聖大賢。屢變其説以求勝，初乏蒙養長育之功。其雄心功利，決訾詞章，創開竇宇，招致牽引。間多美質善行士，勾攝眇眭内，一咀吹片滓，嗜啖過如膏粱，方厭飫調劑，興飽德之歌。猖徉驕泰，吕、嬴孔、孟之潢，牛馬周、程之派，六經成爲糠秕物，而凌轢聞達，睥睨人世。嗟嗟，不有真儒，安明正學。

整庵羅允升氏奮起南服，以自得者，筆爲困知記一書。涵濡道術，咀嚼正味。精剖似是之非，躬衛箕裘之業。古人所謂「回白日于既西，障狂瀾于將東」，厥功于是爲大。愚故曰：「今之允升氏，今之程叔子也。」獨其闇然自修，謝絶門徒，恥靦顔角尺寸几席之講。既寡其儔，世之喜新奇捷徑，而忘精實切近，甚有疾其説之勃勃害己也，多閣置沉匿，用殄厥世。愚爲此懼，恐久而失傳，無可爲吾道券。暇日繙閱校訂，不厭三復。俟知道君子，力爲之表章流布，的示正鵠來學，庶吾道幸矣。嗟嗟，兹豈得已也夫！萬曆二十年壬辰春正月上元日，後學慶陽李楨撰。

顧起元 重鐫困知記序

宋之理學，以紫陽爲集大成。後學闓闓其言，而尸祝其人，毋敢反唇相稽者。至正嘉之際，始有一二大儒，推青田之説，與紫陽並衍而行之。或以爲異致，或以爲同歸，辨析調停之論，頗不勝其繁。蓋道術之歧，又自此而始矣。

太宰整庵羅先生挺然特起，自引於河汾之外，憫學者不達其意而師悖，乃窮諸根本，究心性之義所自分，懼習矣不察，或墮於佛氏之指也。於是取三乘之津梁，五燈之鈐鍵，與吾道一一比勘而辨析之。其幾判於毫釐，其界區於秒忽，其義嚴於斧鉞，其語較若權衡。記成，自名之曰「困知」。雖極深研幾，經緯匪一，旁稽博采，含吐無方，覈其要歸，則具是矣。

嗟乎！自竺乾之教南入中國，學士大夫起而攻之，如傅奕、韓愈、歐陽修之徒，可謂衆矣。然第謂漢譯胡書，恣其假託，緇衣薙髮，棄爾人倫。攻其瑕而遺其堅，宜其徒以一吷視之，未肯帖然爲吾下也。其黠者且標其勝義，以劘吾之言，思軼而踞其上，自詡如日，而小吾教爲嘒嘒之晨星。於是伊洛大儒以「彌近理大亂真」之説折之，自謂可以窮其説，而使之無所遯矣。然究而言之，所謂「句句是，事事合，只是不同」者，卒亦未嘗條分縷析，洞髓擢筋，有以杜毘律之口，壁少林之面也。如先生記中所引楞伽之辨，大慧之語，往往從幾微影響之際，因是而剖其非，即得以鏡其失。涇渭之同流，淄澠之異味，真有覿若不爽者。自孟氏闢楊墨而後，上下千年，縱横萬里，儒釋之辨，如先生者，可謂根柢盡披，肺肝已露，理極于斯，幾無剩義矣。先生心性之説明，青田且借以發起蘊，詎直爲紫陽之功臣已哉！

嗚乎，當先生時，談道術者雖有近禪之憂，然或内引瓶鉢之機鋒，而未敢外挫章逢之門面，顯然推墨而附於儒無有也，先生深懼而力辨之。今去先生纔百年耳，天下之道，舛馳益多。以無忌憚爲天真，或濡首豁渠之論，以無師承爲奇特，且藉口温陵之書。覆轍可虞，濫觴宜慎，知微君子，何必睹披髮野祭，始抱辛有腥羶河洛之憂？夷甫諸人，清言致患，抑何得謂右軍冶城之語，其識鑒不出謝太傅上也？然則當世之天下，能爲先生言者，可易得哉，可易得哉！

記舊多刻本，歲久漫漶，世罕覯見之。先生之孫珽仕、琁仕兄弟，才美有文，克繩祖武，而尤志在紹明家學，乃再授諸梓，以廣其傳，屬余爲序。自愧末學，如牖中觀日，安能測先生之微？姑就臆見所及，著先生之所爲衛道者如此。或謂充先生理一分殊之義，引而伸之，華夷一統，王會何私？天地同流，聖真乃一。溷固不精，辨亦不廣，宜分以明吾道之正，合以成吾道之尊。此之然否，蒙竊惑焉。惜乎，不能起先生于九原，順下風而請事斯語也。萬曆庚申仲秋月，江寧後學顧起元謹書。

羅整庵先生存稿卷一與王陽明書

昨拜書，後一日始獲奉領所惠大學古本、朱子晚年定論二編，珍感珍感。某無似，往在南都，嘗蒙誨益，第苦多病，怯於話言，未克傾吐所懷，以求歸於一是，恒用爲歉。去年夏，士友有以傳習録見示者，亟讀一過，則凡向日所聞，往往具在，而他所未聞者尚多。乃今又獲并讀二書，何其幸也。顧惟不敏，再三尋繹，終未能得其指歸。而向日有疑，嘗以面請而未決者，復叢集而不可解。深惟執事所以惠教之意，將不徒然，輒敢一二條陳，仰煩開示。切詳大學古本之復，蓋以人之爲學，但當求之於内，而程朱格物之説，不免求之於外。聖人之意，殆不其然。於是遂去朱子之分章，而削其所補之傳，直以支離目之，曾無所用夫當仁之讓，可謂勇矣。竊惟聖門設教，文行兼資，「博學於文」，厥有明訓。顔淵稱夫子之善誘，亦曰「博我以文」，文果内邪，外邪？是固無難辨者。凡程朱之所爲説，有戾於此者乎？如必以學不資於外求，但當反觀内省以爲務，則「正心誠意」四字亦何不盡之有，何必於入門之際便困以格物一段工夫也？顧經既有此文，理當尊信，又不容不有以處之，則從而爲之訓曰：「物者，意之用也。格者，正也，正其不正以歸於正也。」其爲訓如此，要使之内而不外，以會歸一處。亦嘗就以此訓推之，如曰：「意用於事親，即事親之事而格之，正其事親之事之不正者以歸於正，而必盡夫天理。」蓋猶未及「知」字，已見其繳繞迂曲而難明矣。審如所訓，兹惟大學之始，苟能即事即物，正其不正，以歸於正，而皆盡夫天理，則心亦既正矣，意亦既誠矣，繼此誠意正心之目，無乃重復堆疊而無用乎？「大哉乾元，萬物資始。」「至哉坤元，萬物資生。」凡吾之有此身，與夫萬物之爲萬物，孰非出於乾坤，其理固皆乾坤之理也。自我而觀，物固物也，以理觀之，我亦物也，渾然一致而已，夫何分於内外乎？所貴乎格物者，正欲即其分之殊，而有見乎理之一。無彼無此，無欠無餘，而實有所統會。夫然後謂之知至，亦即所謂知止，而大本於是乎可立，達道於是乎可行。自誠正以至於治平，庶乎可以一以貫之而無遺矣。然學者之資稟不齊，工夫不等，其能格與否，或淺或深，或遲或速，詎容以一言盡哉？惟是聖門大學之教，其道固無以易此，學者所當由之以入，不可誣也。外此或誇多而鬬靡，則溺於外而遺其内；或厭繁而喜徑，則局於内而遺其外。溺於外而遺其内，俗學是已；局於内而遺其外，禪學是已。凡爲禪學之至者，必自以爲明心見性，然於天人物我，未有不二之者。是可謂之有真見乎？使其見之果真，則極天下之至賾而不可惡，一毛一髮皆吾體也，又安肯叛君父，捐妻子，以自陷於禽獸之域哉？今欲援俗學之溺，而未有以深杜禪學之萌，使夫有志於學聖賢者，將或昧於所從，恐不可不過爲之慮也。又詳朱子定論之編，蓋以其中歲以前所見未真，爰及晚年始克有悟，乃於其論學書尺三數十卷之内，摘此三十餘條，其意皆主於向裏者，以爲得於既悟之餘，而斷其爲定論。斯其所擇，宜亦精矣，第不知所謂晚年者，斷以何年爲定？羸軀病暑，未暇詳考，偶考得何叔京氏卒於淳熙乙未，時朱子年方四十有六爾。後二年丁酉，而論孟集注、或問始成。今有取於答何書者四通，以爲晚年定論，至於集注、或問，則以爲中年未定之説。竊恐考之欠詳，而立論之太果也。又所取答黄直卿一書，監本止云「此是向來差誤」，别無「定本」二字，今所編刻，增此二字，當别有據。而序中又變「定」字爲「舊」字，却未詳「本」字同所指否？朱子有答吕東萊一書，嘗及定本之説，然非指集注、或問也。凡此，愚皆不能無疑，顧猶未足深論。竊以執事天資絶出，而日新不已，向來恍若有悟之後，自以爲證諸五經四子，沛然若決江河而放諸海，又以爲精明的確，洞然無復可疑，某固信其非虚語也。然又以爲獨於朱子之説有相牴牾，揆之於理，容有是邪？他説姑未敢請，嘗讀朱子文集，其第三十二卷皆與張南軒答問書，内第四書亦自以爲「其於實體似益精明，因復取凡聖賢之書，以及近世諸老先生之遺語，讀而驗之，則又無一不合。蓋平日所疑而未白者，今皆不待安排，往往自見灑落處」。與執事之所以自序者，無一語不相似也。書中發其所見，不爲不明，而卷末一書，提綱振領，尤爲詳盡。竊以爲千聖相傳之心學，殆無以出此矣，不知何故，獨不爲執事所取，無亦偶然也邪？若以此二書爲然，則論孟集注、學庸章句、或問，不容別有一般道理。雖或其間小有出入，自不妨隨處明辨也。如其以爲未合，則是執事精明之見，決與朱子異矣。凡此三十餘條者，不過姑取之以證成高論，而所謂「先得我心之所同然者」，安知不有毫釐之不同者，爲祟於其間，以成牴牾之大隙哉？恐不可不詳推其所以然也。又執事於朱子之後，特推草廬吳氏，以爲見之尤真，而取其一說以附於三十餘條之後。竊以草廬晚年所見端的與否，良未易知。蓋吾儒昭昭之云，釋氏亦每言之，毫釐之差，正在於此。即草廬所見，果有合於吾之所謂昭昭者，安知非其四十年間鑽研文義之效？殆所謂真積力久，而豁然貫通者也。蓋雖以明道先生之高明純粹，又早獲親炙於濂溪，以發其吟風弄月之趣，亦必反求諸六經，而後得之。但其所稟，鄰於生知，聞一以知十，與他人極力於鑽研者不同耳。又安得以前日之鑽研文義爲非，而以墜此科臼爲悔？夫得魚忘筌、得兔忘蹄可也，矜魚兔之獲，而反追咎筌蹄，以爲多事，其可乎哉？然世之徒事鑽研而不知反說約者，則不可不深有儆於斯言也。抑草廬既有見夫所謂昭昭者，又以「不使有須臾之間斷」爲庶幾乎尊之之道，其亦然矣。而下文乃云：「於此有未能，則問於人，學於己，而必欲其至。」夫其須臾之間間斷與否，豈他人之所能與，且既知所以尊之之道在此，一有間斷則繼續之而已，又安得以爲未能，而別有所謂學哉？是則見道固難，而體道尤難，道誠未易明，而學誠不可不講，恐未可安於所見，而遂以爲極則也。某非知道者，然黽勉以求之，亦有年矣。駸尋衰晚，茫無所得，乃欲與一代之英論學，多見其不知量也。雖然，執事平日相與之意，良不薄矣，雖則駑鈍，心誠感慕，而樂求教焉。一得之愚，用悉陳之而不敢隱。其他節目，所欲言者頗多，筆硯久疏，收拾不上，然其大要亦略可覩矣。伏惟經略之暇，試一觀焉，還賜一言，以決其可否。幸甚。

羅整庵先生存稿卷一又與王陽明書

側聞旌麾伊邇，計不日當臨敝邑，甚欲一瞻德範，以慰多年渴仰之懷，奈病骨支離，艱於遠出，咫尺千里，悵惘曷勝，伏惟亮察。去年嘗辱手書，豫訂文會，殆有意乎左提右挈，相與偕之大道。爲愛良厚，感戢無已，但無若區區之固滯何。夫固滯者未免於循常，而高明者恒妙於獨得。竊恐異同之論，有非一會晤間之所能決也。然病既有妨，盛意何可虛辱，固輒以近來鄙説數段，奉塵尊覽。及嘗反覆高論有不能無疑者，亦條爲一段，具如别幅。固知未能仰契尊旨，將不免爲覆瓿之具，亦姑效具愚而已。雖然，愚者千慮，容有一得，先睽後合，尚不能無望於高明，伏希裁擇，幸甚。

「物者，意之用也。格者，正也，正其不正以歸於正也。」此執事「格物」之訓也。向蒙惠教有云：「格物者，格其心之物也，格其意之物也，格其知之物也。正心者，正其物之心也。誠意者，誠其物之意也。致知者，致其物之知也。」自有大學以來，無此議論，此高明獨得之妙，夫豈淺陋之所能窺也邪？然誨諭之勤，兩端既竭，固嘗反覆推尋，不敢忽也。夫謂「格其心之物，格其意之物，格其知之物」，凡其爲物也三，謂「正其物之心」，「誠其物之意」，「致其物之知」，其爲物也一而已矣。就三物而論，以程子格物之訓推之，猶可通也，以執事格物之訓推之，不可通也。就一物而論，則所謂物者果何物邪？如必以爲意之用，雖極安排之巧，終無可通之日。此愚之所不能無疑者一也。又執事嘗謂：「意在於事親，即事親是一物；意在於事君，即事君是一物。」諸如此類，不妨説得行矣。有如論語「川上」之嘆，中庸「鳶飛魚躍」之旨，皆聖賢喫緊爲人處，學者如未能深達其義，未可謂之知學也。試以吾意著於川之流、鳶之飛、魚之躍，若之何正其不正以歸於正邪？此愚之所不能無疑者二也。又執事答人論學書有云：「吾心之良知即所謂天理也。致吾心良知之天理於事事物物，則事事物物皆得其理矣。致吾心之良知者，致知也。事事物物各得其理者，格物也。」審如所言，則大學當云「格物在致知」，不當云「致知在格物」，當云「知至而后物格」，不當云「物格而后知至」矣。且既言「精察此心之天理，以致其本然之良知」，又言「正惟致其良知，以精察此心之天理」，然則天理也、良知也，果一乎，果非一乎？察也致也，果孰先乎，孰後乎？此愚之所不能無疑者三也。

按：困知記附録所引此書後有羅氏按語，云：「初作此書，將以復陽明往年講學之約，書未及寄，而陽明下世矣，惜哉。鄙説數段，皆記中語也，念非一家私議，因録之。」

羅整庵先生存稿卷一答允恕弟

昨得手簡，知嘗細讀拙記。心性理氣諸説，凡記中大節目，吾弟所見皆合，何慰如之。然心性之辨既明，則象山之學術居然可見，顧乃疑吾言爲已甚，何也？象山之學，吾見得分明是禪，弟則以爲似禪。似之爲言，髣髴之謂也。以余觀之，佛氏有見於心，無見於性，象山亦然。其所謂至道，皆不出乎靈覺之妙，初不見其有少異也，豈真髣髴云乎？據象山所見，自不合攻禪，緣當時多以禪學目之，不容不自解爾。釋氏之自私自利，固與吾儒不同，然此只是就形迹上斷他，病根所在，不曾説得。蓋以靈覺爲至道，乃其病根，所以異於吾儒者實在於此。而此二字，正是象山受用處，如何自肯拈出。余所謂「陽避其名而陰用其實」，誠有見乎此也。格物之義，程朱之訓明且盡矣，當爲萬物無疑。人之有心，固然亦是一物。然專以格物爲格此心，則不可。説卦傳曰：「觀變於陰陽而立卦，發揮於剛柔而生爻。和順於道德而理於義，窮理盡性以至於命。」後兩句皆主卦爻而言，「窮理」云者，即卦爻而窮之也。蓋一卦有一卦之理，一爻有一爻之理，皆所當窮，窮到極處，却止是一理。此理在人則謂之性，在天則謂之命。心也者，人之神明，而理之存主處也。豈可謂心即理，而以窮理爲窮此心哉？良心發見，乃感應自然之機，所謂天下之至神者，固無待於思也。然欲其一一中節，非思不可，研幾工夫，正在此處，故大學之教雖已知止有定，必慮而後能得之，其工夫之詳密可知矣。若此心粗立，猶未及於知止，感應之際，乃一切任其自然，遂以爲即此是道，其不至於猖狂妄行者幾希。凡象山之爲此言，誤人多矣，其流禍迄今益甚。士之好高欲速者，更倡迭和，駸駸乎有丕變於禪之勢。世道升降，將必由之。余惟恐攻之之不力，而無以塞其源，殊不覺其言之已甚也。來簡有云：「若陽避陰用，則象山乃反覆作僞之人。」此固君子之言，而亦可謂善辨矣，余敢忽哉？夫以象山之高明，固宜不肯作僞，但其見性不的，而主張所學太過，未免頗有飾辭。如辨無極書中「一陰一陽已是形而上者，況太極乎」兩語，明是疏脱，却須要遮飾。又如答李敏求心性材情之問，始終不見分曉，只是支吾，恐非所謂「修辭立其誠」也。弟嘗徧讀其書，試尋得幾句言性分明處來，安有不服陽避陰用之説，當不俟終日而改之矣。趙東山之贊，要在「超然獨契本心」一語，意欲爲象山出脱禪學。余固謂象山有見於心，但無見於性爾，贊詞得無尚費分説邪？湛元明議論多持兩端，余嘗儗之揚子雲矣，況渠乃象山派下真法嗣乎？容有回護。言及於此，弟將又以爲甚。顧不直則道不見爾，儻猶未合，不妨更熟講之。余固嘗言辨之弗明而弗措焉，必有時而明矣。

附：羅允恕原簡

承示劄記，反覆數過，詞意俱到。心性理氣諸説，鄙見皆同。獨象山條下，終未盡合。心性雖微有分，原只一理。象山想是合下心地清明，故所見過高，再不細究，遂謂心即理也。又云「格此物，窮此理」，此字皆指心言。人誠能窮得此心之理，亦何性不了？記云：「聖經格物窮理，果指心乎？」然則物理果皆非心乎？「當惻隱處自惻隱」等語，此良心發見處，恐亦無待乎思。又與王順伯書言，儒者以人生與天理並而爲三極，不盡人道，不足與天地並。釋氏止見生死事大，此即其道之有異爾。後一書尤懇切。若謂「陽避其名而陰用其實」，則象山乃反覆作僞之小人，非惟朱子得以攻之，順伯老兄亦將攘臂而毆之矣。陰實祖用其説，而陽諱其所自來，此亦朱之攻陸，未知能得其服辨否？與順伯書，朱子亦議其不是，今不及檢閲。嘗愛趙東山之贊及近日湛元明之語，云：「謂之禪，吾不敢也；謂流而非禪，吾不信也。」可謂平正之論。兄再思之，記得無已甚乎？無令後人之議今也。今專此申，請便中示正。病暑不能詳悉。

羅整庵先生存稿卷一答歐陽少司成崇一

得六月望日書，披閲再四。承不以老朽見棄，爲之欣然傾倒，多至累幅，厚意何可當。

夫道之不明久矣，所幸聖賢之遺書尚存，有志於學者，誦其言而咀其味，探其歸趣，反而驗之吾心，庶或窺見其一二，以爲持循之地。顧有道之君子，世不多得，是非得失，莫或正之，其所取證，終亦不出乎聖賢之書而已。僕之從事於此，蓋亦有年，齒髮既凋，自度無能復進，乃筆其區區之見，以與朋友講之。然視爲老生常談，一覽而遂置之者多矣。異同之論，邈乎其未有聞。頃辱貽書，見需拙稿，夙欽高誼，因輒以奉寄，意者將有合焉。誨札凿來，則枘方鑿圓，殊不相入。高見已定，殆亦無復可言者矣。而書詞丁寧，不容但已，勉罄所聞以復，請更詳之。來書凡三段，第一段申明良知即天理之説甚悉。首云：「知覺與良知名同而實異。」末云：「考之孔、曾、思、孟、濂溪、明道之言，質之楞伽、楞嚴、圓覺、涅槃諸經，其宗旨異同，頗覺判別。」足知賢契不肯以禪學自居也。然人之知識，不容有二。孟子本意，但以不慮而知者名之曰「良」，非謂别有一知也。今以知惻隱、知羞惡、知恭敬、知是非爲良知，知視、知聽、知言、知動爲知覺，是果有二知乎？夫人之視聽言動，不待思慮而知者亦多矣，感通之妙，捷於桴鼓，何以異於惻隱、羞惡、恭敬、是非之發乎？且四端之發，未有不關於視聽言動者，是非必自其口出，恭敬必形於容貌，惡惡臭輒掩其鼻，見孺子將入於井，輒匍匐而往救之，果何從而見其異乎？知惟一爾，而强生分别，吾聖賢之書未嘗有也。惟楞伽有所謂真識、現識及分别事識三種之别。必如高論，則良知乃真識，而知覺當爲分別事識無疑矣。夫不以禪學自居，志之正也。而所以自解者，終不免墮於其説，無乃未之思乎？「天性之真，明覺自然，隨感而通，自有條理，是以謂之良知，亦謂之天理。」僕雖耄，固知賢契所得在此數語，然其誤處，亦在此數語。此正是講學切要處，不得無言，第恐定立難移，言之苦無益爾。雖然，吾心其可以不盡乎？夫謂良知即天理，則天性明覺只是一事。區區之見，要不免於二之。蓋天性之真，乃其本體；明覺自然，乃其妙用。天性正於受生之初，明覺發於既生之後，有體必有用，而用不可以爲體也。此非僕之臆説，其在樂記則所謂「人生而静，天之性」，即天性之真也；「感物而動，性之欲」，即明覺之自然也。在易大傳，則所謂「天下之至精」，即天性之真也；「天下之至誠」，即明覺之自然也。在詩大雅，則所謂「有物有則」，即天性之真也；「好是懿德」，即明覺之自然也。諸如此類，其證甚明，曾有一言謂良知爲天理者乎？然孔、曾、思、孟、濂溪、明道之言，賢契嘗考之矣，或恐别有可證高論者，惜乎略未舉及。僕請再以所聞於數子者證之。孔子嘗言知道、知德矣，曾子嘗言知止矣，子思嘗言知天、知人矣，孟子嘗言知性、知天矣，凡「知」字皆虚，下一字皆實。虚實既判，體用自明，以用爲體，未之前聞也。况明道先生嘗釋「知覺」二字之義云：「知是知此事，覺是覺此理。」尤爲明白易見。上下千數百年，其言如出一口，吾輩但當篤信而固守之，豈容立異，若前無所受，而欲自我作古，徒滋後學之惑而已。非惟不足以明道，且將獲罪於聖門，可不慎乎？且僕又嘗聞之伊川之道與明道無異，晦庵之學以二程爲宗。來書所舉竟不及二先生，何也？得無以其格物之訓，於良知之説有礙乎？夫天人物我，其理無二，來書格物工夫惟是隨其位分，修其日履，雖云與佛氏異，然於天地萬物之理，一切置之度外，更不復講，則無以達夫一貫之妙，又安能盡己之性，以盡人物之性，贊化育而參天地哉？此無他，只緣誤認良知爲天理。於天地萬物上，「良知」二字自是安著不得，不容不置之度外爾。「聖人本天，釋氏本心。」天地萬物之理，既皆置之度外，其所本從可知矣。若非隨其位分，修其日履，則自頂至踵，寧復少有分别乎？二先生所見之理，洞徹無間，凡其格物之訓，誠有所謂「百世以俟聖人而不惑」者，其孰能易之。世儒妄加詆訾，以自陷於浮薄，諒賢契之所不取。然於二先生之學，似宜更加之意，不以所見偶未之合而遂置之，斯文之幸也。第二段所論學問思辨工夫，與僕所聞亦無甚異。但本領既别，則雖同此進爲之方，先後緩急自有不可得而同者。蓋以良知爲天理，則易簡在先，工夫居後，後則可緩，陳白沙所謂「得此欛柄入手，更有何事，自兹以往，但有分殊處合要理會」是也。謂天理非良知，則易簡居後，工夫在先，先則當急，中庸所謂「果能此道矣，雖愚必明，雖柔必强」是也。此説頗長，姑舉其概，以賢契之明悟，宜亦不待余詞之畢也。聖賢經書，人心善惡是非之迹，固無不紀，然其大要，無非發明天理以垂訓萬世。世之學者，既不得聖賢以爲之師，始之開發聰明，終之磨礱入細，所賴者經書而已。舍是，則貿貿焉莫知所之。若師心自用，有能免於千里之謬者，鮮矣。善讀書者，莫非切己，工深力到，内外自然合一，易簡之妙，於是乎存。歧而二之，不善讀書者也。夫天下之士亦多矣，豈可謂凡讀書者皆遠人以爲道，惟尊奉其良知以從事於易簡者，乃學不遠人以爲道乎？第三段所論教學本原與夫後世學術之弊，亦可謂句句合矣。但微意所在，乃專以尊奉良知，從事於易簡者爲是，窮究物理，博通於典訓者爲非。只緣本領不同，故其去取若是。夫孔孟之絶學，至二程兄弟始明。二程未嘗認良知爲天理也，以謂有物必有則，故學必先於格物。今以良知爲天理，乃欲「致吾心之良知於事事物物」，此語見傳習録。來書亦云：「致其良知於日履之間，以達之天下。」則是道理全在人安排出，事物無復本然之則矣，無乃不得於言乎。雍語亦云：「天理只是吾心本體，豈可於事物上尋討？」總是此見。「不得於言而勿求諸心」，此是告子大病。凡爲孔孟之學者，或偶霑斯病，不早進瞑眩之藥以除其根，是無勇也。古者大學之教，非秀民不預。農、賈、罝兔，誠有所不能及者，故曰：「民可使由之，不可使知之。」「公侯腹心」，天資之忠厚者，亦云可矣，豈真見而知之，與太公望、散宜生等乎？古人自幼而學，至四十始仕，三十年間無非爲學之日，既專且久，道明而德立。及爲公卿大夫，直行其所學而已，不暇爲學，又奚病焉？來書不能及不暇爲之説，殆以廣招徠之路，使人競趨於易簡爾，豈通論乎？格致與博物洽聞不同，先儒已自説破。彼徒博而不知反諸約者，望其入道，誠亦難矣。若夫講之精、辯之悉、知之明，而學之果不差焉，斯固吾夫子之所謂好學者，豈易得哉？學既不差，安有源遠本披之患？本披源遠，皆差之毫釐而不自覺者也。嗟乎，安得先覺之君子，特起於今之世，以盡覺夫未覺者哉？累幅之書，中間儘有合商量處。第年老，精神短，照管不及，又恐亂却正意，是以但即其切要者論之。然體用兩字果明，則凡未經商量者，雖欲不歸於一，不可得也。未審高見畢竟以爲何如？言有盡而意無窮，千萬詳察。

羅整庵先生存稿卷一又答歐陽少司成崇一

二月十一日，得去年十月晦日所惠書，往復間，不覺遂半年矣。披覽之既，欣慰可知。僕獨學無朋，見聞甚少，向來奉復，誠欲資麗澤之益，故詞繁而不殺。茲承逐條開剥，俾得聞所未聞，幸甚幸甚。夫良知之説，賢契講之久矣，其義皆先儒所未及。僕之所守，不過先儒成説，其不合也固宜。詳味來書，詞雖若謙，而所執彌固。固以凝道，謙以全交，可謂兩得之矣。老拙於此，尚何言哉。然而瓊玖之投，木瓜之報，又禮之所不容廢者。敬就來書，再舉一二，以見枘鑿之不相入處。刓方爲圓，老拙固所不能，斵圓就方，賢契亦或未肯，姑以奉酬雅意焉爾。來書謂「立言各有所當」，此語固然。樂記亦云「物至知知」，不妨自爲體用也。但以理言，即恐良知難作實體看，果認爲實體，即與道、德、性、天字無異。若曰知此良知，是成何等説話邪？明道「學者須先識仁」一章，首尾甚是分明，未嘗指良知爲實體也。首云：「仁者，渾然與物同體，義禮智信皆仁也。識得此理，以誠敬存之而已。」中間又云：「訂頑意思，乃備言此體，以此意存之，更有何事。」初未嘗語及良知，已自分明指出實體了。不然，則所謂存之者，果何物邪？且訂頑之書具存，並無一言與良知略相似者，此理殆不難見也。其良知良能以下數語，乃申言「存得便合有得」之意。蓋雖識得此理，若欠却存養工夫，「則猶是二物有對，以己合彼，終未有之」。惟是存養深厚，自然良知日明，良能日充，舊習日消，此理與心漸次打成一片，便爲己有，夫是之謂「有得」。其語脉一一可尋也。此章之言，陳白沙嘗喫緊拈出，近時有志於學者率喜談之，然非虚心潛玩，毫釐之差或未能免，無乃上累先賢已乎？又來書力辨置之度外一言，僕固知此言之逆耳，然竊有所見，非敢厚誣君子也。嘗謂文言有云：「大哉乾乎，剛健中正，純粹精也。」此天理之本然也。象傳有云：「乾道變化，各正性命。」此天理之在萬物者也。吾夫子贊易，明言天地萬物之理以示人，故有志於學者，須就天地萬物上講求其理，若何謂之「純粹精」，若何謂之「各正」。人固萬物中之一物爾，須灼然見得此理之在天地者與其在人心者無二，在人心者與其在鳥獸草木金石者無二，在鳥獸草木金石者與其在天地者無二，方可謂之物格知至，方可謂之知性知天。不然，只是揣摩臆度而已。蓋此理在天地則宰天地，在萬物則宰萬物，在吾心則宰吾身，其分固森然萬殊，然止是一理，皆所謂「純粹精也」。以其分之殊，故天之所爲，有非人所能爲者，人之所爲，有非物所能爲者；以其理之一，故能致中和，則天地以位，萬物以育。中，即「純粹精」之隱於人心者也；和，即「純粹精」之顯於人事者也。自源徂流，明如指掌，故曰「聖人本天」。僕之所聞蓋如此。今以良知爲天理，即不知天地萬物皆有此良知否乎？天之高也，未易驟窺，山河大地，吾未見其有良知也。萬物衆多，未易徧舉，草木金石，吾未見其有良知也。求其良知而不得，安得不置之度外邪？殊不知萬物之所得以爲性者，無非「純粹精」之理。雖頑然無知之物，而此理無一不具，不然，即不得謂之「各正」，即是天地間有無性之物矣。以此觀之，良知之非天理，豈不明甚矣乎？來書所云「視聽思慮，必交於天地萬物，無有一處安著不得，而置之度外」者，只是認取此心之靈感，通之妙原，不曾透到萬物各正處，未免昏却理字，終無以自別於弄精魂者爾。頗記佛書有云：「佛身充滿於法界，普見一切群生前，隨緣赴感靡不周，而恒處此菩提座。」非所謂「視聽思慮，必交於天地萬物」者邪？此之睽而彼之合，無他，良由「純粹精」之未易識，不肯虚心易氣以求之爾。率意盡言，似乎傷直，然非以求勝也。蓋講論道理，自不容於不盡，是非取舍，則在明者擇焉。儻猶未亮，姑置之可也。因風時寄數字，以慰岑寂，足見久要之義。鄉書已祗受，珍感珍感，不宣。

羅整庵先生存稿卷一答湛甘泉大司馬 庚子秋

宦成志遂，身退名完，古今若此者能幾人？向聞解組榮歸，深用爲故人喜。老病不能出，擬專人奉候，久之未有來耗。邑中忽差人送至教札，始知嘗爲武夷之游，暮宿澄江，侵晨遂發，追候不及，悵怏可言！別楮誨喻諄諄，極感不外，第慚固陋，終未能釋所疑。僕素聞白沙先生人品甚高，抱負殊偉，言論脱灑，善開發人。間嘗與朋友言：「使白沙見用於時，做出來必有精采。」夫以私心之所歆慕如此，安肯肆情妄議，以眩夫人之觀聽邪！其以禪學爲疑，誠有據也。蓋白沙之言有曰：「夫（大）道，至無而動，至近而神。」又曰：「致虛所以立本也。」執事從而發明之，曰：「至無，無欲也。至近，近思也。神者，天之理也。」凡此數言，亦既大書而深刻之，固將垂諸百世，以昭示江門之教，兹非可據之實乎？易大傳曰：「一陰一陽之謂道。」又曰：「陰陽不測之謂神。」程明道先生曰：「上天之載，無聲無臭。其體則謂之易，其理則謂之道，其用則謂之神。」聖賢之訓，深切著明如此。今乃認不測之神以爲天理，則所謂道者，果何物邪？其於大傳與明道之言殊不合矣。中庸曰：「中也者，天下之大本也。」又曰：「致中和。」明道先生曰：「中者，天下之大本。天地間亭亭當當，直上直下之正理。出則不是，惟敬而無失最盡。」是則致中乃所以立本也，敬而無失乃所以致中也。今謂「致虛所以立本」，其於中庸與明道之言又不合矣。中字，虛字，義甚相遠，潛心體認亦自分明。虛無津涯，中有定止。譬之於秤，中其定盤星也。分斤分兩，皆原於是，是之謂本。把捉得定，萬無一失，是之謂立。若乃無星之秤，雖勞心把捉，將何以所據以權物之輕重乎？此理殆不難見也。夫「隨處體認天理」一言，孰云非是？顧其所認以爲天理者，未見其爲真切也，僕安得而不疑乎？禪學始於西僧達磨，其言曰：「浄智妙圓，體自空寂。」千般作弄，不出此八字而已。妙圓之義，非神而何？寂空之義，非虛而何？「全虛圓不測之神」，又非白沙之所嘗道者乎？執事雖以爲非禪，吾恐天下後世之人，未必信也。且吾聖人之格言大訓，布在方册，皦如日月，浩若江河，苟能心領而神會之，信手拈來，無非至理。今觀白沙之所舉示，曰「無學無覺」，曰「莫杖莫喝」，曰「金針」，曰「衣鉢」，曰「迸出面目來」，大抵皆禪語也。豈以聖經爲未足，須藉此以補之邪？先儒有言：「佛老之害，甚於楊墨。」孟子於楊墨之淫辭，直欲放而絶之，所以閑先聖之道者，其嚴如此。白沙顧獨喜禪語，每琅琅然爲門弟子誦之，得無與孟子異乎？欲人之不見疑，其亦難矣。來書謂：「以白沙爲禪者，皆起於江右前輩。」僕亦江右人也，執事豈意其習聞鄉評，遂從而附和之邪？何椒丘、張古城、胡敬齋固皆出於江右，若李文正公乃楚人，而生長於京師，謝方石、章楓山則皆越人，亦皆以禪學稱白沙，何也？夫名依實而立者也。苟無其實，人安得而名之？諸君子多善白沙，而名其學如此，亦必有所據矣，執事盍反而求之？所辨居業録中兩條，拙記中頗嘗論及。今又增入「夜氣」之説，反覆研究，終是不同。蓋夜氣之所息，其用力處，全在旦晝之所爲，不在静中也。僕與執事相知垂四十年，出處差池，無緣一會。往年嘗辱惠問，亟以書報，兼叩所疑，竟未蒙回答。今皆踰七望八，而僕之衰憊特甚，舊業益荒，忽枉誨言，喜踰望外。使於此稍有嫌忌，而不傾竭所懷，則於故人愛與之至情，不爲無負矣。是以忘其固陋而悉陳之，固知逆耳之言異於遜志，然與人爲善，實君子之盛節也。如曰未然，更希申喻。若夫「理氣合一」之論，未審疑之者爲誰？自僕觀之，似猶多一合字，其大意正與鄙見相同，無可疑者。知僕之無疑於此，則前此所疑，或者未爲過乎？兩詩詞意俱超，諷誦無斁，第陽春白雪，難於奉和耳。不宣。

整庵存稿卷一六自勵其三

紫陽基下學，象山明自然。支離與徑捷，彼此嘗交鐫。百年公論定，畢竟誰爲偏？昔聞昌黎語，軻死失其傳。皇極久不建，西教擅吾權。投人劇妖冶，落綱無愚賢。孰辨真頑空，拘肆成癡顛。良心一以溺，作聖何由緣。二程開興運，勠力掃腥羶。涵養須用敬，致知學攸先。神功合内外，彝訓肅昭宣。誰哉樂易簡，徑欲遺陳編。自然豈不貴，無乃流於禪。孤風邈難嗣，缺月澹寒川。近來白沙老，應執九原鞭。緬思原泉句，今昔幾尼淵。寧知下學功，是水可澄鮮。

夏尚樸

夏尚樸（一四六六——一五三八），字敦夫，號東巖，永豐（今屬江西）人。正德六年（一五一一）進士，授南京禮部主事，官至南京太常寺少卿。其先後師從吴與弼、婁諒，傳主敬之學。四庫全書簡明目録謂夏氏「所學篤實謹嚴，與陳、王迥異，與吴、婁亦不相同」。著有東巖集等。傳附明史卷二八三婁諒傳，其學説可參明儒學案卷四等。

東巖集卷一語録

朱子語類解「敦厚以崇禮」云：「人有敦厚而不崇禮者，亦有禮文周密而不敦厚者，故敦厚又要崇禮。」此解勝集注。由是推之，此一節當一句自爲一義，重在幾箇「而」字上，不必分屬存心、致知。蓋有尊德性而不道問學者，亦有道問學而不尊德性者，故尊德性又要道問學。如柳下惠，可謂致廣大矣，而精微或未盡，故致廣大又要盡精微。如伯夷，可謂極高明矣，稽之中庸或未合，故極高明又要道中庸。又集注以尊德性爲存心以極道體之大，道問學爲致知以極道體之細，恐亦未然。竊謂二者皆有大小，如涵養本原是大，謹於一言一行處是小。窮究道理大原大本處是大，一草一木亦必窮究是小。嘗以此質之魏子才，子才以爲然，姑存之以備參考。

張子云：「心統性情。」程子云：「性即理也。」又云：「心如穀種，仁則其生之性也，陽氣發處是情。」朱子云：「靈的是心，實的是性，性是理，心是盛儲該載敷施發用的。」又云：「心者氣之精爽。」愚謂心無形體，是人身一點靈處，其中所具之理爲性，佛氏之徒只指那靈妙處爲性，以理爲障，故爲異端。後世儒者本學聖賢，只是源頭認得不真，故流入異學而不自知。如告子以知覺爲性，象山之學以收拾精神爲主，至門人楊慈湖論學，每云「心之精神謂之性」，故朱子闢其爲禪。近者諸公以良知爲話頭，接引後學，恐不免此弊。朱子訓蒙詩云：「性蔽其源學失真，異端投隙害彌深。推原氣稟由無極，只此一圖傳聖心。」

本是家常茶飯，却恐諸公説得太甜了。程子云：「敬則自然和樂，和樂只是心中無事。」朱子云：「近日江西諸公好説尋樂，予謂尋到苦澁處，方有樂的好消息來。未有不做工夫而能樂者。」此言殊有味。

象山之學以收斂精神爲主，曰：「精神一霍便散了。」門人楊慈湖論學只是「心之精神謂之性」一句，更無他説，此其所以近禪。朱子云：「收斂得精神在此，方看得道理盡，看道理不盡，只是不專一。」如此説方無病。

堯之學以欽爲主，以執中爲用，此萬古心學之源也。舜告禹曰：「惟精惟一，允執厥中。」又曰：「欽哉，慎乃有位，敬修其可願。」曰欽、曰中、曰敬，皆本於堯而發之，且精一執中之外，又欲考古稽衆，視堯加詳焉。蓋必如此然後道理浹洽，庶幾中可得以執矣。近世論學，直欲取足吾心之良知，而謂誦習講説爲支離，率意徑行，指凡發於粗心浮氣者，皆爲良知之本然。其説蔓延，已爲天下害。揆厥所自，蓋由白沙之説倡之耳。故曰學者於是非之源，毫釐有差，則害流於生民，禍延於後世，有足徵者。

象山之學雖主於尊德性，然亦未嘗不道問學。但其所以尊德性、道問學，與聖賢不同。程子論仁謂「識得此理，以誠敬存之而已」，又謂「識得仁體，實有諸己，只要義理栽培」。蓋言識在所行之先，必先識其理，然後有下手處。象山之學謂「能收斂精神在此，當惻隱自惻隱，當羞惡自羞惡，更無待於擴充」。此與告子不知性之爲理，而以所謂氣者當之，雖能堅持力制，至於不動心之速，適足爲心害也。朱子曰：「以天下之理處天下之事，以聖賢之心觀聖賢之書。」象山所引諸書，多是驅率聖賢之言以就己意，多非聖賢立言之意。如謂「顔子爲人最有精神，用力最難，仲弓精神不及顔子，然用力却易」云云，其與程子所謂「質美者明得盡，渣滓便渾化，其次惟莊敬以持養之，及其至則一也」不同，豈直文義之差而已哉？其他此類不可枚舉，試取其語録諸書觀之，當自見矣。

東巖集卷一滁州省愆録

朱陸同異之辨，前輩已有定論。細觀其書，當自見之。今就其中摘其一二稍稍同處，遂欲會而爲一，非所謂不揣其本而齊其末，方寸之木可使高於岑樓者耶？近時諸公力扶象山之學，極詆朱子之學支離，蓋亦未能平心易氣細觀其書以致然耳。王欽佩嘗謂予云：「朱子所著諸書，或有初年未定之論，兼門人記録未能盡得其意者，亦或有之。吾輩觀之，但擇其好處。」今王陽明專擇其不好處來説，豈不是偏耶？

東巖集卷一示滁州學諸生

好問好察而必用其中，誦詩讀書而必論其世，則合天下古今之聰明以爲聰明，其知大矣。近時諸公論學，乃欲取足吾心之良知，而議程朱格物博文之論爲支離，其何以開聖人之知見，擴吾心良知良能之本然？此乃入門欵，於此既差，是猶欲其入而閉之門也。不得不爲諸生言之，豈好辨哉？

東巖集卷四寄湛甘泉先生書

生受知門下最深，顧以德業不脩，老大無聞，有累于執事知人之明多矣。往歲在北都極荷汲引，違别以來，無任傾感。近得所附周生書，猥蒙稱道過情，三復感愧不已。我朝士論卑弱，遠不逮元儒。至正統間，薛文清講道於北，而吴康齋講道于南，時則有羅一峰者以氣節風勵天下，由是士大夫争自磨濯，視古不多讓。風聲鼓動，至今猶未衰熄。所借程朱諸書，誦習既久，不無厭常喜新之意，遂有取于象山之簡徑，遂使學者茫然措其心於文字言語之外，不肯就人倫日用處痛下工夫，將來恐爲患不細。今幸遇執事與諸賢講學南都，此寔斯文一大幾會也。程子云：「世既無人，安得不以斯道自任。」惟執事圖之，萬萬。生退處窮鄉，絶無師友麗澤之益，所幸夙昔好善之心未衰，敢不黽勉以負執事期待之意。伏望時賜教言，以起昏惰，萬萬。承示新泉語録，一時未得卒業，容看畢又當請益也。兹因監生潘時表行便，謹此少佈懷仰之意，伏乞照亮，不具。

夏東巖先生詩集卷五寄王陽明三首

同甫有才疑雜伯，象山論學近於禪。平生景仰朱夫子，心事真如白日懸。

陸學也能分義利，一言深契晦翁心。紛紛同異今休問，請向源頭着意尋。

六籍精微豈易窺，發明親切賴程朱。兵知險阻由鄉導，後學如何可廢茲。時贛上用兵故云。

湛若水

湛若水（一四六六——一五六〇），初名露，字民澤，後更名若水，字元明，號甘泉，增城（今屬廣東）人。弘治十八年（一五〇五）進士，選庶吉士，授編修，歷官南京吏部、禮部、兵部三部尚書，晚年致仕講學，卒謚文簡。湛氏師從陳獻章，發師門自然之旨，以爲「萬事萬物莫非心」，要人「隨處體認天理」。著有格物通、甘泉文集等。明史卷二八三、明儒學案卷三七有傳。

格物通卷一八

臣若水序曰：正心何以言格物也？程頤曰：「格者至也，物者理也。」至其理乃格物也。至也者，知行並進之功也。於心焉而至之也，至其心之理也。學者讀是編焉，而感通吾心之理，念念而知於斯，存存而行於斯，以有諸己，則格物之功，庶乎於正心焉盡之矣。

書虞書大禹謨：「人心惟危，道心惟微。惟精惟一，允執厥中。」

臣若水通曰：此乃帝舜傳授大禹以心學也。心者人之精神，虛靈知覺者也。頃刻之間，於軀殼上起念，血氣用事，即謂之人心；頃刻之間，於義理上起念，德性用事，即謂之道心。故程顥曰「人心人欲，道心天理」是也。危者，危言危行之「危」，言大也。微猶滅也。「惟危」、「惟微」二句相因，説天理人欲不容並立。人欲長一分，則天理消一分，故人心日以長大，則道心日以微滅。精以察見此理，即學問思辨之事，屬知；一以存養此理，即篤行之事，屬行。知行並進，即執中之功夫。中即此天理是也。天理則不偏不倚，無過不及，故謂之中。允，信也。執謂有之於己之意。信有諸己，則與中道而一矣，故曰：「惟精惟一，允執厥中。」堯之傳舜，只曰「允執厥中」，知行混合，體用一原，以聖授聖，故不待言功夫也。至是舜傳禹，始有人心、道心，「惟精惟一」之説，則又推執中之功夫言之，此萬世心學之源，於人君聖學最爲切要。自後言建中建極，言博約一貫，言止至善格物，言學問思辨篤行，言集義養氣，言誠，言敬，皆本於此。舍此則人欲横流，天理滅絶，雖有天下，不能以平治矣。惟聖明留意焉。

學記曰：「學者有四失，教者必知之。人之學也，或失則多，或失則寡，或失則易，或失則止。此四者，心之莫同也。知其心，然後能救其失也。教也者，長善而救其失者也。」

臣若水通曰：學之不明也久矣，蓋由其不識心爾。知心之病，斯能知心之本體矣。故知多寡易止之失，則知不多、不寡、不易、不止而心正矣。是故有以用心於博聞强識之支離者，其失也多；有以不用心而徑超頓悟者，其失也寡；有以粗心於百姓日用，其失也易；有以甘心於自暴自棄，其失也止。四失者，過與不及，皆非吾心本體之正也。是故古之教者，觀病以知心，因心以救失，惟以長養其善念爾。蓋善也者，吾心之天理也。學者苟知天理爲本體，而隨處體認焉，則無過不及。勿忘勿助之間，自有易簡之道，而帝王心學之傳在是矣。謹以爲聖明心學萬一之助。

格物通卷二〇

象山陸九淵曰：「古人教人不過存心養心求放心，此心之良，人所固有，惟不知保養，而反戕賊放失之爾。苟知其如此，而防閑其戕賊放失之端，日夕保養灌溉，使之暢茂條達，如手足之捍頭面，則豈有艱難支離之事？」

臣若水通曰：人之所以爲人者，心也。心得其公正即天理也，天理至易簡也，何有於支離？陸九淵「存心養心求放心」之説，蓋本諸孟子，是矣，但謂「防閑其戕賊放失之端」，是放賊之者一心，防之者又一心也，其端將無窮，不可得而除矣。且謂「暢茂條達」，非識其根本而立之，何以能致？所謂根本者，天理而已矣。察識天理而存養之，則戕賊放失之端，可以不防而退，聽至於本立道生，而暢茂條達自不能已矣。臣敢以是廣九淵之説，伏惟皇上體而用之，以爲正心、正百官萬民之本，天下幸甚。

陸九淵曰：「人心至靈，此理至明，人皆有是心，心皆具是理。」

臣若水通曰：心即理也，理即心之中正也，一而已矣，而云「具」者，是二之也。心得其正故靈，惟靈故明，非有二也。不觀之心，失其職者乎？心失其職，則亦血肉之軀殼而已矣，何有於靈邪？惟不靈故不明，此心理合一之驗也。周敦頤曰：「匪靈弗瑩，靈明一也。」九淵顧以明屬於理，而屬靈於心，豈非二之也哉？九淵謂讀論語，疑有子之言支離，臣亦敢以是疑九淵焉。

曲禮：「博聞强識而讓，敦善行而不怠，謂之君子。」

臣若水通曰：博聞强識，開發吾之聰明也，而讓焉則心虚矣。敦善行，擴充吾之德性也，而不怠焉，則行實矣。心虚則受善也無窮，行實則進善也不息，知行並進，則德崇業廣，此所以爲君子也。

「故君子尊德性而道問學，致廣大而盡精微，極高明而道中庸，温故而知新，敦厚以崇禮。」

臣若水通曰：此子思言脩德以凝道之功也。性即天命之性，此德性至貴，忘之則忽，助之則褻，皆非尊也；勿忘勿助，尊之至也。道，由也。由乎學問，乃有以知其德性之真也。佛教亦言心性，以不事學問，故差也。蓋尊德性，行之也；道問學，精之以知也。天下未有不精於知，而能行之不差者也。廣大高明，心之本體。禮即理也，皆謂德性也，致之極之，敦厚以崇之，皆以在心而言，所以尊德性也；精微、中庸、舊聞，皆心之應事者，盡之道之，温之而使日新，所以問學也。在心爲性，在事爲學，尊德性爲行，道問學爲知，知行並進，心事合一，而脩德之功盡矣，德脩而道自凝矣。此聖門合一之學。後世支離之弊寖興，朱熹與項平父書曰：「子静專尊德性，而熹平日道問學爲多。」臣謂二者會其全，無獨用之理也。雖以朱、陸大儒，未免此説，而況於他者乎？有志於聖學者，誠不可以不講焉。

湛甘泉先生文集卷七答太常博士陳惟浚

前歲曾兩接手書，知已有順親北上之意，爾後常作燕冀之想，然未得其的，知在彼乎，在此乎？坐此不及致音，而以問於陽明，陽明莫吾報也。自去秋拜疏，遂入西樵山築室，攜家居之，與二三學子及方叔賢相處講磨，乃與人世相隔，得專以理自進，若有不得已焉者也。日領自太常來書，又見近日所進象山書，三十時常手抄本讀之，見其一段，深得大意。近日學者雖多談之，每每忽此，象山可信，決知其非禪者此耳。答稿二通録奉，覽之可知矣。然以比之明道内外體用一貫，參之孟子知性養性，考之孔顔博文約禮，若合符節，乃所願則學明道也。近於庸、學二書愈見易簡之學，并録一覽，其來劄中間節目難以盡答，敬疏于别紙。

觀來問多覺後語，先師白沙先生云「纔覺退便是進也，纔覺病便是藥也」，及孝弟敦本之意甚好，由此擴而充之，仁義不可勝用矣。其不能不奪於書册、山水，亦玩經典之心，凡以心不恒存存故也。蓋心存則有主，有主則物不入，不入則血氣矜忿窒礙之病皆不爲之害矣。大抵至緊要處在「執事敬」一句，若能於此得力，如樹根着土，則風雨雷霆莫非發生。此心有主，則書册、山水、酬酢皆吾致力涵養之地，而血氣矜忿窒礙久將自消融矣。近世學者多落影響支離，吾惟浚獨於鄉前輩中擇一象山好之，亦可謂善變矣。然學者又每每多有樂其簡而好之者，有或雖好之而不知其大意如别紙所云者。二者皆不着實，恐别有走作。吾惟浚自不如此也。「涵養須用敬，進學在致知」，如車兩輪。夫車兩輪同一車也，行則俱行，豈容有二？而謂有二者，非知程學者也。鄙見以爲如人行路，足目一時俱到，涵養、進學豈容有二？自一念之微，以至於事爲講習之際，涵養、致知一時並在，乃爲善學也，故程子曰：「學在知所有，養所有。」宜更玩之。

鄙見以爲此道體用一原者也，故只是一段工夫，更無兩事。謹獨即是戒懼，所以養其體，直擴充至位育之大用，克己格致至天下平皆一貫，然致中和、平天下皆工夫，亦是謹獨充之。如云「堯舜之道，不以仁政不能平治天下」，豈可謂格致天下平便無所事，中間擴充乃是至誠不息之道，如一根樹由萌蘖至結子，皆是一氣也。來劄「便是」二字恐傷太快。陽明格物論未得其詳，大抵心與天下不可分内外，稍云「求之本心」，又云「由内便有外物之弊」，心體物而不遺，何往非心，此理一也，若真見得，亦不分高卑遠近，高卑遠近一體也。

「天下非身外也」一句甚好，甚得西銘「理一」及程子「仁者渾然，與天地萬物同體」之意。但理一之中自有分殊，不能不別也，此仁義並行而不悖者也。昔朱元晦初見延平，甚愛程子「渾然同體」之説，延平語云：「要見理一處卻不難，只分殊處卻難，又是一場鍛鍊也。」愚以爲未知分殊，則亦未知理一，未知理一，亦未必知分殊，二者同體故也。「敬以直内，義以方外」，所以體夫此者，敬義無内外，皆心也，合内外之道也。而云内外者，爲直方言之耳。故來劄一自修身至平天下，以敬義看，而謂何嘗離卻自家，即此意也。至敬内義外之説，雖是省了易文字面，恐就轉了古人之意，而立言之義恐未精耳。若於格致外加「敬」字，卻是難説。蓋格致誠正、修齊治平皆心也，非敬則息矣。安百姓、平天下亦有工夫，皆此敬不息之流行，已見前段。

東坡論孟子説性善，故荀子不得不出於性惡。孟荀既稱善惡矣，故楊韓不得不出於善惡混及性有三品之説。大抵學者每要矯時，其矯而過正者則亦有之矣。明道得孔、孟、濂溪之傳者也，故其語學語道，上下體用一貫，大中至正而無弊。朱陸各得其一體者也，朱語下而陸語上。雖未必截然如此，而宗旨則各有所重矣。如伊尹出處何異孔子，而云任也，伯夷、柳下惠之聖而云隘與不恭也，毫釐之差，千里之謬，故愚嘗云：「乃所願，則學明道也。」象山之學，近時學者往往喜其簡徑而樂道之，至於吾所拈出象山大意，又每每忽之，又有謂其學與氣象似孟子，則吾未敢信。孟子固有英氣，而皆發於義理之正，先正猶且病之，至於象山與朱子辯論數書，皆發於客氣，至於瑣瑣以詞説相稽者有之，故其後自有「粗心浮氣」之悔，而以此氣象爲似孟子，誤矣。吾惟浚獨以爲懇到，何耶？學者須要理會氣象，周公之「公孫碩膚，赤舄几几」全矣，試觀横渠之撤臯比，伊川臨終道着用，便不是延平之純粹韜晦，胡五峰、張敬夫之精詣，比之何如，皆未知置此數子於何地耳？伊尹、伯夷，孟子皆以爲聖，乃所願則學孔子，諸子皆賢，乃所願則學濂溪、明道、伊川、横渠、延平諸子也。吾惟浚高明之資有過人者，但不可不定平生決擇，兼不可忘韋弦之義耳。子静每戒「勝心」二字可玩。

曠官之罪，見吾契惻隱之心，不肯放過，但出處之際，若到十分去不得處，雖親命有所不俟。蓋得失存於呼吸之間，而遺體之安危以之，故身親一也。予久不作入京書，於吾契自不能默默爾。

湛甘泉先生文集卷七答方西樵

觀陽明書，似未深悉愚意。吾所舉象山宇宙性分之語，所謂「性分」者，即吾弟所舉本心之説耳。得本心則自有以見此矣。本心、宇宙恐未可二之也。承教明道「存久自明，何待窮索」，最簡切，但須知所存者何事，乃有實地。首言識得此意，以誠敬存之，知而存也；

又言存久自明，存而知也。知行交進，所知所存皆是一物。其終又云「體之而樂，亦不患不能守」，大段要見得這頭腦親切，存之自不費力耳。近亦覺多言，正於默識處用功，偶又不能不言也。陽明書並寄，一閱便還。

湛甘泉先生文集卷七答陽明都憲

楊仕德到，並領諸教，忽然若拱璧之入手，其爲慰沃可量耶？諸所論説皆是斬新自得之語，至朱子晚年定論一編，尤爲獨見。第前一截則溺於言語，後一截又脱離於言語，似於孔子所謂執事敬、内外一致者兩失之耳。承獎進之意極厚，至讀與叔賢書又不能無疑。所謂宇宙性分與張子西銘、程子識仁同一段，皆吾本心之體，見大者謂之大，見近者謂之近，恐未可以大小遠近分也。凡兄所立言爲人取法，不可不精也。聞英才雲集，深喜此道復明，此間自甘、楊之外，有陳生謨，謨之父宗亨，年將六十而好學。霍渭先之弟任，任弟傑，溟滓巖居，鄧、馮諸生皆有向進之志，但未見得力，然皆賴老兄振作，使聞風而起也。

湛甘泉先生文集卷七答陽明

西樵兩承遠慮，非骨肉之義，何以及此？然此山夐出江海之間，絶與後山不相涉，且遠二三百里，而又山賊不利舟楫，廣間士夫多好事者爲之耳。不勞遠念。所示前此支離之憾，恐兄前此未相悉之深也。夫所謂支離者，二之之謂也，非徒逐外而忘内謂之支離，是内而非外者亦謂之支離，過猶不及耳。必體用一原，顯微無間，一以貫之，乃可免此。僕在辛壬之前未免有後一失，若夫前之失，自謂無之。而體用顯微，則自癸甲以後自謂頗見歸一，不知兄之所憾者安在也？

湛甘泉先生文集卷七答孟生津

明道看喜怒哀樂未發前作何氣象，延平默坐澄心體認天理，象山在人情事變上用工夫。三先生之言各有所爲而發，合而觀之，合一用功乃盡也。吾所謂體認者，非分未發、已發，非分動靜，所謂隨處體認天理者，隨未發已發，隨動隨靜。蓋動靜皆吾心之本體，體用一原故也。如彼明鏡然，其明瑩光照者，其本體也；其照物與不照，任物之來去，而本體自若。心之本體，其於未發已發、或動或靜，亦若是而已矣。若謂靜、未發爲本體，而外、已發而動以爲言，恐亦有岐而二之之弊也。前輩多坐此弊，偏内偏外，皆支離而非合内外之道矣。吾心性圖備言此意，幸深體之。

湛甘泉先生文集卷七寄崔後渠司成

違顔範十五六星霜矣，僕山野人，三百同年之相知，孰有過於執事者？三十同館之相契，孰有過於執事者？而久别，各天彰德，非南北往來之路不便寄書，執事有起用之旨，冀需見於京師，及春夏至京師，而又不得一見，徒使此懷悵悵，非恝然也。知執事造詣已極高明，涵養已極純實，想像而不可見。見象山學辨一序，已知執事之超過象山矣。且以象山爲禪，於何以爲禪？以爲禪也，則陸集所云「於人情物理上鍛煉」，又每教人學問、思辨、篤行求之，似未出於孔門之規矩，恐無以伏其罪。惟其客氣之未除，氣質之未變化，則雖以面質於象山，必無辭矣。僕昔年讀書西樵山時，曾聞海内士夫群然崇尚象山，僕時以爲觀象山宇宙性分等語，皆灼見道體之言，以象山爲禪則吾不敢，以學象山而不至於禪，則吾亦不敢。蓋象山之學雖非禪，而獨立高處。夫道，中正而已矣，高則其流之弊不得不至於禪。故一傳而有慈湖，慈湖真禪者也，後人乃以爲遠過於象山。僕以爲象山過高矣，慈湖又遠過之，是何學也？伯夷、柳下惠皆稱聖人，豈有隘與不恭者，但其稍有所偏，便不得不至於隘與不恭也。僕因言學者欲學象山，不若學明道，故於時有遵道録之編，乃中正不易之的也。若於象山則敬之，而不敢非之，亦不敢學之。今吾兄以象山爲禪而排之，果真自得的見以爲禪乎？抑亦以文公一時以爲禪，後人因以爲禪，遂以爲禪乎？無亦姑置之，而且學明道矣乎。此學問思辨之大端也，故敢因風以爲請。庶幾數千里如同席語，以慰十餘年悵悵不樂之懷，非徒致寒暄可已不已之語也，惟執事教之。昨於北都見儼山陸兄，道老兄以僕著述太多，則既聞命矣，然此類豈得已而不已者哉？臨紙悵惘，不宣。

湛甘泉先生文集卷七答戚秀夫賢

適覽五月來諭，高明之見甚是，甚得大同之意，雖區區前書亦甚以爲喜幸。然有所相非者，此必有所由起，皆不用功，不知同體之義，便自我上起念頭，如此則又所學何事？以此知朱、陸二公當時亦必不如此。如此者，皆兩家門人不用功者爲之也。執事既見得大同兩是之意，亦不必勞置辨也。吾久不設講，此間學者漸漸散去。散去既盡，吾之所獨立，吾之所以爲吾者，固若是，固不加損益也。石翁詩云：「門下諸生無一個，呼童撤卻皋比座。與儂十萬青銅錢，明年賣與張東所。」此吾今之志也，不敢多言，以瀆哀悰。

湛甘泉先生文集卷七答林吏部子仁春

久闊想渴，忽承手翰，嘉惠兼至，何慰如之。區區歸念，制於大義，中夜以思，不能奮飛，老婆心切，誰則知之。來論同體諸説，足見學力之至。然皆愛我以德，而不以姑息者也。其亦異乎自實之見之愛我矣。然區區之懷，終是昔年山林習念，以時方有事，嫌未可舉，欲更從容。至冬春之交，疏乞天意，未知何如？曾有贈李遂庵太宰赴召詩云「何名爲天官，心亦如天然」，若不得請，豈敢不勉。前此勸東郭來者以「眼前可與同心者此君耳」，至論古人之學，非但欲較同異之紛紛也，無乃欲求至當之矩以爲終身之歸。石翁先師云：「如適萬里之途，但其起脚不差，將來必有到處。」吾又以爲人之求學，如病求醫，必得中和之劑乃可愈病，實性命所關也。是以古人必先言學問思辨之詳，而後言篤行。既言尊德性，而又須言道問學也。吾近覺得前此言語太多，予欲無語，默而識之，此孔顔正學，其有言者，實不得已也。咸之感人，亦尚無心，而況騰口説乎？宜乎人反以爲病已也，自兹可以守口矣。因告賢者知之。使還布謝，謾及謹復。

湛甘泉先生文集卷一〇問疑録

鄙見謂陸象山天資穎邁，故其文字便捷，雖謂之見道彷彿可也。考亭則學力精純，理義完粹，而終集諸儒之大成，宜矣。然謂象山之有客氣，則誠不敢謂無。觀其與考亭往反論辨，誠如先生所謂非天理矣。

答曰：所論朱子，其説甚長，非面莫既。所論象山良是，象山亦見個大頭腦處，不可謂無見，然於體認天理之功未深，故客氣時時發作，蓋天理客氣相爲消長也。象山客氣非特見於與文公往反之書，至以客氣加其兄，又有甚義理了。今之學者多尊崇之，至以出於明道之上，此吾遵道録所以作也。其徒楊敬仲之學，近日人又尊之，只是厭常喜新耳。

湛甘泉先生文集卷一七敘遵道録

夫遵道何爲者也？遵明道也。明道兄弟之學，孔孟之正脉也，合内外，徹上下，而一之者也。今夫爲朱陸之辨者賾矣，或失則外，或失則内，或失則上，或失則下。吾弗敢遵焉爾，是故履天下之大道，而決天下之至賾者，莫大乎中正。中正者，救偏之極致也。述遵道。正德己卯春三月望，在大科書院。

湛甘泉先生文集卷一七楊子折衷序

序曰：或曰：「象山禪也，辭而擯之宜也。」甘泉子曰：「象山非禪也，然而高矣。」西樵公曰：「如是如是。」甘泉子曰：「象山非禪也，然而高矣，其流必至於禪矣。伯夷之清，柳下惠之和，非隘不恭也，率其清和而流焉，則必至於隘不恭矣。是故君子之學貴中正也。」或曰：「楊慈湖，象山弟子也。而高過於象山。」於是衆皆趨焉。甘泉子曰：「象山高矣，然而未禪。今曰慈湖高過於象山，是何言歟，是何學歟？其得爲中正歟，其得不爲禪歟？」昔者箬溪顧子，自江右寓新刻於南都焉，曰：「此象山入室弟子也。」甘泉子開卷閱之，則復之曰：「信斯言也，是累象山者也。然而吾得其肯綮矣，吾得其肯綮矣。曰『心之精神是謂聖』，以爲孔子之言也，一編之宗指不外是焉。然而非孔子之言也，外家者之流也。夫心之精神，人皆有之，然必得其精神之中正，乃可以語道。而遽以精神爲聖，則牛馬之奔奔，昆蟲之欣欣，凡知覺運動者，皆可謂曰聖矣，如蠢動含靈皆可謂曰佛性矣而可乎？故知非孔子之言也。」箬溪子報書曰：「子之言是矣。」又曰：「慈湖於聖則用其言而不用其意，於禪則用其意而不用其言，此何心也？」曰：「子之言是矣。」數年之間其說盛行如熾，吾爲此懼，閑先聖之道，不得已而爲之辯也。吾懼此說行，而天下皆以氣爲性也；吾懼此說行，而天下皆不知道也，皆不知學也，皆援古先聖王之指以入於夷狄也，爲作楊子折衷。或謂孔子「予欲無言」，子何言焉，則應之者曰：「孟子之學先知言，故曰詖淫邪遁之辭，恐其蔽陷離窮乎我心也。」又曰：「我亦欲正人心，息邪說，距詖行，放淫辭，以承三聖者，予豈好辯哉？予不得已也。」孟子何言焉，是故學者能知不好辯之心、不得已之心與欲無言之心，則於道心其幾矣，於聖學其幾矣。增城湛若水撰。

汪循

汪循，字進之，號仁峰，休寧（今屬安徽）人。弘治九年（一四九六）進士，授永嘉知縣，官至順天府通判。汪氏游莊昶之門，數與王陽明辯難，其學以涵養踐履爲主。所著有仁峰文集，事迹略見雒閩源流録卷七。

仁峰文集卷五復王都憲

伏惟擢總憲節，鎮轄三藩之交，寇盜嘯聚日深，連株結蔓，憑恃山谷，窮兵累歲，負固不下者，一旦殲除撲滅，巢穴爲之一空，可見儒者之功、仁人之勇，而爲吾道增光多矣。其於相知鄉往者，喜慰可云喻邪？廣昌令妻弟余罃傳此山中爲製一律，俾録上求教，而因致所懇焉。向以仁峰精舍求記一言者，非爲炫文辭、希媚取寵而要聞譽也。誠以此學自宋儒程朱諸子發明訓釋之後，學者類能言之，但使之舍舊説而自爲言，則未免爲捉風捕影。而所謂卓爾者，莫如所在也。若夫工文辭取青紫、習訓詁資口耳以爲學者，舉世皆是，不可救矣。有能因程朱諸子之言，以求孔子，即孔子之言，以求堯、舜、禹、湯、文、武、周公，則舍誦法經訓、辨釋文義之外，何所致其力乎？六經，孔子所作也。不知三代以前，無經可誦，無義可釋。君臣父子之間，穆穆夔夔，薰漸援引，以躋仁聖之域者，又何所學乎？昔程子講學伊洛之間，亦未聞以讀書爲事也；謝顯道舉史不遺，以爲玩物喪志；及送楊龜山，乃有道南之歎，其學端有所在。豫章、延平蓋得於龜山者，以授吾子朱子，信不誣也。然羅、李二公無著書之富，無詞藻之工，其所學者何學，所事者何事乎？而吾朱子所謂「潛思力行，任重詣極」者，亦將何所指而言乎？説者謂讀書雖有考索之富，而擴充變化之無術；雖有辨析之精，而持守堅定之未能。則夫隱微之際，私欲之萌，潛滋暗長而不自知者，卒至於波流風靡，而吾之所得於天者由之而褻矣。然則何貴乎讀書也？此某愚之所未達，而精舍之築，所以願盡心畢力以求之也。時流之學，不足以語此，求記吾精舍者，亦難忽其人矣。曩者竊於文辭之間有以窺見執事造詣之深、辯論之正、識見之卓，非知道者不能也。故志有所趨，遂冒未見顔色而言之。戒修辭令，族弟節夫不遠千里致敬盡禮，求記於執事，蓋亦知所重而慎所擇矣。執事答書褒予太過，寵惠有加，則拜賜矣。而記則以深懼無益之談，不足以求正，而姑徐徐爲之辭。某得此不勝悚仄。夫學貴實行，而不事空談，真知道者之言也。但不知執事之意，真責某以力行乎，抑以爲不屑教而姑託辭以卻之？責某以力行，固不敢不勉。以爲不屑教乃所以深教之，尤不敢不勉也。然則執事以爲「無益之談，而姑徐徐」

云者，正某所以上求有益之誨，而甚所汲汲者也。惟執事其卒教之，庸是再布區區。併近與學者辨論朱陸異同一編，上求印正。政令雷厲風行之暇，不惜統賜誨言，以慰渴想，不具。

仁峰文集卷五復王都憲

向不揣僭以朱陸之説上質高明，伏蒙許可，自慶一得之愚，有以上同於大賢君子，豈勝欣慰？且喻亦嘗欲爲一書，以明陸學之非禪，見朱説亦有未定者，又恐世之學者先懷黨同伐異之心，將觀其言而不入，反激怒焉，乃取朱子晚年悔悟之説集爲一小册，名曰朱子晚年定論，其中略不及陸學之説，使學者不以先入之見横於胸中而自擇焉。又以見大賢君子用意微婉，宅心忠厚而孜孜焉善誘人也。其序中自言其所造詣，述其先難之故、後得之由，而其微詞奥義有非老昧淺陋之所及，知者不能無疑焉。況蒙教札，而有同道同心之喻，又豈敢含胡隱忍以負執事援引之意哉？庸是謹以其所疑者復叩質於高明，必得其同而後已，蓋道一不容有二也，惟高明其裁之。序言：「洙泗之傳，至孟氏而息，千五百餘年，濂溪、明道始復尋其緒。」按程叔子作明道先生墓表，云「先生生千四百年之後」，蓋舉成數也，今執事云千五百餘年，雖或考據之精，然非義理所關鍵，不若因之之不見自異於先儒，如何？此其不能無疑一也。序云：「自後辨析日詳，然亦日就支離決裂，旋復湮晦。吾嘗深求其故，大抵皆世儒之多言有以亂之。」□云「自周、程後，學厖道晦且四百餘年」，某愚以爲辨析支離決裂之弊，則羅仲素、李延平以前竊恐無之。多言亂道，此正學朱學者之弊也。竊探執事之意，概掩朱子著述之功，此不能無疑二也。序曰「乃知從事正學，而若於衆說之紛撓疲薾，茫無可入，因求諸老、釋，欣然有會於心，以爲聖人之學在此矣」云云，至「恍若有悟，證諸五經、四子，沛然若決江河，而放諸四海也」。某愚以爲古之儒先從事性命根本之學者多出入佛、老，而後有得於心，蓋非實用其力體道於幾微之妙者，不能爲此言也。然彌近理而大亂真者，毫釐之間耳，不可不慎也。執事既以陸氏之學爲時流所忌而避去之，而復不諱於此，不又駭人耳目乎？此其不能無疑者三也。序曰「雖每痛反深，抑務自搜剔斑瑕，而愈益精明的確，洞然無復可疑。獨與朱子之說有相牴牾」云云，至「世之所傳集注、或問之類，乃其中年未定之論，自咎以爲定本之誤，思改正而未及」。某愚以爲朱子之說有相牴牾者，正在於與陸子攻詆辨論之時，與夫學者群居議論訓釋之習耳，初不在於傳注之間也。觀其自言曰「初說只如此講，漸涵自能入德，不謂後來只成說話，至於人倫日用最切近處全不得毫毛氣力。」又曰：「某緣日前無深探力行之志，凡所論說皆出入口耳之餘，以故全不得力。」此皆可指其弊者也。若謂朱子平日之所教人與夫其所注釋，而其言有所牴牾者，竊恐無之。某嘗僭謂吾朱子之訓釋經子，與孔子刪述六經同功。然孔子雖不刪述六經，而所以上承堯、舜、禹、湯、文、武之傳者固在也。朱子集周、程而下諸儒之説，而成一家之言，其於經書毫分縷析，昭如日星，啓我後人明道之功，豈可少哉？然其所以接周、程諸子之傳，則亦不在於是也。若夫集注、或問之類，反覆考訂，至精至密，若誠意章，乃其絶筆，雖曰猶有不滿其意者亦微矣。執事乃以此爲中年未定之説，此其不能無疑者四也。某早有志此學，無從師授，徒以程朱之書潛心立脚，比游江湖，得接海内文學之士，亦未見有所啓發志意而砭訂頑愚者，退休林下，一味讀書，尋理省過，反求吾心，若有所得。近幸得以印正於執事，喜幸何可言也！今觀執事之言如此，則欲不能無疑者，豈勝望洋之歎。謹疏於左，惟執事其終教之。仁峰精舍尚求有所教迪發揮，蓋以執事位日轉遷，犬馬之齒已長，早得爲慰。若夫乞休之説，窺之天命人心，未可遽請。人事如此，天意可知，正欲大賢君子成此濟變反正之功，使天下蒼生被儒者之澤，孟軻之所自任者，執事不可得而辭也。

仁峰文集卷一〇江西鄉試録序

自周官三物之教廢，鄉舉里選之法不行，而後世遂以文辭取士。迄於我朝，建校設官，雖崇經學，黜詞賦，然鄉舉省較猶不免因文辭焉。説者謂察言觀行，聖人之法，而空言不足以盡人。然言心聲也，苟擇之精則心術之微亦有不可掩者。易曰：「將叛者其辭慚，中心疑者其辭枝。吉人之辭寡，躁人之辭多。誣善之人其辭游，失其守者其辭屈。」顧擇之何如耳。且天下豪傑之士，胥此途出，主司誠能負知言之明，持文衡之公，則人之賢不肖能遁其情者，或寡矣。姑以江右言之，自有宋以迄國朝，名公鉅儒自科目而起者，如晏文獻、趙忠定、楊文貞、周文襄之宦業，胡銓、謝枋得、洪皓、文天祥、楊萬里、李時勉之忠節，歐陽修、王荆公、黄庭堅、曾子固、劉原父之文章，至如陸九韶、九淵、胡錡年、吴澄、虞集、揭奚斯則又學乎聖人之道者也。文辭果不足以得人乎？大江之西，環地數千里，積世數百年，不由文辭自他途升者，復有出於諸公之右者乎？未之有也。雖然，諸公有功於當時，可法於後世，固無得而議矣。荆公以偏見誤國，象山以强談駁朱，後世不能無惑焉，亦學者之所當知也。荆公之博學强記，苦心慎行，當世大儒莫不敬服，雖三代選舉之法亦不能遺，矧應文辭之求乎？但其才之所宜任者，學士之職，非宰相也。朱子曰：「介甫本是正人，見天下之弊如此，鋭意欲更新之，可惜後來立脚不正，壞了。」若論其資質學行，豈諸公所可及？」觀乎此言，則其爲人可知矣。後世以誤國而遂以奸相指之，蓋亦不考之過也。至於二陸以高明之資，超然有得於孟子立心之要，先立乎其大者，而於下學討論之功或闊略焉，此入道之門所以異於朱子，而鵝湖之論不相合者此也。他日，朱子有曰：「子静專是尊德性事，而熹平日所論卻是道問學多了，今當反身用力，去短集長，庶不墮於一偏。」觀乎此言，則其爲學可知矣。後世以其異朱，而遂以禪學目之，又是不考之過也。諸生生聖明之時，居賢者之鄉，而又預進身之地，盍亦以諸公之所已□於前者自勵而自策歟？斷木爲棋，刓草爲鞠，莫不有法焉。夫相業關乎治道，忠節本乎風教，文章根於學行，而聖賢之道又有大於此焉。有志於學者，格致以求其端，誠正以擇其術，得於己而有餘，隨事應接之不竭，舒之歛之，惟時宜之，斯不負於科目也矣。苟或不然，徒餙文辭以徼富貴，其流之害蓋有不可勝言者矣，非某之所敢知也。唯諸君子自擇焉。

劉玉

劉玉，字咸栗，號執齋，萬安（今屬江西）人。弘治九年（一四九六）進士，授輝縣知縣，歷官右僉都御史、右副都御史，官至刑部右侍郎，坐李福達獄，削籍，卒於家。隆慶初，追謚端毅。劉氏博通群籍，論學一主於誠。所著有執齋先生文集等。明史卷二〇三有傳。

執齋先生文集卷一四尊德性道問學説

「尊德性而道問學，致廣大而盡精微，極高明而道中庸，温故而知新，敦厚以崇禮」，朱子集注分存心、致知而不言力行，學者疑之。吴氏曰：「尊德性之事一，而道問學之事八。」然不應盡乎道之大小者如是之偏也。史氏曰：「廣大、高明、温故、篤厚，皆存心之事也；精微、知新、致知之事，而中庸、崇禮，力行之事也。」又不應存心如是之詳，而知行如是之簡也。竊嘗熟復其義而妄言之，尊德性固所以存心，而極道體之大；道問學則所以致知力行，以盡乎道體之小。然心者所以具衆理而應萬事，致知力行豈能外於心哉？是故不以私意蔽其心之廣大，而察於精微，即其已知，涵泳於心，而知其新者，此皆存心以致其知也。不以私欲累其心之高明，而道乎中庸，即其已能，敦篤於心，而謹於節文，此皆存心以力於行也。合而言之，則存心之功無往不存；分而言之，則致知力行之功井然不紊。蓋尊德性之事，一敬之外無所致力，而常行於道問學之中。尊德性而不由問學，則流於空寂；道問學而不本於德性，則陷於支離。故朱子嘗曰：「存心於齋莊静一之中，以爲窮理之本。」又曰：「心有不存則無以檢其身，故君子必察乎此而敬以直之。」存心、致知、力行，朱子固未嘗偏廢也，豈於是而忽之邪？直以中庸、敦厚之爲力行也，人必知之；而廣大、高明之爲存心，人未必察也。故以其屬言之，然即所謂處事已能之云，觀之則以中庸、敦厚、崇禮爲力行者，固朱子之意也。

鄭岳

鄭岳（一四六八——一五五一），字汝華，號山齋，莆田（今屬福建）人。弘治六年（一四九三）進士，授户部主事，官至兵部左侍郎。著有山齋集，編有莆陽文獻。明史卷二〇三有傳。

山齋集卷九艾軒先生文選序

天地開闢，人文之會，一見於周，再見於宋。周之季，聖人者出，吾道宗師諸賢以次授受，其後散之四方，各以其道鳴。迨其久也寖微以絶，越千餘年，至宋而周程夫子者出，始得不傳之緒，倡道濂洛，而龜山道南一派遂流入閩。由羅仲素、李愿中而有考亭，由王信伯、施廷先而有艾軒，與象山、南軒、東萊並峙一時，聚徒講業。時艾軒年尤高，號「南夫子」云。考亭之於張、吕，往來辨析，注釋經傳。象山則厭拘牽文義，直以超悟爲高。艾軒嘗曰：「道之全體，存乎太虚。六經注解，固已支離。若復增加，道愈遠矣。」故亦未嘗著述。然至老劬書不倦，文公過莆，嘗與講論。及再至，嘆曰：「昔見林謙之、方次雲説得道理極精細，爲之踴躍鼓動。退而思之，至忘寢食。」即是觀之，艾軒深造獨得，要未易窺，抑猶在朱陸間乎？莆之人士，知有濂洛之學，艾軒啓之，文公實成之也。陳復齋嘗作仰止之堂以祀文公，知軍林元仲祀艾軒於城南。舊址湮没，曠焉莫舉。兹吾郡邑大夫慨然復古，表勵風教，因神祠改立書院，以祀文公，名以仰止，仍其舊也。而並祀艾軒，以嘗與文公講道，且爲莆道學之祖也。顧惟文公之書，家傳人誦，艾軒以不著書，後世莫攷，至併其姓字而忘之。幸其遺文梓行於宋者，僅傳録本，亟圖再梓，而詘於力，迺屬予擇其尤關繫者先刻之，附以遺事，凡若干卷。非輒有去取也，若其文之高古，陳復齋、劉後村俱有定評，晚生何敢置喙。後之欲知艾軒者，覽是集思過半矣。

王守仁

王守仁（一四七二—一五二九），字伯安，餘姚（今屬浙江）人。因築室於陽明洞，並講學於此，乃自號陽明子，學者因稱陽明先生。弘治十二年（一四九九）進士，授刑部主事，改兵部官至南京兵部尚書。以平寧王宸濠之亂，封新建伯，隆慶間封新建侯，追謚文成。正德初，以忤劉瑾，謫貴州龍場驛丞，悟格物致知當求諸心，不當求諸事物。又倡

「致良知」之説，以爲有宋周、程諸儒之後，唯陸九淵之學簡易直捷，有以接孟子之傳，而朱熹四書章句集注、或問諸書，皆爲中年未定之論，遂爲朱子晚年定論，以證朱熹晚年之説與陸氏同。其著述，門人弟子編爲王文成全書，今人又有增補，輯爲王陽明全集。明史卷一九五有傳，其學説可參明儒學案卷一〇等。

王陽明全集卷二傳習録中

德洪曰：昔南元善刻傳習録於越，凡二册。下册摘録先師手書凡八篇，其答徐成之二書，吾師自謂天下是朱非陸論定既久，一旦反之爲難。二書姑爲調停兩可之説，使人自思得之。故元善録爲下册之首者，意亦以是歟？今朱陸之辨明於天下久矣，洪刻先師文録，置二書於外集者，示未全也，故今不復録。其餘指知行之本體，莫詳於答人論學與答周道通、陸清伯、歐陽崇一四書。而謂格物爲學者用力日可見之地，莫詳於答羅整庵一書。平生冒天下之非詆推陷，萬死一生，遑遑然不忘講學，惟恐吾人不聞斯道，流於功利機智，以日墮於夷狄禽獸而不覺。其一體同物之心，譊譊終身，至於斃而後已。此孔孟已來聖賢苦心，雖門人子弟未足以慰其情也。是情也，莫詳於答聶文蔚之第一書。此皆仍元善所録之舊，而揭「必有事焉」即致良知功夫，明白簡切，使人言下即得入手，此又莫詳於答文蔚之第二書，故增録之。元善當時洶洶，乃能以身明斯道，卒至遭奸被斥，油油然惟以此生得聞斯學爲慶，而絶無有纖芥憤鬱不平之氣。斯録之刻，人見其有功於同志甚大，而不知其處時之甚艱也。今所去取，裁之時義則然，非忍有所加損於其間也。

王陽明全集卷二傳習録中答顧東橋書

來書云：「近時學者務外遺内，博而寡要，故先生特倡『誠意』一義，針砭膏肓，誠大惠也。」

吾子洞見時弊如此矣，亦將何以救之乎？然則鄙人之心，吾子固已一句道盡，復何言哉，復何言哉。若誠意之説，自是聖門教人用功第一義，但近世學者乃作第二義看，故稍與提掇緊要出來，非鄙人所能特倡也。

來書云：「但恐立説太高，用功太捷，後生師傳，影響謬誤，未免墜於佛氏明心見性、定慧頓悟之機，無怪聞者見疑。」

區區格致誠正之説，是就學者本心日用事爲間，體究踐履，實地用功，是多少次第、多少積累在，正與空虚頓悟之説相反。聞者本無求爲聖人之志，又未嘗講究其詳，遂以見疑，亦無足怪。若吾子之高明，自當一語之下便瞭然矣，乃亦謂「立説太高，用功太捷」，何邪？

來書云：「所喻『知行並進，不宜分别前後』，即中庸『尊德性而道問學』之功交養互發、内外本末一以貫之之道。然工夫次第，不能無先後之差，如知食乃食，知湯乃飲，知衣乃服，知路乃行，未有不見是物先有是事，此亦毫釐倏忽之間，非謂截然有等，今日知之而明日乃行也。」

既云「交養互發、内外本末一以貫之」，則知行並進之説，無復可疑矣。又云「工夫次第不能無先後之差」，無乃自相矛盾已乎？「知食乃食」等説，此尤明白易見，但吾子爲近聞障蔽，自不察耳。夫人必有欲食之心，然後知食，欲食之心即是意，即是行之始矣。食味之美惡，必待入口而後知，豈有不待入口，而已先知食味之美惡者邪？必有欲行之心，然後知路，欲行之心即是意，即是行之始矣。路岐之險夷，必待身親履歷而後知，豈有不待身親履歷，而已先知路岐之險夷者邪？知湯乃飲，知衣乃服，以此例之，皆無可疑。若如吾子之喻，是乃所謂「不見是物而先有是事者」矣。吾子又謂「此亦毫釐倏忽之間，非謂截然有等，今日知之而明日乃行也」，是亦察之尚有未精，然就如吾子之説，則知行之爲合一並進，亦自斷無可疑矣。

來書云：「真知即所以爲行，不行不足謂之知，此爲學者喫緊立教，俾務躬行則可。若真謂行即是知，恐其專求本心，遂遺物理，必有闇而不達之處。抑豈聖門知行並進之成法哉？」

知之真切篤實處即是行，行之明覺精察處即是知，知行工夫本不可離。只爲後世學者分作兩截用功，失却知行本體，故有合一並進之說。真知即所以爲行，不行不足謂之知，即如來書所云「知食乃食」等説可見，前已略言之矣。此雖喫緊救弊而發，然知行之體本來如是，非以己意抑揚其間，姑爲是説，以苟一時之效者也。「專求本心，遂遺物理」，此蓋失其本心者也。夫物理不外於吾心，外吾心而求物理，無物理矣。遺物理而求吾心，吾心又何物邪？心之體，性也，性即理也，故有孝親之心，即有孝之理，無孝親之心，即無孝之理矣。有忠君之心，即有忠之理，無忠君之心，即無忠之理矣。理豈外於吾心邪？晦庵謂：「人之所以爲學者，心與理而已。心雖主乎一身，而實管乎天下之理；理雖散在萬事，而實不外乎一人之心。」是其一分一合之間，而未免已啓學者心理爲二之弊。此後世所以有「專求本心，遂遺物理」之患，正由不知心即理耳。夫外心以求物理，是以有闇而不達之處。此告子義外之説，孟子所以謂之不知義也。心一而已，以其全體惻怛而言謂之仁，以其得宜而言謂之義，以其條理而言謂之理。不可外心以求仁，不可外心以求義，獨可外心以求理乎？外心以求理，此知行之所以二也。求理於吾心，此聖門知行合一之教，吾子又何疑乎？

來書云：「所釋大學古本，謂『致其本體之知』，此固孟子盡心之旨。朱子亦以虛靈知覺爲此心之量。然盡心由於知性，致知在於格物。」

「盡心由於知性，致知在於格物」，此語然矣。然而推本吾子之意，則其所以爲是語者，尚有未明也。朱子以「盡心知性知天」爲物格知致，以「存心養性事天」爲誠意正心修身，以「夭壽不貳、修身以俟」爲知至仁盡，聖人之事。若鄙人之見，則與朱子正相反矣。夫「盡心知性知天」者，生知安行，聖人之事也。「存心養性事天」者，學知利行，賢人之事也。「夭壽不貳，修身以俟」者，困知勉行，學者之事也。豈可專以盡心知性爲知，存心養性爲行乎？吾子驟聞此言，必又以爲大駭矣。然其間實無可疑者，一爲吾子言之。夫心之體，性也；性之原，天也。能盡其心，是能盡其性矣。中庸云：「惟天下至誠爲能盡其性。」又云：「知天地之化育」，「質諸鬼神而無疑，知天也」。此惟聖人而後能然，故曰此生知安行，聖人之事也。存其心者，未能盡其心者也，故須加存之之功。必存之既久，不待於存而自無不存，然後可以進而言盡。蓋知天之知，如知州、知縣之知，知州則一州之事皆己事也，知縣則一縣之事皆己事也，是與天爲一者也。事天則如子之事父，臣之事君，猶與天爲二也。天之所以命於我者，心也，性也，吾但存之而不敢失，養之而不敢害，如「父母全而生之，子全而歸之」者也。故曰此學知利行，賢人之事也。至於「夭壽不貳」，則與存其心者又有間矣。存其心者，雖未能盡其心，固已一心於爲善，時有不存，則存之而已。今使之夭壽不貳，是猶以夭壽貳其心者也。猶以夭壽貳其心，是其爲善之心猶未能一也，存之尚有所未可，而何盡之可云乎？今且使之不以夭壽貳其爲善之心，若曰死生夭壽皆有定命，吾但一心於爲善，修吾之身，以俟天命而已，是其平日尚未知有天命也。事天雖與天爲二，然已真知天命之所在，但惟恭敬奉承之而已耳。若俟之云者，則尚未能真知天命之所在，猶有所俟者也。故曰「所以立命」。立者，創立之立，如立德、立言、立功、立名之類。凡言立者，皆是昔未嘗有，而今始建立之謂，孔子所謂「不知命，無以爲君子」者也。故曰此困知勉行，學者之事也。今以盡心知性知天爲格物致知，使初學之士，尚未能不貳其心者，而遽責之以聖人生知安行之事，如捕風捉影，茫然莫知所措其心，幾何而不至於「率天下而路」也。今世致知格物之弊，亦居然可見矣。吾子所謂「務外遺內，博而寡要」者，無乃亦是過歟？此學問最緊要處，於此而差，將無往而不差矣。此鄙人之所以冒天下之非笑，忘其身之陷於罪戮，呶呶其言，其不容已者也。

來書云：「聞語學者乃謂即物窮理之說，亦是玩物喪志，又取其厭繁就約、涵養本原數說，標示學者，指爲晚年定論，此亦恐非。」

朱子所謂「格物」云者，在即物而窮其理也。即物窮理，是就事事物物上求其所謂定理者也，是以吾心而求理於事事物物之中，析心與理而爲二矣。夫求理於事事物物者，如求孝之理於其親之謂也。求孝之理於其親，則孝之理其果在於吾之心邪，抑果在於親之身邪？假而果在於親之身，則親没之後，吾心遂無孝之理歟？見孺子之入井，必有惻隱之理，是惻隱之理果在於孺子之身歟，抑在於吾心之良知歟？其或不可以從之於井歟，其或可以手而援之歟？是皆所謂理也，是果在於孺子之身歟，抑果出於吾心之良知歟？以是例之，萬事萬物之理莫不皆然，是可以知析心與理爲二之非矣。夫析心與理而爲二，此告子義外之説，孟子之所深闢也。「務外遺内，博而寡要」，吾子既已知之矣，是果何謂而然哉？謂之「玩物喪志」，尚猶以爲不可歟？若鄙人所謂致知格物者，致吾心之良知於事事物物也。吾心之良知，即所謂天理也，致吾心良知之天理於事事物物，則事事物物皆得其理矣。致吾心之良知者，致知也；事事物物皆得其理者，格物也，是合心與理而爲一者也。合心與理而爲一，則凡區區前之所云與朱子晚年之論，皆可以不言而喻矣。

來書云：「人之心體本無不明，而氣拘物蔽，鮮有不昏，非學問思辨以明天下之理，則善惡之機、真妄之辨，不能自覺。任情恣意，其害有不可勝言者矣。」

此段大略似是而非，蓋承沿舊説之弊，不可以不辨也。夫學、問、思、辨、行，皆所以爲學，未有學而不行者也。如言學孝，則必服勞奉養，躬行孝道，而後謂之學，豈徒懸空口耳講説，而遂可以謂之學孝乎？學射則必張弓挾矢，引滿中的；學書則必伸紙執筆，操觚染翰。盡天下之學，無有不行而可以言學者，則學之始固已即是行矣。篤者，敦實篤厚之意，已行矣而敦篤其行，不息其功之謂爾。蓋學之不能以無疑，則有問，問即學也，即行也。又不能無疑，則有思，思即學也，即行也。又不能無疑，則有辨，辨即學也，即行也。辨既明矣，思既慎矣，問既審矣，學既能矣，又從而不息其功焉，斯之謂篤行，非謂學問思辨之後，而始措之於行也。是故以求能其事而言謂之學，以求解其惑而言謂之問，以求通其説而言謂之思，以求精其察而言謂之辨，以求履其實而言謂之行。蓋析其功而言則有五，合其事而言則一而已。此區區心理合一之體，知行並進之功，所以異於後世之説者，正在於是。今吾子特舉學問思辨以窮天下之理，而不及篤行，是專以學問思辨爲知，而謂窮理爲無行也已。天下豈有不行而學者邪，豈有不行而遂可謂之窮理者邪？明道云「只窮理便盡性至命」，故必仁極仁而後謂之能窮仁之理，義極義而後謂之能窮義之理。仁極仁則盡仁之性矣，義極義則盡義之性矣。學至於窮理，至矣，而尚未措之於行，天下寧有是邪？是故知不行之不可以爲學，則知不行之不可以爲窮理矣。知不行之不可以爲窮理，則知知行之合一並進，而不可以分爲兩節事矣。夫萬事萬物之理，不外於吾心，而必曰窮天下之理，是殆以吾心之良知爲未足，而必外求於天下之廣，以裨補增益之，是猶析心與理而爲二也。夫學問思辨篤行之功，雖其困勉，至於人一己百，而擴充之極，至於盡性知天，亦不過致吾心之良知而已。良知之外，豈復有加於毫末乎？今必曰窮天下之理，而不知反求諸其心，則凡所謂「善惡之機、真妄之辨」者，舍吾心之良知，亦將何所致其體察乎？吾子所謂「氣拘物蔽」者，拘此蔽此而已。今欲去此之蔽，不知致力於此，而欲以外求，是猶目之不明者，不務服藥調理以治其目，而徒倀倀然求明於其外，明豈可以自外而得哉？任情恣意之害，亦以不能精察天理於此心之良知而已。此誠毫釐千里之謬者，不容於不辨，吾子毋謂其論之太刻也。

來書云：「教人以致知明德，而戒其即物窮理，誠使昏闇之士深居端坐，不聞教告，遂能至於知致而德明乎？縱令静而有覺，稍悟本性，則亦定慧無用之見，果能知古今、達事變，而致用於天下國家之實否乎？其曰『知者意之體，物者意之用』，格物如『格君心之非』之『格』，語雖超悟獨得，不踵陳見，抑恐於道未相吻合。」

區區論致知格物，正所以窮理，未嘗戒人窮理，使之深居端坐，而一無所事也。若謂即物窮理，如前所云「務外而遺内」者，則有所不可耳。昏闇之士，果能隨事隨物精察此心之天理，以致其本然之良知，則雖愚必明，雖柔必强。大本立而達道行，九經之屬可一以貫之而無遺矣。尚何患其無致用之實乎？彼頑空虛静之徒，正惟不能隨事隨物精察此心之天理，以致其本然之良知，而遺棄倫理，寂滅虛無以爲常，是以要之不可以治家國天下。孰謂聖人窮理盡性之學，而亦有是弊哉？心者，身之主也。而心之虚靈明覺，即所謂本然之良知也。其虚靈明覺之良知，應感而動者謂之意，有知而後有意，無知則無意矣。知非意之體乎？意之所用，必有其物，物即事也。如意用於事親，即事親爲一物；意用於治民，即治民爲一物；意用於讀書，即讀書爲一物；意用於聽訟，即聽訟爲一物。凡意之所用，無有無物者，有是意即有是物，無是意即無是物矣。物非意之用乎？「格」字之義，有以「至」字訓者，如「格于文祖」、「有苗來格」，是以至訓者也。然「格于文祖」，必純孝誠敬，幽明之間，無一不得其理，而後謂之格。有苗之頑，實以文德誕敷而後格，則亦兼有「正」字之義在其間，未可專以至字盡之也。如「格其非心」、「大臣格君心之非」之類，是則一皆正其不正，以歸於正之義，而不可以「至」字爲訓矣。且大學「格物」之訓，又安知其不以「正」字爲訓，而必以「至」字爲義乎？如以「至」字爲義者，必曰窮至事物之理，而後其説始通，是其用功之要，全在一「窮」字，用力之地，全在一「理」字也。若上去一「窮」，下去一「理」字，而直曰致知在至物，其可通乎？夫「窮理盡性」，聖人之成訓，見於繫辭者也。苟格物之説而果即窮理之義，則聖人何不直曰致知在窮理，而必爲此轉折不完之語，以啓後世之弊邪？蓋大學「格物」之説，自與繫辭「窮理」大旨雖同，而微有分辨。窮理者，兼格致誠正而爲功也，故言窮理則格致誠正之功皆在其中。言格物，則必兼舉致知誠意正心，而後其功始備而密。今偏舉格物，而遂謂之窮理，此所以專以窮理屬知，而謂格物未嘗有行，非惟不得格物之旨，并窮理之義而失之矣。此後世之學所以析知行爲先後兩截，日以支離決裂，而聖學益以殘晦者，其端實始於此。吾子蓋亦未免承沿積習見，則以爲於道未相吻合，不爲過矣。

來書云：「謂致知之功，將如何爲温清，如何爲奉養，即是誠意，非别有所謂格物，此亦恐非。」

此乃吾子自以己意揣度鄙見，而爲是説，非鄙人之所以告吾子者矣。若果如吾子之言，寧復有可通乎？蓋鄙人之見，則謂意欲温清、意欲奉養者，所謂意也，而未可謂之誠意。必實行其温清、奉養之意，務求自慊而無自欺，然後謂之誠意。知如何而爲温清之節，知如何而爲奉養之宜者，所謂知也，而未可謂之致知。必致其知如何爲温清之節者之知，而實以之温清；致其知如何爲奉養之宜者之知，而實以之奉養，然後謂之致知。温清之事、奉養之事，所謂物也，而未可謂之格物。必其於温清之事也，一如其良知之所知，當如何爲温清之節者而爲之，無一毫之不盡；於奉養之事也，一如其良知之所知，當如何爲奉養之宜者而爲之，無一毫之不盡，然後謂之格物。温清之物格，然後知温清之良知始致；奉養之物格，然後知奉養之良知始致：故曰「物格而後知至」。致其知温清之良知，而後温清之意始誠；致其知奉養之良知，而後奉養之意始誠：故曰「知至而後意誠」。此區區誠意致知格物之説蓋如此，吾子更熟思之，將亦無可疑者矣。

來書云：「道之大端易於明白，所謂良知良能，愚夫愚婦可與及者，至於節目時變之詳，毫釐千里之謬，必待學而後知。今語孝於温清定省，孰不知之？至於舜之不告而娶，武之不葬而興師，養志養口，小杖大杖，割股廬墓等事，處常處變，過與不及之間，必須討論是非，以爲制事之本，然後心體無蔽，臨事無失。」

「道之大端易於明白」，此語誠然。顧後之學者，忽其易於明白者而弗由，而求其難於明白者以爲學，此其所以「道在邇而求諸遠，事在易而求諸難」也。孟子云：「夫道若大路然，豈難知哉？人病不由耳。」良知良能，愚夫愚婦與聖人同，但惟聖人能致其良知，而愚夫愚婦不能致，此聖愚之所由分也。節目時變，聖人夫豈不知，但不專以此爲學。而其所謂學者，正惟致其良知，以精察此心之天理，而與後世之學不同耳。吾子未暇良知之致，而汲汲焉顧是之憂，此正求其難於明白者以爲學之弊也。夫良知之於節目時變，猶規矩尺度之於方圓長短也。節目時變之不可預定，猶方圓長短之不可勝窮也。故規矩誠立，則不可欺以方圓，而天下之方圓，不可勝用矣。尺度誠陳，則不可欺以長短，而天下之長短，不可勝用矣。良知誠致，則不可欺以節目時變，而天下之節目時變，不可勝應矣。毫釐千里之謬，不於吾心良知一念之微而察之，亦將何所用其學乎？是不以規矩而欲定天下之方圓，不以尺度而欲盡天下之長短，吾見其乖張謬戾，日勞而無成也已。吾子謂「語孝於溫清定省，孰不知之」，然而能致其知者鮮矣。若謂粗知溫清定省之儀節，而遂謂之能致其知，則凡知君之當仁者，皆可謂之能致其仁之知，知臣之當忠者，皆可謂之能致其忠之知，則天下孰非致知者邪？以是而言，可以知致知之必在於行，而不行之不可以爲致知也明矣。知行合一之體，不益較然矣乎？夫舜之不告而娶，豈舜之前已有不告而娶者爲之準則，故舜得以考之何典、問諸何人而爲此邪？抑亦求諸其心一念之良知，權輕重之宜，不得已而爲此邪？武之不葬而興師，豈武之前已有不葬而興師者爲之準則，故武得以考之何典、問諸何人而爲此邪？抑亦求諸其心一念之良知，權輕重之宜，不得已而爲此邪？使舜之心而非誠於爲無後，武之心而非誠於爲救民，則其不告而娶與不葬而興師，乃不孝不忠之大者。而後之人不務致其良知，以精察義理於此心感應酬酢之間，顧欲懸空討論此等變常之事，執之以爲制事之本，以求臨事之無失，其亦遠矣。其餘數端，皆可類推，則古人致知之學從可知矣。

來書云：「謂大學格物之說專求本心，猶可牽合。至於六經四書所載多聞多見、前言往行、好古敏求、博學審問、溫故知新、博學詳說、好問好察，是皆明白求於事爲之際，資於論說之間者，用功節目，固不容紊矣。」

格物之義，前已詳悉，牽合之疑，想已不俟復解矣。至於多聞多見，乃孔子因子張之務外好高，徒欲以多聞多見爲學，而不能求諸其心以闕疑殆，此其言行所以不免於尤悔，而所謂見聞者，適以資其務外好高而已。蓋所以救子張多聞多見之病，而非以是教之爲學也。此夫子嘗曰：「蓋有不知而作之者，我無是也。」是猶孟子「是非之心，人皆有之」之義也。此言正所以明德性之良知，非由於聞見耳。若曰「多聞擇其善者而從之，多見而識之」，則是專求諸見聞之末，而已落在第二義矣，故曰「知之次也」。夫以見聞之知爲次，則所謂知之上者，果安所指乎？是可以窺聖門致知用力之地矣。夫子謂子貢曰：「賜也，汝以予爲多學而識之者歟？非也，予一以貫之。」使誠在於多學而識，則夫子胡乃謬爲是説以欺子貢者邪？一以貫之，非致其良知而何？易曰：「君子多識前言往行以畜其德。」夫以畜其德爲心，則凡多識前言往行者，孰非畜德之事？此正知行合一之功矣。好古敏求者，好古人之學，而敏求此心之理耳。心即理也，學者學此心也，求者求此心也。孟子云：「學問之道無他，求其放心而已矣。」非若後世廣記博誦古人之言詞，以爲好古，而汲汲然惟以求功名利達之具於其外者也。博學審問，前言已盡。温故知新，朱子亦以温故屬之尊德性矣。德性豈可以外求哉？惟夫知新，必由於温故，而温故乃所以知新，則亦可以驗知行之非兩節矣。「博學而詳説之」者，將以反説約也，若無「反約」之云，則博學詳説者果何事邪？舜之好問好察，惟以用中而致其精一於道心耳。道心者，良知之謂也。君子之學，何嘗離去事爲而廢論說，但其從事於事爲論說者，要皆知行合一之功，正所以致其本心之良知，而非若世之徒事口耳談說以爲知者，分知行爲兩事，而果有節目先後之可言也。

來書云：「楊、墨之爲仁義，鄉愿之辭忠信，堯、舜、子之之禪讓，湯、武、楚項之放伐，周公、莽、操之攝輔，謾無印正，又焉適從？且於古今事變，禮樂名物，未嘗考識，使國家欲興明堂、建辟雍、制曆律、草封禪，又將何所致其用乎？故論語曰『生而知之』者，義理耳。若夫禮樂名物、古今事變，亦必待學而後有以驗其行事之實，此則可謂定論矣。」

所喻楊、墨、鄉愿、堯、舜、子之、湯、武、楚項、周公、莽、操之辨，與前舜、武之論，大略可以類推。古今事變之疑，前於良知之說已有規矩尺度之喻，當亦無俟多贅矣。至於明堂、辟雍諸事，似尚未容於無言者。然其說甚長，姑就吾子之言而取正焉，則吾子之惑，將亦可以少釋矣。夫明堂、辟雍之制，始見於呂氏之月令、漢儒之訓疏，六經四書之中未嘗詳及也。豈呂氏、漢儒之知，乃賢於三代之賢聖乎？齊宣之時，明堂尚有未毁，則幽厲之世，周之明堂皆無恙也。堯舜茅茨土階，明堂之制未必備，而不害其爲治。幽厲之明堂固猶文、武、成、康之舊，而無救於其亂，何邪？豈能「以不忍人之心，而行不忍人之政」，則雖茅茨土階，固亦明堂也；以幽厲之心而行幽厲之政，則雖明堂，亦暴政所自出之地邪？武帝肇講於漢，而武后盛作於唐，其治亂何如邪？天子之學曰辟雍，諸侯之學曰泮宫，皆象地形而爲之名耳。然三代之學，其要皆所以明人倫，非以辟不辟、泮不泮爲重輕也。孔子云：「人而不仁，如禮何？人而不仁，如樂何？」制禮作樂，必具中和之德，聲爲律而身爲度者，然後可以語此。若夫器數之末，樂工之事，祝史之守，故曾子曰：「君子所貴乎道者三，籩豆之事則有司存也。」堯命羲和「欽若昊天，曆象日月星辰」，其重在於「敬授人時」也。舜在璿璣玉衡，其重在於以齊七政也。是皆汲汲然以仁民之心，而行其養民之政，治曆明時之本固在於此也。羲和曆數之學，臯契未必能之也，禹稷未必能之也，「堯舜之知而不遍物」，雖堯舜亦未必能之也。然至於今循羲和之法而世修之，雖曲知小慧之人、星術淺陋之士，亦能推步占候而無所忒，則是後世曲知小慧之人，反賢於禹稷堯舜者邪？封禪之説，尤爲不經，是乃後世佞人諛士所以求媚於其上，倡爲誇侈，以蕩君心而靡國費。蓋欺天罔人，無恥之大者，君子之所不道，司馬相如之所以見譏於天下後世也。吾子乃以是爲儒者所宜學，殆亦未之思邪？夫聖人之所以爲聖者，以其生而知之也。而釋論語者曰：「生而知之者，義理耳。若夫禮樂名物、古今事變，亦必待學而後有以驗其行事之實。」夫禮樂名物之類，果有關於作聖之功也，而聖人亦必待學而後能知焉，則是聖人亦不可以謂之生知矣。謂聖人爲生知者，專指義理而言，而不以禮樂名物之類，則是禮樂名物之類無關於作聖之功矣。

聖人之所以謂之生知者，專指義理，而不以禮樂名物之類，則是學而知之者，亦惟當學知此義理而已，困而知之者，亦惟當困知此義理而已。今學者之學聖人，於聖人之所能知者，未能學而知之，而顧汲汲焉求知聖人之所不能知者以爲學，無乃失其所以希聖之方歟？凡此皆就吾子之所惑者，而稍爲之分釋，未及乎拔本塞源之論也。夫拔本塞源之論，不明於天下，則天下之學聖人者將日繁日難。斯人淪於禽獸夷狄，而猶自以爲聖人之學。吾之説雖或暫明於一時，終將凍解於西而冰堅於東，霧釋於前而雲滃於後，呶呶焉危困以死，而卒無救於天下之分毫也已。夫聖人之心，以天地萬物爲一體，其視天下之人無外内遠近，凡有血氣，皆其昆弟赤子之親，莫不欲安全而教養之，以遂其萬物一體之念。天下之人心，其始亦非有異於聖人也，特其間於有我之私，隔於物欲之蔽，大者以小，通者以塞，人各有心，至有視其父子兄弟如仇讎者。聖人有憂之，是以推其天地萬物一體之仁以教天下，使之皆有以克其私，去其蔽，以復其心體之同然。其教之大端，則堯、舜、禹之相授受，所謂「道心惟微，惟精惟一，允執厥中」。而其節目則舜之命契，所謂「父子有親，君臣有義，夫婦有別，長幼有序，朋友有信」五者而已。唐、虞、三代之世，教者惟以此爲教，而學者惟以此爲學。當是之時，人無異見，家無異習，安此者謂之聖，勉此者謂之賢，而背此者雖其啓明如朱，亦謂之不肖。下至閭井田野農工商賈之賤，莫不皆有是學，而惟以成其德行爲務。何者？無有聞見之雜，記誦之煩，辭章之靡濫，功利之馳逐，而但使之孝其親、弟其長、信其朋友，以復其心體之同然。是蓋性分之所固有，而非有假於外者，則人亦孰不能之乎？學校之中，惟以成德爲事，而才能之異，或有長於禮樂，長於政教，長於水土播植者，則就其成德，而因使益精其能於學校之中。迨夫舉德而任，則使之終身居其職而不易。用之者惟知同心一德，以共安天下之民，視才之稱否，而不以崇卑爲輕重，勞逸爲美惡。效用者亦惟知同心一德，以共安天下之民，苟當其能，則終身處於煩劇而不以爲勞，安於卑瑣而不以爲賤。當是之時，天下之人熙熙皞皞，皆相視如一家之親。其才質之下者，則安其農工商賈之分，各勤其業，以相生相養，而無有乎希高慕外之心。其才能之異，若皐、夔、稷、契者，則出而各效其能，若一家之務，或營其衣食，或通其有無，或備其器用，集謀并力，以求遂其仰事俯育之願，惟恐當其事者之或怠而重己之累也。故稷勤其稼而不恥其不知教，視契之善教即己之善教也；夔司其樂而不恥於不明禮，視夷之通禮即己之通禮也。蓋其心學純明，而有以全其萬物一體之仁，故其精神流貫，志氣通達，而無有乎人己之分、物我之間。譬之一人之身，目視耳聽，手持足行，以濟一身之用。目不恥其無聰，而耳之所涉，目必營焉；足不恥其無執，而手之所探，足必前焉。蓋其元氣充周，血脉條暢，是以癢疴呼吸，感觸神應，有不言而喻之妙。此聖人之學所以至易至簡，易知易從，學易能而才易成者，正以大端惟在復心體之同然，而知識技能非所與論也。三代之衰，王道熄而霸術焻；孔孟既没，聖學晦而邪説横。教者不復以此爲教，而學者不復以此爲學。霸者之徒，竊取先王之近似者，假之於外，以内濟其私己之欲，天下靡然而宗之，聖人之道遂以蕪塞。相仿相效，日求所以富强之説，傾詐之謀，攻伐之計，一切欺天罔人。苟一時之得，以獵取聲利之術，若管、商、蘇、張之屬者，至不可名數。既其久也，鬥争刼奪，不勝其禍，斯人淪於禽獸夷狄，而霸術亦有所不能行矣。世之儒者，慨然悲傷，蒐獵先聖王之典章法制，而掇拾修補於煨燼之餘；蓋其爲心，良亦欲以挽回先王之道。聖學既遠，霸術之傳積漬已深，雖在賢知，皆不免於習染，其所以講明修飾，以求宣暢光復於世者，僅足以增霸者之藩籬，而聖學之門墻，遂不復可睹。於是乎，有訓詁之學而傳之以爲名，有記誦之學而言之以爲博，有詞章之學而侈之以爲麗。若是者紛紛籍籍，群起角立於天下，又不知其幾家。萬徑千蹊，莫知所適。世之學者，如入百戲之場，讙謔跳踉，騁奇鬥巧，獻笑争妍者，四面而競出，前瞻後盼，應接不遑，而耳目眩瞀，精神恍惑，日夜遨游淹息其間，如病狂喪心之人，莫自知其宏業之所歸。時君世主亦皆昏迷顛倒於其説，而終身從事於無用之虚文，莫自知其所謂。間有覺其空疏謬妄、支離牽滯，而卓然自奮，欲以見諸行事之實者，極其所抵，亦不過爲富强功利、五霸之事業而止。聖人之學，日遠日晦，而功利之習，愈趣愈下。其間雖嘗瞽惑於佛老，而佛老之説卒亦未能有以勝其功利之心；雖又嘗折衷於群儒，而群儒之論終亦未能有以破其功利之見。蓋至於今，功利之毒淪浹於人之心髓，而習以成性也，幾千年矣。相矜以知，相軋以勢，相争以利，相高以技能，相取以聲譽。其出而仕也，理錢穀者則欲兼夫兵刑，典禮樂者又欲與於銓軸，處郡縣則思藩臬之高，居臺諫則望宰執之要。故不能其事，則不得以兼其官；不通其説，則不可以要其譽；記誦之廣，適以長其敖也；知識之多，適以行其惡也；聞見之博，適以肆其辨也；辭章之富，適以飾其僞也。是以臯、夔、稷、契所不能兼之事，而今之初學小生皆欲通其説、究其術。其稱名僭號，未嘗不曰「吾欲以共成天下之務」，而其誠心實意之所在，以爲不如是則無以濟其私而滿其欲也。嗚呼，以若是之積染，以若是之心志，而又講之以若是之學術，宜其聞吾聖人之教，而視之以爲贅疣枘鑿，則其以良知爲未足，而謂聖人之學爲無所用，亦其勢有所必至矣。嗚呼，士生斯世，而尚何以求聖人之學乎，尚何以論聖人之學乎？士生斯世，而欲以爲學者，不亦勞苦而繁難乎，不亦拘滯而險艱乎？嗚呼，可悲也已。所幸天理之在人心，終有所不可泯，而良知之明，萬古一日，則其聞吾拔本塞源之論，必有惻然而悲，戚然而痛，憤然而起，沛然若決江河，而有所不可禦者矣。非夫豪傑之士，無所待而興起者，吾誰與望乎？

王陽明全集卷二傳習録中啓問通道書 節録

上略。來書云：「今之爲朱陸之辨者尚未已，每對朋友言正學不明已久，且不須枉費心力爲朱陸争是非，只依先生『立志』二字點化人，若其人果能辨得此志來，决意要知此學，已是大段明白了。朱陸雖不辨，彼自能覺得。又嘗見朋友中見有人議先生之言者，輒爲動氣。昔在朱、陸二先生所以遺後世紛紛之議者，亦見二先生工夫有未純熟，分明亦有動氣之病，若明道則無此矣。觀其與吴涉禮論介甫之學，云：『爲我盡達諸介甫，不有益於他，必有益於我也。』氣象何等從容。嘗見先生與人書中亦引此言，願朋友皆如此。如何？」

此節議論得極是極是，願道通遍以告於同志，各自且論自己是非，莫論朱陸是非也。以言語謗人，其謗淺。若自己不能身體實踐，而徒入耳出口，呶呶度日，是以身謗也，其謗深矣。凡今天下之論議我者，苟能取以爲善，皆是砥礪切磋我也，則在我無非警惕修省進德之地矣。昔人謂「攻吾之短者是吾師」，師又可惡乎？下略。

王陽明全集卷二傳習録中答歐陽崇一 節録

崇一來書云：「師云：德性之良知非由於聞見，若曰『多聞擇其善者而從之，多見而識之』，則是專求之見聞之末，而已落在第二義。竊意良知雖不由見聞而有，然學者之知，未嘗不由見聞而發。滯於見聞固非，而見聞亦良知之用也。今曰『落在第二義』，恐爲專以見聞爲學者而言。若致其良知而求之見聞，亦知行合一之功似矣，如何？」

良知不由見聞而有，而見聞莫非良知之用，故良知不滯於見聞，而亦不雜於見聞。孔子云：「吾有知乎哉，無知也。」良知之外，别無知矣，故致良知是學問大頭腦，是聖人教人第一義。今云「專求之見聞之末」，則是失却頭腦，而已落在第二義矣。近時同志中蓋已莫不知有致良知之説，然其功夫尚多鶻突者，正是欠此一問。大抵學問功夫，只要主意頭腦是當。若主意頭腦專以致良知爲事，則凡多聞多見，莫非致良知之功。蓋日用之間，見聞酬酢，雖千頭萬緒，莫非良知之發用流行，除却見聞酬酢，亦無良知可致矣，故只是一事。若曰致其良知而求之見聞，則語意之間，未免爲二。此與專求之見聞之末者，雖稍不同，其爲未得精一之旨，則一而已。「多聞擇其善者而從之，多見而識之」，既云擇，又云識，其良知亦未嘗不行於其間，但其用意乃專在多聞多見上去擇、識，則已失却頭腦矣。崇一於此等處見得當已分曉，今日之問，正爲發明此學，於同志中極有益。但語意未瑩，則毫釐千里，亦不容不精察之也。

來書云：「師云：『繫言何思何慮，是言所思所慮只是天理，更無别思别慮耳，非謂無思無慮也。心之本體即是天理，有何可思慮得？學者用功，雖千思萬慮，只是要復他本體，不是以私意去安排思索出來。若安排思索，便是自私用智矣。學者之蔽，大率非沈空守寂，則安排思索。』德辛壬之歲著前一病，近又著後一病。但思索亦是良知發用，其與私意安排者何所取别？恐認賊作子，惑而不知也。」

「思曰睿，睿作聖」，「心之官則思，思則得之」，思其可少乎？沈空守寂與安排思索，正是自私用智，其爲喪失良知，一也。良知是天理之昭明靈覺處，故良知即是天理。思是良知之發用，若是良知發用之思，則所思莫非天理矣。良知發用之思，自然明白簡易，良知亦自能知得。若是私意安排之思，自是紛紜勞擾，良知亦自會分别得。蓋思之是非邪正，良知無有不自知者，所以認賊作子，正爲致知之學不明，不知在良知上體認之耳。下略。

王陽明全集卷二傳習録中答羅整庵少宰書

某頓首啓：昨承教及大學，發舟匆匆，未能奉答。曉來江行稍暇，復取手教而讀之，恐至贛後人事復紛沓，先具其略以請。來教云：「見道固難而體道尤難，道誠未易明，而學誠不可不講，恐未可安於所見，而遂以爲極則也。」幸甚幸甚，何以得聞斯言乎？其敢自以爲極則而安之乎？正思就天下之有道以講明之耳。而數年以來，聞其説而非笑之者有矣，詬訾之者有矣，置之不足較量辨議之者有矣，其肯遂以教我乎？其肯遂以教我，而反覆曉諭，惻然惟恐不及救正之乎？然則天下之愛我者，固莫有如執事之心深且至矣，感激當何如哉？夫「德之不修，學之不講」，孔子以爲憂。而世之學者稍能傳習訓詁，即皆自以爲知學，不復有所謂講學之求，可悲矣。夫道必體而後見，非已見道而後加體道之功也；道必學而後明，非外講學而復有所謂明道之事也。然世之講學者有二，有講之以身心者，有講之以口耳者。講之以口耳，揣摸測度，求之影響者也；講之以身心，行著習察，實有諸己者也。知此則知孔門之學矣。來教謂某大學古本之復，以人之爲學但當求之於內，而程朱格物之説，不免求之於外，遂去朱子之分章，而削其所補之傳，非敢然也。學豈有內外乎，大學古本乃孔門相傳舊本耳。朱子疑其有所脱誤，而改正補緝之。在某則謂其本無脱誤，悉從其舊而已矣。失在於過信孔子則有之，非故去朱子之分章而削其傳也。夫學貴得之心，求之於心而非也，雖其言之出於孔子，不敢以爲是也，而況其未及孔子者乎？求之於心而是也，雖其言之出於庸常，不敢以爲非也，而況其出於孔子者乎？且舊本之傳數千載矣，今讀其文詞，既明白而可通；論其工夫，又易簡而可入。亦何所按據，而斷其此段之必在於彼，彼段之必在於此？與此之如何而缺，彼之如何而補？而遂改正補緝之，無乃重於背朱而輕於叛孔已乎？來教謂：「如必以學不資於外求，但當反觀内省以爲務，則『正心誠意』四字，亦何不盡之有，何必於入門之際便困以格物一段工夫也？」誠然誠然。若語其要，則「修身」二字亦足矣，何必又言正心？「正心」二字亦足矣，何必又言誠意？「誠意」二字亦足矣，何必又言致知，又言格物？惟其工夫之詳密，而要之只是一事，此所以爲精一之學，此正不可不思者也。夫理無内外，性無内外，故學無内外。講習討論未嘗非内也，反觀内省未嘗遺外也。夫謂學必資於外求，是以己性爲有外也，是義外也，用智者也；謂反觀内省爲求之於内，是以己性爲有内也，是有我也，自私者也。是皆不知性之無内外也，故曰「精義入神以致用也，利用安身以崇德也」，「性之德也，合内外之道也」。此可以知格物之學矣。格物者，大學之實下手處，徹首徹尾，自始學至聖人，只此工夫而已，非但入門之際有此一段也。夫正心誠意，致知格物，皆所以修身，而格物者，其所用力日可見之地。故格物者，格其心之物也，格其意之物也，格其知之物也。正心者，正其物之心也。誠意者，誠其物之意也。致知者，致其物之知也。此豈有内外彼此之分哉？理一而已，以其理之凝聚而言，則謂之性；以其凝聚之主宰而言，則謂之心；以其主宰之發動而言，則謂之意；以其發動之明覺而言，則謂之知；以其明覺之感應而言，則謂之物。故就物而言謂之格，就知而言謂之致，就意而言謂之誠，就心而言謂之正。正者，正此也；誠者，誠此也；致者，致此也；格者，格此也。皆所謂窮理以盡性也。天下無性外之理，無性外之物。學之不明，皆由世之儒者認理爲外，認物爲外，而不知義外之説，孟子蓋嘗闢之，乃至襲陷其内而不覺，豈非亦有似是而難明者歟？不可以不察也。凡執事所以致疑於格物之説者，必謂其是内而非外也；必謂其專事於反觀内省之爲，而遺棄其講習討論之功也；必謂其一意於綱領本原之約，而脱略於支條節目之詳也；必謂其沉溺於枯槁虚寂之偏，而不盡於物理人事之變也。審如是，豈但獲罪於聖門，獲罪於朱子，是邪説誣民，叛道亂正，人得而誅之也，而況於執事之正直哉？審如是，世之稍明訓詁，聞先哲之緒論者，皆知其非也，而況執事之高明哉？凡某之所謂格物，其於朱子九條之説，皆包羅統括於其中。但爲之有要，作用不同，正所謂毫釐之差耳。然毫釐之差，而千里之謬實起於此，不可不辨。孟子闢楊墨至於無父無君，二子亦當時之賢者，使與孟子並世而生，未必不以之爲賢。墨子兼愛，行仁而過耳；楊子爲我，行義而過耳。此其爲説，亦豈滅理亂常之甚，而足以眩天下哉？而其流之弊，孟子至比於禽獸夷狄，所謂以學術殺天下後世也。今世學術之弊，其謂之學仁而過者乎，謂之學義而過者乎，抑謂之學不仁不義而過者乎？吾不知其於洪水猛獸何如也。孟子云：

「予豈好辨哉，予不得已也。」楊墨之道塞天下，孟子之時，天下之尊信楊墨，當不下於今日之崇尚朱説，而孟子獨以一人呶呶於其間，噫，可哀矣。韓氏云：「佛老之害甚於楊墨。」韓愈之賢不及孟子，孟子不能救之於未壞之先，而韓愈乃欲全之於已壞之後，其亦不量其力，且見其身之危，莫之救以死也矣。嗚呼，若某者，其尤不量其力，果見其身之危，莫之救以死也矣。夫衆方嘻嘻之中，而獨出涕嗟，若舉世恬然以趨，而獨疾首蹙額以爲憂，此其非病狂喪心，殆必誠有大苦者隱於其中，而非天下之至仁，其孰能察之？某爲朱子晚年定論，蓋亦不得已而然。中間年歲早晚，誠有所未考，雖不必盡出於晚年，固多出於晚年者矣。然大意在委曲調停，以明此學爲重。平生於朱子之説，如神明蓍龜，一旦與之背馳，心誠有所未忍，故不得已而爲此。「知我者，謂我心憂。不知我者，謂我何求？」蓋不忍牴牾朱子者，其本心也；不得已而與之牴牾者，道固如是，不直則道不見也。執事所謂決與朱子異者，僕敢自欺其心哉？夫道，天下之公道也；學，天下之公學也。非朱子可得而私也，非孔子可得而私也。天下之公也，公言之而已矣。故言之而是，雖異於己，乃益於己也；言之而非，雖同於己，適損於己也。益於己者，己必喜之；損於己者，己必惡之。然則某今日之論，雖或於朱子異，未必非其所喜也。「君子之過，如日月之食，其更也，人皆仰之；而小人之過也，必文。」某雖不肖，固不敢以小人之心事朱子也。執事所以教，反覆數百言，皆以未悉鄙人格物之說。若鄙説一明，則此數百言，皆可以不待辨説而釋然無滯，故今不敢縷縷以滋瑣屑之瀆。然鄙説非面陳口析，斷亦未能了了於紙筆間也。嗟乎，執事所以開導啓迪於我者，可謂懇到詳切矣。人之愛我，寧有如執事者乎？僕雖甚愚下，寧不知所感刻佩服？然而不敢遽舍其中心之誠然，而姑以聽受云者，正不敢有負於深愛，亦思有以報之耳。秋盡東還，必求一面，以卒所請，千萬終教。

王陽明全集卷三傳習録下

正德乙亥，九川初見先生於龍江。先生與甘泉先生論格物之説，甘泉持舊説。先生曰：「是求之於外了。」甘泉曰：「若以格物理爲外，是自小其心也。」九川甚喜舊説之是。先生又論盡心一章，九川一聞，却遂無疑。後家居，復以格物遺質。先生答云：「但能實地用功，久當自釋。」山間乃自録大學舊本讀之，覺朱子格物之説非是，然亦疑先生以意之所在爲物，「物」字未明。己卯，歸自京師，再見先生於洪都。先生兵務倥偬，乘隙講授，首問：「近年用功何如？」九川曰：「近年體驗得『明明德』功夫，只是誠意。自『明明德於天下』，步步推入根源，到誠意上再去不得，如何以前又有格致工夫？後又體驗，覺得意之誠僞，必先知覺乃可，以顔子『有不善未嘗不知，知之未嘗復行』爲證，豁然若無疑，却又多了格物功夫。又思來吾心之靈，何有不知意之善惡，只是物欲蔽了，須格去物欲，始能如顏子未嘗不知耳。又自疑功夫顛倒，與誠意不成片段。後問希顏，希顏曰：『先生謂格物致知是誠意功夫，極好。』九川曰：『如何是誠意功夫？』希顏令再思體看，九川終不悟，請問。」先生曰：「惜哉，此可一言而悟，惟濬所舉顏子事便是了。只要知身、心、意、知、物是一件。」九川疑曰：「物在外，如何與身心意知是一件？」先生曰：「耳目口鼻四肢，身也，非心安能視聽言動？心欲視聽言動，無耳目口鼻四肢亦不能，故無心則無身，無身則無心。但指其充塞處言之，謂之身；指其主宰處言之，謂之心；指心之發動處，謂之意；指意之靈明處，謂之知；指意之涉著處，謂之物：只是一件。意未有懸空的，必著事物，故欲誠意，則隨意所在某事而格之，去其人欲而歸於天理，則良知之在此事者，無蔽而得致矣。此便是誠意的功夫。」九川乃釋然，破數年之疑。又問：「甘泉近亦信用大學古本，謂格物猶言造道。又謂窮理如窮其巢穴之窮，以身至之也。故格物亦只是『隨處體認天理』，似與先生之説漸同。」先生曰：「甘泉用功，所以轉得來。當時與説『親民』字不須改，他亦不信，今論格物亦近，但不須换『物』字作『理』字，只還他一『物』字便是。」後有人問九川曰：「今何不疑『物』字？」曰：「中庸曰『不誠無物』，程子曰『物來順應』，又如『物各付物』、『胸中無物』之類，皆古人常用字也。」他日，先生亦云然。

又問："陸子之學何如？"先生曰："濂溪、明道之後還是象山，只是粗些。"九川曰："看他論學，篇篇説出骨髓，句句似鍼膏肓，却不見他粗。"先生曰："然他心上用過功夫，與揣摹依仿求之文義自不同，但細看有粗處，用功久當見之。"

問知行合一。先生曰："此須識我立言宗旨。今人學問只因知行分作兩件，故有一念發動，雖是不善，然却未曾行，便不去禁止。我今説箇知行合一，正要人曉得一念發動處便即是行了，發動處有不善，就將這不善的念克倒了，須要徹根徹底，不使那一念不善潛伏在胸中，此是我立言宗旨。"

"文公格物之説，只是少頭腦，如所謂『察之於念慮之微』，此一句不該與『求之文字之中，驗之於事爲之著，索之講論之際』混作一例看，是無輕重也。"

先生語陸元静曰："元静少年亦要解五經，志亦好博。但聖人教人只怕人不簡易，他説的皆是簡易之規。以今人好博之心觀之，却似聖人教人差了。"

問："『一日克己復禮，天下歸仁』，朱子作效驗説，如何？"先生曰："聖賢只是爲己之學，重功夫不重效驗。仁者以萬物爲體，不能一體，只是己私未忘。全得仁體，則天下皆歸於吾仁，就是『八荒皆在我闥』意。天下皆與，其仁亦在其中，如『在邦無怨，在家無怨』，亦只是自家不怨，如『不怨天，不尤人』之意。然家邦無怨於我，亦在其中，但所重不在此。"

黄以方問：「『博學於文』爲隨事學存此天理，然則謂『行有餘力，則以學文』，其説似不相合。」先生曰：「詩、書、六藝皆是天理之發見，文字都包在其中。考之詩、書、六藝，皆所以學存此天理也，不特發見于事爲者方爲文耳。餘力學文，亦只『博學於文』中事。」或問「學而不思」二句。曰：「此亦有爲而言，其實思即學也。學有所疑，便須思之。『思而不學』者，蓋有此等人，只懸空去思，要想出一個道理，却不在身心上實用其力，以學存此天理。思與學作兩事做，故有罔與殆之病。其實思只是思其所學，原非兩事也。」

先生曰：「先儒解『格物』爲格天下之物，天下之物如何格得？且謂一草一木亦皆有理，今如何去格？縱格得草木來，如何反來誠得自家意？我解『格』作『正』字義，『物』作『事』字義。大學之所謂『身』，即耳目口鼻四肢是也。欲修身，便是要目『非禮勿視』，耳『非禮勿聽』，口『非禮勿言』，四肢『非禮勿動』。要修這個身，身上如何用得工夫？心者，身之主宰。目雖視，而所以視者心也；耳雖聽，而所以聽者心也；口與四肢雖言動，而所以言動者心也。故欲修身，在於體當自家心體，常令廓然大公，無有些子不正處。主宰一正，則發竅于目，自無非禮之視；發竅于耳，自無非禮之聽；發竅于口與四肢，自無非禮之言動。此便是修身在正其心。然至善者，心之本體也，心之本體那有不善？如今要正心，本體上何處用得功？必就心之發動處纔可著力也。心之發動，不能無不善，故須就此處著力，便是在誠意。如一念發在好善上，便實實落落去好善；一念發在惡惡上，便實實落落去惡惡。意之所發，既無不誠，則其本體如何有不正的？故欲正其心在誠意。工夫到誠意，始有著落處。然誠意之本，又在于致知也。所謂『人雖不知，而己所獨知』者，此正是吾心良知處。然知得善，却不依這個良知便做去；知得不善，却不依這個良知便不去做，則這個良知便遮蔽了，是不能致知也。吾心良知既不能擴充到底，則善雖知好，不能著實好了；惡雖知惡，不能著實惡了，如何得意誠？故致知者，意誠之本也。然亦不是懸空的致知，致知在實事上格。如意在于爲善，便就這件事上去爲；意在于去惡，便就這件事上去不爲。去惡固是格不正以歸於正，爲善則不善正了，亦是格不正以歸於正也。如此，則吾心良知無私欲蔽了，得以致其極，而意之所發，好善去惡，無有不誠矣。誠意工夫實下手處在格物也。若如此格物，人人便做得。人皆可以爲堯舜，正在此也。」

先生曰：「衆人只説格物要依晦翁，何曾把他的説去用。我著實曾用來。初年與錢友同論做聖賢要格天下之物，如今安得這等大的力量？因指亭前竹子令去格看。錢子早夜去窮格竹子的道理，竭其心思，至於三日，便致勞神成疾。當初説他這是精力不足。某因自去窮格，早夜不得其理，到七日，亦以勞思致疾。遂相與歎聖賢是做不得的，無他大力量去格物了。及在夷中三年，頗見得此意思。乃知天下之物本無可格者，其格物之功，只在身心上做。決然以聖人爲人人可到，便自有擔當了。這裏意思，却要説與諸公知道。」

或疑知行不合一，以「知之匪艱」二句爲問。先生曰：「良知自知，原是容易的，只是不能致那良知，便是『知之匪艱，行之惟艱』。」

門人問曰：「知行如何得合一？且如中庸言『博學之』，又説個『篤行之』，分明知行是兩件。」先生曰：「博學只是事事學存此天理，篤行只是學之不已之意。」又問：「易『學以聚之』，又言『仁以行之』，此是如何？」先生曰：「也是如此。事事去學存此天理，則此心更無放失時，故曰『學以聚之』。然常常學存此天理，更無私欲間斷，此即是此心不息處，故曰『仁以行之』。」又問：「孔子言『知及之，仁不能守之』，知行却是兩個了。」先生曰：「説『及之』，已是行了，但不能常常行，已爲私欲間斷，便是『仁不能守』。」又問：「心即理之説，程子曰『在物爲理』，如何謂心即理？」先生曰：「『在物爲理』，『在』字上當添一『心』字。此心在物則爲理，如此心在事父則爲孝，在事君則爲忠之類。」先生因謂之曰：「諸君要識得我立言宗旨。我如今説個心即理是如何？只爲世人分心與理爲二，故便有許多病痛。如五伯攘夷狄、尊周室，都是一個私心，便不當理，人却説他做得當理，只心有未純，往往悦慕其所爲，要來外面做得好看，却與心全不相干。分心與理爲二，其流至於伯道之僞，而不自知，故我説個心即理，要使知心、理是一個，便來心上做工夫，不去襲於義外，便是王道之真，此我立言宗旨。」又問：「聖賢言語許多，如何却要打做一個？」曰：「我不是要打做一個，如曰『夫道，一而已矣』，又曰『其爲物不貳，則其生物不測』，天地聖人皆是一個，如何二得？」

以方問「尊德性」一條。先生曰：「『道問學即所以尊德性也。晦翁言『子静以尊德性誨人，某教人豈不是道問學處多了些子』，是分尊德性、道問學作兩件。且如今講習討論下許多工夫，無非只是存此心，不失其德性而已。豈有尊德性只空空去尊，更不去問學？問學只是空空去問學，更與德性無關涉？如此，則不知今之所以講習討論者，更學何事？」問「致廣大」二句。曰：「『盡精微』即所以『致廣大』也，『道中庸』即所以『極高明』也。蓋心之本體自是廣大底，人不能盡精微，則便爲私欲所蔽，有不勝其小者矣。故能細微曲折，無所不盡，則私意不足以蔽之，自無許多障礙遮隔處，如何廣大不致？」又問：「精微還是念慮之精微，是事理之精微？」曰：「念慮之精微即事理之精微也。」

王陽明全集卷三傳習録下朱子晚年定論序

定論首刻於南贛。朱子病目静久，忽悟聖學之淵微，乃大悔中年注述誤己誤人，遍告同志。師閲之，喜己學與晦翁同，手録一卷，門人刻行之。自是爲朱子論異同者寡矣。師曰：「無意中得此一助。」隆慶壬申，虬峰謝君廷傑刻師全書，命刻定論附語録後，見師之學與朱子無相謬戾，則千古正學同一源矣。并師首叙與袁慶麟跋，凡若干條，洪僭引其説。

陽明子序曰：洙泗之傳至孟氏而息，千五百餘年，濂溪、明道始復追尋其緒，自後辨析日詳，然亦日就支離決裂，旋復湮晦。吾嘗深求其故，大抵皆世儒之多言有以亂之。守仁早歲業舉，溺志詞章之習，既乃稍知從事正學，而苦於衆説之紛撓疲痛，茫無可入，因求諸老釋，欣然有會於心，以爲聖人之學在此矣。然於孔子之教間相出入，而措之日用，往往缺漏無歸，依違往返，且信且疑。其後謫官龍場，居夷處困，動心忍性之餘，恍若有悟。體驗探求，再更寒暑。證諸五經、四子，沛然若決江河而放諸海也。然後歎聖人之道坦如大路，而世之儒者妄開竇逕，蹈荆棘，墮坑塹，究其爲説，反出二氏之下，宜乎世之高明之士厭此而趨彼也。此豈二氏之罪哉？間嘗以語同志，而聞者競相非議，目以爲立異好奇。雖每痛反深抑，務自搜剔斑瑕，而愈益精明的確，洞然無復可疑。獨於朱子之説有相牴牾，恒疚於心，切疑朱子之賢，而豈其於此尚有未察？及官留都，復取朱子之書而檢求之，然後知其晚歲固已大悟舊説之非，痛悔極艾，至以爲自誑誑人之罪，不可勝贖。世之所傳集注、或問之類，乃其中年未定之説，自咎以爲舊本之誤，思改正而未及。而其諸語類之屬，又其門人挾勝心以附己見，固於朱子平日之説猶有大相謬戾者。而世之學者局於見聞，不過持循講習於此，其於悟後之論，概乎其未有聞，則亦何怪乎予言之不信，而朱子之心無以自暴於後世也乎？予既自幸其説之不謬於朱子，又喜朱子先得我心之同然，且慨夫世之學者徒守朱子中年未定之説，而不復知求其晚歲既悟之論，競相呶呶，以亂正學，不自知其已入於異端。輒採録而裒集之，私以示夫同志，庶幾無疑於吾説，而聖學之明可冀矣。正德乙亥冬十一月朔，後學餘姚王守仁序。

按，此序亦見於全集卷七文録四，文字相同，故不復録。

王陽明全集卷三傳習録下朱子晚年定論按語

朱子之後如真西山、許魯齋、吴草廬亦皆有見於此，而草廬見之尤真，悔之尤切，今不能備録，取草廬一説附於後。

臨川吴氏曰：「天之所以生人，人之所以爲人，以此德性也。然自聖傳不嗣，士學靡宗，漢唐千餘年間，董、韓二子依稀數語近之，而原本竟昧昧也。逮夫周、程、張、邵興，始能上通孟氏而爲一。程氏四傳而至朱，文義之精密，又孟氏以來所未有者。其學徒往往滯於此而溺其心。夫既以世儒記誦詞章爲俗學矣，而其爲學亦未離乎言語文字之末。此則嘉定以後朱門末學之敝，而未有能救之者也。夫所貴乎聖人之學，以能全天之所以與我者爾。天之與我，德性是也，是爲仁義禮智之根株，是爲形質血氣之主宰。舍此而他求，所學何學哉？假而行如司馬文正公，才如諸葛忠武侯，亦不免爲行不著、習不察，亦不過爲資器之超於人，而謂有得於聖學則未也。況止於訓詁之精，講説之密，如北溪之陳、雙峰之饒，則與彼記誦詞章之俗學相去何能以寸哉？聖學大明於宋代，而踵其後者如此，可歎已！澄也鑽研於文義，毫分縷析，每以陳爲未精，饒爲未密也。墮此科臼中垂四十年，而始覺其非。自今以往，一日之内子而亥，一月之内朔而晦，一歲之内春而冬，常見吾德性之昭昭，如天之運轉，如日月之往來，不使有須臾之間斷，則於尊之之道殆庶幾乎？於此有未能，則問於人，學於己，而必欲其至。若其用力之方，非言之可喻，亦味於中庸首章、訂頑終篇而自悟可也。」

附録：袁慶麟　朱子晚年定論跋

朱子晚年定論，我陽明先生在留都時所採集者也。揭陽薛君尚謙舊録一本，同志見之，至有不及抄寫袖之而去者。衆皆憚於翻録，乃謀而壽諸梓，謂子以齒當志一言。惟朱子一生勤苦以惠來學，凡一言一字皆所當守，而獨表章是，尊崇乎此者，蓋以爲朱子之定見也。今學者不求諸此，而猶踵其所悔，是蹈舛也，豈善學朱子者哉？麟無似，從事於朱子之訓餘三十年，非不專且篤，而竟亦未有居安資深之地，則猶以爲知之未詳，而覽之未博也。戊寅夏，持所著論若干卷來見先生，聞其言如日中天，睹之即見，象五穀之藝地，種之即生，不假外求，而真切簡易，恍然有悟。退求其故而不合，則又不免遲疑於其間。及讀是編，始釋然，盡投其所業，假館而受學，蓋三月而若將有聞焉。然後知曏之所學，乃朱子中年未定之論，是故三十年而無獲。今賴天之靈，始克從事於其所謂「定見」者，故能三月而若將有聞也。非吾先生，幾乎已矣，敢以告夫同志，使無若麟之晚而後悔也。若夫直求本原於言語之外，真有以驗其必然而無疑者，則存乎其人之自力，是編特爲之指迷耳。正德戊寅六月望，門人雩都袁慶麟謹識。

王陽明全集卷四文録一答汪石潭内翰 辛未

承批教，連日瘡甚，不能書，未暇請益。來教云：「昨日所論乃是一大疑難。」又云：「此事關係頗大，不敢不言。」僕意亦以爲然，是以不能遽已。夫喜怒哀樂，情也，既曰「不可謂未發矣」，「喜怒哀樂之未發」，則是指其本體而言性也。斯言自子思，非程子而始有。執事既不以爲然，則當自子思中庸始矣。喜怒哀樂之與思與知覺，皆心之所發，心統性情。性，心體也；情，心用也。程子云：「心，一也，有指體而言者，『寂然不動』是也；有指用而言者，『感而遂通』是也。」斯言既無以加矣，執事姑求之體用之説。夫體用一源也，知體之所以爲用，則知用之所以爲體者矣。雖然，體微而難知也，用顯而易見也，執事之云不亦宜乎？夫謂「自朝至暮，未嘗有寂然不動之時」者，是見其用而不得其所謂體也。君子之於學也，因用以求其體。凡程子所謂「既思即是已發，既有知覺即是動」者，皆爲求中於喜怒哀樂未發之時者言也，非謂其無未發者也。朱子於未發之説，其始亦嘗疑之，今其集中所與南軒論難辯析者，蓋往復數十，而後決其説，則今之中庸注疏是也，其於此亦非苟矣。獨其所謂「自戒懼而約之，以至於至靜之中」、「自謹獨而精之，以至於應物之處」者，亦若過於剖析。而後之讀者遂以分爲兩節，而疑其別有寂然不動、靜而存養之時，不知常存戒慎恐懼之心，則其工夫未始有一息之間，非必自其不睹不聞而存養也。吾兄且於動處加工，勿使間斷。動無不和，即靜無不中，而所謂寂然不動之體，當自知之矣。未至而揣度之，終不免對塔説相輪耳。然朱子但有知覺者在，而未有知覺之説，則亦未瑩。吾兄疑之，蓋亦有見。但其所以疑之者，則有因噎廢食之過，不可以不審也。君子之論，苟有以異於古，姑毋以爲決然，宜且循其説而究之，極其説而果有不達也，然後從而斷之，是以其辯之也明，而析之也當。蓋在我者，有以得其情也。今學如吾兄，聰明超特如吾兄，深潛縝密如吾兄，而猶未有悉如此，何邪？吾兄之心，非若世之立異自高者，要在求其是而已，故敢言之無諱。有所未盡，不惜教論，不有益於兄，必有益於我也。

王陽明全集卷四文録一答王天宇二甲戌

承書惠，感感。中間問學之意，懇切有加於舊，足知進於斯道也，喜幸何如。但其間猶有未盡區區之意者，既承不鄙，何敢不竭？然望詳察，庶於斯道有所發明耳。來書云：「誠身以格物，乍讀不能無疑，既而細詢之希顔，始悉其説。」區區未嘗有「誠身格物」之説，豈出於希顔邪？鄙意但謂君子之學，以誠意爲主，格物致知者，誠意之功也，猶饑者以求飽爲事，飲食者，求飽之事也。希顔頗悉鄙意，不應有此，或恐一時言之未瑩耳，幸更細講之。又云：「大學一書，古人爲學次第。朱先生謂窮理之極而後意誠，其與所謂『居敬窮理』、『非存心無以致知』者，固相爲矛盾矣。蓋居敬存心之説，補於傳文，而聖經所指，直謂其窮理而後心正。初學之士，執經而不考傳，其流之弊，安得不至於支離邪？」大學次第，但言「物格而后知至，知至而后意誠」，若窮理之極而後意誠，此則朱先生之説如此。其間亦自無大相矛盾，但於大學本旨，却恐未盡合耳。「非存心無以致知」，此語不獨於大學未盡，就於中庸「尊德性而道問學」之旨，亦或有未盡。然此等處言之甚長，非面悉不可。後之學者附會於補傳，而不深考於經旨，牽制於文義，而不體認於身心，是以往往失之支離，而卒無所得，恐非「執經而不考傳」之過也。又云：「不由窮理，而遽加誠身之功，恐誠非所誠，適足以爲僞而已矣。」此言甚善，但不知誠身之功，又何如作用耳？幸體認之。又言：「譬之行道者，如大都爲所歸宿之地，猶所謂至善也。行道者不辭險阻，決意向前，猶存心也。如使斯人不識大都所在，泛焉欲往，其不南走越而北走胡，幾希矣。」此譬大略皆是，但以「不辭險阻艱難，決意向前」別爲存心，未免牽合之苦，而不得其要耳。夫「不辭險阻艱難，決意向前」，此正是誠意之意。審如是，則其所以問道途、具資斧、戒舟車，皆有不容已者。不然，又安在其爲決意向前，而亦安所前乎？夫「不識大都所在，而泛焉欲往」，則亦欲往而已，未嘗真往也。惟其欲往而未嘗真往，是以道途之不問，資斧之不具，舟車之不戒。若決意向前，則真往矣，真往者，能如是乎？此最工夫切要者。以天宇之高明篤實，而反求之，自當不言而喻矣。又云：「格物之説，昔人以扞去外物爲言矣。扞去外物，則此心存矣。心存，則所以致知者皆是爲己。」如此説，却是扞去外物爲一事，致知又爲一事。扞去外物之説，亦未爲甚害，然止捍禦於其外，則亦未有拔去病根之意，非所謂克己求仁之功矣。區區格物之説，亦不如此。大學之所謂「誠意」，即中庸之所謂「誠身」也；大學之所謂「格物致知」，即中庸之所謂「明善」也。博學、審問、慎思、明辨、篤行，皆所謂「明善」，而爲誠身之功也。非明善之外，別有所謂誠身之功也；格物致知之外，又豈別有所謂誠意之功乎？書之所謂精一，語之所謂「博文約禮」，中庸之所謂「尊德性而道問學」，皆若此而已。是乃學問用功之要，所謂毫釐之差，千里之謬者也。心之精微，口莫能述，亦豈筆端所能盡已？喜榮擢北上有期矣，倘能迂道江濱，謀一夕之話，庶幾能有所發明。冗遽中，不悉。

王陽明全集卷四文録一與安之己卯

聞安之肯向學，不勝欣願，得奮勵如此，庶不負彼此相愛之情也。留都時偶因饒舌，遂致多口，攻之者環四面。取朱子晚年悔悟之説，集爲定論，聊藉以解紛耳。門人輩近刻之雩都，初聞甚不喜。然士夫見之，乃往往遂有開發者，無意中得此一助，亦頗省煩舌之勞。近年篁墩諸公，嘗有道一等編，見者先懷黨同伐異之念，故卒不能有入，反激而怒。今但取朱子所自言者表章之，不加一辭，雖有褊心，將無所施其怒矣。尊意以爲何如耶？聊往數册，有志向者一出指示之。所須文字，非不欲承命，荒疏既久，無下筆處耳。貧漢作事大難，富人豈知之？

王陽明全集卷五文録二與席元山辛巳

向承教札及鳴冤録，讀之見别後學力所到，卓然斯道之任，庶幾乎天下非之而不顧，非獨與世之附和雷同從人悲笑者，相去萬萬而已，喜幸何極。中間乃有須面論者，但恨無因一會。近聞内臺之擢，決知必從鉛山取道，而僕亦有歸省之便，庶得停舟途次，爲信宿之談，使人候於分水，乃未有前驅之報，駐信城者五日，悵怏而去。天之不假緣也，可如何哉？大抵此學之不明，皆由吾人入耳出口，未嘗誠諸其身。譬之談飲説食，何由得見醉飽之實乎？僕自近年來，始實見得此學，真有「百世以俟聖人而不惑」者。朋友之中，亦漸有三數輩篤信不回。其疑信相半，顧瞻不定者，多以舊説沈痼，且有得失毁譽之虞，未能專心致志以聽，亦坐相處不久，或交臂而别，無從與之細説耳。象山之學，簡易直截，孟子之後一人。其學問思辯、致知格物之説，雖亦未免沿襲之累，然其大本大原，斷非餘子所及也。執事素能深信其學，此亦不可不察。正如求精金者，必務煅煉足色，勿使有纖毫之雜，然後可無虧損變動。蓋是非之懸絶，所争毫釐耳。用熙近聞已赴京，知公故舊之情極厚，倘猶未出，亦勸之學問而已，存心養性之外，無别學也。相見時，亦望遂以此言致之。

王陽明全集卷五文録二與唐虞佐侍御 辛巳 節録

相與兩年，情日益厚，意日益真，此皆彼此所心喻，不以言謝者。别後又承雄文追送，稱許過情，末又重以傅説之事，所擬益非其倫，感怍何既。雖然，故人之賜也，敢不拜受？果如是，非獨進以有爲，將退而隱於巖穴之下，要亦不失其爲賢也已，敢不拜賜。昔人有言：「投我以木桃，報之以瓊瑶。」今投我以瓊瑶矣，我又何以報之？報之以其所賜，可乎？説之言曰：「學於古訓乃有獲。」夫謂「學於古訓」者，非謂其通於文辭，講説於口耳之間，義襲而取諸其外也。獲也者，得之於心之謂，非外鑠也。必如古訓而學，其所學焉，誠諸其身，所謂「默而成之」、「不言而信」，乃爲有得也。下略。

王陽明全集卷五文録二與陸原静二壬午

某不孝不忠，延禍先人，酷罰未敷，致兹多口，亦其宜然。乃勞賢者觸冒忌諱，爲之辯雪，雅承道誼之愛，深切懇至，甚非不肖孤之所敢望也。無辯止謗，嘗聞昔人之教矣，況今何止於是。四方英傑以講學異同之故，議論方興，吾儕可勝辯乎？惟當反求諸己，苟其言而是歟，吾斯尚有所未信歟，則當務求其是，不得輒是己而非人也。使其言而非歟，吾斯既已自信歟，則當益致其踐履之實，以務求於自慊，所謂「默而成之」、「不言而信」者也。然則今日之多口，孰非吾儕動心忍性、砥礪切磋之地乎？且彼議論之興，非必有所私怨於我，彼其爲説，亦將自以爲衛夫道也。況其説本自出於先儒之緒論，固各有所憑據。而吾儕之言驟異於昔，反若鑿空杜撰者。乃不知聖人之學本來如是，而流傳失真，先儒之論所以日益支離，則亦由後學沿習乖謬，積漸所致。彼既先横不信之念，莫肯虚心講究，加以吾儕議論之間，或爲勝心浮氣所乘，未免過爲矯激，則固宜其非笑而駭惑矣。此吾儕之責，未可專以罪彼爲也。嗟乎！吾儕今日之講學，將求異其説於人邪，亦求同其學於人邪？將求以善而勝人邪，亦求以善而養人邪？知行合一之學，吾儕但口説耳，何嘗知行合一邪？推尋所自，則如不肖者爲罪尤重。蓋在平時，徒以口舌講解，而未嘗體諸其身，名浮於實，行不掩言，己未嘗實致其知，而謂昔人致知之説未有盡。如貧子之説金，乃未免從人乞食。諸君病於相信相愛之過，好而不知其惡，遂乃共成今日紛紛之議，皆不肖之罪也。雖然，昔之君子，蓋有舉世非之而不顧，千百世非之而不顧者，亦求其是而已矣。豈以一時毁譽而動其心邪？惟其在我者有未盡，則亦安可遂以人言爲盡非？伊川、晦庵之在當時，尚不免於詆毁斥逐，況在吾輩行有所未至，則夫人之詆毁斥逐，正其宜耳。凡今争辯學術之士，亦必有志於學者也，未可以其異己而遂有所疏外。是非之心，人皆有之，彼其但蔽於積習，故於吾説卒未易解。就如諸君初聞鄙説時，其間寧無非笑詆毁之者？久而釋然以悟，甚至反有激爲過當之論者矣。又安知今日相詆之力，不爲異時相信之深者乎？衰絰哀苦中，非論學時，而道之興廢，乃有不容於泯默者，不覺叨叨至此。言無倫次，幸亮其心也。致知之説，向與惟濬及崇一諸友極論於江西，近日楊仕鳴來過，亦嘗一及，頗爲詳悉。今原忠、宗賢二君復往，諸君更相與細心體究一番，當無餘藴矣。孟子云：「是非之心，知也。」是非之心，人皆有之，即所謂良知也。孰無是良知乎？但不能致之耳。易謂「知至至之」，知至者，知也；至之者，致知也。此知行之所以一也。近世格物致知之説，只一知字尚未有下落，若致字工夫，全不曾道著矣。此知行之所以二也。

王陽明全集卷五文録二與黄勉之甲申　節録

屢承書惠，兼示述作，足知才識之邁，向道懇切之難得也。何幸何幸。然未由一面，鄙心之所欲效者，尚爾鬱而未申，有負盛情多矣。君子學以爲己，成己成物雖本一事，而先後之序有不容紊。孟子云：「學問之道無他，求其放心而已矣。」誦習經史，本亦學問之事，不可廢者，而忘本逐末，明道尚有「玩物喪志」之戒。若立言垂訓，尤非學者所宜汲汲矣。中略。古本之釋，不得已也，然不敢多爲辭説，正恐葛藤纏繞，則枝幹反爲蒙翳耳。短序亦嘗三易稿，石刻其最後者。今各往一本，亦足以知初年之見，未可據以爲定也。

王陽明全集卷六文録三寄鄒謙之二丙戌

承示諭俗禮要，大抵一宗文公家禮而簡約之，切近人情，甚善甚善。非吾謙之誠有意於化民成俗，未肯汲汲爲此也。古禮之存於世者，老師宿儒當年不能窮其説，世之人苦其煩且難，遂皆廢置而不行，故今之爲人上，而欲導民於禮者，非詳且備之爲難，惟簡切明白，而使人易行之爲貴耳。中間如四代位次及祔祭之類，固區區向時欲稍改以從俗者，今皆斟酌爲之，於人情甚協。蓋天下古今之人，其情一而已矣。先王制禮，皆因人情而爲之節文，是以行之萬世而皆準。其或反之吾心，而有所未安者，非其傳記之訛闕，則必古今風氣習俗之異宜者矣。此雖先王未之有，亦可以義起，三王之所以不相襲禮也。若徒拘泥於古，不得於心而冥行焉，是乃非禮之禮，行不著而習不察者矣。後世心學不講，人失其情，難乎與之言禮。然良知之在人心，則萬古如一日，苟順吾心之良知以致之，則所謂不知足而爲屨，我知其不爲蕢矣。非天子不議禮制度，今之爲此，非以議禮爲也，徒以末世廢禮之極，聊爲之兆以興起之，故特爲此簡易之説，欲使之易知易從焉耳。冠婚喪祭之外，附以鄉約，其於民俗亦甚有補。至於射禮，似宜别爲一書以教學者，而非所以求諭於俗。今以附於其間，却恐民間以非所常行，視爲不切，又見其説之難曉，遂并其冠婚喪祭之易曉者而棄之也。文公家禮所以不及於射，或亦此意也歟？幸更裁之。令先公墓表，決不負約，但向在紛冗憂病中，近復咳患盛作，更求假以日月耳。施、濮兩生，知解甚利，但已經爐鞴，則煅煉爲易，自此益淬礪之，吾見其成之速也。書院新成，欲爲諸生擇師，此誠盛德之事。但劉伯光以家事促歸，魏師伊乃兄適有官務，倉卒往視。何廷仁近亦歸省，惟黄正之尚留彼。意以登壇説法，非吾謙之身自任之不可。須事定後，却與二三同志造訪，因而連留旬月，相與砥礪開發，效匡翼之勞，亦所不辭也。祠堂位次、祔祭之義，往年曾與徐曰仁備論。曰仁嘗記其略，今使録一通奉覽，以備採擇。

「或問：『文公家禮高、曾祖、禰之位，皆西上，以次而東，於心切有未安。』陽明子曰：『古者廟門皆南向，主皆東向，合祭之時，昭之遷主列於北牖，穆之遷主列於南牖，皆統於太祖東向之尊，是故西上，以次而東。今祠堂之制既異於古，而又無太祖東向之統，則西上之説誠有所未安。』曰：『然則今當何如？』曰：『禮以時爲大，若事死如事生，則宜以高祖南向，而曾祖、禰東西分列，席皆稍降而弗正對，似於人心爲安。曾見浦江鄭氏之祭四代考妣皆異席，高考妣南向，曾祖、禰考皆西向，妣皆東向，各依世次稍退半席。其於男女之列、尊卑之等，兩得其宜。今吾家亦如此行，但恐民間廳事多淺隘，而器物亦有所不備，則不能以通行耳。』又問：『無後者之祔於己之子姪，固可下列矣。若在祖宗之行，宜何如祔？』陽明子曰：『古者大夫三廟，不及其高矣。適士二廟，不及其曾矣。今民間得祀高曾，蓋亦體順人情之至，例以古制，則既爲僭，況在其行之無後者乎？古者士大夫無子，則爲之置後，無後者鮮矣。後世人情偷薄，始有棄貧賤而不問者。古所爲無後，皆殤子之類耳。祭法：王下祭殤五，適子、適孫、適曾孫、適玄孫、適來孫；諸侯下祭三，大夫二，適士及庶人祭子而止。則無後之祔皆子孫屬也。今民間既得假四代之祀，以義起之，雖及弟姪可矣。往年湖湘一士人家，有曾伯祖與堂叔祖，皆賢而無後者，欲爲立嗣，則族衆不可，欲弗祀，則思其賢，有所不忍也。以問於某，某曰：『不祀二三十年矣，而追爲之嗣，勢有所不行矣。若在士大夫家，自可依古族屬之義，於春秋二社之次，特設一祭，凡族之無後，而親者各以昭穆之次配祔之，於義亦可也。』」

王陽明全集卷六文録三答友人問 丙戌

問：「自來先儒皆以學問思辯屬知，而以篤行屬行，分明是兩截事。今先生獨謂知行合一，不能無疑。」

曰：此事吾已言之屢屢，凡謂之行者，只是著實去做這件事，若著實做學問思辯的工夫，則學問思辯亦便是行矣。學是學做這件事，問是問做這件事，思辯是思辯做這件事，則行亦便是學問思辯矣。若謂學問思辯之然後去行，却如何懸空先去學問思辯得？行時又如何去得個學問思辯的事？行之明覺精察處便是知，知之真切篤實處便是行。若行而不能精察明覺，便是冥行，便是「學而不思則罔」，所以必須説個知。知而不能真切篤實，便是妄想，便是「思而不學則殆」，所以必須説個行。元來只是一個工夫。凡古人説知行，皆是就一個工夫上補偏救弊説，不似今人截然分作兩件事做。某今説知行合一，雖亦是就今時補偏救弊説，然知行體段亦本來如是。吾契但著實就身心上體履，當下便自知得。今却只從言語文義上窺測，所以牽制支離，轉説轉糊塗，正是不能知行合一之弊耳。

「象山論學與晦庵大有同異，先生嘗稱象山於學問頭腦處，見得直截分明。今觀象山之論，却有謂學有講明、有踐履，及以致知格物爲講明之事，乃與晦庵之説無異，而與先生知行合一之説反有不同，何也？」

曰：君子之學，豈有心於同異？惟其是而已。吾於象山之學有同者，非是苟同，其異者自不掩其爲異也。吾於晦庵之論有異者，非是求異，其同者自不害其爲同也。假使伯夷、柳下惠與孔、孟同處一堂之上，就其所見之偏全，其議論斷亦不能皆合，然要之不害其同爲聖賢也。若後世論學之士，則全是黨同伐異，私心浮氣所使，將聖賢事業作一場兒戲看了也。

又問：「知行合一之説，是先生論學最要緊處，今既與象山之説異矣，敢問其所以同。」

曰：知行原是兩個字説一個工夫，這一個工夫須著此兩個字，方説得完全無弊病。若頭腦處見得分明，見得原是一個頭腦，則雖把知行分作兩個説，畢竟將來做那一個工夫，則始或未便融會，終所謂「百慮而一致」矣。若頭腦見得不分明，原看做兩個了，則雖把知行合作一個説，亦恐終未有湊泊處，況又分作兩截去做，則是從頭至尾更没討下落處也。

又問：「致良知之説，真是『百世以俟聖人而不惑』者，象山已於頭腦上見得分明，如何於此尚有不同？」

曰：致知格物，自來儒者皆相沿如此説，故象山亦遂相沿得來，不復致疑耳。然此畢竟亦是象山見得未精一處，不可掩也。

又曰：知之真切篤實處便是行，行之明覺精察處便是知。若知時其心不能真切篤實，則其知便不能明覺精察。不是知之時只要明覺精察，更不要真切篤實也。行之時其心不能明覺精察，則其行便不能真切篤實。不是行之時只要真切篤實，更不要明覺精察也。「知天地之化育」，心體原是如此。「乾知大始」，心體亦原是如此。

王陽明全集卷六文録三答季明德 丙戌

書惠遠及，以咳恙未平，憂念備至，感愧良深。食蘆太多，非東南所宜，誠然，此亦不過暫時劫劑耳。近有一友爲易貝母丸服之，頗亦有效，乃終不若來喻用養生之法拔去病根者爲得本源之論。然此又不但治病爲然，學問之功亦當如是矣。承示立志益堅，謂聖人必可以學而至，兢兢焉常磨鍊於事爲、朋友之間，而厭煩之心比前差少，喜幸殊極。又謂「聖人之學不能無積累之漸」，意亦切實。中間以堯、舜、文王、孔、老諸説發明志學一章之意，足知近來進修不懈。居有司之煩，而能精思力究若此，非朋輩所及。然此在吾明德，自以此意奮起其精神，砥切其志意則可矣，必欲如此節節分疏引證，以爲聖人進道一定之階級，又連掇數聖人紙上之陳迹，而入之以此一款條例之中，如以堯之試鯀爲未能不惑，子夏之「啓予」爲未能耳順之類，則是尚有比擬牽滯之累。以此論聖人之亦必由學而至，則雖有所發明，然其階級懸難，反覺高遠深奥，而未見其爲人皆可學。乃不如末後一節，謂：「至其極而矩之不踰，亦不過自此志之不已所積。而不踰之上，亦必有學可進，聖人豈絶然與人異哉？」又云：「善者聖之體也，害此善者，人欲而已。人欲，吾之所本無。去其本無之人欲，則善在我，而聖體全。聖無有餘，我無不足，此以知聖人之必可學也。然非有求爲聖人之志，則亦不能以有成。」只如此論，自是親切簡易。以此開喻來學，足以興起之矣。若如前説，未免使柔怯者畏縮而不敢當，高明者希高而外逐，不能無弊也。聖賢垂訓，固有「書不盡言，言不盡意」者。凡看經書，要在致吾之良知，取其有益於學而已，則千經萬典，顛倒縱横，皆爲我之所用。一涉拘執比擬，則反爲所縛。雖或特見妙詣，開發之益，一時不無，而意必之見，流注潛伏，蓋有反爲良知之障蔽，而不自知覺者矣。其云「善者聖之體」，意固已好。善即良知，言良知則使人尤爲易曉，故區區近有「心之良知是謂聖」之説。其間又云：「人之爲學，求盡乎天而已。」此明德之意，本欲合天人而爲一，而未免反離而二之也。人者，天地萬物之心也。心者，天地萬物之主也。心即天，言心則天地萬物皆舉之矣。而又親切簡易，故不若言人之爲學求盡乎心而已。知行之答，大段切實明白，詞氣亦平和，有足啓發人者。惟賢一書識見甚進，間有語疵，則前所謂「意必之見，流注潛伏」者之爲病。今既照破，久當自融釋矣。以效訓學之説，凡字義之難通者，則以一字之相類而易曉者釋之。若今「學」字之義，本自明白，不必訓釋。今遂以效訓學，以學訓效，皆無不可，不必有所拘執。但「效」字終不若「學」字之混成耳。率性而行，則性謂之道；修道而學，則道謂之教。謂修道之爲教可也，謂修道之爲學亦可也。自其道之示人無隱者而言，則道謂之教；自其功夫之修習無違者而言，則道謂之學。教也，學也，皆道也，非人之所能爲也。知此，則又何訓釋之有？所須學記，因病未能著筆，俟後便爲之。

王陽明全集卷七文録四別湛甘泉序 壬申

顔子没而聖人之學亡，曾子唯一貫之旨傳之孟軻，終又一千餘年而周、程續。自是而後，言益詳，道益晦，析理益精，學益支離無本，而事於外者益繁以難。蓋孟氏患楊墨，周、程之際釋老大行。今世學者皆知宗孔孟，賤楊墨，擯釋老，聖人之道若大明於世。然吾從而求之，聖人不得而見之矣。其能有若墨氏之兼愛者乎？其能有若楊氏之爲我者乎？其能有若老氏之清浄自守、釋氏之究心性命者乎？吾何以楊、墨、老、釋之思哉？彼於聖人之道異，然猶有自得也。而世之學者，章繪句琢以誇俗，詭心色取，相飾以僞，謂聖人之道勞苦無功，非復人之所可爲，而徒取辯於言詞之間。古之人有終身不能究者，今吾皆能言其略，自以爲若是亦足矣，而聖人之學遂廢。則今之所大患者，豈非記誦詞章之習？而弊之所從來，無亦言之太詳、析之太精者之過歟？夫楊、墨、老、釋，學仁義，求性命，不得其道而偏焉，固非若今之學者以仁義爲不可學，性命之爲無益也。居今之時，而有學仁義，求性命，外記誦辭章而不爲者，雖其陷於楊、墨、老、釋之偏，吾猶且以爲賢，彼其心猶求以自得也。夫求以自得，而後可與之言學聖人之道。某幼不問學，陷溺於邪僻者二十年，而始究心於老釋，賴天之靈，因有所覺。始乃沿周、程之説求之，而若有得焉。顧一二同志之外，莫予翼也，岌岌乎仆而後興。晚得友於甘泉湛子，而後吾之志益堅，毅然若不可遏，則予之資於甘泉多矣。甘泉之學，務求自得者也。世未之能知其知者，且疑其爲禪。誠禪也，吾猶未得而見，而況其所志卓爾若此。則如甘泉者，非聖人之徒歟？多言又烏足病也夫？多言不足以病甘泉，與甘泉之不爲多言病也，吾信之。吾與甘泉友，意之所在，不言而會；論之所及，不約而同；期於斯道，斃而後已者。今日之别，吾容無言。夫惟聖人之學，難明而易惑，習俗之降，愈下而益不可回，任重道遠，雖已無俟於言，顧復於吾心，若有不容已也。則甘泉亦豈以予言爲贅乎？

王陽明全集卷七文録四别黄宗賢歸天台序 壬申

君子之學以明其心，其心本無昧也，而欲爲之蔽，習爲之害，故去蔽與害而明復，匪自外得也。心猶水也，污入之而流濁；猶鑒也，垢積之而光昧。孔子告顔淵克己復禮爲仁，孟軻氏謂「萬物皆備於我」、「反身而誠」。夫已克而誠，固無待乎其外也。世儒既叛孔孟之説，昧於大學格致之訓，而徒務博乎其外，以求益乎其内，皆入污以求清，積垢以求明者也，弗可得已。守仁幼不知學，陷溺於邪僻者二十年，疾疢之餘，求諸孔子、子思、孟軻之言，而怳若有見，其非守仁之能也。宗賢於我，自爲童子即知棄去舉業，勵志聖賢之學。循世儒之説而窮之，愈勤而益難，非宗賢之罪也。學之難易失得也有原，吾嘗爲宗賢言之。宗賢於吾言，猶渴而飲，無弗入也，每見其溢於面。今既豁然，吾黨之良，莫有及者。謝病去，不忍予别而需予言。夫言之而莫予聽，倡之而莫予和，自今失吾助矣。吾則忍於宗賢之别而容無言乎？宗賢歸矣，爲我結廬天台、雁蕩之間，吾將老焉，終不使宗賢之獨往也。

王陽明全集卷七文録四贈鄭德夫歸省序 乙亥

西安鄭德夫將學於陽明子，聞士大夫之議者以爲禪學也，復已之。則與江山周以善者姑就陽明子之門人而考其説，若非禪者也。則又姑與就陽明子，親聽其説焉。蓋旬有九日，而後釋然於陽明子之學非禪也，始具弟子之禮，師事之。問於陽明子曰：「釋與儒孰異乎？」陽明子曰：「子無求其異同於儒釋，求其是者而學焉可矣。」曰：「是與非孰辨乎？」曰：「子無求其是非於講説，求諸心而安焉者是矣。」曰：「心又何以能定是非乎？」曰：「無是非之心，非人也。口之於甘苦也，與易牙同；目之於妍媸也，與離婁同；心之於是非也，與聖人同。其有昧焉者，其心之於道，不能如口之於味、目之於色之誠切也，然後私得而蔽之，子務立其誠而已。子惟慮夫心之於道，不能如口之於味、目之於色之誠切也，而何慮夫甘苦妍媸之無辨也乎？」曰：「然則五經之所載，四書之所傳，其皆無所用乎？」曰：「孰爲而無所用乎？是甘苦妍媸之所在也。使無誠心以求之，是談味論色而已也，又孰從而得甘苦妍媸之真乎？」既而告歸，請陽明子爲書其説，遂書之。

王陽明全集卷七文録四紫陽書院集序 乙亥

豫章熊侯世芳之守徽也，既敷政其境内，乃大新紫陽書院，以明朱子之學，萃七校之秀而躬教之。於是校士程曾氏採摭書院之興廢爲集，而弁以白鹿之規，明政教也。來請予言，以諗多士。夫爲學之方，白鹿之規盡矣；警勸之道，熊侯之意勤矣；興廢之故，程生之集備矣。又奚以予言爲乎？然予聞之，德有本而學有要，不於其本，而泛焉以從事，高之而虚無，卑之而支離，終亦流蕩失宗，勞而無得矣。是故君子之學，惟求得其心。雖至於位天地、育萬物，未有出於吾心之外也。孟子所謂「學問之道無他，求其放心而已矣」者，一言以蔽之。故博學者，學此者也；審問者，問此者也；慎思者，思此者也；明辨者，辨此者也；篤行者，行此者也。心外無事，心外無理，故心外無學。是故於父，子盡吾心之仁；於君，臣盡吾心之義，言吾心之忠信，行吾心之篤敬。懲心忿，窒心欲，遷心善，改心過，處事接物，無所往而非求盡吾心以自慊也。譬之植焉，心其根也，學也者，其培壅之者也，灌溉之者也，扶植而删鋤之者也，無非有事於根焉耳矣。朱子白鹿之規，首之以五教之目，次之以爲學之方，又次之以處事接物之要，若各爲一事而不相蒙者。斯殆朱子平日之意，所謂「隨事精察而力行之」，庶幾一旦貫通之妙也歟？然而世之學者，往往遂失之支離瑣屑，色莊外馳，而流入於口耳聲利之習，豈朱子之教使然哉？故吾因諸士之請，而特原其本以相勖，庶幾乎操存講習之有要，亦所以發明朱子未盡之意也。

王陽明全集卷七文録四大學古本序 戊寅

大學之要，誠意而已矣。誠意之功，格物而已矣。誠意之極，止至善而已矣。止至善之則，致知而已矣。正心，復其體也。修身，著其用也。以言乎己，謂之明德；以言乎人，謂之親民；以言乎天地之間，則備矣。是故至善也者，心之本體也。動而後有不善，而本體之知未嘗不知也。意者，其動也；物者，其事也。致其本體之知，而動無不善，然非即其事而格之，則亦無以致其知。故致知者，誠意之本也；格物者，致知之實也。物格則知致意誠，而有以復其本體，是之謂止至善。聖人懼人之求之於外也，而反覆其辭，舊本析而聖人之意亡矣。是故不務於誠意，而徒以格物者謂之支；不事於格物，而徒以誠意者謂之虛；不本於致知，而徒以格物誠意者謂之妄。支與虛與妄，其於至善也遠矣，合之以敬而益綴，補之以傳而益離。吾懼學之日遠於至善也，去分章而復舊本，傍爲之什，以引其義，庶幾復見聖人之心，而求之者有其要。噫，乃若致知，則存乎心悟，致知焉盡矣。

王陽明全集卷七文録四象山文集序 庚辰

聖人之學，心學也。堯、舜、禹之相授受曰：「人心惟危，道心惟微。惟精惟一，允執厥中。」此心學之源也。中也者，道心之謂也。道心精一之謂仁，所謂中也。孔孟之學，惟務求仁，蓋精一之傳也。而當時之弊，固已有外求之者，故子貢致疑於多學而識，而以博施濟衆爲仁。夫子告之以一貫，而教以能近取譬，蓋使之求諸其心也。迨於孟氏之時，墨氏之言仁至於「摩頂放踵」，而告子之徒又有仁内義外之説，心學大壞。孟子闢義外之説，而曰：「仁，人心也。學問之道無他，求其放心而已矣。」又曰：「仁義禮智，非由外鑠我也，我固有之，弗思耳矣。」蓋王道息而伯術行，功利之徒外假天理之近似以濟其私，而以欺於人，曰：「天理固如是。」不知既無其心矣，而尚何有所謂天理者乎？自是而後，析心與理而爲二，而精一之學亡。世儒之支離，外索於刑名器數之末，以求明其所謂物理者，而不知吾心即物理，初無假於外也。佛老之空虛，遺棄其人倫事物之常，以求明其所謂吾心者，而不知物理即吾心，不可得而遺也。至宋周、程二子，始復追尋孔顏之宗，而有「無極而太極」，定之以仁義中正而主静之説，「動亦定，静亦定，無内外，無將迎」之論，庶幾精一之旨矣。自是而後，有象山陸氏，雖其純粹和平若不逮於二子，而簡易直截，真有以接孟子之傳。其議論開闔，時有異者，乃其氣質意見之殊，而要其學之必求諸心，則一而已。故吾嘗斷以陸氏之學，孟氏之學也。而世之議者，以其嘗與晦翁之有同異，而遂詆以爲禪。夫禪之說，棄人倫，遺物理，而要其歸極，不可以爲天下國家，苟陸氏之學而果若是也，乃所以爲禪也。今禪之說與陸氏之說，其書具存，學者苟取而觀之，其是非同異，當有不待於辯說者。而顧一倡群和，勦說雷同，如矮人之觀場，莫知悲笑之所自，豈非貴耳賤目，不得於言，而勿求諸心者之過歟？夫是非同異，每起於人持勝心、便舊習而是己見，故勝心舊習之爲患，賢者不免焉。撫守李茂元氏，將重刊象山之文集，而請一言爲之序。予何所容言哉？惟讀先生之文者，務求諸心，而無以舊習己見先焉，則糠粃精鑿之美惡，入口而知之矣。

王陽明全集卷七文録四稽山書院尊經閣記　乙酉

經，常道也，其在於天謂之命，其賦於人謂之性，其主於身謂之心。心也、性也、命也，一也。通人物，達四海，塞天地，亘古今，無有乎弗具，無有乎弗同，無有乎或變者也。是常道也，其應乎感也，則爲惻隱，爲羞惡，爲辭讓，爲是非；其見於事也，則爲父子之親，爲君臣之義，爲夫婦之别，爲長幼之序，爲朋友之信。是惻隱也，羞惡也，辭讓也，是非也，是親也，義也，序也，别也，信也，一也。皆所謂心也、性也、命也，通人物，達四海，塞天地，亘古今，無有乎弗具，無有乎弗同，無有乎或變者也，是常道也。是常道也，以言其陰陽消息之行焉，則謂之易；以言其紀綱政事之施焉，則謂之書；以言其歌詠性情之發焉，則謂之詩；以言其條理節文之著焉，則謂之禮；以言其欣喜和平之生焉，則謂之樂；以言其誠僞邪正之辨焉，則謂之春秋。是陰陽消息之行也，以至於誠僞邪正之辨也，一也，皆所謂心也、性也、命也。通人物，達四海，塞天地，亘古今，無有乎弗具，無有乎弗同，無有乎或變者也。夫是之謂六經。六經者非他，吾心之常道也。故易也者，志吾心之陰陽消息者也；書也者，志吾心之紀綱政事者也；詩也者，志吾心之歌詠性情者也；禮也者，志吾心之條理節文者也；樂也者，志吾心之欣喜和平者也；春秋也者，志吾心之誠僞邪正者也。君子之於六經也，求之吾心之陰陽消息而時行焉，所以尊易也；求之吾心之紀綱政事而時施焉，所以尊書也；求之吾心之歌詠性情而時發焉，所以尊詩也；求之吾心之條理節文而時著焉，所以尊禮也；求之吾心之欣喜和平而時生焉，所以尊樂也；求之吾心之誠僞邪正而時辨焉，所以尊春秋也。蓋昔者聖人之扶人極、憂後世而述六經也，猶之富家者之父祖慮其產業庫藏之積，其子孫者或至於遺忘散失，卒困窮而無以自全也，而記籍其家之所有以貽之，使之世守其產業庫藏之積而享用焉，以免於困窮之患。故六經者，吾心之記籍也，而六經之實，則具於吾心。猶之產業庫藏之實積，種種色色具存於其家，其記籍者，特名狀數目而已。而世之學者不知求六經之實於吾心，而徒考索於影響之間，牽制於文義之末，硜硜然以爲是六經矣。是猶富家之子孫，不務守視享用其産業庫藏之實積，日遺忘散失，至於窶人丐夫，而猶囂囂然指其記籍曰「斯吾産業庫藏之積也」，何以異於是？嗚呼，六經之學，其不明於世，非一朝一夕之故矣。尚功利，崇邪説，是謂亂經；習訓詁，傳記誦，没溺於淺聞小見，以塗天下之耳目，是謂侮經；侈淫辭，競詭辯，飾奸心，盗行逐世，壟斷而猶自以爲通經，是謂賊經。若是者，是并其所謂記籍者而割裂棄毁之矣，寧復知所以爲尊經也乎？越城舊有稽山書院，在卧龍西岡，荒廢久矣。郡守渭南南君大吉，既敷政於民，則慨然悼末學之支離，將進之以聖賢之道，於是使山陰令吴君瀛拓書院而一新之，又爲尊經之閣於其後，曰：「經正則庶民興，庶民興斯無邪慝矣。」閣成，請予一言，以諗多士。予既不獲辭，則爲記之若是。嗚呼，世之學者，得吾説而求諸其心焉，其亦庶乎知所以爲尊經也矣。

王陽明全集卷七文録四重修山陰縣學記 乙酉

山陰之學，歲久彌敝，教諭汪君瀚輩以謀於縣尹顧君鐸而一新之，請所以詔士之言於予，時予方在疚，辭未有以告也。已而顧君入爲秋官郎，洛陽吴君瀛來代，復增其所未備，而申前之請。昔予官留都，因京兆之請記其學，而嘗有説焉。其大意以爲朝廷之所以養士者，不專於舉業，而實望之以聖賢之學。今殿廡堂舍拓而輯之，餼廩條教具而察之者，是有司之脩學也。求天下之廣居安宅者，而脩諸其身焉，此爲師爲弟子者之脩學也。其時聞者皆惕然有省，然於凡所以爲學之説，則猶未之及詳，今請爲吾越之士一言之。夫聖人之學，心學也。學以求盡其心而已。堯、舜、禹之相授受曰：「人心惟危，道心惟微，惟精惟一，允執厥中。」道心者，率性之謂，而未雜於人。無聲無臭，至微而顯，誠之源也。人心則雜於人而危矣，僞之端矣。見孺子之入井而惻隱，率性之道也；從而内交於其父母焉，要譽於鄉黨焉，則人心矣。饑而食，渴而飲，率性之道也；從而極滋味之美焉，恣口腹之饕焉，則人心矣。惟一者，一於道心也；惟精者，慮道心之不一，而或二之以人心也。道無不中，一於道心而不息，是謂「允執厥中」矣。一於道心，則存之無不中，而發之無不和。是故率是道心而發之於父子也，無不親；發之於君臣也，無不義；發之於夫婦、長幼、朋友也，無不别，無不序，無不信：是謂中節之和，天下之達道也。放四海而皆準，亘古今而不窮。天下之人同此心，同此性，同此達道也。舜使契爲司徒，而教以人倫，教之以此達道也。當是之時，人皆君子，而比屋可封。蓋教者惟以是爲教，而學者惟以是爲學也。聖人既没，心學晦而人僞行，功利訓詁記誦辭章之徒，紛沓而起，支離決裂，歲盛月新，相沿相襲，各是其非，人心日熾，而不復知有道心之微。間有覺其紕繆，而略知反本求源者，則又閧然指爲禪學而群訾之。嗚呼，心學何由而復明乎？夫禪之學與聖人之學，皆求盡其心也，亦相去毫釐耳。聖人之求盡其心也，以天地萬物爲一體也。吾之父子親矣，而天下有未親者焉，吾心未盡也；吾之君臣義矣，而天下有未義者焉，吾心未盡也；吾之夫婦別矣，長幼序矣，朋友信矣，而天下有未別、未序、未信者焉，吾心未盡也；吾之一家飽暖逸樂矣，而天下有未飽暖逸樂者焉，其能以親乎、義乎、別序信乎，吾心未盡也。故於是有紀綱政事之設焉，有禮樂教化之施焉，凡以裁成輔相，成己成物，而求盡吾心焉耳。心盡而家以齊，國以治，天下以平，故聖人之學，不出乎盡心。禪之學，非不以心爲說，然其意以爲是達道也者，固吾之心也，吾惟不昧吾心於其中，則亦已矣，而亦豈必屑屑於其外？其外有未當也，則亦豈必屑於其中，斯亦其所謂盡心者矣。而不知已陷於自私自利之偏，是以外人倫，遺事物，以之獨善或能之，而要之不可以治家國天下。蓋聖人之學無人己，無内外，一天地萬物以爲心；而禪之學，起於自私自利，而未免於内外之分，斯其所以爲異也。今之爲心性之學者，而果外人倫，遺事物，則誠所謂禪矣；使其未嘗外人倫、遺事物，而專以存心養性爲事，則固聖門精一之學也，而可謂之禪乎哉？世之學者，承沿其舉業詞章之習，以荒穢戕伐其心，既與聖人盡心之學相背而馳，日騖日遠，莫知其所抵極矣。有以心性之説而招之來歸者，則顧駭以爲禪，而反仇讎視之，不亦大可哀乎？夫不自知其爲非，而以非人者，是舊習之爲蔽，而未可遽以爲罪也。有知其非者矣，藐然視人之非，而不以告人者，自私者也；既告之矣，既知之矣，而猶冥然不以自反者，自棄者也。吾越多豪傑之士，其特然無所待而興者，爲不少矣，而亦容有蔽於舊習者乎？故吾因諸君之請而特爲一言之。嗚呼，吾豈特爲吾越之士一言之而已乎？

王陽明全集卷七文録四謹齋説 乙亥

君子之學，心學也。心，性也。性，天也。聖人之心，純乎天理，故無事於學。下是則心有不存，而汩其性，喪其天矣，故必學以存其心。學以存其心者，何求哉？求諸其心而已矣。求諸其心，何爲哉？謹守其心而已矣。博學也，審問也，慎思也，明辨也，篤行也，皆謹守其心之功也。謹守其心者，無聲之中而常若聞焉，無形之中而常若睹焉。故傾耳而聽之，惟恐其或繆也；注目而視之，惟恐其或逸也。是故至微而顯，至隱而見，善惡之萌，而纖毫莫遁，由其能謹也。謹則存，存則明，明則其察之也精，其存之也一。昧焉而弗知，過焉而弗覺，弗之謹也已。故謹守其心，於其善之萌焉，若食之充飽也。若抱赤子而履春冰，惟恐其或陷也；若捧萬金之璧而臨千仞之崖，惟恐其或墜也。其不善之萌焉，若鴆毒之投於羹也；若虎蛇横集，而思所以避之也；若盜賊之侵陵，而思所以勝之也。古之君子，所以凝至道而成盛德，未有不由於斯者。雖堯、舜、文王之聖，然且兢兢業業，而況於學者乎？後之言學者，舍心而外求，是以支離決裂，愈難而愈遠，吾甚悲焉。吾友侍御楊景瑞以「謹」名其齋，其知所以爲學之要矣。景瑞嘗游白沙陳先生之門，歸而求之，自以爲有見。又二十年，而忽若有得，然後知其向之所見猶未也。一旦告病而歸，將從事焉，必底於成而後出。君之篤志若此，其進於道也，孰禦乎？君遣其子思元從予學，亦將别予以歸，因論君之所以名齋之義以告思元，而遂以爲君贈。

王陽明全集卷七文録四自得齋説 甲申

孟子云：「君子深造之以道，欲其自得之也。自得之則居之安，居之安則資之深，資之深則取之左右逢其原，故君子欲其自得之也。」夫「率性之謂道」，道，吾性也；性，吾生也，而何事於外求？世之學者，業辭章，習訓詁，工技藝，探賾而索隱，弊精極力，勤苦終身，非無所謂深造之者，然亦辭章而已耳，訓詁而已耳，技藝而已耳。非所以深造於道也，則亦外物而已耳。寧有所謂自得逢原者哉？古之君子「戒慎不睹，恐懼不聞」，致其良知，而不敢須臾或離者，斯所以深造乎是矣。是以大本立而達道行，天地以位，萬物以育，於左右逢原乎何有？黄勉之省曾氏以「自得」名齋，蓋有志於道者，請學於予，而蘄爲之説。予不能有出於孟氏之言也，爲之書孟氏之言。嘉靖甲申六月朔。

王陽明全集卷七文録四博約説 乙酉

南元真之學於陽明子也，聞致知之説，而恍若有見矣。既而疑於博約先後之訓，復來請曰：「致良知以格物，格物以致其良知也，則既聞教矣。敢問先『博我以文』，而後『約我以禮』也，則先儒之説，得無亦有所不同歟？」陽明子曰：「理一而已矣，心一而已矣，故聖人無二教，而學者無二學。博文以約禮，格物以致其良知，一也，故先後之説，後儒支繆之見也。夫禮也者，天理也。天命之性具於吾心，其渾然全體之中，而條理節目森然畢具，是故謂之天理。天理之條理謂之禮。是禮也，其發見於外，則有五常百行，酬酢變化，語默動静，升降周旋，隆殺厚薄之屬。宣之於言而成章，措之於爲而成行，書之於册而成訓，炳然蔚然，其條理節目之繁，至於不可窮詰，是皆所謂文也。是文也者，禮之見於外者也；禮也者，文之存於中者也。文，顯而可見之禮也；禮，微而難見之文也。是所謂體用一源，而顯微無間者也。是故君子之學也，於酬酢變化、語默動静之間，而求盡其條理節目焉，非他也，求盡吾心之天理焉耳矣。於升降周旋、隆殺厚薄之間，而求盡其條理節目焉，非他也，求盡吾心之天理焉耳矣。求盡其條理節目焉者，博文也；求盡吾心之天理焉者，約禮也。

文散於事而萬殊者也，故曰博；禮根于心而一本者也，故曰約。博文而非約之以禮，則其文爲虚文，而後世功利辭章之學矣；約禮而非博學於文，則其禮爲虚禮，而佛老空寂之學矣。是故約禮必在於博文，而博文乃所以約禮，二之而分先後焉者，是聖學之不明，而功利異端之説亂之也。昔者顔子之始學於夫子也，蓋亦未知道之無方體形像也，而以爲有方體形像也；未知道之無窮盡止極也，而以爲有窮盡止極也。是猶後儒之見事事物物皆有定理者也。是以求之仰鑽瞻忽之間，而莫得其所謂。及聞夫子博約之訓，『既竭吾才』以求之，然後知天下之事，雖千變萬化，而皆不出於此心之一理。然後知『殊途而同歸，百慮而一致』。然後知斯道之本無方體形像，而不可以方體形像求之也；本無窮盡止極，而不可以窮盡止極求之也。故曰『雖欲從之，末由也已』。蓋顔子至是而始有真實之見矣。博文以約禮，格物以致其良知也，亦寧有二學乎哉？」

王陽明全集卷八文録五書諸陽伯卷甲申

妻姪諸陽伯復請學，既告之以格物致知之説矣。他日復請曰：「致知者，致吾心之良知也，是既聞教矣。然天下事物之理無窮，果惟致吾之良知而可盡乎，抑尚有所求於其外也乎？」復告之曰：「心之體，性也，性即理也。天下寧有心外之性，寧有性外之理乎，寧有理外之心乎？外心以求理，此告子義外之説也。理也者，心之條理也。是理也，發之於親則爲孝，發之於君則爲忠，發之於朋友則爲信，千變萬化，至不可窮竭，而莫非發於吾之一心。故以端莊静一爲養心，而以學問思辨爲窮理者，析心與理而爲二矣。若吾之説，則端莊静一亦所以窮理，而學問思辨亦所以養心，非謂養心之時無有所謂理，而窮理之時無有所謂心也。此古人之學所以知行並進，而收合一之功，後世之學所以分知行爲先後，而不免於支離之病者也。」曰：「然則朱子所謂『如何而謂温凊之節，如何而爲奉養之宜』者，非致知之功乎？」曰：「是所謂知矣，而未可以爲致知也。知其如何而爲温凊之節，則必實致其温凊之功，而後吾之知始至；知其如何而爲奉養之宜，則必實致其奉養之力，而後吾之知始至。如是乃可以爲致知耳。若但空然知之爲如何温凊奉養，而遂謂之致知，則孰非致知者耶？易曰：『知至至之。』知至者，知也；至之者，致知也。此孔門不易之教，『百世以俟聖人而不惑』者也。」

王陽明全集卷二〇外集二山中示諸生五首其一

路絶春山久廢尋，野人扶病强登臨。同游仙侣須乘興，共探花源莫厭深。鳴鳥游絲俱自得，閒雲流水亦何心？從前卻恨牽文句，展轉支離嘆陸沉。

王陽明全集卷二〇外集二詠良知四首示諸生其一

個個人心有仲尼，自將聞見苦遮迷。而今指與真頭面，只是良知更莫疑。

王陽明全集卷二〇外集二示諸生三首其一

爾身各各自天真，不問求人更問人。但致良知成德業，謾從故紙費精神。乾坤是易原非畫，心性何形得有塵？莫道先生學禪語，此言端的爲君陳。

王陽明全集卷二一外集三答徐成之壬午

承以朱陸同異見詢，學術不明於世久矣，此正吾儕今日之所宜明辨者。細觀來教，則輿庵之主象山既失，而吾兄之主晦庵亦未爲得也。是朱非陸，天下之論定久矣，久則難變也。雖微吾兄之争，輿庵亦豈能遽行其説乎？故僕以爲二兄今日之論正不必求勝，務求象山之所以非，晦庵之所以是，窮本極源，真有以見其幾微得失於毫忽之間。若明者之聽訟，其事之曲者，既有以辨其情之不得已，而辭之直者，復有以察其處之或未當，使受罪者得以伸其情，而獲伸者亦有所不得辭其責，則有以盡夫事理之公，即夫人心之安，而可以俟聖人於百世矣。今二兄之論乃若出於求勝者。求勝則是動於氣也，動於氣則於義理之正何啻千里，而又何是非之論乎？凡論古人得失，決不可以意度而懸斷之。今輿庵之論象山曰：「雖其專以尊德性爲主，未免墮於禪學之虚空，而其持守端實，終不失爲聖人之徒。若晦庵之一於道問學，則支離決裂，非復聖門誠意正心之學矣。」吾兄之論晦庵曰：「雖其專以道問學爲主，未免失於俗學之支離，而其循序漸進，終不背於大學之訓。若象山之一於尊德性，則虚無寂滅，非復大學格物致知之學矣。」夫既曰尊德性，則不可謂墮於禪學之虚空；墮於禪學之虚空，則不可謂之尊德性矣。既曰道問學，則不可謂失於俗學之支離；失於俗學之支離，則不可謂道問學矣。二者之辨，間不容髮，然則二兄之論皆未免於意度也。昔者子思之論學，蓋不下千百言，而括之以「尊德性而道問學」之一語。即如二兄之辨，一以尊德性爲主，一以道問學爲事，則是二者固皆未免於一偏，而是非之論尚未有所定也，烏得各持一是而遽以相非爲乎？故僕願二兄置心於公平正大之地，無務求勝。夫論學而務以求勝，豈所謂尊德性乎？豈所謂道問學乎？以某所見，非獨吾兄之非象山，輿庵之非晦庵，皆失之非，而吾兄之是晦庵，輿庵之是象山，亦皆未得其所以是也。稍暇當面悉，姑務養心息辯，毋遽。

王陽明全集卷二一外集三答徐成之二壬午

昨所奉答，適有遠客，酬對紛紜，不暇細論。姑願二兄息未定之争，各反究其所是者，必己所是已無絲髮之憾，而後可以及人之非。早來承教，乃謂僕漫爲含胡兩解之説，而細繹辭旨，若有以陰助輿庵而爲之地者。讀之不覺失笑，曾謂吾兄而亦有是言耶？僕嘗以爲君子論事，當先去其有我之私，一動於有我，則此心已陷於邪僻，雖所論盡合於理，既已亡其本矣。嘗以是言於朋友之間，今吾兄乃云爾，敢不自反其殆陷於邪僻而弗覺也？求之反復，而昨者所論實未嘗有是，則斯言也，無乃吾兄之過歟？雖然，無是心，而言之未盡於理，未得爲無過也。僕敢自謂其言之已盡於理乎？請舉二兄之所是者以求正。輿庵是象山，而謂其專以尊德性爲主。今觀象山文集所載，未嘗不教其徒讀書窮理，而自謂「理會文字頗與人異」者，則其意實欲體之於身。其亟所稱述以誨人者，曰「居處恭，執事敬，與人忠」，曰「克己復禮」，曰「萬物皆備於我，反身而誠，樂莫大焉」，曰「學問之道無他，求其放心而已」，曰「先立乎其大者，而小者不能奪」。是數言者，孔子、孟軻之言也，烏在其爲空虚者乎？獨其易簡覺悟之説，頗爲當時所疑。然易簡之説，出於繫辭。覺悟之説，雖有同於釋氏，然釋氏之説亦自有同於吾儒，而不害其爲異者，惟在於幾微毫忽之間而已，亦何必諱於其同而遂不敢以言，狃於其異而遂不以察之乎？是輿庵之是象山，固猶未盡其所以是也。吾兄是晦庵，而謂其專以道問學爲事。然晦庵之言曰「居敬窮理」，曰「非存心無以致知」，曰「君子之心，常存敬畏，雖不見聞，亦不敢忽，所以存天理之本然，而不使離於須臾之頃也」。是其爲言雖未盡瑩，亦何嘗不以尊德性爲事，而又烏在其爲支離者乎？獨其平日汲汲於訓解，雖韓文、楚辭、陰符、參同之屬，亦必與之注釋考辯，而論者遂疑其玩物。又其心慮恐學者之躐等，而或失之於妄作，使必先之以格致而無不明，然後有以實之於誠正而無所謬。世之學者，掛一漏萬，求之愈繁，而失之愈遠。至有敝力終身，苦其難而卒無所入，而遂議其支離。不知此乃後世學者之弊，而當時晦庵之自爲，則亦豈至是乎？是吾兄之是晦庵，固猶未盡其所以是也。夫二兄之所信而是者，既未盡其所以是，則其所疑而非者，亦豈必盡其所以非乎？然而二兄往復之辯，不能一反焉，此僕之所以疑其或出於求勝也。一有求勝之心，則已亡其學問之本，而又何以論學爲哉？此僕之所以惟願二兄之自反也，安有所謂含胡兩解，而陰爲輿庵之地者哉？夫君子之論學，要在得之於心。衆皆以爲是，苟求之心而未會焉，未敢以爲是也。衆皆以爲非，苟求之心而有契焉，未敢以爲非也。心也者，吾所得於天之理也。無間於天人，無分於古今。苟盡吾心以求焉，則不中不遠矣。學也者，求以盡吾心也。是故尊德性而道問學，尊者，尊此者也，道者，道此者也。不得於心，而惟外信於人以爲學，烏在其爲學也已？僕嘗以爲晦庵之與象山，雖其所爲學者若有不同，而要皆不失爲聖人之徒。今晦庵之學，天下之人童而習之，既已入人之深，有不容於論辯者。而獨惟象山之學，則以其嘗與晦庵之有言，而遂藩籬之。使若由、賜之殊科焉，則可矣，而遂擯放廢斥，若碔砆之與美玉，則豈不過甚矣乎？夫晦庵折衷群儒之説，以發明六經、語、孟之旨於天下，其嘉惠後學之心，真有不可得而議者。而象山辨義利之分，立大本，求放心，以示後學篤實爲己之道，其功亦寧得而盡誣之？而世之儒者，附和雷同，不究其實，而概目之以禪學，則誠可冤也已。故僕嘗欲冒天下之譏，以爲象山一暴其説，雖以此得罪無恨。僕於晦庵，亦有罔極之恩，豈欲操戈而入室者？顧晦庵之學，既已若日星之章明於天下，而象山獨蒙無實之誣，於今且四百年，莫有爲之一洗者，使晦庵有知，將亦不能一日而安享於廟廡之間矣。此僕之至情，終亦必爲吾兄一吐者，亦何肯漫爲兩解之説，以陰助於輿庵？輿庵之説，僕猶恨其有未盡也。夫學術者，今古聖賢之學術，天下之所公共，非吾三人者所私有也。天下之學術，當爲天下公言之，而豈獨爲輿庵地哉？兄又舉太極之辨，以爲象山於文義且有所未能通曉，而其强辨自信，曾何有於所養。夫謂其文義之有未詳，不害其爲有未詳也，謂其所養之未至，不害其爲未至也。學未至於聖人，寧免太過不及之差乎？而論者遂欲以是而蓋之，則吾恐晦庵禪學之譏，亦未免有激於不平也。夫一則不審於文義，一則有激於不平，是皆所養之未至。昔孔子大聖也，而猶曰「假我數年以學易，可以無大過」。仲虺之贊成湯，亦惟曰「改過不吝」而已。所養之未至，亦何傷於二先生之爲賢乎？此正晦庵、象山之氣象，所以未及於顔子、明道者在此。吾儕正當仰其所以不可及，而默識其所未至者，以爲涵養規切之方，不當置偏私於其間，而有所附會增損之也。夫君子之過也，如日月之食，人皆見之；更也，人皆仰之。而小人之過也必文。世之學者以晦庵大儒，不宜復有所謂過者，而必曲爲隱飾增加，務詆象山於禪學，以求伸其説。且自以爲有助於晦庵，而更相倡引，謂之扶持正論。不知晦庵乃君子之過，而吾反以小人之見而文之。晦庵有聞過則喜之美，而吾乃非徒順之，又從而爲之辭也。晦庵之心，以聖賢君子之學期後代，而世之儒者事之以事小人之禮，是何誣象山之厚，而待晦庵之薄邪？僕今者之論，非獨爲象山惜，實爲晦庵惜也。兄視僕平日於晦庵何如哉，而乃有是論，是亦可以諒其爲心矣。惟吾兄去世俗之見，宏虚受之誠，勿求其必同，而察其所以異；勿以無過爲聖賢之高，而以改過爲聖賢之學；勿以其有所未至者爲聖賢之諱，而以其常懷不滿者爲聖賢之心；則兄與輿庵之論，將有不待辯説而釋然以自解者。孟子云：「君子亦仁而已，何必同。」惟吾兄審擇而正之。

王陽明全集補遺　答樊貞少參

別後懷企益深。朋友之内，安得如執事者數人，日夕相與磨礱砥礪，以成吾德乎？困處中忽承箋教，灑然如濯清風。獨惟進與，雖初學之士，便當以此爲的，然生則何敢當此。悚愧中，間嘆近來學術之陋，謂前輩三四公能爲伊洛本源之學，然不自花實而專務守其根，不自派别而專務守其源，如和尚專念數珠而欲成佛，恐無其理。又自謂慕古人體用之學，恐終爲外物所牽，使兩途之皆不到。足以知事執之致力於學問思辨，重内輕外，惟曰不足，而不墮於空虚渺茫之地無疑矣。生則於此少有所未盡者，非欲有所勖，將以求益耳。夫君子之學，先立乎其大者，而小者不能奪，故子思之論修道凝德，必曰「尊德性而道問學」。而朱子論之，以爲「非存心無以致知，而存心者又不可以不致知」。執事所謂不自花實派别而專務守其根源，不知彼所守者，果有得於根源否爾？如誠得其根源，則花實派别將自此而出，但不宜塊然守此，而不復有事於學問思辨耳。君子之學，有立而後進者，有進而至於立者，二者亦有等級之殊。蓋立而後進者卓，立後有所進，所謂三十而立，吾見其進者。進而至於立者，可與適道而至於可與立者也。蓋不能無差等矣。夫子謂子貢曰：「賜也，汝以予爲多學而識之者與？」又曰：「蓋有不知而作者，我無是也。多聞，擇其善者而從之，多見而識之，知之次也。」執事之言，殆有懲於世之爲禪學者而設夫，亦差有未平與？若夫兩途之説，則未知執事所指安在。道一而已矣，寧有兩耶？有兩之心，是心之不一也，是殆本源之未立與？恐爲外物所牽，亦以是耳。程子曰：「苟以外物爲外牽，己而從之，則以己性爲有内外也。」又曰：「自私則不能以有爲爲應迹，用智則不能以明覺爲自然。今以惡外物之心而求照無物之地，是反鏡而索照也。」又曰：「君子之學，莫若擴然而太公，物來而順應。」由是言之，心迹之不可判而兩之也明矣。執事特挺特沉毅，豈生昧劣所敢望於萬一，然乃云爾者，深慕執事樂取諸人之盛心而自忘其無足取，且公事有暇，無吝一一教示成之。文鳴如相見，亦乞爲致此意也。

王陽明全集補遺　與汪仁峰其二

遠承教劄，兼示閑辟辯，見執事通道之篤，趨道之正，喜幸何可言！自周、程後，學厭道晦，且四百餘年。逃空寂者，聞人足音，跫然喜矣，況其親戚平生之歡乎？朱陸異同之辯，固守仁平日之所召尤速謗者，亦嘗欲爲一書，以明陸學之非禪，見朱説亦有未定者。又恐世之學者，先懷黨同伐異之心，將觀其言而不入，反激怒焉。乃取朱子晚年悔悟之説，集爲小册，名曰朱子晚年定論，使具眼者自擇焉。將二家之學，不待辯説而自明矣。近門人輩刻之雩都，士夫見之，往往亦有啓發者。今復得執事之博學雄辭，闡揚剖析，烏獲既爲之先登，懦夫益可魚貫而前矣。喜幸何可言！辱以精舍記見委，久未奉命，此誠守仁之罪也，悚仄悚仄。然在向時，雖已習聞執事之高名，知所景仰，而於學術趨向之間尚有未能盡者。今既學同道合，同心之言，自不容已乎！兵革紛擾中，筆劄殊未暇。乞休疏已四上，期在必得。不久歸投山林，當徐爲之也。盛價立俟回書，拙筆草草，未盡扣請，伏惟爲道珍愛。寓虔病生王守仁頓首啓。

王廷相

王廷相（一四七四—一五四四），字子衡，號浚川，儀封（今河南蘭考）人。弘治十五年（一五〇二）進士，改庶吉士，授兵科給事中，官至兵部尚書。隆慶初，追謚肅敏。王氏論學主張以氣爲本，以爲「氣外無性」，於程、朱、陸、王皆有批評。著有王氏家藏集等。明史卷一九四、明儒學案卷五〇有傳。

王氏家藏集卷二七與薛君采二首二

周貢士來，備知近日起居，甚慰。諸生多從講學，此儒者第一事。但近世學者之弊有二：一則徒爲泛然講説，一則務爲虚静以守其心，皆不於實踐處用功，人事上體驗。往往遇事之來，徒講説者多失時措之宜，蓋事變無窮，講論不能盡故也。徒守心者，茫無作用之妙，蓋虚寂寡實，事機不能熟故也。孟子曰：「君子深造之以道，欲其自得之也。自得之則居之安，居之安則資之深，資之深則取之左右逢其原。」此萬世學道者之筌蹄也。然謂之「自得」，非契會於身心者不能。謂之「深造」，豈徒泛爲講説，虚守其心，而不於事會以求之哉？謂之「左右逢原」，非實體諸己，惡能有如是妙應？故曰：講得一事即行一事，行得一事即知一事，所謂真知矣。徒講而不行，則遇事終有眩惑，如人知越在南，必親至越而後知越之故，江山、風土、道路、城域，可以指掌而説，與不至越而想像以言越者，大不侔矣。故曰：「知至至之，可與幾也；知終終之，可與存義也。」其此之謂乎？晚宋以來，徒爲講説；近日學者，崇好虚静：皆於道有害，此不可發後學矣。如何，如何？時事不及言，惟亮之。

王氏家藏集卷三〇策問一

問：有宋晦庵朱子、象山陸子，皆以道學倡鳴于時。其始也，有相異之嫌；其終也，有道合之雅。今二先生遺文炳炳，可指其所以先異後同之實言之乎？説者曰：「朱子之論，教人爲學之常；陸子之論，高才獨得之妙。陸之學，其弊也鹵莽滅裂，而不能盡致知之功；朱之學，其弊也頽墮委靡，而無以收力行之效。」蓋言學二子者，其流有偏重不舉之失矣。果然乎？抑所入之途雖異，而所造之域則同乎？夫學者所以學聖人者也，合二子之道而一之，將近聖人之軌與？請言其用力之序。

王氏家藏集卷三三石龍書院學辯

石龍書院者，久庵黄子與其徒講學之所也，浚川子乃爲學辯遺之。

嗟乎！仲尼之教，萬世衡準。自夫異端起而洙泗之道離，世儒鑿而六經之術晦，天下始囂囂然莫知誰何矣。是故有爲虚静以養心者，終日端坐，塊然枯守其形而立，曰「學之寧静致遠在此矣」。有爲泛講以求知者，研究載籍，日從事乎清虚之談，曰「學之物格知至在此矣」。

浚川子曰：斯人也，空寂寡實，門逕偏頗，非禪定則支離，畔於仲尼之軌遠矣。何以故？清心志，袪煩擾，學之造端固不可無者，然必有事焉而後可。中庸曰：「致中和，天地位焉，萬物育焉。」中和而曰「致」，豈虚静其心性者可以概之哉？夫心固虚靈，而應者必藉視聽聰明，會於人事，而後靈能長焉。赤子生而幽閉之，不接習於人間，壯而出之，不辯牛馬矣，而況君臣、父子、夫婦、長幼、朋友之節度乎？而況萬事萬物，幾微變化，不可以常理執乎？彼徒虚静其心者，何以異此？

傳經討業，致知固其先務矣，然必體察於事會而後爲知之真。易曰：「知至至之，可與幾也；知終終之，可與存義也。」然謂之「至之」、「終之」，亦非泛然講説可以盡之矣。世有閉户而學操舟之術者，何以舵，何以招，何以櫓，何以帆，何以引笮，乃罔不講而預也；乃夫出而試諸山溪之濫，大者風水奪其能，次者灘漩汩其智，其不緣而敗者幾希。何也？風水之險，必熟其幾者，然後能審而應之，虚講而臆度，不足以擅其工矣。夫山溪且爾，而況江河之澎洶，洋海之渺茫乎？彼徒泛講而無實歷者，何以異此？

或者曰：「即如是，乃無邦國天下之責者，終不可習而能之乎？」浚川子曰：不然。君子不有身與家乎？學能修其道於身，通其治於家，於是乎舉而措之，身即人也，家即國也，挈小而施之大，動無不準矣。何也？理可以會通，事可以類推，智可以旁解，此窮神知化之妙用也。彼徒務虚寂，事講説，而不能習與性成者，夫安能與於斯？

黄子志於聖賢經世之學者。余來南都，每得聞其議論，接其行事，竊見其心之廣大，有天地變化，草木蕃育之象；知之精至，有日月有明，容光必照之體；蓋非世儒空寂寡實之學，可以亂其凝定之性者。則夫余之所不以爲然者，先生亦不以之誨人矣。乃述此，請揭之院壁，以爲蒙引，使後生來學脱其禪定支離之習，乃自石龍書院始。

崔銑

崔銑（一四七八—一五四一），字仲鳧，一字子鍾，號後渠，安陽（今屬河南）人。弘治十八年（一五〇五）進士，選庶吉士，授編修。官至南京禮部右侍郎。以疾致仕，卒謚文敏。崔氏論學以程朱爲宗，而惡陸王之言心學，以二人及其後學爲禪學異説。著有士翼、洹詞等。明史卷二八二、明儒學案卷四八有傳。

士翼卷一

孟子曰「先立乎其大者」，能思之謂也。夫耳目有用而無思，故邪正兼收。心則能思以制用，故取舍不忒。心不思則役於物，猶夫耳目也，何立之有？故外思而言立，非告子之强制，則釋氏之悟空。范茂明之心箴，虛詞也，何以即工？陸氏之援孟禦人也，非其適論。

問曰：「太極之説何如？」答曰：「陸氏謂之老氏。夫无極者，氣之元也。清虛而不可象，所謂『有物混成，先天地生』，『獨立而不改』。太極者，既生二五，萬物之總號也，所謂『周行而不殆，可以爲天下母』。上自二五，下至人物，皆一生之謂。无極，二五合而生人者。理氣之謬自兹蔓矣，故周子之書奇哉，而下學無可修，果能實用其力於日用乎，則玄談其遠諸？」

孟子曰：「學問之道無他，求其放心而已矣。」蓋求放心即學問之道也，猶言善利即舜、跖之分也。夫心必有所用，非若枯木然，故存乎仁義之謂收，馳於利欲之謂放。求者，儆覺而常存之詞也。故學問也者，乃約之於仁義，出乎是則入乎利矣。夫日用皆道也，孔孟皆事言也。象山附會於禪，程子發意猶疏。若先事乎求心，乃進乎學問者，固異説可假也。夫理無大小，故學無精粗，惟物是體，乃心之存。遺灑掃者，非精也，驟而務精義者，亦粗也。後人曰窮理，猶落於虛；古學曰格物，乃當其實。

士翼卷二

心性固不離，亦非雜。知能，心之用也。愛親敬長，性也。好利惡害，心之覺也。生可舍，死可取，性也。譬之物焉，生生，氣也。穀之甘，杏之酸，桂之辣，性也。心靈而性活也，心移而性宰也。孟子曰「仁，人心也」，乃言所主也，非用爲訓也。心性之辨，一言而決之矣。

聖人生而知之，安而行之，自性而達於萬事。本之生末，與自學知利行以下，由事而協於一性。末之反本，與陸子静謂性外無道，亦篤於問學而抗玄言以排朱氏，由是奸人立僞學之禁，促宋之亡。文公之教，孔門舊法也。若緩於本末之辨，故不能服陸氏之心。夫子罕言性道，恐人略於實行也；子思詳言之，恐人陷於異端也。

士之有識者寡矣，王安石之亡國，宋斷書名，不知作者。而始盡；陸象山之學禪，至我整庵公泰和羅先生而明。吴澄右鄉人而飾曲説，直之疢也。吴氏博聞則有之矣，凝道以水與器爲喻，以主一爲尊德性，讀書爲道問學，既見德性，乃學於己問於人。噫，本之則謬如之何。

朱子之文浩繁，難得體要。學者憚於繙閲，遂若廢然。近者或於一簡之中節取十餘言，不原發詞之旨及其全文之歸，或右陸氏，或附禪談，罔先賢，惑今聽。凡文公所闢而塞之者，乃復衍而昌之，如以約禮爲理，豈特妄作而已哉？

士翼卷三

聖賢論學詳矣，中庸約之曰「君子尊德性而道問學」。夫德性者，本也。由學問之功以致尊之之實，「致廣大」八者皆學問之目，乃所以尊德性焉。夫尊德性，譬則射之的也；學問，譬則修弓矢之利，審彀率之巧，乃求中的也。宋程氏出而聖學傳，其徒乃曰先静坐以求中。夫中庸之教慎獨者，存性也。自忠恕以往，至於九經，孰用非性，孰功非慎？本立道生，則操存伊始。中狀德之成，夫誠意而後正心，畢萬而後協一，有序矣。自是溢於陸氏，濫於楊簡。認心之覺爲性，肆厥詡語，略此階序，輕六經曰注脚，斥論語支離，黜大學非經，謂聖人有不勝誅之罪。夫經何爲而作也？聖人思其身之不存，無能淑來世，故筆之書，猶父祖籍家積以貽子孫。後賢躬行有得，言之翼聖，奈何迷者誤用，摘尋章句，穿鑿靡極。易主易「箕子」曰「荄滋」，書改「治忽」曰「始詠」，春秋争婼舍，周禮補司空，衍太極，易卦圖，白紛丘殉，無益生民豪芒之用。由前則曰吾學陸氏之學，尊德性也，非此則支離爾。由後則曰吾學朱氏之學，道問學也，非此則空寂爾。究其歸，皆求以炫名，實若其異端騁靡之文，稗談野記之纂，雜起於四方，故今日載籍之繁，入充棟宇，出汗牛馬。學者如入武庫，淺麗易説，深淡難知。炫目濫聰，道真遂蔽。夫治七年之病，不追致原，不養生氣，雖得三年之艾，蒸骨瘢肉奚益乎？中庸謂「性者天命也，率性者道也」，教以修之。上古邈矣，堯舜乃可得而稽焉？曰「人心惟危，道心惟微，惟精惟一，允執厥中」，斯統與？「父子有親，君臣有義，夫婦有別，長幼、朋友有序與信」，斯目與？「直而温，寬而栗，剛而無虐，簡而無敖」，斯功與？是時士有田可生，有業可修，有友可觀，嚚嚚焉求盡其分，安於終身，一旦爲臣治人，止推其心，立政乃出其素。昔稷、契、臯、夔皆聖人之徒，然各治一職，老而不易，同志協德，天下安而我不與焉。譬之御人，口叱目視，手調足踐，共行一車。譬之舟子，或楫或柁，或帆或緶，共流一航。一人一心也，衆人亦一心也。自是代則降而道永傳，民則衰而賢不乏。商周之際，事出創生，無古可範。太王之授，泰伯之孫，王季之友，文王之臣，三臣之生死，夷齊之逃，周召之任，自靖各獻，咸中天則。蓋率性之外無他奪也，故曰「天下同歸而殊塗，一致而百慮」。孔氏删定爲經，至教星垂而士趨下武，是以道爲天下裂。昔者夫子教曾子以孝，於是孝經述焉，上自天子，下至庶人。其分愈邈，天子德教刑于四海，庶人謹節養其父母，其事愈卑，並列爲孝。夫孰人無生，孰生無親，孰親無愛，孰愛無本，吾惟無遏其生而傷其本，則貴賤之德同。各享其所得，安其所限，一簞之歡，九鼎之華，則豐約之敬同，位可介而仁直遂，噫，其夫子所謂「一以貫之」者乎？夫孝匪直養而已，匪直敕其身而已，雖天子必有尊也而事之，必有先也而友之，必有輔也不敢遺，必有所矜也不敢侮。自大夫以下，敬身以立事，推家以理官，不義則争，非法不行。由是推之，如堯斯君也，如舜斯臣也，夫然乃不辱其親，不虧其體，噫，其夫子所謂「一以貫之」者乎？生而共，没而葬，久而思祭，而嚴制禮立廟，傳之子孫，則不匱是子，身有終，孝無窮已也。夫一念感神明，不曰至德乎；自家達四海，不曰要道乎？噫，真所謂「一以貫之」者矣。

洹詞卷六答太宰羅公整庵書

劉鈞州專使齎送明公示僕手翰并困知記，拜受開讀，繼以膏火。往年得章風山、蔡虚齋遺文，悦其平近，可拯近弊。明公莊介之節，植表宇内，在僕尤切鄉往。今一旦盡聞明公精藴，以堅適從，何幸何幸。竊思儒道衰於我代，前輩若文清公、吴康齋、胡叔心之三子，造詣各等，然篤學禔身，庶哉儒矣。成化中，乃有陳白沙起於嶺嶠，失志科場，乃掇異學之緒炫以自居，槁首山樊，坐收高譽。近日效之者變異横發，恬亡顧憚，慕富貴之貪，甘倫污士，抗言議之玄，期越明賢。後生慕其取位捷而獲利厚，靡然從之。誕言僞習，錮害人心，講論之悖，不足與較矣。孟子之謂存心，注諸仁禮，乃用於當用，本心之失則宫室妻妾之累也，豈若彼談者哉。士夫過訪寒廬，辯及朱陸，僕曰：「陸子固服文公之英，不没於利。學者苟未克乎此，勿用雌黄文公爲也。」象山之缺，明公已盡然彼集中。書尺誇伐憤戾，非德人之詞，學者習之，不亦長輕而助蕩乎？來使立馬取報，故爾草草，明公恕其狂而賜裁焉。

洹詞卷八訂學

孔門之才嘗列四科，此計成之辭，非教使然也。自先聖歿，立教靡準，人就其資之所便，遂有篤行而闇，敏聞而鮮守者。夫先王之禮，六德、六行、六藝，以端蹈迪，以周泛應。春秋教以禮、樂，冬夏教以詩、書，所謂餘力學文也。兩漢學者力於孝弟忠信，謹於貧富進退。及宋，禪氏行，元老鴻儒向溺空教，混而入於儒，鄙謹禮爲嚼木，病堅操爲滯著，雖程氏之徒亦曰先静坐，求未發之中。夫中庸之教慎獨者，存性也，自忠恕以往，至於九經，孰用非性，孰功非慎？本立道生，則操存始中乃德成之狀。夫誠意而後正心，無欲而後静虚，固有倫序，今人未能立而先擬濟翔，得乎？其言似該而偏，其工似密而疏，溢於陸氏，濫於楊簡、徐霖。認心之靈覺爲性，汪洋淩躐，肆厥詡語。輕六經曰注脚，斥論語支離，黜大學非經，謂聖賢有不勝誅之罪，達磨賢於孔顔矣。夫先聖存則人，亡則書，後賢躬行有得，言之翼聖，奈何迷者誤用，擿尋章句，剽舊旨而撰今辭。繼考亭而興者，標此爲的，深穿力鑿，靡不極乎？易主「箕子」曰「荄滋」，書改「治忽」曰「始詠」，春秋争婼舍，周禮湊司空，衍太極，置卦畫，白紛丘殉，無濟生人豪芒之用。其異道靡詞、裨談野記之文，發於諼致術包，强脅之政不與。是今秘閣之儲、書肆之板，士夫好古之傳寫，積則充棟，載則汗牛，學者如入武庫，如遊富市，淺麗易悦，深淡難知，炫目濫聰，道真遂蔽。甚者崇虚趨邁，鮮可檢實。夫舍粱肉而甘蜆蛤，惡識正味哉？昔丘墳索典煩難，夫子删定而垂永矣。今宜祖述孔氏，憲章顔孟，論證程朱，循大學、論語曰工，止諸孔顔曰師，芟非聖之詭，剪汗漫之浮，火異端之蠹，雖大儒所作，亦參伍去其複，篇存其章，章存其句，句存其意，簡斯精，精斯達矣。

洹詞卷九松窻寤言

許魯齋實行之儒，劉静修志道之儒，吴草廬博聞之儒。草廬精於考索而雜，正反乎象山，直以同撫産而右之爾。元人謂之陸學，非借譽邪？

陸象山有言「自顔子殁而夫子之傳亡」，近時學者述之。夫古今風氣有淳漓，而學術有難易。顔子和厚純美，資禀高矣，少依夫子，無一行之誤由，一言之迂繹也。自程子、朱子且出入老釋，泛濫諸家，比之反正歸約，心力已竭。蓋道喪學迷，群咻衆喧，揀金於沙，幸而獲之。文王之德，先儒曰似堯舜。舜承堯治，恭己而成，文王五十年卑服即功，朝夕不遑暇食，而衛邦未化，虐主尤恣，則士生衰世之下艱學已哉。陸氏之謂傳，乃釋氏之頓悟，視夫子博約之教其華貊矣。

洹詞卷一〇評文喻學者四首其二

崔子曰：聖途榛塞，程子闢而廓然，故曰「文不在兹乎，學者知方矣」。即亂於蘇氏掇佛老之餘，文以從横之詞，金源氏並行程、蘇氏之學。朱子、張南軒氏再明程學，陸氏亂以截徑之説，於是朱陸之敵，至元猶争。真希元氏、許仲平氏興而朱氏尊，吴澄氏與陸撫虚而右之，雖曰不黨，吾不然也。

洹詞卷一一漫記

周密曰：張九成參杲之禪，陸九淵又參禪於杲之徒得光，云杲謂子韶曰：「侍郎得此霸柄，可改頭换面，説向儒家。」子静門人詹阜民瞑目坐半月，陸子目逆之，曰：「此理已顯。」夫張以禪語亂經，陸以禪定亂德。

陸子亦讀書談道，乃譏文公言矗喻鄙，其忌心之發邪？楊簡欲去意如彼，攻時文而取官，理政事而著功，非意孰尸之？二子務爲大言以高人，而不檢其所行也，噫！

洹詞卷一　象山學辯解

宋真希元氏興而朱子之學傳，元許平仲氏達而朱子之教行。昔之與朱角立者泯，如人心之攸向者同，天道之攸公者存焉。今聖皇在上，道祖堯舜，寵幸文儒，修正典禮。銑謂諸臣宜務實德以贊休治，乃尊陸氏，標鳴冤之名，謂非聳言乎？泰和整庵先生羅公斥象山之謬，一言蔽之曰認心爲性。茲歲日南至，方伯可泉胡子示我渭崖霍氏之辯，章摧而句抉之，然後陸氏之爲異端莫遁也。夫聖賢著書，捄辟學，開民迷而已。諸侯放恣，孔作春秋；處士横議，孟述七篇。夫秦儀傾危，陳平、蒯通猶因之而亂漢；莊列罔誕，何晏、王衍遂因之而亡晋。宋人之言曰，勿以學術殺天下士夫，旨言哉。銑嘗反覆陸氏之篇，其談雄，其任重，然而性之故、學之方，茫乎無可索也，非示譜而匿其針者與？其授之徒也，楊簡之悟心，詹阜民之明理，則可駭且異者。顏子鑽仰是勞，斯能卓爾。曾子隨事之察，斯唯一貫。夫卓爾者，狀其立謂定理也。忠恕者，合人己也。豈半詞單句可畢功次，悟入陰界與禪衲伍哉？論者曰「陸尊德性，朱道問學」，豈其然？夫德性猶抗之侯也，問學猶修弓矢之利，審彀率之巧，以求中也。合而言之，射也。夫德性者，大之并涵天地，小之析入毫末。包乎小曰大，分其大曰小。是故學乎此，問乎此，道之所以尊之歟？道匪難求，厥禀乃異。聖者生知而安行之，自性達于萬事，本生末也。學知利行而下，自事協於性，末反本也。故階有級而拾以升。陸子謂心即道，取足焉，疏矣。己篤問學，而以非人，蟲蛆葛藤，憤厥排詆，奸人因設僞學之禁，促宋之滅。朱之教，孔之法也。若緩於本末之辯，無以服象山之心，故今而得反之也。

洹詞卷一二楊子折衷序

子曰：「道之不行也，知者過之；道之不明也，賢者過之也。」知言其索隱，究理之不可知也。賢言其苦節，行人之所難能也。務其所不可知則妄誕售，倡其所難能則詭異興。視近必疏，履常反略，非達之斯民者也。聖人憂之，而因彝以訓中。若夫揉紫亂朱，鼓僞喪真，此不待教而放之矣。昔魏尚浮華，晉崇清談，中華失道而致亂焉。姚興佞事，釋迦譯其文，梁武惑於因果習其法，達磨、曹溪論轉切，徑宋大慧授之張子韶，其徒得光又授之陸子静。楊簡者，子静之徒也，衍説詡章，益無忌憚，苟不當意，雖聖亦斥，未久皆絶不傳。近年忽梓其書，士尊尚之者反陋程朱。已朽之物，重爲道蠹，彼何人哉？整庵公闢陸楊之謬，渭厓之於陸，甘泉之於楊，則篇摘而縷數之，不賴三公，中華又其亂乎？銑嘗觀楊氏之書，其旨二，曰心即道，曰滅意。其援儒一曰「心之精神是謂聖」，抉三者之非而其書不足辯也。

惟天爲虚，有形皆實。虚之所包無盡，形之所納有限。是故圜中竅外，其方盈寸心之舍也。神明居之，圓徹靈覺，斯之謂心，以涵一理而應萬事。此無形，理亦無形。上與太虚其竅流通而無間，渾爲一體。理即性也，喜怒哀樂其實也，仁義其德也。性發爲道，民共由之，謂心即道可乎？人之閒居不善，心之染也，見君子而著其善，性不泯也。珠溷污濁，其光自耀。夫心之注擬曰志，其營謀曰意，志直而意歧，皆心也，無志曷立，無意曷爲？志以道寧，意以道正，心而無意，其將爲槁木乎？孟子曰：「心之官則思，此天之與我者也。」子思問於孔子曰：「物有形類，事有真僞，審之奚由？」子曰：「由乎心，心之精神是謂聖，推數究理不以物疑。」蓋言心之妙用無不通也，故無不推也。能通者神，所通者理，豈如楊氏之言哉？楊子之父曰：「承奉者遇事不亂，聞盜不懼。」蓋習於禪定者，一家之學，思以易天下，而服儒衣稱儒名，乃借聖言之似者文之。單詞片句，不審通指，改頭換面，説向儒家，大慧之教然也。湛子之辯曰：「何思何慮，在乎致一；不識不知，在乎順則；無聲無臭，言乎天載。」斯言也，學有的，進有地，終有止。夫縱意者衆人也，誠意者君子也，無意者聖人也。無之云者，不以我也，一也，則也，天之載也。舜之作歌，康哉豫矣，欽衷自如。文王伐密，赫赫怒矣，穆容固篤。學者拾級升階，積步入室，水到渠成，匪聚行潦。乃其凌高獵遠，暗億襲取，顧左陷右，等非實地。譬之即空而見花，不食而覺飽，是病也。彼楊子者攻課試以取官，窮籍典以博識，白功相之冤，争儒臣之貶，周迎使之儀，畫宜民之政，發慮搆規，非意孰尸之。輕詆古賢，過予所好。任同異爲取舍，逐取舍爲喜惡，斯其即心是道者邪？充其類則夫子所謂「一言喪邦」，師心自作，近於起滅天地，然則楊子之無意其諸自道乎？蓋無誠意也。

洹詞卷一二答魏莊渠太常書

僕以去冬至日至金陵，即思奉問起居，遲至此月十七日託毛詹簿附上一書，後五日王生持教柬至，深喜深慰。僕家居十五年，每思當世賢者，在南若整庵公及我莊渠，在同鄉則何柏齋，在關中則馬谿田、吕涇野，在山東則穆玄庵。但得一著述或他文字，徧閱首尾，尋繹再三。柏齋則居之鄰近，細相切磋者也。承示六書精蘊中數字原爲性命立文，故辯什深粹。若他名物，宜因文作訓，精麤本一，不用浚求篆形別制，恐駭見者。且書已同文，爲下不倍，幸録全書見示。諭及近世之學，僕在家不知其詳。今再仕一年，徧游兩都，一時輕鋭少士，專門墨守，處高無遜，造書梓傳，察其所由，爲釣名利，其源久已得計，況其流乎？年兄謂其虚志驕氣，僕猶恨其恕也。陸象山着實用功，固然固然，本出禪宗，敢爲自大，惟其人可敬，則其言易以惑人。毫釐千里，寔當早辯。作法於陂，弊將何極？昔夫子之善誘，大學之八目，循循而進，得寸求尺，所得雖漸，即據實地。以是律程氏之言，猶有驟而過者。

僕老矣，白首紛如，可愧可愧。近驗無欲主本克己功夫，無智愚，無始終，坦坦之履，上達天德爾。六月四日北上旋軫未卜，萬萬爲道自愛。

李中

李中（一四七八——一五四二），字子庸，吉水（今屬江西）人。正德九年（一五一四）進士，授刑部主事，官至都察院右副都御使，總督南京糧儲。光宗時，追謚莊介。李氏論學以求仁爲主，以存心爲入手，以直任天命流行，無事安排爲實際。所著有谷平先生文集等。事迹詳羅洪先所撰行狀，明史卷二〇三、明儒學案卷五三有傳。

谷平先生文集卷二谷平日録

象山曰：「宇宙即是吾心，吾心即是宇宙。」此真識得心。自伊洛之後，學者皆言求之於心，然未見有真實識得此心者，此學之所以愈失支離。學者若真實識得此心，更有何事？真有「登太山小天下」之意。後之學者利禪家簡便，靡然從之，而不知吾孔子「欲仁則仁至」之教，至簡至易，特俗儒弗悟，自流於支離耳。

後世論學論人物者，多無實見，或有依阿説者，只是憑藉古人。先儒力争頓悟之説，以吾夫子「我欲仁，斯仁至」之説證之，恐亦是如此。人得天地之心以爲心，此本心也，放而不求，則若失之；一操之，便存而不失。要之不從外得，此分明是頓悟，但是無間斷爲難，所以君子之學自强不息，聖人之學純亦不已。

晦翁謂：「象山常要説宇宙，但他説便只是這箇，又不用裏面許多節拍，却只守得箇空蕩蕩底中，以爲道體本是空蕩蕩底。」

文公云：「尹彦明見伊川後，半年間，方得大學、西銘看，此意也好，也有病。蓋天下有許多書，若半年間都不教他看一字，幾時讀得天下許多書？某以爲天之生人，人之有生，只是一箇明德而已。明德即仁也。聖人之學，只是明此理以全之而已。學者苟於大學、西銘之旨而有得焉，則六經可不治而明矣。」文公之言，或早年未定之見。

或曰：「理統於一心，散於萬事。」此非真見，論其極，只是理無外。凡看經傳，皆以明此心爲務，觀一物，處一事，皆有以驗此心之所形，則無往而非養心之學矣。心外無物，物外無心，心無内外也，要人自理會。

朱子曰：「此心皆自有許多道理，不待逐旋安排又來。」誠哉是言也！

象山曰「六經注我」，學者知此意，則知所以讀書矣。「學而不思則罔，思而不學則殆」，於此可見理外無事，事外無理，萬古聖人之正學，昭灼平實，無有餘説。

谷平先生文集卷三答羅達夫 庚寅

去歲十一月間，得手書，披讀之餘，是識日得斯文，幸甚幸甚。詳其間所致疑者，疑愚之議慈湖也。愚之議慈湖者，非是之謂也，爲道也。試略言之。聖學之不明者，由世儒之忽聖訓，而直任私見也。大學，孔氏之訓，明道先生兄弟表顯之，以覺後學也。慈湖一切掃之，如定静安慮，彼則曰「此膏肓之病也」。如格物致知誠意正心，彼則曰：「何其支也？取人大中至正之心，紛然而鑿之，豈不爲毒？」信斯言也，則大學在所屏絶矣，其可乎？開口説「毋意」，毋意是也，然有取乎「主忠信」，而以一爲未離乎意，此爲毋意乎，有意乎？不可不察也。聖功之要，曰存、曰思，任意削去。當時象山先生已見其微，故戒之曰：「若茫然而無主，泛然而無歸，則將有顛頓狼狽之患。」信然矣，其蔽之本指。其於心不在焉，則以爲心如何曰在正，「舍之則亡」，則以爲聖人未嘗貴操而賤舍。此説若行，是率天下貿貿焉莫知所之，不至於槁木死灰不已也。其爲學術之害，可勝言哉！此愚之所以不得已於言也。

夫道一也，仁者見之謂之仁，知者見之謂之知，百姓日用而不知，此君子所以貴於學也。自夫後儒以反觀内照、讀書考古歧而二之，此所以紛紛不一也。道無間，二之則間，間則去道遠矣。一則無間，無間則道在我矣。古之學者一也，至吾夫子而大著。夫子天也，其授諸子，因才而施，曲成萬物之心也。聖學之全功，惟顔氏得聞之矣。顔氏之所聞者何也？閑邪也。閑邪何謂也？非禮勿視聽言動也。非禮勿視聽言動，何以謂聖學之全也？天之生人，一曰貌，二曰言，三曰視，四曰聽，五曰思，盡之矣。視聽言動即貌言視聽也，勿者，思也。此其爲力一本乎自然，而己不與也。蓋心無外，視聽言動無外，動容周旋、讀書考古豈有二哉？總提一「勿」字，約也。此視聽言動終始惟一也。是閑邪之功，簡要而不空寂，周遍而不支離，貫通而不窒礙，此所以與於斯道也。竊思孔顔授受之旨，幸濂洛心傳，但當時未盡發其義也。愚意使濂洛盡發其義，鵝湖自無所異同也。使鵝湖盡發其義，後儒亦無所紛紛也。然人心之覺，本亦孔氏之教猶存，定萬世之學，是者舍此將安歸？賢者洞識，何俟愚言？頃承遠問，乃復布此，惟聰明裁之。

谷平先生文集卷五朱學問答

嘉靖甲午夏五月，予卧病隨州報恩寺，一日學子請問曰：「朱子之學，何學也？」予曰：「聖人之學也。」曰：「何如？」「朱子詩云：『玄天幽且默，仲尼欲無言。動植各生遂，德容自清温。彼哉夸毗子，呫囁徒啾喧。但騁言辭號，豈知神鑒昏？曰予昧前訓，坐此枝葉繁。發憤永刊落，奇功收一原。』曰『神鑒』，曰『一原』，朱子之學旨可知矣。」曰：「或疑其釋大學，何如？」曰：「此學必論大頭腦處，如『明明德』，此大學大頭腦也。朱子以虛靈釋明德，不可易也。明之之功，則曰『因其所發而遂明之，以復其初』，此工夫至簡易也，何疑之有？」曰：「或疑其格致求於外也，何如？」曰：「此不得朱子之精也。朱子曰：『本明之體得之於天，終有不可得而昧者，是以雖甚昏蔽之極，而介然之頃，一有覺焉，則即此空隙之中，而其本體已洞然矣。』當時有問：『介然之頃，一有覺焉，則其本體已洞然矣，須是就這些覺處，便致知充廣將去？』朱子曰：『然。如擊石之火，只是些子，纔引著，便可以燎原。蓋介然之覺，一日之間，其發也無時無數，只要人識認得，操持充養將去。』此朱子之精，孔門求仁之學也。學者當默而識之。」學子曰：「然。」遂記之。

方鳳

方鳳，字時鳴，號改亭，崑山（今屬江蘇）人。正德三年（一五〇八）進士，累官廣東按察司僉事。著有改亭存稿十卷。事迹略見乾隆江南通志卷一四〇。

改亭存稿卷四

朱陸之學，人多辨之者，象山師弟深詆晦翁，卻不是。且如呂伯恭鵝湖之集，象山和其兄子壽詩一聯云「易簡工夫終久大，支離事業竟浮沉」，卻云元晦不覺失色，則言之過矣。晦翁自道問學始，先知而後行，象山則直下尊德性，各自以門入道，不必强而同之。他日，鄭仲禮問爲學，晦翁答曰「莫若存養實踐，若但曉解文字，雖盡通諸經，不錯一字，亦何有所益？」則其學豈止於致知，而亦可以支離目之哉？

呂柟

呂柟（一四七九——一五四二），字仲木，號涇野，高陵（今屬陝西）人。正德三年（一五〇八）狀元，授修撰，官至南京禮部右侍郎，卒謚文簡。呂氏講學謹守程朱規模，以格物爲窮理，先知而後行，與姚江一派不合。著有涇野子内篇、涇野先生文集等。明史卷二八二、明儒學案卷八有傳。

涇野子内篇卷一

霄問周茂叔，先生曰：「有德人也，方黄叔度。」則又有言矣。問程伯淳，曰：「如其師。」問正叔，曰：「伯淳之弟也。」問朱元晦，曰：「博學、篤志、切問、近思而已矣。」問張子厚，曰：「方伯淳則不足，方元晦則有餘。伯淳已近乎化，元晦亦幾於大張子之化十三，其大十九。」問陸子静，曰：「斯其人聰明遠見若浮於元晦，但其力行實未至耳。」

涇野子内篇卷二

渭川周子問異端。先生曰：「古之異端猶可闢也，今之異端不可闢也。古之異端猶異類也，今之異端則同類也。挾術數者，世稱才儒；閒詩賦者，世稱雅儒；記雜醜者，世稱博儒；趨時而競勢者，世稱通儒；談玄者，世稱高儒；臨事含糊淹滯者，世稱老儒；蹈襲性命之言者，世稱理儒。斯非皆爲孔子之書者乎，然誤天下蒼生者，皆此異端也，老佛其細諸。」

涇野子内篇卷八

南昌裘汝中問：「聞見之知，非德性之知？」先生曰：「大舜聞一善言、見一善行，沛然莫之能禦，豈不是聞見，豈不是德性？』『然則張子何以言不梏於見聞？』曰：「吾之知固本是良的，然被私欲迷蔽了，必賴見聞開拓，師友夾持，而後可。雖生知如伏羲，亦必仰觀俯察。」汝中曰：「多聞擇善而從之，多見而識之，乃是知之次也。是以聖人將德性之知不肯自居，止謙爲第二等工夫。」曰：「聖人且做第二等工夫，吾輩工夫只做第二等的也罷，殊不知德性與聞見相通，元無許多等第也。」

涇野子内篇卷八

一日，有大學生二人來謁，其一人曰：「上古無書，六經是聖人寫的，行事粗迹可見，萬事只是一箇心。」先生曰：「可知道是一箇心，但人要自察，要講論，又要虚心平氣，義理自見，不可先横一説於中，是以陸子與朱子辨論，面頸發赤，縱説得是了，其道已忘。」是時先生正飯，未了，請二子加飯，對曰：「諾。」然一生又放下箸矣。先生笑曰：「禮曰『主人未辯，客不虚口』，人怎生不要聞見，怎生不要六經？」

涇野子内篇卷一〇

問致良知。先生曰：「陽明本孟子良知之説，提掇教人，非不警切。但孟子便兼良能言之。且人之知行自有先後，必先知而後行，不可一偏。傳説曰『非知之艱，行之惟艱』，聖賢亦未嘗即以知爲行也。縱是周子教人曰静、曰誠，程子教人曰敬，張子以禮教人。諸賢之言非不善也，但亦各執其一端。且如言静，則人性偏於静者須别求一箇道理。曰誠曰敬，固學之要，但未至於誠敬，尤當有入手處，如夫子魯論之首，便只曰『學而時習』，言學則皆在其中矣。」詔曰：「此可見聖人之言約以弘，辟之於天，諸子則或言日月，或言星辰，或言風雲霜露，各指其一者言之，若聖人則言天，而凡麗於天者，舉在其中矣。然言天之道，於穆不已，君子之學，當自强不息，此希天之道也。若是，則前所謂静、所謂誠、所謂敬與禮者，一以貫之矣。詔鄙見如斯，未知可否？」曰：「然。」

涇野子内篇卷一二

先生曰：「予癸未在會試場見一舉子對道學策，欲將今之宗陸辨朱者誅其人、焚其書，甚有合於問目，且經書論表俱可，同事者欲取之，予則謂之曰：『觀此人於今日迎合主司，他日出仕，必知迎合權勢。』乃棄而不取。」因語門人曰：「凡論前輩，須求至當，亦宜存厚，不可率意妄語。」

涇野子内篇卷一三

何廷仁言：「程子、張子之心無歩物我之間，如張子方與弟子説易，聞程子到，善講易，即撤臯比，使弟子從程子講易。程子方與弟子論主敬之道，見張子西銘，則曰『某無此筆力』。可見二子之心甚公。」先生曰：「此正是道學之正脉，如孔門之問答，虞廷之告語，皆是此氣象。可見古人之學，絶無物我之私，他如朱陸之辯，不免以己説相勝，以此，學者不可執己見。」

涇野子内篇卷一五

康恕問：「羅整庵譏象山只論心不及性。」先生曰：「只論心論性不論行，亦未是，須著自家行去方好。象山謂『六經皆我注脚』，如這等議論，儘是高明的，但却未曾如此行耳。如與諸子争辯，便忿恨不平，甚至罵詈，躬行君子豈是如此？恐所謂『論心』者亦亡矣。」

涇野子内篇卷二〇

象先問：「宋哲宗時，明堂禮成，而温公薨，伊川云『子於是日哭，則不歌，故不弔』，東坡云『未聞歌則不哭』，此言雖發得不平，却未嘗不是。」先生曰：「聖人説『毋意必固我』，人言是處便當從，只要己是，便是有我。」象先曰：「伊川於東坡，能如明道於安石便好。」先生曰：「明道幾於無我矣。」問：「伊川、東坡之事，恐亦成於二家之門人乎？」先生曰：「朱陸之學亦是如此。」久之，又曰：「二公亦不能辭其責。」

涇野先生文集卷一　晦庵朱子文抄序

或問：晦庵朱子何以文抄也？曰：朱子之文浩瀚無涯，學者未能徧觀而盡識，是以抄其要者，以範後進耳。海虞吴氏抄於宣德之初，安陽崔氏抄於嘉靖之中，皆切近矣。合觀二抄，不下數千萬言，倂計所不抄者，雖萬億言不啻也，不亦已多乎？曰：公都子以外人好辨譏孟子，孟子以爲不得已也。朱子之言亦不得已之意乎？昔者漢高祖馬上得天下，不事詩、書；惠、文、景、武繼之，仍襲戰國、亡秦之故，挾書之禁久而後弛，于是何、倉以刑名爲相，良、參以黄老餙治，徹、賈以游説傳行，諸治申、韓、蘇、張之言者，猶紛然兢也。廣川人董仲舒者，三年不帷，一遵孔子進退容止，非禮不行，學士咸師尊之。其言主于正誼明道，而謂春秋爲大一統，位雖未顯，道則常行，六經用章。斷獄者引經折僞，繫囚者受經聞道。或印綬加身而守死，或汙辱釋掾以觀仁。至有鞠躬盡瘁、斃而後已者，用能扶漢業于四五百年。魏自建安七子以來，崇尚五言，爭眩靡麗。晉宋承之，洎于齊梁，陳亡，或怨以怒，或治以纖。三綱淪而九疇斁，至篡弒以相尋。河汾人王通者出，隋開皇之初進獻十二策以期太平，退擬六經，纘明先聖，一時董常得其藴，王珪、魏徵、杜如晦輩發于事業，以開唐初之治。李唐之世，半踵漢而襲梁，達摩、羅什之氣未斬也。蕭瑀合掌禮佛，稱地獄以拒傅奕。至有宫人出而爲尼，畜髮以踐天后之位，濁亂海内，幾殞唐祚，宜乎永[貞](真)以後、元和以前，迎佛骨于天竺，舁傳禁内，雖號學者，出家爲僧，夷狄熾而中國滅矣。河陽有韓愈氏者出，奮不顧身，上表論諫，其言曰「人其人，火其書，廬其居，明先王之道以道之」。表上而身貶，言出而道章，誠足以正人心于百世也。宋承五季之亂，立相多仍舊人。于是君子小人迭相柄政，王欽若出守天雄，閉門誦經，其後安石撰著新説，益肆其奸，至使李沆、寇準不獲常用，而司馬君實、兩程夫子且被逐譴，遂致徽、欽狩虜，汴京丘墟。南渡以來，諸儒學術又多不同。陸子静高才篤學，亦名儒也。倡爲一偏之學，其徒楊簡揚其波而助其瀾，婺宛若文殊、辟支之護法也。而況陳同父、張九成輩，或以功名，或以詞章，相兢于時哉。婺源晦庵朱子者出，先格致以擇善，即誠正以固執，事爲之辯，言爲之論，理不明不已，道不直不休。聖學至是，亦大復續乎？是故董子明春秋，而人心正；文仲子續六經，而聖道顯；韓子闢異端，而正教明；朱子辯群説，而斯文之實學定。又曰：聖學雖以言而明，亦以言多而晦。析危微之弊，求精一之中，此三聖人示萬世道學之的傳也。故朱子又嘗言曰：「惟曾氏之傳，獨得其宗。」今觀大學、孝經、論語、曾子問諸篇，果亦不如此之多也。學者誠因朱子之言，而專師曾子，於聖道有不可至者哉？審若是，朱子之功亦又大矣。侍御潁川雙溪張君光祖，屬藩司梓行傳布，意深遠乎？

涇野先生文集卷一七重脩洙泗講壇記

洙泗講壇，在孔林東一里，乃夫子與其徒三千講道之地也。自夫子歿，子貢輩築場之後，人專事孔林，此地鞠爲茂草二千餘年。至元戊寅，宣尉東野潛偕孔澈嘗脩復焉。明興，猶新。正德中，盜火其門，殿廡亦敝。嘉靖改元，巡按山東李御史獻暨吴副使山、孟參議洋乃重脩而增治之，未落成，呂參政經繼完其事，使使問記脩撰高陵呂柟。曰：嗟乎，昔夫子眠不及時，食不及日，與其徒栖栖皇皇，思以救天下，教萬世者，此地正其本根，乃後之人忽知其事，雖廣建墓石，繁植辛木，豈夫子所欲乎？或曰：夫子之道固難格於後世，周以來稱盛時者，非漢、魏、隋、唐、宋、元邪？斯其代不盡講而見用者，則爲蕭、曹、房、杜；不見用而能講者，則爲董、王、程、朱；且講且用而行其私，則爲禹、雄、林甫、安石。曰：嗟呼，是謂講者未必用，用者未必講，且講且用者未必於夫子之道益也。且夫子之道，何道也？

伏羲之卦文，炎帝之耒耜，軒轅氏之衣裳，堯之中，舜、禹之精一者也。可以生人，可以秀人，可以阜人，可以壽人，是故能反回之信，能屈賜之敏，能怯由之勇，能實師之莊。斯道之講於學者也，取時于夏，取輅于殷，取冕于周，取韶于虞。斯道之講於政者也，子思子曰「萬物並育而不相害，道並行而不相悖，小德川流，大德敦化」，此其實乎？後世見用於時者，或先立而後權，是故道敝于權矣。能講于下者，或後權而先立，是故道細於立矣。且講且用而爲之害者，既非共學，猶難適道，故權立俱喪矣。今夫夫子之道猶大路也，途亦可通，巷亦可通，有能爲方駕之軌者，亦可通。夫子之道猶大海也，罍亦可取，瓶亦可取，有能爲萬石之瓠者，亦可取。是故以容教子桑則可，以容教子張則不可；以言教子騫則可，以言教子我則不可。何者？主静非不善也，施於陸氏之門，益其禪也；務博非不善也，施於王氏之門，豐其蔀也。故夫子所講之道鮮矣，故佛氏何得而議我也，故老氏何得而笑我也？故治日常少，亂日常多也。然則洙泗講壇之脩，將斯道可由是而明乎，將夫子之靈其真在於斯乎？

涇野先生文集卷二四別林基學語

處士林基學將還莆田，涇野子會諸相知餞而合語焉。贛州何廷仁曰：「昔者横渠張子方授易於學者，以程子善論易也，即徹皐比，使學者聽易於程子。程子講仁敬之道於學者，及得張子之西銘也，深重之，比諸大學，雖於其高弟如尹彦明者從遊半年後，方授之。廷仁常以爲二先生之甚公也。」涇野子曰：「此真道學之真脉，非後儒執泥以説者可及也。且不聞孔門乎：師如仲尼，而其徒面論其迂，不以爲犯也；友如子夏，而其執厚或公言其罪，不以爲訐也。又不聞虞廷乎：舜之論威頑讒，亦未爲甚失也，禹敢口然而心不然，對之曰俞哉，不以爲誚也；皐陶之論知人安民，雖其嘉謨也，然言未出口，乃先自嘆其美以爲都，不以爲誇也。然則張、程二氏之學，其亦得孔門、虞廷之意乎？厥後朱、陸二氏之徒，各立門户，論説相攻，雖亦爲道懇切之意，即其所至，未必能如程、張之無我也。」於是基學作而曰：「請即以是贈乎賢。」曰：「斯言也，於基學真有益，宜行以書紳者也。蓋基學之在鷲峰東所者已數月，或告予善，或言予過，予亦嘗面取之而心重之。若基學之學，予或力論其失，或聚衆以辯其所未至，初未見基學之易從也，然則基學斯歸，信不可以他求矣。」

夏良勝

夏良勝（一四八〇——一五三八），字于中，南城（今屬江西）人。正德三年（一五〇八）

進士，授刑部主事，官至太常寺少卿。武宗時，以諫阻南巡除名，世宗時復原官。又以争「大禮」爲人所恨，旋以編輯銓司存稿，爲仇家揭發，謫守遼東，卒於戍所，贈太常寺卿。著有東洲初稿等。明史卷一八九有傳。

東洲初稿卷一二講學

山齋日復静，實用開昏冥。探彼伊洛傳，勿啓朱陸争。擾擾欲何爲，方寸元清寧。

黄綰

黄綰（一四八〇——一五五四），字宗賢，一作叔賢，號石龍，又號久庵山人，黄巖（今屬浙江）人。以祖廕入官，授後軍都事，官至禮部尚書兼翰林學士。早年師從謝鐸，宗程朱之學，後服膺良知之學，以王守仁爲師，弘揚王學。晚年則批判包括王守仁在内之宋以來理學。著有石龍集、明道編（即久庵日録）等，今人輯爲黄綰集。事迹詳李一瀚禮部尚書兼翰林學士黄公綰行狀，明史卷一九七、明儒學案卷一三有傳。

黄綰集卷九良知説

葉敬之與予論學，曰：「陽明先生之所謂良知者，但可以語生知而不可以語困知。」予曰：「夫良知云者，人人自足，聖愚皆同。但氣習之來有深淺，故學問之工有難易，故有安、有利、有勉之或異，而良知則無不同也。學者苟能專心篤志，察之於隱微獨知之中，以循天然自有之則，是是非非，毫髮不欺，則私意一無所容而天理純矣。」

曰：「若然，則學、問、思、辯之工將安措乎？」予曰：「良知固無不知。然蔽於氣習，故知善而不能存，知惡而不能去。博學者學此也，審問者問此也，慎思者思此也，明辯者辯此也，篤行者行此也，無時而非存善，無時而非去惡，皆所以慎獨，而致吾之良知也，非於致知之外又有所謂學、問、思、辯也。今有人焉，舍其良知，徒事聞見以爲知，故謂之支離而非學。亦有知求良知，溺志忘情，任其私意以爲知，故謂之虚妄而非學。此聖人之道所以不明不行也。」

敬之天資英茂，博聞洽辯，皆有以過人者。聞予言，以爲然，曰：「陽明先生之學，學之的歟！」乃次第其説以貽之。

黄綰集卷一〇裘汝中贈言

裘汝中將之春試，過予，請所贈言。予曰：「汝中篤志時敏，賢於人也多矣，予何以贈之？雖然，斯道之傳本無難明，世溺見聞不復能反，予姑摭其尤惑者以贈汝中，且以告夫同志云。」

或曰：「良知之知不足以知道，良知之良不足以盡道，必益聞見而後盡也。」予曰：「昔者，告子見孟子道性善而疑之，以爲性無善無不善，孟子乃指人心之至善，堯、舜、途人之皆同者喻之，曰：『乃若其情，則可以爲善，乃所謂善也。若夫爲不善，非才之罪也。』故告子之説破，而斯道之傳賴以明焉。其所謂情者，則惻隱、羞惡、辭讓、是非之四端；就其本心言之，則曰仁、義、禮、智；就其知覺言之，則曰良知。今反謂非人之固有，而必欲外鑠哉？夫欲以外鑠爲者，蓋由後世以來，人以功利爲習，不務天理之純，以要本心之安，惟欲博求聞見之似，以遂其速化之私。習之既久，不復能反，雖有明知，亦爲所迷，故有此説。夫豈聖學之源如是哉？」

或曰：「知行惡可以合一？苟不先知，行將何措？」予曰：「知固先矣，人未之思耳。夫曰良知則無不知，知而不行乃爲衆人，知而能行斯爲聖人。凡知之必欲行之，則知始於此，而行亦始此。故曰：『知至至之，知終終之。』昔者，傅説歷陳其説於高宗，至於末篇曰：『知之非艱，行之惟艱。王忱不艱，允合乎先王成德。』蓋謂良知人之固有，所陳之理，人孰不知。但私意間之，則『行之惟艱』。苟不爲私意所間，即所知而行之，則皆合乎先王成德。此乃知行合一之要旨，作聖之真訣也。後世昧之而不明者，蓋亦由功利之習勝，聞見之説昌也。」

黄綰集卷一一 送王純甫序

王純甫將之應天教，過石龍子，言曰：「向吾與子友，朝夕相觀以心，雖不言可也，今吾將别去，子亦俟時而遁，宜有以贈我哉？」石龍子諾而問曰：「今有人外刻行，工辭博記，志專爲聖人，務先知誦古言，求探幽賾，不逃隻字，自謂已造乎事理之至，而足乎性命之真，考其居則笥焉而弗化。其弊也支離，而身不與者衆矣。可以謂之善學乎？」曰：「不可。」曰：「惡可哉？」曰：「敬，斯可矣。」曰：「今有人知敬爲要，而守惟玄靈之府，持之不暴，悔之不遺，藏能反其本矣，求其至則涼乎弗類，其弊也禪，而内外兩離矣。可以謂之善學乎？」曰：「不可。」曰：「又惡可哉？」純甫曰：「子奚謂可？」曰：「察斯可矣。」純甫曰：「然吾嘗聞諸陽明先生矣。」石龍子曰：「雖然，子亦聞内外之辯乎？以瓦摳者巧，以鉤摳者憚，以黄金摳者惛。爲其重内而輕外也，而巧生焉。爲其重外而輕内也，而憚與惛生焉。夫技一也，余之所大懼也，而願與子察之，察之以不倦，其庶幾乎？今純甫篤志聖賢，舍榮盛而就寂寞，而余猶以此進之，何居？」

黄綰集卷一二贈鄒謙之序

俗成則不可便，勢成則不可止，與俗同流，與勢俱往，終身而不覺者，衆人也。閔其俗，回其勢，卓然而有立者，豪傑之士也。學術之弊，自鄒魯輟響，至周、程、張、陸諸子而明，厥後學者非無其人，或取之而外，或語之而雜，或卑近而陋，合圭撮而違尋丈，至於今駸駸乎功利之習熾矣！功利既熾則人心日陷，蔑倫恣私，傷善敗類，滔滔皆是，遂使斯世之民溺於污濁，墮於塗炭，而卒莫之救。雖我聖明憂勤，欲明是道，奈何積習既久，一旦竟未之回。

惟陽明先生奮然而起，乃究洙泗言仁之教、鄒孟性善之説，以闡良知之旨，謂致知爲誠意之本，格物爲致知之實。知乃良知，即吾獨知之知；物非外物，即吾性分之物。慎於獨知，盡於物則，則爲物格知至而意誠。著知行不可以兩離，明體用當歸於一源，以曉學者，將佐聖明以有爲。於是流俗之迷，方往之勢乃如醉夢忽醒、狂瀾乍回。不幸先生道未大行，中路而殂，故昧者反以爲怪，嚚嚚而未已。

東廓鄒君少以高科爲侍從，被謫州佐，稍遷郎署。其於榮枯得失，一毫不芥於心，惟以斯學不明、斯道無傳爲深懼，俛焉惟日孳孳，若將斃焉而已，謂非豪傑之士能乎？君滿考將行，諸友請言爲贈。予雖不類，忝昔共學，今幸有寮寀之雅，故書此以見斯道之傳有自也。

黄綰集卷一八答邵思抑書

近承手翰，足見進學之工。僕屢致問左右，俱不卜沈浮。書中微旨，似於吾人有不察者。且吾人學問惟求自得以成其身，故曰："誠者自成也，而道自道也。"實無門户可立，名聲可炫，功能可矜，與朱陸之同異，有如俗學者也。苟求之能成吾身，而有益於得，雖百家衆説皆可取也，況朱陸哉。苟求之不能變吾氣質，而無益於得，雖聖言不敢輕信，況其他哉。故曰："君子之道，本諸身，徵諸庶民，考諸三王而不謬，建諸天地而不悖，質諸鬼神而無疑，百世以俟聖人而不惑。"吾何求哉？求得於此而已矣。若朱有益於此，則求之於朱；陸有益於此，則求之於陸。何彼我之間、朱陸之得親疏哉！且僕於朱書曾極力探討，幾已十年，雖隻字之微，必咀嚼數四，至今批抹之本、編纂之册皆可驗也。

請兄於陸書姑讀之，久看所得，比之於朱何如？又比之濂溪、明道何如？則可知矣。世皆以陸學專尊德性，而不及道問學，故疑之曰禪。凡其有言，概置之不考。有誦其言者，輒命之曰禪，不復與論。是以德性爲外物，聖學有二道哉？殊不知象山每以善之未明、知之未至爲心疚，何不道問學之有？又其言曰：「束書不觀，游談無根。」何不教人讀書也？但其所明、所知與所讀，有異於人者，學者類未之思耳。僕於武林一會吾兄，即知吾兄心懷倏暢，識見高明，甚不易得。區區畏愛不淺，故敢肆言至此。然門户之分，斷非僕所敢望於吾兄。

又聞魏君子才學行絶出，僕極傾仰，但與陽明時有門户之馳。淺陋念此，不堪憂悵，惟恨無由一訊其故。然求吾道於此時，真所謂不絶如綫。海内有志如吾徒，能有幾人？只此幾人而又分裂如此，不肯合併切磋，深求至當，往往自高自止，轉相譏刺如世俗，斯道一脉，豈不自吾徒壞也？陽明素知其心如白日，決無此事。魏君雖未接，嘗得之李遜庵，及見其數書，虚己平恕，可知亦必無此。竊意爲其徒者，各持勝心，或私有所懷，巧添密剿，推附開合，如昔朱陸門人，以自快一時，却不知此道塞天地、亘古今，無物不該，無人不同，可獨爲陽明、子才之私，象山、考亭之有也？吾兄明燭幾微，身居其間，何不據理一言，以使共學，吾兄之賢何如也。惟冀始終教誨，敢不誠心領益，不既。

黄綰集卷一八復李遜庵書

邂逅京旅，獲聞高論，至今不忘。邇聞擢憲敝省，喜慰無量。數年之間，法立仁流，誰不瞻仰？益知君子之學有本，而師友之來深矣。昨蒙惓惓，豈勝感激！但綰方在告，公居當路，非趨見之時，故敢以書求益。久不回示，豈以綰不肖不足領也？抑有難言而置之度外也？

近者京師朋友書來，頗論學術同異，乃以王伯安、魏子才爲是非。是伯安者，則以子才爲謬；是子才者，則以伯安爲非。若是異物，不可以同。子才舊於公處見其數書，其人可知。伯安，綰不敢阿所好，其學雖云高明，而實篤實，每以去心疚、變氣質爲本，精密不雜，殊非世俗謗議所言者，但未有所試，而人或未信。向者公嘗語綰曰：「凡遇事，須將己身放開一邊，則當灑然自得其理。」綰每誦，以爲數字符。及讀易艮卦，云：「艮其背，不獲其身；行其庭，不見其人。」然後知公言之有自，實與伯安之旨無二。子才素講於公，學問根本宜無不同。蓋皆朋友用功未力，好起争端，添駕爲疑，以致有此，誠可慨也。

昔者二程之學似不同於濂溪，伊川之言若有異於明道，邵張之緒若不同於二程，但其大本之同，相觀相長，卒以同歸，而皆不失爲善學。他如司馬、吕、文、韓、富諸公，雖功名道德各有其志，然皆爲深交篤契，爲國家共濟，豈如今日動輒分離也！至於晦翁、象山始有異辯，然亦未嘗不相爲重。至晦翁門人專事簡册，舍己逐物，以争門户，流傳至今，盡經纂輯爲舉業之資，遂滿天下，三尺童子皆能誦習，騰諸頰舌。或及德性，即目爲禪，乃以德性爲外物、聖學爲粗迹，道之晦蝕，一至此矣。殊不知古人所謂問學者，學此而已。學不由德性，其爲何學？

賢如子才，豈宜有此？縮知必不然矣。況爲學此時，不啻曉天微星，併力共圖，猶患寥落磨涅，頹而不振，況志之未篤，工之未力，各相排擯，銷沮阻喪，實乃自壞。此事關繫非細，區區朱陸之辯，姑置之可也。朱果有益於此，則求之於朱；陸果有益於此，則求之於陸。要皆自成其身而已。辱深愛，敢併及此。倘得一言子才，只以天地爲度，各通其志，各盡其力，斯道之幸何如！

黄綰集卷一八復王純甫書

僕卧病山中，與世隔越，忽邵思抑寄到兄手書，有「各尊所聞，各行所知」，不知何以有此，即欲脩書請問，度或無益，姑止未敢。昨再得書，知不終棄，喜慰何如！且令僕言以盡同異，尤知與善盛心。夫聖人事業，廣博極乎天地，其道雖大，其本只在一心。蓋一心之眇，君臨百骸，道德仁義由此而備，禮樂刑政由此而出，六經、四子由此而作。累於私則蔽而昏，反其本則道而通。蔽而昏則無所不害，明而通故無所不用。用之則三極之道立，害之則三極之道廢。今欲學聖人，惟求之吾心而已。不知反之於心，求其累與害者去之，徒以博物洽聞爲有事，旁尋遠覓爲會通，是乃逐物而滋蔽也。故古聖傳授皆以克己去私爲至要，私去則心無所蔽，其體清明而天下之本立矣。故曰「皇建其有極也」，非若釋老專事生死，不恤其他。昔者朱、陸二先生，皆欲明此者也，但所造各有淺深、偏純之異，不可皆爲已至，不思補救其弊以求自成自得之妙，從事紙墨，爲按圖索駿之誤，卒墮俗學之歸，以貽輪扁之笑。昨兄書云：「講於子材，參之論語集注，無有不合。」僕不敢易，但謂兄更能以我觀書，深求至當，以爲先賢忠臣，豈不尤妙！僕嘗曰：「苟求之，能變吾氣質，而有益於得，雖百家衆説皆可取也；苟求之，不能變吾氣質，而無益於得，雖聖言不敢輕信。若朱有益於此，則求之於朱；陸有益於此，則求之於陸。何彼我之間、朱陸之得親疏哉！」今若不求其至，不究其是，妄立門户以爲異，自矜功能以誇耀，各相離合以爲黨，聖人之學決不如此，吾人又可以此謂之學哉？僕雖至愚，戒之久矣。卓越如兄，肯爲此哉！僕亦何疑，承念敢云，惟兄其諒之，幸甚！

黄綰集卷一八寄陽明先生書其三

初春，鄉人歸，辱手劄并祭徐曰仁文，令人悽然。益念斯世之孤，不知何日得從陽明之麓以畢此生也。綰領教入山，頗知砥礪。邇來又覺向者所謂「静坐」、所謂「主敬」、所謂「静中看喜怒哀樂未發作何氣象」，皆非古人極則工夫。所謂「極則工夫」，但知本心元具至善，與道吻合，不假外求，只要篤志於道，反求諸己而已。夫篤志於道，即所謂「允執厥中」是也。於凡平日習染塵情，痛抉勇去，弗使纖毫溷於胸臆，日擇日瑩，隨其事物之來，無動静，無内外，無小大，無精粗，無清濁，一皆此理應用，故無時而非入德之地，無事而非造道之工。昔者，孔子自十五志學，至七十從心不踰矩，進退無已，只此志之日篤也。故語顔子，使之欲罷不能，既竭吾才，至於卓爾。此乃聖門極則之學與極則之傳也。若徒知静坐、主敬，觀玩光景，而不先之以立志，不免動静交違，滅東而生西也。夫纔説静，便有不静者在；纔説敬，便有不敬者在；纔説和樂，便有不和樂者在。如此用工，雖至没世，無所税駕，乃知「篤志」一語，真萬世爲學之要訣也。近世如白沙諸公之學，恐皆非聖門宗旨。宋儒自濂溪、明道之外，惟象山之言，明白痛快，直抉根源，世反目之爲禪而不信，真可恨也。伊川曰：「罪己責躬之意不可無，亦不可留胸中爲悔。」象山則不然，曰：「舊過不妨追責，益追責益見不好。」又曰：「千古聖賢，何嘗增損？得道只爲人去得病。今若真見得不好，真以爲病，必然去之，去之則天理自在，道自流行，所謂『一日克己復禮，天下歸仁』者也。」往年見甘泉頗疑先生「拔病根」之説，凡遇朋友責過及聞人非議，輒恐亂志，只以静默爲事，殊不知無欲方是真静。若欲無欲，苟非勇猛鍛煉、直前擔當，何能便得私欲净盡，天理純全？此處若不極論，恐終爲病。綰近寄一書，略論静坐無益，亦不敢便盡言及此。向見先生送甘泉序云：「孔子傳之顔子，顔子殁而不傳，惟曾子以一貫之旨傳之。」今日恐亦未然。夫一貫之要，只在反己篤志而已。顔、曾資稟雖或不同，其爲一貫之傳則必無二。鄙見如斯，不審日來尊見如何？山亭改搆，相知至者皆有賦詠，敢録閒覽，更望不惜一言，以慰山靈，幸甚。

黄綰集卷三四久庵日録一

今日君子，於禪學見本來面目，即指以爲孟子所謂「良知」在此，以爲學問頭腦。凡言學問，惟謂良知足矣。故以致知爲至極其良知，格物爲格其非心。言欲致知以至極其良知，必先格物以格其非心；欲格物以格其非心，必先克己以去其私意；私意既去，則良知至極。故言工夫，惟有去私而已。故以不起意、無意必、無聲臭爲得良知本體。良知既足，而學與思皆可廢矣。而不知聖門所謂志道、據德、依仁、游藝爲何事。又文其説，以爲良知之旨，乃夫子教外别傳，惟顔子之資，能上悟而得之，顔子死而無傳；其在論語所載，皆下學之事，乃曾子所傳，而非夫子上悟之旨。以此鼓舞後生，固可喜而信之，然實失聖人之旨，必將爲害，不可不辯。

孟子言良知、良能，專明性善之本如此，非論學問止如此也。若一一求中節以盡其愛親、敬長之道，非學則不至，非思則不得，孟子豈欲人廢學與思而云爾哉？今因良知之説而欲廢學與思，以合釋氏「不思善不思惡」、楊慈湖「不起意」之旨，幾何不以任情爲良能，私智爲良知也哉！

予昔年與海内一二君子講習，有以致知爲至極其良知，格物爲格其非心者。又謂格者，正也，正其不正以歸於正；致者，至也，至極其良知，使無虧缺障蔽。以身、心、意、知、物合爲一物，而通爲良知條理；格、致、誠、正、脩合爲一事，而通爲致良知工夫。又云，克己工夫全在格物上用，克其己私，即格其非心也。又令看六祖壇經，會其本來無物，不思善、不思惡，見本來面目，爲直超上乘，以爲合於良知之至極。又以悟真篇後序爲得聖人之旨。以儒與仙、佛之道皆同，但又私己、同物之殊。以孔子論語之言，皆爲下學之事，非直超上悟之旨。予始未之信，既而信之，又久而驗之，方知空虚之弊，誤人非細。信乎「差之毫釐，謬以千里」，可不慎哉！

予言宋儒及今日朋友禪學之弊，實非得已，蓋因年來禪學之盛，將爲天下國家之害，嘗痛辯之，皆援先儒爲據，皆以朋友爲難言，故於其根本所在，不得不深明之，世有君子，必知予之不得已也。

宋儒之學，其入門皆由於禪。濂溪、明道、横渠、象山則由於上乘，伊川、晦庵則由於下乘。雖曰聖學至宋昌，然語焉而不詳，擇焉而不精者多矣。故至今日，禪説益盛，實理益失。雖痛言之，而猶不悟，其來久矣。

象山以濂溪言無極，謂出於老氏，又謂出於禪宗，其説皆有據。「無名天地之始」，此老氏之言也。「有物先天地，無形本寂寥」，此禪宗之詩也。聖人之言則不然，在易則曰「易有太極」，在洪範則曰「皇建其有極」，在詩則曰「天生烝民，有物有則」，皆言有而未嘗言無。言無則墮於空虚，其視聖人艮止之旨，大不侔矣。

明道定性書之言曰：「天地之常，以其心普萬物而無心；聖人之常，以其情順萬事而無情。是故君子之學，莫若廓然而大公，物來而順應。」以此爲聖學之要，可乎？孟子曰：「學問之道無他，求其放心而已矣。」求其放心者，收其心而已矣，存其心而已矣。若欲廓然而大公，其謂之收心乎，其謂之放心乎？若必欲放其心而使廓然大公，則與孔氏所傳「戒慎不睹，恐懼不聞，莫見乎隱，莫顯乎微」之旨戾矣。豈當時禪學之盛，雖明道亦不免溺於見聞，不覺其非，而言之如此耶？矧以無心無情，發其本旨，此乃上乘頴悟之旨。今不辯之，則禪學之源終不可塞，皆將以明道之言藉口矣。

伊川曰：「涵養須用敬，進學則在致知。」其爲涵養而用敬也，則常瞑目而端坐；其爲進學則在致知也，則必考求而檢閱。晦庵平生所尊信，以爲學問切要，只在於此。故晦庵平居，常瞑目端坐，以爲涵養用敬工夫；終日考求檢閱，以爲進學致知工夫。故爲調息箴，以發明伊川「涵養用敬」之旨；故爲大學補傳，以發明伊川致知格物之旨。及爲或問，則并用敬、致知之旨而詳之。吾嘗持此質諸聖人之學，其所謂敬者，實非文王「緝熙敬止」之「敬」；其所謂致知者，實非大學所謂致知。蓋伊川之學，非濂溪、明道上乘之旨，乃由下乘而來。故其瞑目端坐，但持公案而已。因持公案，故不見其心體固有之明，「萬物皆備於我」之理，故必求之書册，求之外物，始見其明，始見其理。所以晦庵平生所篤信者，惟伊川而已，求爲上乘且不可得，況聖學乎？

朋友有辯楊慈湖之學爲非禪者，云：「禪之與儒，其本實同，但有私己、同物之不同耳。禪則專事私己，慈湖則事同物。」殊不知禪雖曰私己，其意未嘗不欲傳於其徒，行於天下，此亦可以爲同物，但其所同者皆禪也，焉可以此爲斷？但其言其道，自是禪耳。慈湖以不起意爲宗，以易傳「議擬成變化」爲非聖人之言，則必欲廢思與學及志道、據德、依仁、游藝之事，烏得而非禪哉？吾非獨不從之，正謂「道不同，不相爲謀」故也。慈湖之學，出於象山，象山則不純禪，至慈湖則純禪矣。

我之學與慈湖之學初無異。慈湖曰：「人心自善，人心自靈，人心自明。人心即道，人心即神。人皆有惻隱之心，惻隱即仁；皆有羞惡之心，羞惡即義；皆有恭敬之心，恭敬即禮；皆有是非之心，是非即知。愚夫愚婦與聖人皆同，聖人非有餘，愚夫愚婦非不足。」我亦云然。我之所異者，我有典要，慈湖無典要；我有工夫功效，慈湖無工夫功效；我有日新次第，慈湖無日新次第。我則曰：「知止而後有定，定而後能靜，靜而後能安。」其定、靜、安皆本於止，止在於心而有其所，故萬物萬事皆從我止而不可亂。慈湖則隨其所至而止，止於泛而無所，故萬物萬事皆由其自止而不可約。故慈湖辯孔子「止其所」之言，則曰：「止得其所者，言不失其本，止非果有其所也。」我之立心在誠意，去私意；慈湖則並誠意而去之，而曰「不起意」，又曰「起意則昏」。我之工夫在思，去其不當思者；慈湖則並當思而去之，而曰「不思」，又曰「無思則萬物畢照」。我之所學在志道、據德、依仁、游藝，慈湖則一切皆不欲其有。若以爲然，則大學所謂「誠其意者毋自欺，如惡惡臭，如好好色，君子必慎其獨，必誠其意」，箕子所謂「思則睿，睿作聖」，孔子所謂「思無邪」、「君子有九思」，大學所謂「安而後能慮，慮而後能得」，孟子所謂「心之官則思，思則得之，不思則不得」，孔子所謂「德之不脩，學之不講，聞義不能徙，不善不能改，是吾憂也」，「君子無終食之間違仁，造次必於是，顛沛必於是」，「苟志於仁矣，無惡也」，曾子所謂「仁以爲己任，死而後已」者，皆非歟？蓋慈湖之學，禪也。禪則所謂「無脩證，無污染」可也，若在聖學則不可矣。或又謂：

「必如慈湖，方能變化感通無窮極。」殊不知我之所謂亦能變化感通無窮極，但我之謂變化感通無窮極者皆實，彼之謂變化感通無窮極者皆虚。

今日學者，皆云晦庵之學未得聖人之傳。然以其徒考之，雖至下者，比今日士友自立何如？無他，蓋晦庵雖云未得聖人之傳，然教人皆在實言、實行上做工夫，又皆有兢兢業業之意付囑，又皆勉之勤勵古訓，所以自立比今日不同。今日又有一大病，在於好勝矜傲，故士友略談學問，即自高以空人，遂有俯視天下之心，略無謙下求益之意；如古人所謂「以能問於不能，以多問於寡，有若無，實若虚」者，或有不足；及至有失，輒以智術籠絡，大言欺人，皆自以爲良知妙用如此。或至私與之人，甚至污濫苟且，人不齒録，亦稱同志，曲爲回護，使人疾爲邪黨，皆自以爲「一體之仁」如此。或在同類，偶有一言非及良知，其人本雖君子，亦公排斥，必欲抑之，使無所容，皆自以爲衛道之力如此，而不知此實好勝矜傲之病，不可以入道。

「乾以易知，坤以簡能。」象山常與門人言曰：「吾知此理即乾，行此理即坤。知之在先，故曰『乾知大始』；行之在後，故曰『坤作成物』。」近日朋友有爲象山之言者，以爲知即是行，行即是知，以知行合爲一事而無先後，則失象山宗旨矣。

大學之要，在「致知在格物」一句。其云致知，乃格物工夫；其云格物，乃致知功效。在者，志在也，志在於有功效也；致者，思也，「心之官則思，思則得之，不思則不得也」；格者，法也「有典有則」之謂也。先儒不明，乃以格物爲致知工夫，故以格物爲窮究事物之理，而不知「有典有則」之謂格物，所以求之於物，失之於外，支離破碎，而非聖人之學矣。今日君子又不能明之，亦以格物爲致知工夫，故以格物爲格其非心，謂格其不正以歸於正，又謂夫子教顔子克己工夫皆在「格」字上用，亦不知「有典有則」之爲格物，所以求之於心，失之於内，空虚放曠，而非聖人之學矣。此皆由其不以「致知在格物」之「在」字爲志在於格物，而皆以「在格物」之「在」字爲工夫在於格物，乃誤認「致知」之「致」字同於下文「知至」之「至」字，故皆不謂之爲功效，而皆謂之爲工夫也。夫大學先務，只在於致知；聖功之本，只在於獨知。故工夫皆在「知」字上用。而世儒之説不然，故予不暇非其他，而必欲以格物爲功效。蓋以聖人之學，不爲則已，爲之必要其成；學而不成，不如無學，故曰「五穀不熟，不如荑稗」。若無功效，更説何學？此功效所以決不可無，工夫所以決不可錯用。若錯用而不求功效，此所謂毫釐之差，千里之謬，所以必墮於支離空虚而無歸也。予豈得已而言之哉！

致知是格物工夫，格物是致知功效，先儒失之。雖象山亦以格物、致知並爲大學下手處，而無所分別。又以中庸言博學、審問、愼思、明辨爲格物之方，篤行則無所屬而置不言，於此則知象山之學，亦未精詳。殊不知博學、審問、愼思、明辨、篤行五者皆爲學之所當先知者，皆致知之方也。由此則知致知不以爲工夫，格物不以爲功效，其來久矣，亦無怪乎今日之難明也！蓋學固不可無工夫，亦不可無功效，若不知有功效，則比不知所抵極矣。

象山以大學「人之其所親愛而辟」，五「辟」字皆讀作去聲，以「譬」字訓之。非也，不若讀作入聲爲「僻」字，「僻」乃偏僻，於義尤明也，於此見「僻」之害爲大。

黄綰集卷三八久庵日録五

典籍所載，乃天地萬物之理，及聖賢君子言行，惡可不講求，但要知古人遠取諸物，則必近取諸身，理義人心所同，彼特先得我心之同然者。必於吾心獨知之地，實致其力。必求仁，必求道，必求德，不使一毫不盡，則此心之理，建諸天地，考諸三王，徵諸庶民，質諸鬼神，百世以俟聖人，以驗其悖與不悖、謬與不謬、疑與不疑、惑與不惑、可徵與不可徵，而益致其克己之功。必如孔子所謂「予欲無言，天何言哉？四時行焉，百物生焉」，顔子所謂「舜何人也，予何人也，有爲者亦若是」，孟子所謂「舜爲法於天下，可傳於後世，我由未免爲鄉人，求其如舜而已矣」。如此自勵，益堅其志，益精其心，讀書有何害哉？但緣後世儒者，不知求之吾心，專於紙墨之間，求其陳跡，拘拘而依仿之，致失其天理之當然，所以爲讀書之害也。

胡纘宗

胡纘宗（一四八〇——一五六〇），初字孝思，改字世甫，號可泉，又號鳥鼠山人，秦安（今屬甘肅）人。正德三年（一五〇八）進士，授翰林院檢討，官至右副都御史。有願學編、鳥鼠山人小集傳世。事跡詳見國朝獻徵録卷六一通議大夫都察院右副都御史可泉胡公纘宗墓志銘，明史卷二〇二附其事略於劉訒傳後。

願學編卷上

程、朱子訓格物明且切矣，謂格物以窮理，物格而理明矣。然不曰窮理而曰格物者，物，外也，理，内也，即是物以求是理，就實處究竟，久則豁然爾。故窮到至處之謂格，與律所謂格鬭之格頗相似，易曰「知至至之」是也。或者疑之曰：「吾求之内也，心學也，夫人之内心也，心具是理也，統之者性也，情也，皆物也。」今曰物者，意之用也，格者，正也，正其不正以歸於正也。然物物也，意亦物也，物與意義不相涉，亦何所本而以爲意之用邪？設以爲心之用亦可也，設以爲身之用亦可也。然苟意用於正性邪，則性未發猶在内也，將何以探其正不正而正之邪？意用於正情邪，則情既發已在外矣，抑何以追其正不正而正之邪？且不知正之者物邪，意邪？倘以爲情，則又求之外矣，抑心學邪？然既云物爲意之用，則物乃在意後矣，又云正其不正，蓋心知之也，則致當在格前矣。如曰「正，意之用也」，則致知、誠意、正心皆舉之矣，又何爲致之、誠之、正之邪？夫意，心之所發也，今欲格而正之，將正意邪，抑正心邪？果正物邪，又曰「格其心之物」、「格其意之物」、「格其知之物」，若然，則格之矣、正矣，無庸於誠之、正之、致之矣。又曰「正其物之心，誠其物之意，致其物之知」，若然，則物乃意與心與知之主宰，無不聽命於格矣。吁，只一「物」字，發出許多議論。友覆聖經，其論高出其上，此豈未學所能窺測也邪？嗟乎，程朱之訓格物，蓋本之「萬物皆備于我也」，「堯舜之智不［遍］（偏）物，急先務也，窮理盡性以至於命也。然則格物果外邪，抑内邪？且格者，物也，外也；格之者，心也，内也。

或謂吾心之良知即天理，然彼所謂「良知」與孟子所謂「良知」，厥旨既别，厥用亦異。孟子所謂「良知」，不待慮而知也；彼所謂「良知」，吾心本然之知也。孟子「良知」字皆虚，彼「良知」字皆實。然非字異也，其義殊也。夫良知，知也，其所以知理也。今以良知爲天理，則吾心所賦所具者理邪，知邪？理，理之自然者也，未發之性之中，已發之情之和，皆是也，果知邪，抑理邪？然動静者氣也，所以動静者理也，亦將以爲良知邪？夫知，知此理也；理，心之體也；知，心之用也。豈將並立而互爲體用邪？又謂精察此心之天理以致其本然之良知，又謂致其良知以精察此心之天理，則良知天理之在人心，一物邪，二物邪？天授之人，人受之天，孰先邪，孰後邪？夫知而謂之良，則絶然善粹然美矣，何復致之邪？致之者將推極之使更良邪？苟不致，將復不良邪？嗟乎，吾心之天理，渾然者也，戒慎恐懼以存養之，所以擴本然之天也，今又察之使明，精之使詳者，存養邪，省察邪？苟以爲吾心具是知即具是理也，是即生知邪？果生知也，則人人皆聖人矣，又何待於學而後知邪？又何困於知而必學邪？要不可知也。曰天性之真，明覺自然，隨感而通，自有條理，是以謂之良知，亦謂之天理。然真性賦之天者也，明覺而通感之人者也，所以賦所以感者理也，豈亦曰知邪？心本虚靈，是以明覺，然有時而昏，則與天理不相類矣，豈亦曰良知邪？有此良知，其覺自然，則理不必窮也，性不必盡也，德不必明也，隨感而通，自有條理，則無復學之弗能弗措也，無復問之弗知弗措也，是非聖人之生知邪？嗟乎，天人一也，苟以爲良知即天理，則鳶飛魚躍，川流山峙者，理邪，知邪？君令臣共，父慈子孝者，知邪，理邪？要不可得而知也。竊以爲吾心之天理本自瑩澈，擴而充之，則知爲真知，見爲真見，是爲窮理；存之爲德，行之爲行，建之爲功，是爲循理。又何假良知以與天理相埒？將互爲體邪，抑迭爲用邪？非愚之所知也。

不曰窮理而曰格物者，曰窮理則初學之士無所持循，曰格物則士之初學有所體認云爾。蓋理隱而物顯也。子曾子之教學者，何其著明深切也邪。顧以「格」字欲訓之爲正，豈程、朱子不知「格」可訓之以正邪？書曰「王假有廟」，亦可訓「格」爲正邪？

嗟夫，夫人之心之其天理也，夫人知之也，謂心具是理而人不知也，故以良知明之，可也。夫人皆知之也，生知稱聖，學知稱賢，困知稱愚，知雖有淺深，而其知一也。困而不學，愚爾。蓋吾心之知本良也，今必曰良知，良知者豈以良知爲心之理，而與靈府作左宰邪？抑以良知爲心之德，而與天理相左右邪？孟子曰：「大人者，不失其赤子之心。」盍亦曰大人者，不失其孩童之良知，不明切邪？然心所具者理也，知理之當擴心之良也謂致之，使不失其良可也，而必曰致良知，盍亦曰擴天理，不明切邪？大學曰致知，今曰致良知，知有二邪？蓋理一也，知亦一也，知當致也，既曰良知，似無庸於致矣，即孩提之童之自能知者也，若曰致之使不失其良知，盍亦曰致之使不失其本心不明實邪？何必曰良知良知云爾也。

太極圖何爲作？此理昭然，而人之知此理也不皆昭然，故爲是圖以開示之。是圖一出，則太極理也，兩儀、四象、五行、男女、萬物，氣也，皆是理之爲之也。一披閲間而人皆昭然也。然猶有疑無極者，既明太極，苟不言無極，則人又將疑有極矣。周子之爲是圖也，啓迪後學之心何其著明也哉！

學者力學，當慎之於動而主之以静。周子定之以中正仁義，而主静立極。謂動静不失其時，不失其宜也，故令人静坐。後學不察，泥於其説，遂至屏絶思慮，有似禪定，久則未有不空寂者，是以易入於禪而人不悟也。使學於幼而有小學根本，學於壯而有大學工夫，則定而静以至於得我之明德。既明，禪何自而生，何自而入邪？

不知性何以知命，不知命何以知道？荀氏、楊氏皆不識性，陸氏亦不識性，微程子吾其異端矣！釋氏誤以心爲性，吾儒惑之，從而疑性，而不知求之心也，名曰學儒，幾何而不逃乎儒入乎佛邪？求之大學者，行吾所學，非王不以尚，非聖不以崇，以之爲治，非周不以法，非孔不以師。

大學之學，陽明子主誠意，言大學之要在誠意也，誠意之極止至善也。甘泉子主格物，言自平天下而之格物，自物格而之天下平，大學之始終也，格物止至善也。涇野子主修身，言大學之本在修身也，知身爲本所當厚也，則心不他用，世無剩物，日無汎事，而其知至矣。愚竊以爲在明明德也。蓋格之、致之、誠之、正之、修身也，明明德也。齊之、治之、平之、天下之人之皆明其明德，親民也。明德無不明，民之明德無不明，止至善也。是大人之學而大學之道也。

人知霸非王也，然難以亂道。人知禪非聖也，然易以亂學。皞皞如也，王也；驩虞如也，霸也。博文約禮，聖也；明心見性，禪也。王霸所被所感，固自判然。世雖称管晏，然迹其所就，安敢望伊周。霸能亂王乎？若禪學，惟不知性也，或以生爲性，或以心爲性，或以氣爲性。性不明，故見不真；見不真，故學不正。學者趨向苟不的，鮮有不爲禪所引去者，故曰彌近理而大亂真。近有以陸子静爲上接孟子者。夫孟子願學孔子，姑舍顔子亚聖也。盡性養氣之論，上繼周孔。若子静，己不識性，更不識氣禀之性，却止知心，故曰心即理也，而不知性即理也。每云當下便是，如其言，則周公之夜思待旦、孔子之發憤忘食皆非邪？然惟生知安行爲能然耳。學知利行而下，既無庸着力，又何以便到聖人地位邪？其流不至於習定廢學不已也，然堯舜之兢兢業業、湯之慄慄、文之翼翼者何邪？又云只差步子，却又不道破，第恐所謂「步子」者，正是差處，而彼不自知也。觀楊簡之忽省此心之清明，忽省此心之無所不通，詹阜之忽覺此心之復澄瑩，其以心之靈覺爲性，明矣。此可見止知心不知性，於孟子性善之説已相悖，而「先立乎其大者」亦止言心而不言心之官思，於孟子「思則得之」之旨亦不相投。此其流弊不入于禪定邪？夫子静所見甚高，如云「天地未闢，此理固在」，此即邵子所謂畫前元有易也。但知靈覺以爲至道似是，更不須問學，則聖賢之博學詳說、大禹惜分陰、孔子三絕韋編者何邪？夫當下便是只差步子，此與禪語絕相類，卻是教學者頓悟矣。□□堯舜周□□□□終一以時其以一□□□。嗟乎，子靜本高，今則過於高矣，而何以爲獨接孟子邪？將不屑周、程子邪？而何以云吾明斯道邪？於乎惜哉！

遡羲、軒、堯、舜、禹、湯、文、武、周、孔，道學之源者，程伯子；導末世禪學之流者，陸子靜。

欲定朱陸之辯，斷以孔子博約之訓、顔子博約之學，而其異同判然矣。人皆曰朱子晚年之見始定，愚則曰晚年之論益精。人皆曰陸氏之見獨高，非禪也，愚則曰學者學之，便入于禪。

陽明以小學、大學不當分，然事雖若一，學不有先後乎？豈未丱之童即當盡心盡性，既冠之士猶當灑掃乎？孔子有云「大學之道」，先正有云「灑掃亦是形而上之之理」，中庸不曰「登高必自卑，行遠必自邇」，先正不曰「小學教之以事，大學教之以理」。

朱子之學蓋有本於博文約禮也，陸氏之學不涉於後博文而先約禮歟？朱陸之異同其在是歟？

陸子靜譏朱晦翁，蓋所入之門頓殊。蘇子瞻詆程伊川，蓋所趨之途迥異。是宜其不相下也。然子靜乃墮于禪耳，若子瞻不流於是乎？

或以良知爲天理，既辨之矣，及讀整庵先生「此以知覺爲性之明驗也」之訓，則其説不待辨，而其繆莫掩矣。吁，不亦誣乎。

宋末學者皆談禪，然舉世知尊信程子、朱子。今理學甚明，顧有一二欲援陸氏以畔程、朱子者。於戲！程朱之學，周孔之學也。舍周孔將趨聃、曇氏邪？不曰毫釐千里邪？子静儘高明，但學之便是禪，學者可不慎所趨邪？

陸子静用心於内，是已，然一於内，學之者不得其學，鮮不墮於禪者。故一傳而得楊敬仲，遂溺於禪矣。其繆何啻千里。嗟乎，不由博約何能如有所立卓爾？

整庵先生鑒别聖學、禪學之不同，至明至切。高明之士猶不舍禪而歸聖，將棄周孔而趨老釋邪，將畔程、朱子而取張、陸邪？吁，亦左矣。

趨禪者彼自習禪爾，若無預于我，而諸大儒必斥之者，非徒惡其墮於異端，蓋惡其流於禪，入於夷也。入於夷，殆淪於禽獸矣，而何以立於世哉？若五胡、金、元，寧復有人紀哉？

釋氏不識性，惟識心，陸子静亦然。

願學編卷下

格物良知之辯，整庵先生之記詳矣明矣，不知習爲其説者復何爲辭也？吁，立異以求勝，曷若平心以求進。謂格物爲正物，將謂正心爲格心邪？謂良知爲天理，將謂良能爲天道邪？豈古先聖賢止知格理而不知格心邪？止知天理而不知良知邪？

有以多學擬朱子者，夫子貢嘗以多學疑孔子矣，及聞性與天道，乃知孔子之道之教曰一貫、曰博約，其準的也。朱子不學孔子邪？而必以六經爲注脚，則注脚將不讀邪？不讀經書，抑何以博文邪？不博文即可爲聖爲賢邪？即可爲孔爲顔邪？

不識朱子之學，期于博約，而以爲標末。不識陸氏之學，期于高遠，而以爲空寂。然學者不善學朱子，鮮不趨于標末者；不善學陸氏，鮮不墮于空寂者。蓋晦庵邃密，象山英邁，皆非人所及，惜象山不識性。

讀整庵先生與陽明先生論格物、良知之書，是非判然，始不容措一辭。倘猶惑焉，斯惑矣。

陽明先生昔平逆濠，恭俟乘輿，艤舟皖口者七日，予嘗請益矣。公謂格物爲正物，予謂如正心何？公又謂，格物而如朱子所訓，如初學何？予謂如公所論，欲求之心也，正唯初學所未能也。公亦以爲然。予又謂格之、致之雖在物、在知，然所以格、所以致却在心。公亦以爲然。至論天理、人欲之判，鑿鑿分明。予領其義，而知公聰明才辨，不獨文章、事業高出於人也。卻未言及良知。或謂公繼象山，恐公知之亦不以爲然也。逆濠既平，武皇兵駐留都，諸權閹日以天威臨之，公屹然弗撓弗動，有「千萬人吾往矣」之氣。諸權閹亦屈服，不阻抑矣。固聖代之豪傑士也，夫何可及哉。公謂「四十、五十而無聞」爲聞道，予亦爲然。公謂陸氏非專尊德性，予謂朱子非專道問學，然顏子不曰「博我以文，約我以禮」邪，公亦以爲然。予又謂象山元不學禪，學象山便是禪，公亦以爲然。而涇野呂子、渭厓霍子則曰，象山正是禪。

整庵先生困知記、二泉先生簡端録，發明格物之學，明矣，至矣，舍是則大學之道不明，而異端之説肆出矣。

佛者，覺也，覺之爲言悟也。蓋悟則爲佛，迷則非佛。然悟乃此心之知覺虚靈耳，非性也。佛氏每以明心見性誘人者，誤以心爲性，而人不知也。故曰：釋氏本心，所見不同，所入自殊，安得云儒或同哉？然儒生談道而誤墮于禪者，其失亦同，彼援以爲儒釋同耳，夫何同？

鳥鼠山人小集卷一一象山語要序

世之學者果不知象山邪？果知象山邪？夫象山不易知，亦不難知，故知象山者莫如晦翁，然知晦翁者亦莫如象山。觀其言曰「陸子静專以尊德性誨人，某教人豈不是道問學」，則知象山者，其孰如晦翁？曰「建安亦無朱元晦，青田亦無陸子静」，則知晦翁者，其孰如象山？故不知象山者，朱子一二門人耳，後世知宗朱而不知求陸者耳。然陸猶朱也，夫何可輕議邪？維時學者見朱子無言之論，遂起而排之，曰陸禪學也；聞者不加察，亦曰陸禪學也；後之學者不爲考，亦曰陸禪學也。由是舉世咸是朱而非陸，誰復直象山者？善乎趙子常有言其學似禪佛者，曰：「我法無是，超然獨契本心，以俟聖人百世。」是爲朱子之後知象山者。伏讀子静之語，則見其高明之資，有得於「求放心」、「先立乎其大者」多矣。其於學者，豈曰小補之哉？瓊山陳子按歷安慶，一日謂纘宗曰：「朱陸之立論，儘有互相發明者，宗朱是矣。苟求諸陸而有得焉，則亦何悖於朱？」纘宗對曰：「夫顔子不違如愚，孟子不得已於好辨，先正言朱子出於顔子，陸氏出於孟子，其然哉？」陳子曰：「吾聞之，考亭之傳得於伊洛，象山之學直學孟子，故子静高明雖不及明道，然其簡易則非人所及也。」因以象山語要示纘宗，纘宗退而刻之郡齋，刻既成，敢述朱陸之學之概，用以告夫今之尊朱而不斥陸者。

烏鼠山人小集卷一四與席元山司馬

久不至伊洛，頗覺疏繆，近幸見明道，又覺爽健，安得日坐春風而步庭草也。郡志、象山語要序承見教，敬聞命矣。縝密之語，出于先正，微執事生不併誤邪？嗚冤録有補於吾道，其功不在陸下，然執事云「嗚冤」，蓋有激也，亦以起問者見是非也。又曰「亦物不平而鳴也」，意亦切矣。愚以爲象山之學，知道者自能識之，不能識者，不知道者也。人何能冤象山，象山亦何損於人冤哉？爲不知者言「嗚冤」可也，苟有知者，不必言「嗚冤」矣。然象山可冤，象山之道不可冤。冤在人，不在象山，亦不在道。請直書曰「象山書語要」，或曰「象山書語」，或曰「象山録」，如何？恃在教下，率爾上布，亮在不罪。

林希元

林希元（一四八一——一五六五），字茂貞，號次崖，同安（今屬福建）人。正德十二年（一五一七）進士，授南京大理寺左寺評事，官至雲南按察司僉事。林氏近承蔡清，遠紹程朱，而良知之説則素所不喜，以爲學者當「治傳求經，治經求道」，故平生致力於經書注解。著有林次崖文集等。生平略見國朝獻徵録卷一〇二雲南按察司僉事林公希元傳。

林次崖文集卷五與舒國裳脩撰同年書二

前二僕去倉卒不及脩問，乃辱拳拳照念，足見兄之愛我不以形迹也。往留都相見，正以不及致意爲恨，故前書言之。來教云云，足見相愛之心同也。今日之事自是不容已，當初已辦此一着，今欣然受之，柳下惠爲士師三黜，薛文清爲大理下獄，今尚未至此，豈以小小者介意耶？來教云云，正合我心。朋友以善相責，正當如此，而士夫至有以相賀者，要亦非也。君子豈願有此，只是犯手處放不下耳。今攻我者又加以矯情干譽，元初未有此，然吾謂如今矯情干譽之人亦不易得。夫好名之人能讓千乘之國，今人只小小利害已覺動心，能舉千乘之國而讓之乎？故曰不易得也。聞京中更有一種議論，口甜口淡，俱隨他，要之於我無與也。崔後渠司城素無半面，不悟作意相向，一見即倒肺腑，迹其言論行事，要是樸實頭下工夫，非徒尚口說者。求古人於今人，此其的矣，於吾兄尤深致慕，可謂仁人能好人矣。朱陸之辯近日紛紛，皆所謂矮人看場者，來教謂「恐未實着力」是也。譬之金，朱子如百煉之金，陸子煅煉之功或未至，要之皆真金也，今人則以銅而包金者耳，何以論金哉！本朝大儒薛敬軒而後，吾取胡敬齋焉，此伊洛正脉也。嘗欲爲請官，今後渠道欲爲請謚，刻其書於大學。來教拳拳，又深多吴東湖表章之功，皆不約而合。要之，此心此理到處同也。東湖適去，所寄使人追至江上及之，已道盛意於彼，得報即束裝，但東西南北未知所命，若不在窮山大海之中，信息可通，幸不吝頻頻見教。

林次崖文集卷五彭城復馬宗孔同年書

去歲過徐，承示送客詩，愚竊有疑，故不及奉復。兹承手書下問，又似未達鄙意者，不敢不盡其愚。詩謂「吾心即道誰能曉」，竊謂心是人之神明，乃一身之主，道是人所當行之理而具於心，心是心，道是道，不是一物，故曰「回也其心三月不違仁」，又曰「理義之悦我心」，見不是一物也。夫心有善惡，道無善惡，心有放逸，道則係於心。大學曰「正心」，惟有惡，故有待於正也。孟子曰「求放心」，惟有放，故待於求也。若謂「心即道」，亦可曰正道、求放道乎？又曰「心之官則思，思則得之」，可曰道之官則思乎？易曰「聖人感人心，而天下和平」，曰聖人感人道可乎？似此之類，不能盡書，皆足以證心之非即道也。又謂「物外求心總是痴」，夫以物外求心爲痴，是欲即物求心也。然心是吾心，物是外物，物理具於吾心，人當即心以求物，如何即物以求心？如其説，將即鳥獸草木以求人心乎，甚不可曉。反覆深思，未得其解。若分析「物外」兩字爲二，謂從物從外去求心，似可通，但「物外」兩字相連，便是事物之外，如區區分析，終是牽强。自古聖賢，亦未有爲此説爲此學者。憶陽明傳習録非朱子解大學「止至善」爲「事理當然之極」，云：「至善是心之理，曰事理當然之極，是義外也。」兄之説或緣於此，夫陽明之説，蒙昧不通，厚誣聖賢，區區已不取，今兄之説又似并其立言之意而失之，必如其説，當改物外求心曰認心爲物云耳。蓋陽明謂至善之理在心，若曰事理當然之極是義外，是非朱子認心理爲外物也。陽明之説既謬，而兄又失之，所以益遠而不可通也。陽明之説亦精辯之，萬物之理皆具於心，必求諸物，物通則心通矣，故曰「致知在格物，物格而後知至」。至善是事理當然之極，此理則具於心，非外物也。孟子曰「萬物皆備於我」，子思曰「中者，天下之大本」，皆可證也。陽明以朱子「事理當然之極」之語是認吾心之理爲外物，非厚誣乎？今以曾子之釋「至善」言之曰「爲人君止於仁，爲人臣止於敬」，夫君臣父子之類皆物也，釋「至善」而語此，必如陽明之説，則曾子之釋非義外乎？似此之類不能盡書，皆可以證陽明之説之謬也。又謂「優優三百三千，發育何曾有間時」，竊謂此語尚有争差，何也？「大哉聖人之道，洋洋乎發育萬物」，又曰「優優大哉，禮儀三百，威儀三千」，夫道發育乎萬物，三千三百之禮文皆萬物之類，道之所發育散見也，今失「道」字，只言三百三千發育，則是禮文之發育散見，不見其爲道，又「優優大哉」本指道，乃加諸三百三千之禮文，非争差乎？區區之所疑者如此，以兄未能釋然於予言，且以切磋參證相望，故敢盡其愚於左右，非好辯求勝也，惟兄虚心反求，一去先入之言，專求諸己，不靠人胸中，當自有得，於區區之説必無疑矣。幸乘俯察，毋徒邈邈。

林次崖文集卷五與張净峰提學書

去年聞表賀過京，曾因顧新山奉問，回聞動履甚慰，仙舟往還江上，相去咫尺，曾不能一會，恨恨。江右之轉，爲喜不寐，平生懷抱，當次序行之，幸孰大焉！陽明之學近來盛行江右，吉安尤甚，此惟督學者能正之。前曾以語思獻，竟置空言，今執事想不待予贅也。然今日事勢似非淺淺言語能救，得須大擦刮一番。譬之劇疾，非參苓蓍黄能療也，吾兄以爲何如？羅整庵不就吏部之召，家居惟杜門著書，此聖賢事也，所作困知記於道理儘有發明處，其攻陽明處尤多，故刻之嶺南，欲爲作序未及也，幸取視之。元之平生，吾兄所知，邇時被攻首末想具聞，欲進知難，求退不得，今如海浪行舟，隨風把舵，聽命於天耳。心事不能盡寫，餘惟眠食。爲道加愛是望。

林次崖文集卷五與張净峰提學書二

去歲承書問，地睽鴻阻，末由奉復，然未嘗不在念也。書中云云，所以鞭策區區者，極痛切，真令人髮竦面赤。噫，非吾浄峰，誰能爲此言也？大抵人氣質最害事，聖賢只説德性變化，看來還是賦稟上占得分數多。元平生只是褊急，尋常都不見，遇事便發，旋發旋悔，竟不能祛除。嘗讀薛敬軒讀書録謂「余性偏於急，又易怒，因極力變化」，是知人性固有相似者。然薛公能一變至道，元猶夫人，爲之奈何？尚賴同志君子時加磨切爾。謫官報至，爲不樂者數日，非但知己之故，實爲世道恨也。去聖既遠，今道術大爲天下裂，江西又有一種新學，迷誤後生，非有許大識見力量莫之克正。聞執事做得方有條緒，中道而廢，豈不重可恨？朝廷只欲行法，豈知適自誤己事也。在吾浄峰，豈以是爲得喪哉？又得邸報，知謫任提舉廣東鹽課，此官雖無民事，然日與鹽法道相接，僕僕亟拜之勞何可當，亦看所遇何如耳？廣東無徵鹽課，元已奏准除，遷官而事遂寢，莫有繼吾志者，浄峰此行，豈天欲相成耶？寸楮不盡所欲言，尚容後便。

林次崖文集卷六與林國博論格物大學問疑書

承示格物之辯，足見認理之真，不爲異説所惑，甚羨甚羨。然其中所言，未免有出入處，尚當辯明。尊見謂若如程朱之説，以格物爲問學思辯之事，而以克己扞物之義入於誠意正心脩身之中爲順，若以格物爲扞物，則於誠正脩處意微重，似頗相犯。此説最是，最折得倒。愚從來有此辯，但「微」字、「頗」字當去，其謂聖賢論學有撮要而言者，有詳列而言者，以聖人告顏子「克己復禮」，不及學問思辯，爲顏子至明至健，不待言而含於其中。若序列博學、審問、慎思、明辯、篤行之類，則要者分而詳，細味此語，似未得聖賢立言本旨。夫何？聖賢論學，有自學者用功之始時言者，有自學者用功之終時言者。自學者用功之始時言，則下學工夫獨詳，而上達處略。自學者用功之終時言，則詳於上達，而下學獨略。今以中庸、大學二書明之。大學則曰格物、致知、誠意、正心、脩身、齊家、治國、平天下，分作八件，如此其詳悉；中庸只曰戒懼、謹獨，初無許多條件，何其略也。蓋大學是十五歲方脱小子，做成人之學，乃學者用功之始時事，故於下學工夫不得不詳。中庸則是工夫垂成之日，故不須復説下學底事，只説戒懼謹獨，教人存養省察也。今使十五歲學童就去戒懼謹獨，如何可得？以此觀之，意可見矣。中庸説下學雖略，後面又以智仁勇爲入道之門，其言智則曰學知、困知、博學、審問、慎思、明辯，其説下學亦未嘗不詳，但此書之所主是上達事，故以開卷結卷見本意，而下學之事則於其中詳之也。又以易明之。文言釋乾九三爻義曰：「忠信所以進德，脩辭立其誠，所以居業。」夫言九三之進脩，只曰忠信、脩辭，不及學問思辯，何也？乾卦六爻，文言皆以聖人明之，九三之進脩是聖人之學，正愚所謂上達之事，如中庸之戒懼謹獨也。末後釋九二爻義又曰：「君子學以聚之，問以知之，寬以居之，仁以行之。」又是詳學問之事，如中庸後言智仁勇也。聖賢立言，各有攸當，孔子雖以「克己復禮」告顏子，又不曰「博我以文，約我以禮」乎？博文約禮，是自其用功之始而教之；克己復禮，則工夫垂成之際，從而點化之也。不然，下手用功之初，豈能一言頓悟，而直請問其目，請事斯語哉？是其「欲罷不能，既竭吾才」之後，蓋亦費許多工夫矣。以此觀之，乃是其詳者既盡，故特撮其要，非是撮其要而舍其詳也。又如子路問君子，聖人只告之以「脩己以敬」，初不及學問思辯，何也？豈撮其要而舍其詳哉？亦是自學問將成之時言，故不復及窮理，而直言涵養，如中庸之言戒懼謹獨耳。周子所謂「無欲」，亦是學問垂成時事，看其地位，比之戒懼、謹獨、忠信、脩辭、克己復禮，更似不費力，不然豈有十五歲學童便能無欲而明通公溥也。所以朱子謂其話頭高，急難湊泊，常人如何便得無欲，故伊川只説一箇敬者，正有見乎此也。孟子所謂「寡欲」，這「欲」字與周子説「欲」字微不同，蓋指男女飲食之類，在人不可已者言，故曰寡。若是私欲，一毫不可有，何得言寡也？既説寡欲，又説博學、詳説、知言、集義許多事，亦未嘗專主寡欲之説也，又安得引此以證格物只是扞外物之説哉？夫聖賢言語千變萬化，各有所由，固有相同處，亦有不同處，必欲比而同之，則惑矣。譬之醫家用藥，或攻其表，或攻其裏，或補其血，或補其氣，或血氣並補，俱是隨各人身上病痛，處方不得相同。今謂大學之「格物」即孔子之「克己復禮」、周子之「無欲」、孟子之「寡欲」，是應該血氣並補之人，例用補血之劑，專四物而去四君子也，豈能已疾哉？大學問疑大段皆是，但詞語太繁，不見頭腦，又有没緊要處。其曰「所謂天地萬物爲一體，可以見明德之無不貫，而非明德所以得名之實」，曰「聞謂脩己以安百姓，未聞謂安百姓以脩己」，此則是切要語。在愚則不須多言，只是數語折之。曰「明德、親民自是兩事，故曰『物有本末，事有終始』」，又曰「誠者非自成己而已也，所以成物也」。若曰親民則所以明德，則親民乃是明德之實，只是一件事，不應曰「事有終始」，於「非自成己」之下又不應用「而已」、「所以」字，可見是兩事也。先自治而後治人，不易之理也，故曰「其身正，不令而行」，曰「爲政以德」，自古未有用治人去治己者，必如其説，明明德者自己身分上都無一事可做，必在於治人，即傳中所説誠意、正心、脩身、忿懥、恐懼、親愛、賤惡等許多事，皆何爲者？經文又何以不曰「欲脩其身者先齊其家」，中庸何以不曰「能盡人之性，則能盡其性」？可謂謬戾不通矣。陽明説道理乖戾處最多，然未有若此之甚者。竊謂此處似不必與之辯，爲何？聖賢問辯工夫，是指在是非疑似之間者，當辯之使明耳，若謬戾不通之甚，是非了然明白似此類，正無俟於辯，亦不必與之辯也。執事以爲何如？又有忠告，吾人生天地間，只是自己身心要理會得透透徹徹、停停當當，勿爲邪説所勝所惑，是第一件事。若夫闢邪放淫，此等事須得大聖賢出來方做得，若無大聖賢許大見識學問服得人欲㴁㴁焉，正之於口舌之間難矣。昔年陽明初講道，一時學士無底簟者，群然趨之。或見招，元不惟不從，且力與之辯，然終不能回。或至平日相知，反失和氣，此緣無聖賢許大見識學問故也。後思此皆無益身心底事，故一切置之，且就自己身心上用功，又十餘年，道理見得又頗分曉，益見得不必與之辯。故今若學者問及，即與之言，若非問及，更不言。至於十分不容已者，亦著之楮筆，以待學者之決擇耳，未嘗與其人辯也。竊謂執事今日亦只求諸己，且不切切與辯可也，何如？

林次崖文集卷七重刊易經蒙引序

虛齋蔡夫子以理學名成化、弘治間，易説若干卷，坊間有舊刻，顧荒缺弗理，人有遺恨。三子存微、存遠、存譬雅嗣先志，各出家本以增校，予屬禄仕，分心未之及也，退居暇日，始克承事。書成將刻之，庸書數言以告學者。曰：嗟乎，易豈易言哉？夫五經之有易，猶衆水之有海也，海不可列於衆水，易可列於五經哉？夫何？詩、書、禮、樂、春秋皆經也，然章自爲意，句自爲義，易則不然，稽實以待虛，託一以該萬，以六十四卦、三百八十四爻冒天下之道，豈與諸經比哉？聖人以辭而説易，猶人以舟而涉海：涉海者乘長風破巨浪，窮力之所至，謂之見海則可，謂盡海之觀則未也；説易者，擬形容、象物宜，窮意之所至，謂之見易則可，謂盡易之蘊則未也。是故易可象而不可言，可言而不可盡，聖人其猶病諸，況其下者乎？河南見理而遺數，建安舉數以兼理，二者不同，要亦齊魯之間爾。蔡子之説何以過是？然近世諸儒説經，未能或之先也。或者見其字分句解，遂目之爲訓詁，吾取其大者而已，訓詁非所知也。或者見其旁論遠引，遂目之爲支離，吾取其近者而已，支離非所知也。學者信吾所知、所不知者，置之以俟他日，斯則切問近思之學矣。

林次崖文集卷七四書存疑序

余少經憂患，就學最晚，然自知親筆硯即喜窮研經理，有聞即記，頗慕横渠，顧惟寡昧之資，短於聞道，庸致新故雜襲，蕭稂莫分，重以海陬僻居，麗澤寡與，自進獨難。時則有若先正虚齋，横經授徒，英雋雲集。乃以三隅莫反，束脩未行，詎謂天不憖遺，哲人奄逝，爰即墳典，自求我師。十載沉思，若將有得，無何宦轍東西，風波蕩析，奚囊舊稿，十喪二三。幸視學嶺南，乃克興修舊業，佑啓我生，知我者謂既與斯文，不宜獨善，乃以四子先付梓人。學、庸甫就，鴻跡忽遷，南北奔馳，遂虚歲月。回盻往業，有似夢中。既而因病在告，乃復搜尋故紙，庸畢前功，語、孟二疑以次落稿，覆瓿之誚，庸知其免，閉户之勤，有足多者。門人胡、卞二子，請與學、庸並刻爲全書。或曰：「世方傳注之病，易簡是宗，奚乃之學？」余曰：「是何言與？夫義理玄微，窮之弗盡，故在古聖終日皇皇，有若曰博曰精，切磋深造，類皆繁難，奚其簡易？且六經、諸子，於今具在，使子舍傳求心，去繁即簡，豈能頓悟？是故陸子之學，智者之過，匪聖人之衷，大道之蠹也。」或聞之曰：「余過矣。」二子喜曰：「旨哉師言，請書以序。」

林次崖文集卷七易經存疑序

予自束髮讀書，即喜窮研經理，懼其遺亡，類皆劄記。然性喜知新，稿成輒棄去，至有一書而二三易稿者。經傳子史多入議思，周易、四子獨有全籍。既入仕途，王事經心，中遭斥逐，鴻迹東西。此書雖攜以行，曾弗及目，而散逸者有之。泗水辭官，始獲追修舊業，稍稍就緒。視學嶺表，因出以示諸生，一二同志欲廣其傳，輒謀之梓，四子先出。繼而入丞大理，南北更官，重以負罪南遷，風波涉歷，干戈在念，而易遂以束之高閣矣。乃者被廢來歸，山居無事，念夙業未終，爰取所藏易説重加删飾，始於辛丑之冬，越一歲而告成，定爲十二卷，命曰「存疑」，從舊也。書林詹氏因求刻，予弗能止，懼其訛亂不倫，姑爲之校正而予之。或見之曰：「今之談經者或薄傳注而喜新説，舉業者或忽義理而尚詞華，次崖此書非子雲之覆瓿與？」予聞之曰：「是何言與？夫道在生民，如日用飲食不可離也。百姓日用而不知，聖人修道以立教，六經所以作也。聖人作經，將使人由之以適道也。經不明則道無由適，傳注其可已與？漢儒專門授受，字疏句釋，勤矣，然業專訓詁，微言奥旨鬱而弗彰，由户升堂，吾無取焉。有宋真儒輩出，更互演繹，抽關啓鑰，升堂覩奥，六經之道，如日中天，有目者共見，可無憾矣。學者沿傳求經，沿經求道，精思力踐，深造自得，則將親見伏羲，面揖姬孔，若不追蹤游夏，亦必方軌田施，隨其所就，如飲江河，傳注其可少與？其或片詞隻翰，未協皇墳，千賢一失，容或有焉。然太陽有遺照，大海有遺潤，安能傷其明且大哉？況大畜之道，舍短集長，謙謙君子，裒多益寡，故大舜之智成於好問，孔子之聖竊比老彭，若立己於峻，前無古老，方於往聖，不亦遠乎？今必下視程朱，則吾之説焉能有易於彼？無則上宗鄭賈，鄭賈之説其可施於今乎？是故昔賢傳注庸可厚非？今之君子，我未之信也，乃若將精鬭巧，馳騁詞華，聖竅賢關，置而弗問，學士沿習，弊也久矣。前聖作經，皇明造士，意豈若是？賢公卿、明有司方是之禁，子不知變而是之，述何所見之左乎？」或者聞余言，悔曰：「吾過矣，吾過矣。」乃書其言於編端，以告學者。

林次崖文集卷七送張浄峰郡守提學浙江序

郡侯浄峰張先生擢浙江按察司副使，提督學校，戒行有期，廉衛侯劉子潤夫因節判朱子元東求予言爲之贈。浄峰，予知己，固予所樂言，兹督學校，尤予所樂言也，烏乎辭？維國家法古爲治，建學造士，横經設教，而取之於科貢。蓋士養於學校，三年教成，經明行修，斯能以經術以出治道也。學失其政，則世無良才，則國無善治。學校之所關，不其大與？國朝弘治以前，士必明經，學必適用，不失國家養士之意。故出於學校者，皆能有所樹立，以贊國家昌大休明之治。師保陳夾輔之力，九官有相讓之風，臺諫奮敢言之節，方岳著旬宣之政，州縣勞撫字之心。治道駸駸，進於古昔。自時厥後，雜學興而正學廢，人才治道重有可慮者矣。蓋自詩章雕鏤之學興，先王經世之迹輟而不講，學術於是始壞。自記誦涉獵之學興，孔門博約之旨輟而不講，學術於是再壞。自良知易簡之學興，程朱義理之學輟而不講，學術於是大壞。學術既壞，人才何自而出，治道何自而致？聖天子孜孜求賢圖治於上，何由而仰稱哉？兩浙人文之盛先天下，學術之弊固有然者。吾聞道有要、事有機，督學之官，人文之領袖，世道轉變之要機也。今使督學之官能得經明行修者十數人，分布天下，正學安得而不興，士習安得而不變？浄峰少有異質，自知爲學，即以孔、孟、程、朱爲宗，日從事於窮理修身之要，再經憂患，磨礱益熟而造詣益深，以若人而督學兩浙，可爲人文世道賀矣。昔浄峰兩任提學，所至以道帥諸生，不爲空言之教。其在廣右選貢之法方嚴，不貶心以徇時好，君子稱其直；其在江右，易簡之説方熾，能正詞以禁時非，君子稱其義；既而以直失官，而義弗終於楚，君子稱其屈。今浄峰得復其官，而又增秩於兩浙，豈非君子之論獲仲廟堂之上，意固有在也耶？浄峰行矣，嗚夫子之道，以革當今之弊，以還國家建學造士之本意，以副聖天子孜孜求賢圖治之盛心，以協贊我國家昌大休明之治於無窮，於是乎望。

林次崖文集卷一八和郡守方西川九詠

道本先天原體物，源流一脉到如今。舜文莽操豈殊轍，蹠蹻孔顔同此心。涓涓失室成江海，毫髮争差隔丈尋。百歲浮生容易過，先民有訓細沉吟。

宇宙堂堂有此身，百年誰肯着精神。經天事業皆容易，暗室工夫獨苦辛。祇是我生多潦草，且看自古幾任真。仲尼久不周公夢，一筆徒勞説復醇。

一誠元是物始終，舉世相承作僞風。反己未能變參魯，對人自謂黜回聰。鳶魚豈在天淵内，飛躍惟存方寸衷。作德能教心逸樂，心勞轉覺百憂叢。

堪笑時人喜立言，兩字良知當訂頑。認將格物爲誠意，欲把禪心透聖關。學業只存心地上，聖賢豈在口頭間。淫辭任恁天花墜，一指安能蔽太山？

若知萬物備於我，格物工夫豈外離？方寸淵衷森萬象，虛靈窟裏長新知。紫陽理徹如燃燭，告子心頑浪泣岐。堪笑時人無意致，伸眉猶爾費虛詞。

舉世紛紛醉未醒，誰將大雅起群聽？談玄滚滚皆騰口，作賦飄飄卻似伶。舉足從來皆棘莽，鈎名何用立門庭？聖賢只在身心上，騰口談經卻叛經。

朱陸異同憑誰辯，達人自可廢筌蹄。固知反鑑難求照，不遇南針孰指迷。元晦工夫終有本，九淵易簡竟無倪。後生努力須時及，流火炎炎又向西。

科場取士文非古，季代波頽益可羞。浮靡却如宗曹魏，淵源誰復祖尼丘？皇明典禮翻輕變，間世鳳麟豈易求？自古文章關氣運，興衰理亂自相投。

知行交養而互發，入户升堂各自專。説命易艱言在耳，軻書終始日中天。誰將二事合爲一，勝似儒門逃入禪。丈夫生世非閑等，趨向應須有度權。

徐問

徐問（一四八二？——一五五〇？），字用中，號養齋，武進（今屬江蘇）人。弘治十五年（一五〇二）進士，除廣平推官，官至南京户部尚書，卒謚莊裕。徐氏論學一本程朱，力駁陸王之非，其學以窮理致知爲入門，以敬義直方爲實際，以滌除習氣、還原本原爲工夫。著有讀書劄記、山堂萃稿等。明史卷二〇一、明儒學案卷五二有傳。

讀書劄記卷五

謝上蔡持體驗克治工夫甚力，卻從禪學中出來，以知覺爲仁，以樹根比念頭，雖皆切實，而不能無本來氣味。朱子以程門高弟如謝上蔡、游定夫、楊龜山下稍皆入禪學去，故程子曰：「我死而不失其正者，尹氏子也。」然尹和靖又似少窮理之學，故充拓不大。

杲老欲張無垢用其禪學，改頭換面出來，蓋欺人也。而無垢竟用禪不改。若劉元城貶南安，章惇遣判官至，欲殺之，是夕鼾睡如故，至死不畏，若真禪矣。然其勁節直氣，則恁地光明。象山從禪着脚，卻從高處立論，與人多拗，故朱子謂其「專主生知安行，而學知以下，一切皆廢」，則於聖門下學上達，格致誠正工夫，已漫不相關矣。

象山與朱子，鵝湖議論多不合，且指朱子爲葛藤蔓説，若以氣折人，而不察夫理之本末、精粗、内外。聖賢原是如此教人，其等斷不可躐。易非朱子杜撰之言，只是朱子推明得詳盡。如云大學首章「析之有以極其精而不亂，合之有以盡其大而無餘」者也。其答項平甫書云：「子静專尊德性，而某平日所論道問學爲多，當反身用力，去短集長，庶不墮於一邊耳。」觀朱子平生論説，義理甚詳備，誠如繭絲牛毛，然歷歷皆有根據下落。而子静少平心易氣，偏拗處多，不知尊德性者何在。而朱子則欲就其所謂德性，會歸而同之也。然則晚年自悔麄心浮氣，蓋悟往日之差，其進亦可知矣。

又曰子静説「克己復禮」云：「不是克去己私，别自有個克處。」又云：「『只是有一念要做聖賢便不可。』曰：『聖門何嘗有這般説話，看他意思，只是禪。誌公云，不起纖毫修學心，無相光中常自在。他只要如此。』」愚觀自古大聖大賢如伊尹、孔、顔、孟，其相師相勉，精察力行，只是一個志。若無志，不知何所向往，何所歸著。宋大儒多於禪學中着脚，既知不是便走出，向實地大路上行，若子静，恐未免沉冥其中耳。

近學以大學「在親民」宜從舊本，不用「新民」。愚謂講説道理在親切妥貼，不必拘於一字，且新民與明德相應，蓋自明其德，又當新民也。且引諸書於「民」上皆無「親」字，曰「親其親」，曰「親九族」，曰「親親」，皆以所親而言，曰「百姓不親」，以民自相親而言，若以民爲親，則是兼愛無親疏也，明者必能辨此。

或比堯、舜、孔子、湯、武、夷、惠如金，有輕重等鎰。愚不知顔、孟、曾、閔以下只有幾多鎰也。要之聖人德無不盛，所以孟子只言「性之」、「反之」之異耳。至若伯夷、柳下惠，其實不及顔子，故孟子就其一節之粹而無雜者，亦以聖稱之，正不可拘泥在跡上。

或謂知、行只是一個工夫，不可分作兩段事，與易「知至至之」、大學「知止而後有定」、孔子「知之不如好之」意相背。又曰「敬即無事時義，義即有事時敬，兩句合説一件」，與「敬以直内，義以方外」意相背。大抵聖賢説道理，有本原，有作用，理無二致，而用功則有先後，故其次序如四時之不可易，若欲打滚一處，或倒做了工夫，恐於道難入也。

或謂如稱某人知孝、某人知弟，必是其人曾行孝弟，方可稱他知孝、知弟，如痛必自己痛了方知痛，饑必自己饑了方知饑。愚謂人能孝弟，稱其孝弟可矣，何必稱他知孝知弟。知在我乎，在人乎？不然人已知行之間，真世所傳蕉鹿之夢也。又痛與饑知之無益，痛必拊摩而使之平，饑必飲食而使之飽，終亦力行之在後也。若費辭求異，互相逃閃，以求必行，恐於平易處反戾。

又謂只説一個知已自有行在，則是周公思兼三王，仰思而得之，已不須待旦矣。痛與饑寒事卻似行到方知，類象山解「君子喻於義」，必要好後方喻，與程子所謂「惟其深喻，是以篤好」，又云「須知了方行得」意相反。若行遠不問道，先知所向，未免擿埴索塗，冥行而已耳。近嶺南黄才伯云：「知如目視，行如足行。」既有先後，又非徒知而不行者，較能發先儒未言之意。

或謂：「人儘有知得父當孝、兄當弟，卻不能孝弟，此已被私欲隔斷。未有知而不行者，知而不行，只是未知。」此等語亦自痛快，切中人病。但云：「知行本體，聖人教人，正是要復那本體。」愚恐二字無本體，只有知之真與不真，行之力與不力者耳。書曰：「知之非艱，行之惟艱。」正此之謂也。

或謂：「貨色名利等心，一切都消滅了，只是心之本體，自無間思慮，此便是寂然不動、未發之中，便是廓然大公，自然感而遂通，發而中節。」如此只説得「至誠能盡其性」者也，若常人之心，易感而動。其動也，天理之道心常少，物欲之人心常多，貨色名利等心如何會自然消滅得盡，便至寂然不動，廓然大公，發而皆中其節哉？大舜「惟精惟一」是精察理欲之幾，而決去人欲，以循天理，斷斷乎不可易者，其次則莊敬以存養之而已。

或謂：「居敬即是窮理。就窮理專一處説，便謂之居敬；就居敬精密處説，便謂之窮理。」是以中庸尊德性、道問學，頭緒混爲一處。又謂：「戒懼慎獨只是一個工夫，無事時固是獨知，有事時亦是獨知。省察是有事時存養，存養是無事時省察。」若意念未萌，善惡之幾未兆，原無有知，須安静以存養之，何用省察？及其感而幾動，則宜省察以決之，何用存養？人心動静隨處可以用功，若打混一處，尤難得力也。

或以大學格物爲正物，如「大人格君心非」之「格」。若曰自正其心，則「物」字無下着落。若去正人心，與自己知至意無相關，而上文正心意義又重疊，推説不去。

或謂：「正心誠意、致知格物，云『格物』者，格其心之物也，格其意之物也，格其知之物也。『正心』者，正其物之心也。『誠意』者，誠其物之意也。『致知』者，致其物之知也。此豈有内外彼此之分哉？」愚觀記曰：「人生而静，天之性也，感於物而動，性之欲也。」物之理雖具於心，而實散於事，心意中似不可着物，着則不能虚静，而物其物矣。至謂「正其物之心」、「誠其物之意」、「致其物之知」，噫，焉有舍己而於物上反用如許工夫哉？

或謂：「致知内兼行，格物取物自正之義，無工夫，無先後。」愚謂：此「孔氏遺書」，其充積工夫先後次序，最爲切要而精確，恐不可輕以他説易之。其言修身，行乃在其中矣；其言格致，蓋謂致極吾心，知識全在，窮物之理，則能會通曲暢，内外昭融，而明德可明矣。如此亦自明白，奚必爲奇異以疑人之見，俾反覆漫眩，而無所從入？況先後字已見經文，及「古之欲明明德」句下，又疊有先後字，工夫至格物而盡矣，不然下文「物格而後知至」句豈徒言哉？高明者自當有悟。

近學有謂「人不須多讀書，六經亦聖人之跡耳」。果然，則顔子所稱「博我以文」，易謂「君子多識前言往行，以畜其德」，何意邪？且六經所載皆天地萬事萬物之理，帝王君臣經綸裁輔之道，與聖賢在下蘊蓄憂違之情，淑諸徒以傳諸後者在焉，非講習以窮其理，則無以致吾心之知，而知所往。吾恐其所獨見以爲明者，未免局於私智，而於事物終扞格而難通，必不能順應以方於義矣。

世學或謂「心中不須用一箇敬字」，且病宋儒程朱主敬及主一之説。不知敬非别物，只是尊德性，常以心爲天君，爲嚴師，翼若有臨，而不敢怠放。聖人純一無僞，有自然之敬，齋戒以神明其德，所謂「齋莊中正」是也。賢人嚴恭寅畏，有固守之力，操存涵養不敢放置，所謂「整齊嚴肅」是也。其用功，則不妄動之謂誠，弗岐二之謂一，不偏倚之謂中，止紛擾之謂靜，無邪曲之謂直，中有主之謂實，去物欲之謂虚，其實一也。外則踐履執事，使民常整思慮，斯須不忘正衣冠，尊瞻視，「非禮不動」是也。舍此則靈扃無主，人心客氣交病於内，耳目口鼻四肢，富貴利達諸欲攻奪於外，譬如所居藩籬不固，中之所藏，寇竊得與我共之。我方在外奔走，救急不暇，雖有良知，亦將爲所昏塞，而無所用其明矣。考易、詩、書所稱曰「敬直」，曰「敬德」，曰「聖敬」，曰「敬止」，曰「毋不敬」，曰「修己以敬」，聖人以此洗心，其言若出一口，而謂盡非乎哉？

商書咸有一德云：「德無常師，主善爲師。」舜察邇言，詩詢芻蕘，孔子問禮、問官是也。「善無常主，協於克一。」又曰：「一哉王心。」舜之執中惟一，孔子之一貫是也。尹、湯一德，其傳尚矣。程子以敬爲主一。一蓋天理渾具於良心，不爲物欲之雜，可以統會萬殊，而貞天下之動以歸於一。而或謂主一之非，至謂一心在好貨、好色上，亦可爲主一，不知要誠意之功何用，無乃未之思乎？

或以平生篤志僊釋自謂既有所得者，三十年後見得聖人之學，若是其簡易，始自歎悔。

夫聖人之學易感人，而平時舊習未能猝去，明道見周茂叔後十年遇獵，喜心復動，可見偏好非旦夕頓悟所能移也。但才氣高邁者，未敢誣其盡無所見，以悔平日之差，只恐放言論道，猶坐測度之見，如明道語荆公「觀塔而未入其内」，雖有聰明，説出一段好處可喜，而於渾實的確處未免走作，若以其説遂行，則不敢不辯。

前言往行善者甚多，學者固當多識，取益身心，不可掉取，遂爲己出。後世有著作者，既或瑕議先儒一二，又多竊其言以文其説，如世有大學中庸管窺，不知何謂也。

或謂：「後儒教人纔涉精微，便謂上達未當學，且説下學，是分下學上達爲二也。」愚謂下學之事即上達之理，學者固欲緣此一蹴而得之。然其氣稟才力亦自有限，不可凌高獵等，反至汗漫而無所歸入。程子曰：「蓋凡下學人事，便是上達天理。」然習而不察，則亦不能以上達矣。如此言何嘗分而爲二？

世之英才美器，煞有高見者，得人一言兩句，起發而求之，反自有得力處，但不須泥於新説。若只以論、孟觀之，自是平實有依據。宋儒如朱子，議論雖多，然皆説盡學者之病與夫進爲之方，聖賢門庭、路徑，淺深曲折可尋而進，但須博求而約守之耳。簡便徑捷之説，雖易聽可喜，若無忠信積累工夫，下稍頭無着落，恐終壞了士習，非國家養育實才、脩明治化之意，故不量其寡昧而辯言之，非得已也。

宋之儒者，議論明粹，莫過於周、程、朱子，詳其語意，皆原於六經、孔、孟之訓。或以闕塞而旁達其流，或因支離而引通其會，或隱約而宣之使明，或斷續而仍之可久，皆自本源而枝而派，宏綱大旨，要不詭於聖門。而夷考其脩身行己之實，又能相符，不徒爲口耳孟浪無根之説，惟在學者約取而力行之耳。夫卑下者溺於近，高曠者騖於遠。簡易之理，中庸之道，自古爲難。若厭其説以爲不足行，而别爲一説以新人之耳目，則是六經、孔、曾、思、孟之書皆可盡議，而異端之教固可修身治世而傳遠矣。譬之巨室大匠，繩墨已定，自棟宇、梁柱至於欂櫨、侏儒，皆不可缺，苟欲去一件、少一木，雖有公輸巧爲支持，終不免棟撓之患，其能久乎？

宋儒言語，未敢説純是聖人口氣，觀論語書，孔子言語平約而理該，更移不動。顔子和易，曾子誠篤，至孟子剛毅中又有圭角。三子幾於聖矣，而尚隔一關，後儒蓋賢人説聖人事也。張子曰：「吾數年學恭而安不成，雖氣象亦有難似之者，況其言豈能渾然如出一口邪？」或言下學，或言上達，或言體用動静，或言性情工夫，要其大義不詭於聖賢路逕，斯已矣。觀漢、唐以後儒者，談經做文字，於道理多少病痛，至宋始粲然復明。吾人童而習之，長執以用世，若考論事理，似亦無妨，惟於所趨而或異之，自非尚友之義，惟吾高明同志者思焉。

理以條分爲字義，如「君君，臣臣，父父，子子」之類是也。義以制宜爲字義，如父子當親，君臣當義之類是也。然非其人，則道不虚行。易曰：「和順於道德而理於義。」孟子謂「心之所同然者理也義也」，故禮義廉恥國之楨幹，人之紀綱，不可一日無，斯須去焉者也。子思以率性爲道，宋大儒始推明而行之，而爲忌者詆指曰僞、曰黨，至使空人之國，而宋因以不競。夫士修其禮義以存國脉，使得逐而空之，以利其富貴，宋之國家世道，不亦可悲乎？夫道不明久矣，不知實踐，止以閉門兀坐爲事，高帽大袖爲奇，而竊虚名者，固不足道。若人能以禮義廉恥自勵，必欲詆指而非笑之，然則彼何人哉，是可歎矣。

山堂續稿卷三答羅整庵先生

吴守子醇人回，得奉書教，如躬承謦欬而奉顔色。兼領尊記讀之，尤得所未聞，私淑多矣。老先生清風篤行，高出流俗，而其沉潛玩索之功，非世學滕口所能冀其千百之一。而王氏之學本諸象山緒餘，至今眩惑人聽，雖有高才亦溺於此，借如所稱「致良知」一句，亦只是大學「致知」二字，又上遺了格物工夫，則所致者或流於老佛之空寂，而於事物全不相干。故其師友相承，率多誇大浮漫，而濶略於躬行之實，方且號於人曰：「是能百世以俟聖人而不惑。」嗚呼，其可以欺天下後世哉！此意甚不難知，尚有聰明堅持而不解者，抑亦道心不明，仁義否塞，而世道污隆之幾也，生竊憂之。而讀書劄記第二册前實闢其說，蓋以廣中侍讀黄才伯促而成之。其人持守端慤，蓋士林中不易得者也。生在山中日久，復有此出，甚非其心，恐孤一二當道爲世計之意，然多病日衰，不久又將求去耳。因便再此少代承候。緬惟壽體百福攸萃，神明所依，更乞眠食加愛，爲道字毖重。

山堂續稿卷三答熊太宰北原公

舍人馬輔回，得奉手教，兼蒙奬與鄙拙之言，若謂可以語於道者，仰見執事廣大精微中偶有意見之合，輒過取而不遺者乎？程朱論議本諸六經、四書緒餘，未敢謂其盡得先聖賢心術，精微如出一口，而路徑步驟亦自不差。學者能會通於博約之中，循途以進，終無所失。新學謂其凡近未足以動人也，立爲高濶汗漫之談，以震眩人耳目，天下聰明之士，靡然聽之，師友相承，自謂前無古人矣。不知内少忠信之基，中虧踐履之實，則所謂下梢頭無著落者也。向與黄司成泰泉，近得羅整庵先生書，每念及此，而執事又秉衡軸，當世道學術之機，轉運於上，若於此而明示之以好惡，天下士習有不翕然丕變者乎？復蒙典貺，感荷弗勝，因頑子需選來便再此申謝。生衰病日甚，元氣日弱，懸望指引歸圖，非敢自棄也。緬惟□别，風聲已動中外，青陽贊化，萬類仰成，更乞爲國爲道自重，不宣。

李經綸

李經綸，字大經，號寅清，南豐（今屬江西）人。諸生。李氏不契王、湛二家之説，以陽明致良説，陰宗禪説，援儒入墨，蔑棄經典，爲天下之「罪學」。有大學稽中傳等。明儒學案卷五二有傳。

大學稽中傳卷首自序

惟聖賢之教關治亂，晦則明之，庶幾乎立人之命。大學自程朱格物之論出，儆言類合，胡底於今人心大惑？嗚呼，惟道中之未稽，斯道真之靡定。敬服程朱之訓，謂窮至事物之理爲格物，率兹教典於身心倫理間多沃，覺性道有得，而庶物之來朗如也。然必充萬物之説，則古今史傳累千萬卷，罔可悉記；山海形色累千萬種，罔可悉辯；孔門稱肖者七十幾，兹大教罔可四三人。使帝王以是立教，則天下之絶學。近聞宗易簡者謂静定虚靈，即道一以貫之，更無等分，無庸考索，敬迪光宏。究兹奇論，乃至人人自聖，罔折天衷，侈精神之臆慧，廢義理之彝閑。使聖賢以是立教，則天下之私學。抑不知先王之教也，人道而已矣。

道雖周於形器，學實切於人身。意、心、身、家、國、天下者，物之名；其所誠、正、修、齊、治、平者，物之理。物有本末，非茲物乎？意、心、身、家、國、天下六物之理既明，則誠、正、修、齊、治、平六事之至善以止。行主知資者，學之本；知漸行漸者，學之法。行熟知精，知精行至者，自然之妙，其理盡於禮、樂、詩、書，其道通乎中材上下。達焉上之，幽明今古靈蠢動窒之神窮，則上智之能，而先王所不責。退焉下之，誠正修齊治平之道闕，則下愚之陋，而先王所不取。逃焉去之，而怪行左道以謡民，則先王所必誅。盡己盡人之道，非難非易，先王以是立教，則天下之中學，是故窮理之言實聖人格物之本訓，而所窮之物實惟意、心、身、家、國、天下之六端，中監以絶學、私學。程朱近道，雖然，責人以上智之能，則中材畏忌，探程朱之普物，其肯堅持，絶學見阻，中材必以不敢少變程朱爲尊信，則泛遠之勞，道終悠遠，俾攀逸之士乘間執言，逋逃之萃不已，將不爲程朱實德之擾、學經之累、聖道之誣，探程朱之無我。聞茲中學之論，必有願易筆者，厥後象山反正之學，亦同斯道。惟予之頑，心好古而中教幸存，故稽而揚之，以衛經言革道因用弼乎朱、程、曾、孔，生民在念，敢知罪於我者。嘉靖丁酉年五月南豐李經綸自序。

大學稽中傳卷一

右第四章原敬也。敬也者，聖人之本，而大學之全功也。考亭之得也以此，失也以此，而不容於不議也。何哉？惟其知主敬先於致知也，故其學也有本；惟其不知誠正修身即敬也，故其言也支離。然言之誤者未甚，而學之眞者迺實，聰明中正之資，終不出範圍之外，而考亭之過可略矣。

大學稽中傳卷二

有舉外疑質論者，其一謂知行合一，分之者入於支離，如曰「知之非艱，行之惟艱」，又曰「民可使由之，不可使知之」。行非先乎？蓋「知之非艱」者，先知所往之知，須淺看；「不可使知之」者，精義入神之知，須深看，泥之者非知也。又謂主敬以涵養，致知以進學，反躬以踐實，此宋儒偏滯之論，不宜深信。如必如是而後爲全功，則「修己以敬」之言無學與實也，「好古敏求」知言無實與敬也，躬行君子之言無敬與學也。循是以求聖人，寧有完言哉？蓋主敬、力行非二事，固爲有理。若夫行之與知，各有爲而言，則分言無弊也。知也者，知所行之事，則言知而行在其中矣。行也者，行所知之理，則言行而知在其中矣。聖人論學則兼言，泛應則分言，自不相妨也。或學而知之，或利而行之，其無稽之横議哉？

大學稽中傳卷三

右七條，文公之定論也。無稽中之詞，有稽中之意，故以是爲徵也。○稽中之義，蓋曰以誠意、正心、修身爲主，以致知格物爲資。今文公之論曰：「爲學直是要立本，文義且可寬心玩味。」又曰：「文字雖不可廢，然涵養本原而察於天理人欲之判，此是日用動静之間，不可頃刻間斷底事。」又曰：「學問根本在日用間，持敬集義工夫直是要得念念省察，讀書求義乃其間一事耳。」此七條者，蓋稽中爲主爲資之意也。○稽中之義，蓋曰所格之物不過意心身家國天下之六端，所致之知，不過誠正修齊治平之六理，今文公之論曰：「近日方實見向日支離之病，雖與彼中證候不同，然忘己逐物，貪外秉虚之失，則一而已。」又曰：「格物致知亦是因其所已知者推之，以及其所未知，只是一本，原無兩樣工夫。」文公所謂向日支離之病者何？蓋其平生著述，如韓文則有考異，離騷則有注解，史學一書費工夫二十載，則其所謂涵養工夫，全少尋流逐末之弊者，又不誣矣。然非謂四書五經明德新民之道也。其所謂只是一本，原無兩樣工夫者，蓋仁義禮智之端在我已然之良知也。學以充其所未知，非一本而何？若曰泛觀萬物是兩樣工夫矣。是二條者，蓋稽中所知，不出所行之意也。

○稽中之義，蓋曰行主知資知漸行漸，大學之功合下便要勉强，誠意正心修身而以致知濟之，初非俟乎知至而聽其意之自誠。今文公之論曰：「舊來雖知此意，然於先後緩急之間，終是不覺有倒置處，誤人不少。」又曰：「初謂只如此講學漸涵，自能入德，不謂末流之弊，只成話説，至於人倫日用最切近處，亦都不得毫毛氣力。」是二條者，蓋稽中學切於身，而知行並進之意也。○稽中之義，蓋曰誠意正心修身之外，無有所謂敬者。今文公之論曰：「向來妄論持敬之説，亦不自記其云何，但因良心發見之微，猛省提撕，使心不昧，則是做工夫之本領。」是條蓋稽中誠正修身即敬之意也。○此數書者，實與陸子後來講學之論默合而無間，故取以爲稽中之説。

大學稽中傳卷三

右六書，陸子反正之學也，其言合於朱子而不詭於道。夫道者，大學之道也，以明德、新民、止至善爲大學指歸，以格物致知爲講明，以學問思辨爲格物之方。雖聖人復生而立教，何以易此？是故讀書窮理雖同於朱子，而不徇其泛觀萬物之勞，一意實學，不事空言，實有得於大學知行一本之旨。若夫朱子涵養本源，而察理欲致判，雖同於陸子，而不徇其頓悟徑造之迷，知行一本，原無兩様工夫，實有得於孔門切問近思之要。然則二先生其初也均有其弊，其終也均無所偏。此之謂道一，此之謂反正，此之謂大賢改過之學。然則稽中之作，其容已乎？嗚呼，後之黜陸而陟朱者，固不可不考其向日支離之悔；其黜朱而陟陸者，抑豈可不究其講明踐履之分也哉！稽中之書，敢以中高夫天下萬世向道之君子焉耳矣。

附録：明儒學案録大學稽中傳

聖賢之學，其主曰思誠，其志可立也，其道不可强也。命齊而氣五，性齊而質五，盈虧相形，而質之强弱生焉，虚實相乘，而氣之昏明異焉，故學先之於窮理，而後性可得而盡也。然必充萬物之説，則古今書傳累千萬卷，海水形色累千萬種，胡可悉辨？通神明之德，類萬物之情，即上智且難之，以此爲教，是天下之絶學。謂心之静定虚靈即道，謂身造物理爲格物，謂致吾良知，正天下之事物爲格物，無庸積漸，徑迪光弘，乃至人人自聖，信心任情，陰宗禪説，以陷溺高明，援儒入墨，以蔑棄經典，是天下之罪學。不知先王之教，盡人道而已矣。意心身家國天下者，物之名；其誠正修齊治平者，物之理。物有本末者，是物也，窮理者，窮是物之理也。行主知資者，學之本；知漸行漸者，學之法；行熟知精，知明行至者，學之效。是故意物也，窮乎其所以誠之者，而意之物格矣；心物也，窮乎其所以正之者，而心之物格矣；身物也，窮乎其所以修之者，而身之物格矣；家國天下物也，窮乎所以齊治平者，而家國天下之物格矣，物格而知至矣。故聖人之立教也，誠正修齊治平之外，無餘學；君子之致知也，誠正修齊治平之外，無餘格。其理盡於禮、樂、詩、書，其用通乎中才上下。蓋上之而幽明、今古、靈蠢、動植之神窮，則上智之能而先王之所不貴；下之而誠正、修齊、治平之事缺，則下愚之陋而先王之所不齒；逃焉去之，爲左道怪行，以譸張民聽，則先王之所必誅者也。是天下之中學也。今晦庵之論格物也，大而寡要，是見條[目](自)知行之分，而不見綱領知行之合也。經文不言敬，而敬之理備焉。主一無適之謂敬，其好惡之誠一者乎？常惺惺法之謂敬，其心之静正者乎？整齊嚴肅之敬，其修身之始事乎？以斂天人，以攝動静，以篤倫理，其修身之終事乎？合之以敬，是徒知主敬之先於致知，而不知誠正修之即敬也。然其主之以敬也，立本者也，其言窮理者，致精者也，謂非孔孟中學之正傳，不可也。乃若象山之學則不然，謂求放心，即可以擴充知識，則信己不求中庸之病根也，猶未以明善爲非也。再傳而爲白沙，則知一已矣，守一已矣，聖人之教，事物之理，不言明矣。三傳而爲陽明子、甘泉子也，則趨中而未盡者也。陽明子曰：「知行合一者也，推吾心之良知，以正事物，良知即明德，正物即親民也。」是知致力於實用矣，然信心而不求中。甘泉子曰：「格物者，至其理也，知行並進，隨處體認天理，至之而已矣。」是知言明善矣，知求中而不信心矣。然不以至善爲事理之極，而謂「爲吾心中正之體」。人心未必皆中正也，亦歸於信心而已矣。蓋昔者，聖人既竭目力焉，制宫室以奠民居，制冠裳以文人體，制稼穡以養人腹，制舟車以利人行，制干支曆法以經天，導川畫野以緯地，範金合土斷木以利器，嘗草木金石之劑以制醫，而天下之民用備矣。是聖人之能事也。傳是以教人者謂之師，效是以覺其事謂之學。夫其能傳能學也，固人之良知也。謂天下之人，率其良知，而可以自能其事，則天下之妄言也。聖人既竭耳力焉，審清濁以辨五聲，定高下以制十二律，備八音以極旋宫之變，而天下之和氣宣矣，是聖人之能事也。傳是以教人者謂之師，效是以覺其事謂之學。夫其能傳能學也，又人之良知也。謂天下之人，率其良知，而可以自能其事，又天下之妄言也。聖人既竭心思焉，通乎天人之故，而知曰命、曰性，至精而不可遁也，曰道、曰德，至純而不可瑕也。其設中於心也，則定静虚明以立性之體；其執中於事也，則盡己盡人盡物以達性之用。是故通神明之德，類萬物之情，於是乎造爲典謨、爲訓誥、爲禮樂文章，以化成天下，使天下後世之修身齊家治國平天下者，皆由是取法焉。若是者，尤聖人之能事也。傳是以教人者謂之師，效是以覺其道謂之學。夫其能傳能學也，亦人之良知也。謂天下之人，率其良知，不窮理而可以自能，尤天下之妄言也。夫人心之良，孰不有知？但所謂良知者，不中而不全耳。夷惠雖聖，君子不由；楊墨雖賢，君子所惡，謂其不中也。仲子知廉而不知孝，王祥知孝而不知忠，謂其不全也。今曰良知即聖也，吾心之中正即天理也，徒使人猖狂妄誕，亂德迷心而已耳。且夫六經之言學，自説命始，而言知行者，亦自説命始。傳説曰：「人求多聞，時惟建事，學於古訓，乃有獲。」夫求多聞者，於古訓而學之也，以建事而有獲者，得至善之理也，則多聞在建事之先矣。又曰：「知之非艱，行之爲艱。」言君子行之爲貴，而徒知不足以爲行也。知行雖有輕重，而先後之分又明矣。故大舜之言曰：「稽于衆，舍己從人，惟帝時克。」其戒禹曰：「無稽之言勿聽，弗詢之謀勿庸。」夫堯、舜、禹，天下之大聖也，而必察衆，必舍己，必不可以弗稽弗詢者，誠不敢信一己之聰明，而壞天下之中正也。夫然後道備全美，「允執厥中」，而可以爲天下後世法。今之言曰：「人心自有良知也，聞見知之次也。求理於萬物，是義外也，是蹈襲也。」則堯舜之稽詢，傅説之多聞學古，非歟？（明儒學案卷五二諸生李大經先生經綸）

按，黄宗羲明儒學案所録大學稽中傳之文，與傳世本大學稽中傳文字多有不同，故附於其後。

魏校

魏校（一四八三——一五四三），字子材，號莊渠，崑山（今屬江蘇）人。弘治十八年（一五〇五）進士，授南京刑部郎中，累遷太常卿，掌國子祭酒，尋致仕，卒謚恭簡。魏氏私淑胡居仁主敬之學，而貫通諸儒之説，黄宗羲括其宗旨爲「天根」之學。初以象山爲禪學，而後以之爲「坦然大道」，黄宗羲謂「於師門之教又一轉矣」。著有莊渠遺書等。明史卷二八二、明儒學案卷三有傳。

莊渠遺書卷三與余子積

吴門之會，侍教連日，極荷警發，受賜多矣。竊窺尊兄精神丰采大不如曩時，以案牘勞形所致也。精太用則竭，神太用則絶，顧保合冲和。明道云：「節嗜欲，定心志，便是天氣下降，地氣上躋。」魯齋云：「萬般補養皆虚僞，只有操存是要規。」旨哉言也，吾兄其敬聽之。禍亂頻起，尋就滅亡，伯安之功，社稷攸賴，思慮先見，喟然益懷永清也。朱子晚年定論近始見之，似不計年之先後，論之異同，但合己意即收載之耳。永清遼左書回，亦深疑之。今亦無論其他，如載答何叔京書所謂「因良心發見之微，猛省提撕，使心不放，便是做工夫本領」，此正中年以前未定之論，與中和舊説相同者也。文公論心學凡三變，如存齋記所謂「心之爲物，不可以形體求，不可以聞見得，惟存之之久，則日用之間若有見焉」，此則少年學禪，見得昭昭靈靈意思。及見延平，盡悟其失，後會南軒，始聞五峰之學，以察識端倪爲最初下手處，未免闕却平時涵養一節工夫。别南軒詩所謂「惟應酬酢處，特達見本根」，答叔京書尾謂南軒「入處精切」，皆謂此也。中和舊説論此尤詳。其後自悟其失，改定已發、未發之論，然後體用不偏，動静交致其力，功夫方得渾全，此其終身定見也。祭南軒文「始所同嚌而終所共棄」，其此類也。夫大抵先生自其初年固已卓然有志聖學，然未免爲言語文字分却工夫，至於中年以後方有一定規模，今日正當因先生已定之論而反證其未定者，庶幾有所持循也。愚見如此，未知然否，高明幸有以教之。

莊渠遺書卷三與徐用中

承諭朱陸之學，此以能問於不能，以多問於寡之盛心也。正欲面質所疑，無何而執事行矣，請卒言之。天地氣化，渾厚則開文明，澆薄則開巧僞，故學須完養本源，漸次開天聰明，故曰「大人者，不失其赤子之心」，此正氣化渾厚未開時也。文公廣大剛健，篤實明睿，此固作聖之資。且精力超絕今古，使其自少便從根原上培養，開廓起來，如顔學孔，可以優入聖域，今未免爲多才多藝所使，用志或分，幾於鑿開混沌，潛龍以不見成德。愚深惜文公見之太早也。象山振古豪傑，其學超然，默契根原而氣質太麤，譬如渾金未經鍛鍊，渣滓尚多也。愚生也晚，其於二先生曾不能爲役，非敢妄議短長，特欲求正於高明耳。

金賁亨

金賁亨（一四八三——一五六八），字汝白，號一所，臨海（今屬浙江）人。正德九年（一五一四）進士，除揚州教授，官至江西提學副使。金氏論學，主於調和朱陸、朱王，所著有台學源流、道南録等。事迹詳見洪朝選江西提學副使金公賁亨墓志銘。

右諸賢凡十有六人，吴謙齋以上，皆受業考亭，飲河充量者。趙然道昆弟則往來朱、陸二公之間者也。若杜立齋得之再傳，如親謦欬，所謂私淑艾者非與？一時人文之盛，甲于東南。大賢君子之所過化，其勳烈固如是夫？竊謂晦庵先生道德學問，夙爲時宗，而舍己從人，恒若弗及，如聞延平「須是理會分殊」之語，則自以好同惡異、喜大恥小爲非，及悟明道「存久自明，何待窮索」與「夫不得以天下萬物撓己」之語，而又謂「向來太涉支離，不若默會諸心，以立其本而言之，得失自不能逃吾之鑒」。蓋道必協乎大、中，學不憚于屢變，此其所以紹伊洛之正緒，而開百世之迷途者與？其與象山先異後同，則昔人辨之明矣。吾邦諸賢，學力所至，淺深固殊，樞趨異時，領略自别，乃若相與，求爲聖賢之心則固無間也。得其心不謬于其途，非晦庵所深望吾後之人者耶？

舒芬

舒芬（一四八四—一五二七），字國裳，號梓溪，進賢（今屬江西）人。正德十二年（一五一七）狀元，授翰林院修撰。因諫阻武宗南巡遭廷杖，謫福建市舶副提舉。嘉靖初，復原官。又以大禮議忤上意下獄。旋遭母喪，歸後病卒。萬曆中，追謚文節。舒氏以倡明絶學爲己任，其學貫穿諸經，尤精於周禮。著有太極繹義、周禮定本等。明史卷一七九、明儒學案卷五三有傳。

鄭啓範北上序

鄭君將赴闕，來別予，坐移日，歷舉其鄉先喆人忠孝廉節剛健直方之德，曰：「吾之師亦於是乎在。」且曰：「近日名士大夫，或黨陸而伐朱，使吾不知所是。」言若駴者。予以鄭君既學古而師道，復近取師於鄉先喆人，其識趣可尚矣。而朱陸之辨，學術之大者，乃告之曰：「今之才智之士，欲飾虚聲鼓後進，則惟尊德性之説可掩覆也。若謂道問學，則必窮天地之高厚，參百王之顯章，極禮樂之中和，語鬼神之情狀，與夫萬變之所以應，萬物之所以名，蓋有不可僞爲者矣。故黨陸者非爲道也，竊其一節以欺人也。異朱者非爲道也，未見朱之大全也。」啓範曰：「信哉言。雖然，自二家門人已不相能，必有所同異也。」曰：「其稟賦異，其入道不能以不異；其識趣同，其至道不能以不同。朱不容議矣。觀陸與趙生論講明踐履之書，是豈偏於尊德性而不知道問學者哉？」「然則二子班乎？」曰：「濂溪立德可繼乎聖，其立言可列乎經。陸子以爲穆陳之徒，而詆無極爲老莊之説，則知德、知言兩失之矣。或者謂其高明過於晦翁，豈其然哉？」啓範欣起，曰：「然。」遂別。明日廖君師賢、郭君徵卿曰：「亦有所別鄭子哉？」予曰：「識趣者，學術偏正之本也。學術者，人材純駁之本也。人材者，治道隆污之本也。予見其識趣之高，與予論學術亦切時弊，俾守一官，於國家庶其無負哉。」廖君曰：「仁哉言，其書以堅鄭子。」明文海卷二九〇

鄭善夫

鄭善夫（一四八五——一五二三），字繼之，號少谷，閩縣（今福建閩侯）人。弘治十八年（一五〇五）進士，歷官户部主事，吏部郎中等。爲人重操節，有詩名。著有少谷集。明史卷二八六有傳。

少谷集卷一九與木虛之二 節録

所報數事，皆所欲聞。厓老入臺，名實俱稱，此地此時，看厓老鋪張矣。胡世寧此疏，固美三人者爲朱者，請入經筵。但此三人，後日朱陸異同之黨益分矣。今天下豪杰豈止此

三人，天下稍無事，君子者使分黨，一分而後小人得而乘之矣。宋朝故轍也，可慮可慮。下略。

少谷集卷二〇答楊叔亨節録

宗道至，始得吾叔亨動定，云：「各係公事，亦不頻相見，日來切磋何人詞藻之學，視往日較不動意否。」恨團聚日淺，猥辱相與，至意實未有毫分裨益，愧負可言，容色音問之闊又將三載矣。善夫此歸，只爲求所以立者，閒居静守，追其病痛所在，日用應接爲所障礙處甚多，不見長進。計今犬馬之齒，去四五十直咫尺間耳。因念入仕將廿載，分内事未有一件成就，此身負陶鑄多矣。周勤可所附來書，是今日到，拜教拜教。前寄去口義，多出一時應答，不足觀。近稍看過，儘有未更定處，累欲抄去求吾叔亨評改，且未能述。而自歸以後，無有從講者，未曾上紙，大抵四子六籍只是一致，但尋得源頭分曉，萬軸破竹矣。口義原不爲著述，第使聽者備不忘耳。大學明德，中庸性、道、教，作何理會，若苦去書本上搜求該博，一旦年力衰莫，却於何處安泊？易理今頗見得幾分，比舊説較濶大，未敢謂斷然是如此，行將與吾叔亨面論之。春秋元是舉業上工夫，今幸已不記憶，大段彷彿得聖人意思，未暇攻矣。象山語録大概在鳴寃録，今人學象山，如鳴寃之名，可作口實耳。古聖賢立言，只是發明這一件事，若讀書得法，更不消許多。朱子精義，象山廣大，俱不外此。學者只管較量朱陸同異，恐反被異端揶揄也？下略。

少谷集卷二二子通論道

象山云：「明德是十五入大學標的，格致是下手處，博學、審問、慎思、明辨是格物之方。讀書親師友是學思在己，問辨在人。方册所載亦有純疵，若不能擇，是爲泛觀。師友之言亦有當否，若不能擇，是爲泛從。」此段議論甚當。又云：「學固貴于博，然知盡天下事，只是此理。天下事事物物無有二理，須要到其至一處。」朱陸格物之論，異處正在此。

叔子云：「學問驕人，害亦不細。」若説學問可驕人，是甚學問。象山與晦翁論辨，尚有此氣象在。

象山云：「朱元晦泰山喬嶽，可惜學不見道，枉費精神，遂自擔閣。」看來朱子即是逐事求道，亦至力到功深地位，但不得聖人一言點化之耳，晚年學問顧自渾融了。

今世之言道者，只是好事。附晦翁者，却吹毛求疵，去排象山。附象山者，亦吹毛求疵，去摘晦翁之短，便并及其好處都説倒了。如此豈是真實用功？若去真實用功，恐自不如此。朱陸未便到聖人田地，安能一一皆是？象山分明有空疏處，晦翁有精義之過處，若其好處自泯没他不得。吾輩只欲求至當是依，是的合還他是，非的合還他非。若大道理上偏了，雖伯夷、伊尹、柳下惠，孟子云「乃所願則學孔子」，豈必朱陸。

季本

季本（一四八五—一五六三），字明德，號彭山，山陰（今浙江紹興）人。正德十二年（一五一七）進士，授建寧府推官，官至長沙知府。季氏少師王文轅，後師從王守仁，其學貴主宰而惡自然，以爲「理者陽之主宰，乾道也；氣者，陰之流行，坤道也。流行則往而不返，非有主於内，則動静皆失其則矣」。所著有説理會編等。明儒學案卷一三有傳。

説理會編卷二性理二 心

朱子以虚靈知覺言心，亦足以盡心之妙矣。夫本體洞然，無所隔礙，則謂之虚；惟虚則神明不測，感應無方，則謂之靈；惟靈則其明主於内而爲知，寤於事而爲覺，此心體之得正也。然朱子以人心道心分爲二，於人心曰生於形氣之私，道心曰原於性命之正，則虚靈知覺尚有未得正者乎？

說理會編卷二性理二　仁義禮智

先儒以知行分爲二者，正爲不知仁義禮智之本明，故以智爲明，而仁義禮之行則若藉智以知者，是以仁義禮别爲一物，繼智用事，而智則照之，義襲之根蓋生於此矣。智發於仁，仁達於禮，禮裁於義，義歸於智，因動静分合而異其名耳。故本體之明，智也；因其本體而明，行焉，仁也。禮義之明不過屬於仁智而已，安得謂知行之非合一哉？

說理會編卷二性理二　仁義禮智節録

上略。朱子因有無私心而合天理之説，但以理與心分而爲二，故語録曰：「有人事當於理，而未必無私心；有人無私心，而處事又未必當於理，惟仁者内無私心，而外之處事又當於理。」則不知所謂無私之心舍理果何指邪？人苟不以無私心爲主，則外面雖處得合理，只是義襲，烏得爲仁？其心無私矣，而偶未合理，乃其照管不到處，但須於心體上益致其精耳，安能外心以求理哉？如伯夷、柳下惠、伊尹，其道不同，而其仁則一，皆以心言也。當孟子時，淳于髡以先名實者爲仁，是以事功言仁也。故孟子特發仁之本於心者以曉之，則所重在心矣。管仲不死子糾之難，子路以爲未仁，亦以心言，孔子非以其有事功而許其仁也。

後儒論此，每失聖人宗旨，有陷於智術而不知者矣。

説理會編卷四聖功二　知行

謹於獨知，即致知也。謹獨之功不已，即力行也。故獨知之外無知矣，常知之外無行矣，功夫何等簡易邪！

説理會編卷四聖功二　知行

良知、良能本一體也，先師嘗曰：「知良能是良知，能良知是良能，此知行合一之本旨也。」但自發端而言，則以明覺之幾爲主，故曰「知者行之始」。自致極而言，則以流行之勢爲主，故曰「行者知之終」。雖若以知行分先後，而知爲行始，行爲知終，則所知者即是行，所行者即是知也。

先師謂知行不可分爲二者，以仁智德合於一，不相離也。但書言「知之非艱，行之惟艱」，則亦可以先後言耳。蓋知是行之發端處，行是知之致極處，故中庸於知則曰「知之」，本其發端而言也；於行則曰「成功」，本其致極而言也。其發端也，以一而知，及其行之致極，亦不過成此一而已，而先儒乃謂知行有二事則不可。

知要真知，真知已是誠明合一之意，蓋知而能真，乃根心而生意，不可遏，即是行也。此知不息而能守，即是固執誠身，而行之所以成功也。故真知之而能擇能守，此成德之知也。但以初學言，則隨事精察而力行之，亦此真知也，知外豈別有一行哉？

知以行而造極，故中庸以知爲「知之」，行爲「成功」。然行之造極，必於知之渾合圓融者見之，故孟子以巧力喻智聖，見巧由力進，而聖不足以當知也。然聖以小成，則智亦小，聖以大成，則智亦大，亦可見知行之合一矣。

説理會編卷四聖功二 博文約禮

聖人言學，止是博文約禮，文與禮已盡道之體用矣。蓋道之顯者謂之文，條理分明，脉絡通貫，無過不及之美名也。禮即天理之節，而文之所從出也，苟非嘉會合禮，則妄行無序，烏得爲文？文行於君臣、父子、夫婦、昆弟、朋友之間，而一一中節者，非達道乎？禮則知仁之所貫通，而達道所由以中節也，非即達德乎？約歸大本，惟一無二，非即誠乎？故自本體而言，則以誠行達德，達德行達道，誠而明也。自工夫而言，則曰「博學於文，約之以禮」，明而誠也。本體、工夫初無二事，蓋道之所顯者用也，而工夫則歸於本體，故凡言用者皆屬動，言工夫者皆屬静。既曰文，則顯於用而可見可聞者也。曰學，則歸於静而「戒慎不睹，恐懼不聞」，不爲見聞所動者也。爲見聞所動，則紛亂不得爲文矣。學之外，無復有所謂約禮，而禮之約處，即是達德之一。學本静功，道之本體如是，故工夫即本體也。

説理會編卷四聖功二　教法

學本盡其性之善，不在乎言語文字之間。性苟能盡，則體即道，而用即義，萬變皆從此出，奚必以讀書爲學哉？皋、夔、稷、契何書可讀？正謂能盡性耳。然人不皆皋、夔、稷、契也，亦必稽諸古訓，而後能感發於心以明善，孟子謂誦詩讀書，以尚友古人，正此意也。蓋小善其身者所學者小，知識不充可也，若在大學，則有治人之責，不從聞見上充其知識，何以盡天下之變哉？然「多識前言往行以畜其德」，則固所以培養中和也，其要歸於無失性情之正而已。

説理會編卷五實踐一　言行

默而識之，「識」字訓記，記只是不忘之意，非有一物記於其心也。默即不睹不聞，不睹不聞之中而此心常存，是不顯之德也，故曰默識。此與「多學而識」之識同，但言多學皆在事上積累，事則聲色之可睹可聞者，非不顯也，積累多後有得於心，是爲多學而識。識未至於不顯，則未離聲色工夫，不免有間斷時，不可以爲一也，默識則一貫矣。「多聞擇其善者而從之，多見而識之」，此與多學而識又略有異。蓋多學是自身可聞可見處，學此學不止言知已，謂身體力行矣。多聞多見則是別人言語行迹上求知所聞所見，不但親見今人之言行，凡讀古人之書，而求前言，皆謂之聞，考古人之迹，而檢言行，皆謂之見。從之者，尊其所言也；識之者，記其所行也。雖皆擇善，然善取於人，非其已有，與易「多識前言往行以畜其德」者又自不同。蓋大畜之時資於多識，開廣聰明，所畜者德，何嘗倚聞見以爲知哉？若博聞强記，則於知猶有未得，但可爲中人以下開入道之徑竇耳，此聖人不得已之權教也。世之學者率於聞見上求知，反謂不講古今事變爲不能知，而譏其必將妄作，則不知良知之本體有不從外得者矣。故孔子特明已非無知妄作者，而謂聞見之知爲知之次，以見獨知於不睹不聞者乃爲知之上也，然則孔子之知，其得良知之本體者乎？

説理會編卷五實踐一　格物

大學論明明德功夫，要於格物，此是實踐處，蓋外物而言德，則德入於虛矣。第其所謂物者，與孟子「萬物皆備於我」之物同，蓋吾心所見之實理也，先師謂「心之感應謂之物」是也。心未感時，物皆已往，一有感焉，則物在我矣。物之所感，但見其象，往過來續，不滯於心，則物謂之理。滯而成形，則爲一物，不可以理名矣。易曰：「見乃謂之象，形乃謂之器。」器則形而下之名也，故物與理之分，只在形而上下之間耳。成形之後，即爲外物，而吾心之所感者，亦不過順應乎此而已，正不當爲其所滯也。知此，則物不違則而謂之格矣。

説理會編卷一四異端　楊慈湖之學

楊慈湖之學，謂心本無意必固我，着不得一毫氣力，故凡聖經賢傳有及於工夫者，如大易洗心、大學正心之類，皆以爲非孔子之言。所見甚超脱，然此乃即心見性之宗也，與檀經何異？蓋曹溪以佛氏之言言聖，慈湖以聖人之言言佛，同歸於自然而已，非精一執中之宗旨也，將使人妄意高遠，而忽於下學，其害教也大矣。夫人性本善，心果無蔽，順其自然，何待脩爲？但氣質不齊，不能皆無不善，己私牽擾，不免有意必固我之累，必須用力克治乃能去之。故孔子謂行爲力行，是以工夫言也，但工夫只自仁體擴充，使其勢不可遏耳，非工夫惡能拔去病根邪？

説理會編卷一六諸儒　朱晦庵之學　附論陸象山

晦庵之志，欲繼往聖開來學，是何等氣魄！其所論述，皆明德新民之實學，類非無用之空言，自秦漢以來，周、程、張子之外，莫之能過也。雖其論致知，以讀書講學爲第一義，爲陸象山所短，然效先覺之所爲，以明善復初，則固以學開明其心也。孔門中人以下之教，蓋本如此。由此日新，亦臻精妙。但陸象山則從本體上擴充，可以直超上達，然亦不廢文字也。至其立心制行之誠，則無可議焉。浙東之政，象山稱之；荆門之治，晦庵善之。不以所見之不合而遂相非毁，此可見其心誠於爲道，而無所私也。學者當先求其誠意之所在而已矣，豈可妄議哉！

陸象山從尊德性上道問學，此中庸慎獨之要功也，故其謹禮之嚴，無所正助，非佛氏無所住而生其心之比也。

朱得之

朱得之（一四八五—？），字本思，號近齋，又號參雲子，靖江（今屬江蘇）人。以歲貢生爲江西新城縣丞，從學於陽明，然其學頗近於老氏。著有宵練匣、莊子通義等。明儒學案卷二五有傳。

宵練匣

董實夫問：心即理，心外無理，不能無疑。陽明老師曰：道無形體，萬象皆其形體。道無顯晦，人所見又顯晦。以形體言，天地一物也；以顯晦言，人心其機也。所謂心即理者，以其充塞氤氳謂之氣，以其脉絡分明謂之理，以其流行賦畀謂之命，以其稟受一定謂之性，以其物無不由謂之道，以其妙用不測謂之神，以其凝聚謂之精，以其主宰謂之心，以其無妄謂之誠，以其無所倚著謂之中，以其無物可加謂之極，以其屈伸消息往來謂之易，其實則一而已。今夫茫茫堪輿蒼然隤然，其氣之最麤者歟？稍精則爲日月星宿風雨山川，又稍精則爲雷電鬼怪草木花彙，又精而爲鳥獸魚鼈昆蟲之屬，至精而爲人，至靈至明而爲心，故無萬象則無天地，無吾心則無萬象矣。故萬象者，吾心之所爲也；天地者，萬象之所爲也；天地萬象，吾心之糟粕也：要其極致，乃見天地無心，而人爲之心。心失其正，則吾亦萬象而已；心得其正，乃謂之人。此所以爲天地立心，爲生民立命，惟在於吾心。此可見心外無理，心外無物。所謂心者，非今一團血肉之具也，乃指其至靈至明，能作能知，此所謂良知也。然而無聲無臭，無方無體，此所謂「道心惟微」也，此大人之學所以與天地萬物一體也。一物有外，便是吾心未盡處，不足謂之學。

往古聖人，立言垂訓，宗旨不同，只是因時立教，精明此性耳。堯舜曰中，湯文曰敬，蓋以中有糊塗之景，將生兩可之病，故以敬爲宗，提省人，使之常惺惺也。敬則易流於有意，故孔子曰仁。仁易無斷，故孟子曰仁義。仁義流而爲假仁襲義，故周子曰誠。誠之景，乃本體無思無爲者也。人不易明，將流於訐直，故程子復以敬爲宗。敬漸流於孤陋，故朱子以致知補之。致知漸流於支離，故先師辨明聞見與良知，特揭良知爲宗。千古聖學之要，天地鬼神之機，良知二字盡之矣。

薛侃

薛侃（一四八六——一五四五），字尚謙，號中離，揭陽（今屬廣東）人。正德十二年（一五一七）進士，十六年授行人。薛氏論學宗陽明，以爲萬物一體爲大，以無欲爲至。著有研幾録、雲門録、文集等，今人輯爲薛侃集。明史卷二〇七、明儒學案卷三〇有傳。

薛侃集卷一雲門録

「象山言六經是吾心注脚，今人自家心中無這箇物事，只見紙上如此浩瀚。若己心明了，則六經都是我心原有的。某嘗久不讀書，專意涵養，覺得平日但曾接目者一齊都來，以此知涵養之功甚大。」又曰：「聖賢千言萬語，是寫這箇。若與吾心本體不合處，畢竟是後人解差。」

問：「宋儒孰優？」先生曰：「濂溪、明道得孔門正脉，伊川尚有可議，象山大本亦是，但不及濂溪、明道純徹。」

象山云宇宙内事即己性分内事。又曰：「東海、西海，千百世之上，千百世之下有聖人出，此心同，此理同也。」此子静平生悟入處。

薛侃集卷一雲門録後録

問「四教」。曰：「自其顯於外謂之文，自其體諸身謂之行，自其本諸心謂之忠信，隨地異名，實則一也。目爲四教，想亦門人記録之意，夫子未必如此説。『文，莫吾猶人也』，正謂威儀言辭之類，外面可觀者容可强爲，惟以是『文』實體諸身爲難耳。朱子解此『文』字亦作『言辭』，不知『四教』之『文』與此何異。要之，論語所載，如『文不在兹』、『博我以文』、『則以學文』、『文質彬彬』都是一箇『文』字。」問：「『則以學文』似説讀書。」曰：「如今時童子教之學禮，必須身在那裏登降周旋始得，不成但讀禮書便謂之學？且若朱子解，則學文乃在孝弟謹信之後，亦與平時『先知後行』之説自相矛盾。」

問：「學於古訓，乃有獲？」曰：「書意明白，細讀之自見。此二句是承『人求多聞，時惟建事』説來。言多聞但可建事，於我何益？必于古訓而學，始能有獲。」曰：「多聞與學固訓何益？」曰：「多聞是口耳之聞，學卻有工夫。如精一、克復，皆古訓也。吾從而精之、一之，克之復之，是謂學于古訓。」曰：「多聞既是口耳，如何建事？」曰：「如欲建此室，何處取材，何處鳩工，規制、營度，必資多聞。説命之意，蓋以國家創制立法、議禮作樂，資於多聞則可耳。若致治之本，非著實從古訓上學，不可得也。然此法制禮樂，苟只依所聞去做，不師古人從致治之本上發出來，則亦但可粉飾一時而非久安長治之道矣。故又曰：『事不師古，以克永世，匪説攸聞。』由此言之，則雖建事亦必由學，不可專恃多聞矣。此正夫天德王道合一之理，古人説得多少周匝，今人不會其意，反舉此以詆陽明先生之説。」

「何必讀書然後爲學」，此語原不差，但子路卻是假此正理，揜其使子羔之失，故夫子直惡其佞。

問：「『非知之艱，行之惟艱』，似以知行分兩件。」曰：「此『知』字説得淺，乃聞見之知，如論語『知之次也』之類。大抵知行本體原離不得，人之所造乃有深淺，如『民可使由之，不可使知之』，『百姓日用而不知』，『終身由之而不知其道』，又是知難行易，皆非知行本體矣。」曰：「中庸生知、學知、困知、安行、勉行、利行，亦分言之，何也？」曰：「『知』、『行』二字須要還他，但析不開耳。言知便有行在，言行便有知在。行是應跡處，知是主張處。知行即是乾坤萬物之生，得氣於天，成形於地，豈有先後？知屬乾，行屬坤，故曰『知崇禮卑，崇效天，卑法地』，又曰『乾以易知，坤以簡能。乾知大始，坤作成物』。此『知』字下得好，便是知行之知。朱子訓作『主』字，『主』便兼有行意，不知於『知』『行』二字如何看得隔礙。」

聖賢立言，雖不相襲，然道理只是一箇，功夫亦只是一箇。朱子於四書中不知凡幾提掇，如曰「此處要領」、「此處喫緊」、「此宜盡心」、「此宜深省」，教學者工夫從何處用起。若論聖賢言語，何句非至理，何者非切要，正不須如此提掇。昔梭山以「博學之、審問之、愼思之、明辨之、篤行之」爲中庸要語，象山曰：「不然，句句是要語。」便見梭山未至象山處。

象山謂人不可要做聖人，文公深辨其說，此見文公未到這箇地位。初學立志，當以聖人自期，既入門後則不須更有此意，若一向期望聖人，卻亦是意必之私，非何思何慮本體矣。

象山之學，分明是孔門正脉。且如無極之辨，雖未得周子本旨，然實恐學者流爲虛無意，亦自好。若朱子曰「不言無極，則太極同於一物，而不足爲萬化之根；不言太極，則無極淪於空寂，而不能爲萬化之根」，似分作兩項了。孔子止言太極，未嘗言無極，則太極遂同於一物乎？後來象山只以「上天之載，無聲無臭」解「無極而太極」，便自明白。因言：「此學最不可分。子静自與朱子論太極不合，一向相牴牾，此學遂分。子静亦不得辭其責。觀其書必欲求伸其説，恐亦是勝心所使。朱子一時大儒，人仰之爲泰山喬嶽，遽辨其非，勢必不服，只合放寬，徐爲調停，使此學不分，乃爲善耳。」問：「子静是處，頗亦易見，人多詆之，何也？」曰：「若吴草廬、許魯齋、陳白沙，皆已見得，但未敢顯言，乃是諸公力量如此。直至陽明先生乃敢斷然説破，其功甚大。」

象山之門，學者後來多樹立可觀，朱子門人似不及。

大學條目已詳，西山衍義又生出許多枝節，徒資博洽，若欲依此用功，無下手處。「白沙之學與陽明先生無異，但不甚與人講説，故能傳其學者甚少。後來門人稱高第者，門户亦漸不同。」又曰：「白沙遺言纂要將論學論政之類分門各列，至有本是一篇文字乃首尾衡決而分屬者，甚爲無謂。天下只此一箇道理，何者爲學，何者爲政？」

薛侃集卷三圖學質疑

多聞多見，聖賢不廢，然謂之學，則是「多學而識之」之學，非孔門一貫之學也。

夫子曰「學習」，曰「學思」，曰「學聚」，「學」字皆謂行，非謂知也。主於行則知在其中，主於知則離於行矣。以學爲知，後儒之悮也。「學之弗能弗措」，「問之弗知弗措」，能者，行也，夫子所自訓也。若以能爲知，則是當面違背，不待他章他日之言矣。」曰：「未能行，故須問辨，既行矣，奚問辨之有？」曰：「實踐始有疑，若家坐者何路可問？一登途始有歧路便路之疑，以是問辨，皆實學也。」

問：「歷觀諸經，如曰『非知之艱，行之惟艱』，曰『知至至之，知終終之』，如曰『學于古訓乃有獲』，曰『行不著，習不察』，知行似二，似有先後。」曰：「有聞見之知，有德性之知。謂之二者，聞見之知也；謂之一者，德性之知也。德性知行乃學之功夫。行而昭昭精察處屬知，知而乾乾不息處屬行。知之非艱，知而弗行，聞見者也。弗著弗察，行而非要，離德性而行者也。知至知終，知之已至，已有可終，未能恒也。至之終之，常知常行，不已其功者也。人求多聞，得一法可成一物，傳一方能已一疾，立事於外，非有得於心者也。欲得於心，必如昔人所示之學而學焉，然後深造自得，居安而資深矣。非考知其説，爲學於古訓也。」

問：「易簡在後，學問思辨在先，而後天下之理得，故曾子隨事精察，真積力久；子貢多學而識，亦將有得。故聖人以『一貫』語之，餘不輕傳者，以道不容徑造，學未易驟至也。

今合下求一，似與先儒不合。」曰：「非不合先儒，不合後儒耳。後儒此説，非孔門宗旨。今自驗之：一猶根也，貫猶枝也。藝樹者植根以達枝，未有先枝而後根者，故夫子之告參、賜以未得其要，非有得而後語之也，後人但見參、賜居顔之次，視之太高，故爲之億説，而忘其先枝後根之莫可。」

問：「象山門人樓居半月，瑩然中立；白沙欲人静中養出端倪，有疑其近禪，何如？」曰：「此爲初學氣稟昏下者而言，爲意見聞識沉汩者而言。如濁水欲澄，必須定而後清，若常摇漾弗定，如何澄得？故程伯子教人且静坐，見人静坐，每嘆其善學，此教之多術也。若夫高明近道之士，昏雜既少，隨動静能用功者，自不必然。」

讀書是窮格中一事。窮格有本有末，故古今學異，以博文之訓不同也。今考孔門曰「文不在兹」，曰「夫子之文章」，曰「文質彬彬」，皆謂道也，非文義之文也。曰「文莫猶人」，曰「文行忠信」，曰「則以學文」，曰「以文會友」，猶謂文藝，非專文義之文也。如謂文義之文，夫子終日答問，無一及乎？其及詩者八，及禮者三，及易者一，在興在立，在無大過而已。及書者二，一闡其意，一易其義，曷嘗規規文義者哉！孟子，學孔子者也，稱引詩、書，不惟易其義，并易其辭。至於四瀆則悞其一，五人則忘其三，由後觀之，孟子無學人矣。蓋孟子即心爲仁，即仁爲宅，即義爲路，以道在近，懼人求諸遠，事在易，懼人求諸難，故不以記問爲重也。明道亦云：「止靠書册何由得『居之安』、『資之深』？不惟自失，且悞人。」

問：「朱陸學異而相善，相善終莫同，何也？」曰：「異而相善，故遠乎今之人；善而莫同，故不及乎古之人。」曰：「異處若何？」曰：「朱子泝流而求源，陸子培根而達枝。」曰：「暮年棄短集長，亦一矣。學者習之，奚相遠？」曰：「培根達枝，應是己木；泝流求源，恐是他水。」

「世儒之論皆傳記中語，學者所共知也。前輩窮探力體，見其非先聖宗旨，乃復舊説，非苟言也。世儒仍取所共知者辯駁，以爲不合，何異責既寤之人忘其寐語者耶？」曰：「古人内本外末，後儒貪外虚内，故將直求心性功夫指爲捷徑，以自行其説，後人墮其坑塹而莫之省耳。不然明心見性者，『明』與『見』之差，非心性之差也。今并心性而遠之，謂心爲不足，謂理爲在外，本末倒置，功從外鑠，考之三王，質諸孔孟，殊無是説，致學者無本而事於外，卒無基之可立，可勝慨哉！」

問：「陳烈讀書苦無記性，至讀孟子『求放心』章，始悟其故，遂静坐百餘日，乃能一覽無遺，即此一事與荆門之政，足驗躬行之實，可以見古人之學否？」曰：「學之始，前所稱是也；學之中，後所稱是也；學之終，更有明驗處，可自考之。」

「有問『義莫是中理否』，伊川云『中理在事，義在心』，其言如何？」曰：「『義外』孟子有辯,『理外』未嘗言,故有是論。此謂因書有得,非自得也。明道先生云:『天地間只有個感與應而已。』由是體之,感應有條曰理,感應得宜曰義,雖各有指,非二也。然則舍心無感應,舍感應無事物,舍事物無義理。義理從心,見諸事物,非在事在物也。謂理在事物,此後儒支離之本也。歷考聖訓,未之有也。然伊川雖云,他日猶曰『在天爲命,在義爲理,在人爲性,主於身爲心,其實一也。』後儒從加分別,遂以心性理氣爲二,失滋遠矣。」

問:「晦翁穎悟絶人,見道解經有錯,何也?」曰:「晦翁之錯,伊川、横渠悮之也。夫性道由中發外而實無内外,二氏之説多在裏面,介甫新説多在外面。晦翁又欲並之以見其全,避之以免其偏,故有錯。」

問:「象山有云『吟風弄月以歸,後來明道此意卻存,伊川已失此意』,何以見之?」曰:「觀其氣象言論皆可見。如中也者,和也,中節也,周子合而言之,明其一也。伊川乃云『既思即是已發,纔發便謂之和,不可謂之中』,是二之也。又云『雖耳無聞,目無見,然聞見之理在始得』,夫未接事物,雖不見聞,此心昭昭,常明常覺,非如槁木死灰莫見莫聞,是謂理在。又云『既有知覺卻是動,怎生言静』,是自戻矣。夫静中苟無知覺,便是槁木死灰,莫見莫聞矣。誰戒懼,誰存養?以此言静,非真静矣。静非真静,則動亦非真動矣。向吾所謂半淪於禪、半淪於俗者,此也。」曰:「虚明、知覺,體用之分也。虚明屬静,知覺屬動。」

曰:「明覺分不得。未有虚明而弗覺,知覺而弗明者,況非並舉,焉有分别?凡言中即兼中和,言知覺即是虚明,强生分别便屬支離,必至出此而入彼矣。致使學者静恐非静,付之茫昧,動恐非動,聽其摇漾,自定皆無得力處。明驗若斯,尚可承謌而弗誤哉?」

薛侃集卷四正祀典以敦化理疏 節録

上略。一,宋儒陸九淵,生而清明,學術純正。四歲侍父,遇事物必致問。一日,問:「天地何所窮際?」父笑不能答。及長,讀書至「上下四方曰宇,往古來今曰宙」,忽大省曰:「宇宙内事即吾分内事,吾分内事即宇宙内事。」又曰:「宇宙便是吾心,吾心即是宇宙。東海有聖人出,此心同,此理同也。南海、西海、北海有聖人出,此心同,此理同也。千百世之上,千百世之下,有聖人出,此心同,此理同也。」蓋實見人心之妙,而能以天地萬物爲一體也。自孟子没而心學晦,至宋周敦頤、程顥追尋其緒,九淵繼之,心學復明。故所至,從游雲集,俯首聽誨。當時吕祖謙、張栻輩莫不敬服。今諸子皆已從祀,而九淵獨未從祀,蓋以畜歲嘗與朱熹論説不合,故其徒遂擠之爲禪。臣考九淵赴荆門時,朱熹延入白鹿洞,講喻義喻利之旨,僚屬諸生聽者爲之流涕。熹亦嘆服,以爲不及,且請筆之書,又自爲之跋,以爲不迷於入德之方,則其非禪明矣。夫禪空寂其心,遺人倫棄物理,要之不可以治天下國家者也。使九淵之學而果若是，則誠禪矣。然其書具在可考。如曰「惟天上之至一，爲能處天下之至變」，曰「先立乎其大者」，曰「學莫先義利之辨」，則皆孔子、孟子之旨也，此豈空寂其心者？或曰「某何嘗不理會文字，但理會與人别耳」，曰「在人情、事勢、物理上用功」，曰「己德明，然後推其明以及天下」，此豈遺棄物理者哉？況荆門之政，可驗躬行之效，則見於賢相之稱；超然獨契乎本心，以俟聖人百世，則見於名儒之贊。而宋朝議謚文安，亦極尊美之詞。及先儒吴澄、許衡，國朝名臣程敏政、席書，皆有撰述，每稱其學之純。獨陷於記誦詞章而莫自覺者，乃以躬行實踐爲近禪，則世學之悮也。不然，則天下豈鮮文學之士，而爲臣未必皆忠，爲子未必皆孝，士習未必皆正，民風未必皆淳者，何哉？正以不求諸心，不能實踐之過也。仰惟皇上復古，正人心，變士習，如九淵者，乞賜贈從祀，風示四方，使學者反諸心以精義利之辨，篤於行以成淳厚之風，則善人多，而天下治矣。謹將程敏政、席書所撰之書隨本進覽，伏惟聖明裁擇。下略。

附：類宫禮樂疏卷二

世宗肅皇帝嘉靖十三年，釐正祀典，以申黨即申棖，存棖去黨，罷公伯寮、秦冉、顔何、荀況、戴聖、劉向、賈逵、馬融、何休、王肅、王弼、杜預、吴澄十三人祀，其林放、蘧瑗、鄭衆、盧植、鄭玄、服虔、范甯七人各祀於其鄉，增后蒼、王通、歐陽修、胡瑗、陸九淵從祀。

陸九淵從行人薛侃議入。其疏曰：宋儒陸九淵生而清明，學術純正，自孟子没而心學晦，至宋周惇頤、程顥追尋其緒，九淵繼之，心學復明。當時吕祖謙、張栻輩莫不悦服，今諸子皆祀，而九淵獨未從祀，蓋以蚤歲嘗與朱熹論説不合，故其徒擠之爲禪。臣考九淵赴荆門時，朱熹延入白鹿洞，講喻義利之旨，聽者流涕。熹亦嘆服，又爲之跋，以爲不迷於入德之方，則其非禪明矣。夫禪，空寂其心，遺人倫，棄物理。九淵之學，如曰「惟天下之至一爲能處天下之至變」，曰「先立乎其大者」，曰「學莫先於義利之辨」，則皆孔孟之旨，豈空寂其心者哉？曰「某何嘗不理會文字，但理會與人别耳」，曰「人情、事勢、物理上用功」，曰「己德明，然後推其明以及天下」，此豈遺棄物理者哉？况荆門之政，可驗躬行之效，則見於賢相之稱，超然獨契乎本心，以俟聖人百世，則見於名儒之贊。而宋朝議謚文安，亦極尊美之辭，及先儒吴澄、許衡，國朝名臣程敏政、席書，皆有撰述，每稱其學之純。獨陷於記誦詞章而莫自覺者，乃以躬行實踐爲近禪，則世學之誤也。請以九淵從祀。

薛侃集卷六儒釋辯

或問陽明先生於侃曰：「其學類禪，信有諸？」曰：「否。禪之得罪聖人也有三：省事則髡焉，去欲則割愛焉，厭世則遺倫焉。三者禪有之，而陽明亦有之乎？」曰：「弗有。」

曰：「聖學之異於禪者亦有三焉：以言夫靜，無弗具也；以言乎動，無弗體也；以言乎用之天下，無弗能也。是故一本立焉，五倫備焉。此陽明有之，而禪亦有之乎？」曰：「弗有。」

「然則曷疑其爲禪乎？」曰：「以廢書，以背朱，以涉虚也。」曰：「噫，子誤矣。不然，以告者過也。先生奚廢書乎？昔者郭善甫見先生於南臺。善甫，嗜書者也。先生戒之曰：『子姑静坐。』善甫坐月餘，無所事，復告之曰：『子姑讀書。』善甫憝而過我曰：『吾滋惑矣。始也教慶以廢書而静坐，終也教慶廢坐而讀書，吾將奚適矣？』侃告之曰：『是可思而入矣。書果學乎？孔子之謂子貢曰：汝以予爲多學而識之者歟？非也，予一以貫之。學果廢書乎？孔子贊易曰：君子多識前言往行以畜其德。是可思而入矣。故言之弗一，教之因材而篤也。先生奚廢書乎？』」

「然則背朱則何居？」曰：「先生其遵之甚者爾，豈曰背之云乎！孟子曰：『王之好樂甚，則齊其庶幾乎！』夫今之樂非古之樂也，而孟子以爲庶幾，何也？彼其於樂孰無好？好之而已，聽之而已，稱美之而已，好之弗甚者也。若體其和，推其意，而得夫樂之本，則必妙之乎聲容之外者矣。先生於朱子亦若是焉爾，惡在其爲背也乎？且朱子，遵程者也，其爲本義，多戾易傳；孔子、孟子，述古者也，其稱詩、書，多自爲説。先生之於朱，亦若是焉爾，惡在其爲背也乎？」

「然則涉虛何謂也？」曰：「子以虛爲非乎，以偏於虛而後爲非乎？夫以虛爲非，則在天爲太虛，在人爲虛明，又曰『有主則虛』，曰『君子以虛受人』，曰『聖人虛之至也』。今子以虛爲禪，而必以弗虛爲學，則糟粕足以醉人之魂而弗靈矣，骨董足以膠人之柱而弗清矣，藩籬格式足以掣人之肘而弗神矣。」曰：「若然，則儒釋奚辨？」曰：「僊釋之虛，遺世離倫，虛而虛者也。聖賢之虛，不外彝倫日用，虛而實者也。故沖漠無朕而曰萬象森然，是故靜無弗具也；視之不見，聽之弗聞，而曰『體物不遺』，是故動無弗體也。『神無方而易無體』，而曰『通乎晝夜之道而知』，斯良知也。致之之極，時靡弗存，是故無方無體，虛之至也，至虛而後不器，不器而後無弗能。」

薛侃集卷七重修兗州府儒學記

兗州，吾夫子之鄉也。士生千載之下，猶思同堂共席，以慰傾慕之懷，況生於其地者乎！仕於四方，雖遠在荒服，則亦俎豆周旋，凜乎如在，而況仕於其地者乎！然則生斯地者，必求其道而學焉，斯無愧夫子之鄉人也。仕斯地者，亦必求夫子之道而行之，以迪是邦之人，然後爲能以其出夫子者，而反事夫子也。

永新劉君子正，自守是邦，刑清訟理。既樓其城，壯其郡治，公宇之外，煥然改觀，則曰：「斯夫子之區域也，而政弗在是也。」乃輕其徭，半其賦，益和輯其民。既而曰：「斯政也，而學弗在是也。」乃修殿廡，修明倫堂、尊經閣，新櫺星門，新齋堂一十二楹、號舍三十楹。又闢地爲門、爲射圃，黌宫之内，焕然改觀。則曰：「斯學也，而夫子之道弗在是也。」方迪諸多士而進諸道。

侃適有事於魯，從而質之曰：「道有異於學乎？」曰：「無以異也，而今之學則異乎道矣。居庠序者，知訓詁則謂之學，能文章則謂之學，博聞强記則謂之學。外身心而騖聲利，得則盈焉，失則餒焉，夫子之道，寧若是耶？」「然則學有異於政乎？」曰：「無以異也。而今之政則異乎學矣。法制以驅于民，簿書以成其務，責人之善不必其己勉，夫子之政，寧若是耶？是故道一而已，一則貫，貫則一。一者何？無欲也。無欲則静虚而動直。静虚則明，明則通王道之本，學之體也。動直則公，公則溥，天德之發，學之用也。此精一之傳，聖門之宗要也。豈不易簡，豈爲難知？人病弗爲耳。世學不明，舍心而求諸外，是故知行二矣，人己二矣。知行二，宜其有外道以爲學者，人於記誦而弗反矣。人己二，宜其有外學以從政者，流於刑名、功利、術數而弗知矣。間有知之而弗反之者，則又非拘滯於儀容格式之粗，則沉淪於玄虚空寂之謬，是皆不知一即貫也，貫即一也。貫而弗一，其動雖直，是義襲也，是多學而識也，忘其體者也。一而弗貫，其静雖虚，是遺物也，是以己性爲有外也，廢其用者也。然則欲明夫子之道，亦惟一貫而已矣；欲爲一貫之學，亦惟無欲而已矣。」諸士聞之，亦幸生於夫子之鄉，而以獲修其道是慶。侃歸，訓導陳子煒輩與合庠之士德劉君之惠，徵言爲之記。予喜明夫子之道，自吾夫子之鄉始，故不辭而爲之記。

薛侃集卷九答佘石樓書

行者知之運，知者行之主，皆學之工也。非知焉行，非行焉學？故未善，學而善；已善，學而能至善，皆知爲之主，不待合而一也。彼不一者，斯有辨矣。有德性知行，有真聞見知行。德性者何？一念惺惺，常存常應，隨處精進，故易曰「成性存存」，語其行也，知在其中矣。孟子曰「賢者昭昭」，語其知也，行在其中矣。真聞見者何？如見牛觳觫，見牛，知也，觳觫，行也。牛去，觳觫亦去矣。及聞孟子之言，心有戚戚，聞，知也，戚戚，行也。聞已而戚戚亦已矣。是之謂合一。彼其口耳之知，未有必行之知，徒涉獵以資辭說，助博洽耳。間有欲行而又不勝利欲之心，則雖知亦影響之知，非行之主之知也。其衆庶之行，守格滯跡，弗著弗察，迺日用而不知，可使由，不可使知也。如執喪未必知哀而衰麻哭踊，不得不終；立乎達人長者之側，未必知禮，而貌不敢不恭，則雖行亦茫昧之行，非知之運之行也。

故古人語行必語知，爲有行仁而差如墨者，有行義而差如楊者，有行孝悌而差如申生、鄧伯道者；語知必語行，爲有挾策亡羊如漢儒者，有圓覺普照而遺倫棄理如二氏者。故學不可以不講也，其講莫如孟子、程子，蓋欲正人心、息邪説、興斯文爲己任，其能已於言乎？不講莫如温公、邵康節，忠誠播華夷，可謂行矣，而有未知學之惜；推測知來，可謂知矣，而有悠悠不仁之嘆，是皆可考而知也。故由知行而究竟之，則如彼，由講學而究竟之，則如此。其合一與否，講與勿講，亦可以無辨而明矣。

薛侃集卷九與戴角峰

此學不明，自「博約」二字悮卻。有謂博而約者，有謂約而博者，有謂博約齊修者，皆二之也。夫博而約謂若泝流求源，彼泝流以求其源，已成之水在彼，非在我也。約而後博者，先本後末，博約齊修，内外交養，近矣，皆非孔門真旨。孔門真旨約即博，博即約。蓋以言夫心之謂約，以言乎地與事之謂博，同功而異名也。苟舍約而博，博者何事？舍博語約，約者何在？此儒釋之分，聖學世學之辨也。

霍韜

霍韜（一四八七——一五四〇），字渭先，號兀厓，後更渭厓，南海（今屬廣東）人。正德九年（一五一四）進士，告歸。嘉靖元年，除兵部主事，官至禮部尚書，卒謚文敏。霍氏舉薦王守仁，然不契其致良知之説，以爲知有聖人之知，有下愚之知，聖人之知則可致，下愚之知則無所不致。著有渭厓文集、文敏粹言。明史卷一九七、明儒學案卷五三有傳。

文敏粹言

丙申秋，某與致齋、甬川日集伺朝所，致齋講陽明之學，曰致良知，曰知行合一，與甬川異，辨説棼拏，莫相一也。某曰：「聖人位育，皆心性事，謂良知非聖與？非也。然而有聖人之知，有下愚之知。率下愚之知，認欲爲理，認利爲義，曰『吾良知』、『吾致吾良知』，是聖跖混，故人心、道心之辨，貴精一也。知行合一，矯學者口耳之敝也，要之知行亦自有辨，過矯反敝。君子自立，不求同於時，姑竢後世耳。」

陽明之學，一言蔽之曰「致良知」，析曰格物、曰知行合一，均之致良知也。然有聖哲之知焉，有下愚之知焉。聖哲之知致焉，位育參贊良知也；下愚之知致焉，飲食男女亦良知也。今夫犬之狺狺，狐之綏綏，鶉之奔奔，鵲之𢷬𢷬，良知也，下愚奚擇焉？致下愚之知，禽獸羞伍，是故修道之教，不可已也。明儒學案卷五三文敏霍渭厓先生韜

王道

王道（一四八七—一五四七），字純甫，號順渠，武城（今屬山東）人。正德六年（一五一一）進士，選庶吉士，授應天教授，官至吏部右侍郎，卒謚文定。王道初學於陽明，然疑「致知之説，局於方寸，學問思辨之功，一切盡卻」。事迹詳見嚴嵩吏部右侍郎王公道神道碑。

爲學

聖人所示學問思辨之功，皆從發明此心，以恢復其廣大高明之本體，所謂「如切如磋」也。而世儒乃欲以此窮盡天下之理，不知理者，吾心之準則，孟子所謂權度心爲甚者，此也。心體苟明，則權度精切，而天下之長短輕重，應之而有餘矣，豈待求之於外哉？明儒學

案卷四二文定王順渠先生道

答朱守中

陽明先生致知之説，大略與孟子察識擴充四端之意相似，而實不同。孟子見得道理平實廣大，如論愛牛，便到制民常產，論好色好勇好貨，便到古公、公劉、文、武之事。句句都是事實，所以氣象寬裕，意味深長。陽明先生所見，固存省之一法，然便欲執此以盡。蓋爲學工夫，大易所謂學問辨，中庸所謂學問思辨，論語所謂博文約禮、好古敏求、學詩學禮，一切棄却，而曰「爲學之道，耑求之心而已」，是幾於執一而廢百矣。明儒學案卷四二文定王順渠先生道

聶豹

聶豹（一四八七—一五六三），字文蔚，號雙江，永豐（今屬江西）人。正德十二年（一五一七）進士，知華亭縣，官至兵部尚書。聶氏服膺王守仁良知之學，論學主於歸寂，「歸寂以通天下之感」，又云「良知本寂」，以爲未發之中爲不睹不聞。著有困辨録、聶豹集

等。明史卷二〇二、明儒學案卷一七有傳。

聶豹集卷三重刻道一編序

學也者，堯、舜、禹、湯、文、武、周公、孔子之所共焉者也，非朱陸之所能異也。堯、舜、禹、湯、文、武、周公、孔子何學也？尊德性而道問學也。學以尊德性，至矣，豈朱陸之所能異哉！異之則離性，離性則害道，害道則别爲一端，如楊、墨、佛、老是也，是故非朱陸之所能異也。

朱子以豪傑之才，自弱冠著述六經，下及子史百家，莫不究心，而惓惓以繼往開來爲己任，後世尊而信之，若蓍龜神明，其相緣也久矣。惟陸子之學，非惟不知信之也，群起而攻之者，若楊、墨、佛、老然。夫學求放心以立其大，居處執事，忠信恭敬以求乎仁，謂其過於尊信孔孟，則有之矣，其於楊、墨、佛、老何有哉？而後世攻之，久而益堅，殆不知其所以也。二家早年之見，異同出入，明若觀火，而求諸是非之本心，五尺童子可辯也，而老師宿儒，往往自附於文公，黨同伐異，挾勝崇私，豈非狃於故習，而於二家之言未曾考諸己乎？文公晚年反身求約之學，蓋已深契陸氏，而不復向來支離之嘆，文公之所以爲大也。後世不測其大而顧欲以己意小之，則已負文公多矣，其於陸子何所與哉！

篁墩先生當天下群咻聚訟之時，乃獨能參考二家之學，曲爲折衷，著有此編，非惟有功於象山，其有功於考亭不淺矣。是編也，寂焉弗傳，刻板亦不知其何在，予巡八閩，暇用校正，重刻之，俟君子考焉。前節去無極七書者，蓋以此二公早年氣盛之語，其於尊德性之學，亦不甚切云。

聶豹集卷三重刻大學古本序

大學古本之傳久矣，而世之學士乃復致疑於格物之説焉而不釋，何也？予始受學於陽明先生，駭而疑之，猶夫人也。已而反求諸身心日用之間，參諸程朱合一之訓，涣然若有所覺，而紛紛之疑亡矣。

蓋大學之道，惟在於止至善也。曾子曰：「君子有大道，必忠信以得之。」朱子釋至善云：「蓋有以盡夫天理之極，而無一毫人欲之私。」釋忠信云：「蓋至此天理存亡之幾決矣。」是數言者，真有以契夫精一執中之旨，而古之欲明明德於天下者，舍是無以用其力也。是故知止之功，誠意而已矣。知者意之體，意者知之所發也。知之所發，莫非物也。如曰好惡，曰忿懥恐懼、好樂憂懼、好樂憂患，曰親愛、賤惡、畏敬、哀矜、傲惰，曰孝、弟、慈，曰老老、長長、恤孤，曰理財、用人、絜矩與不能絜矩之類，是皆所謂物也。聖人不過於物，好惡之必自慊也。忿懥恐懼，好樂憂患之得其正也。親愛、賤惡、畏敬、哀矜、傲惰之協於則也，孝弟慈之成教於國也。老老、長長、幼幼，推而至於理財用人，絜矩以通天下之情也。夫是之謂格物也。程子曰：「格，至也；物，事也。事皆有理，至其理，乃格物也。」又曰：「致知在格物，非有外鑠我也，我固有之也。因物有遷，則天理滅矣。」故聖人欲格之，何其明白易簡，以一貫之而無遺也哉！而世之論格物者，必謂博極乎事物之理。信如是，則孔門之求仁，孟子之集義，中庸之慎獨，顧皆不及乎格物矣。而大學於入道之初，乃先驅人外性以求知，其於天理存亡之幾，疑若無所與焉者也。無乃厭聖學之明白簡易，而欲率之以煩苦者之所爲乎？

嗚呼，陽明逝矣。其有功於聖學，古本之復，其一也。予故重刻於閩，以存告朔之羊云。

聶豹集卷三大學古本臆説序

大學載漢儒注疏中，十三經其一焉。謂有脱誤，次其簡篇而補輯之，則自伊川程子始也。至考亭朱子，又推本程子之意，著爲定本，以詔後世。世故以罔極之恩戴之，其來遠矣。乃先師陽明子則謂舊本拆而聖人之意亡，於是分章而復舊本，傍爲之釋以引其義，其序略云：致知者誠意之本也，格物者致知之實也。物格則知致，意誠而有以復其本體，是之謂止至善。庶幾復見聖人之心，而求之者有要焉。夫因言以求其心要，欲共明聖學，豈樂爲朱子操戈，以身犯不韙而重天下之呶呶哉？彼五經四書之訓，漢儒姑未論也，宋之大儒如明道、南軒、東萊、横渠、五峰諸子，訓而釋之，無慮數十家，然與考亭合者十三，而異者猶十之七。乃天下後世率以朱子爲定論，外此如明道、南軒，亦不之信，不知果求諸心而實有得耶，抑亦乾没於文義，信耳目而自賤其心耶？

自後甘泉湛子有大學測，涇野吕子有因問，柏齋何子有管見，後渠崔子有全文，雖言人人殊，要與章句之説未協處甚多。是數子者，儒之名者也，其於陽明子何所好而阿之？無亦各信其心，各申其説，共爲此學求是當，以效忠於考亭焉耳。

豹病廢山間，鑽研是書，歷有歲時，而於諸家之説，求諸心有未得，雖父師之言不敢苟從。竊以孔門之學，一以貫之，孔之「一」即堯舜相傳之「中」。中者，心之本體，非大學之至善乎？致知者，止至善之全功；格物者，止至善之妙用；意也者，感於物而生於知者也。誠言其順，格言其化，致言其寂也。寂以妙感，感以速化，萬而一者矣。乃若必謂格致爲求之於事物之間，則曾子之隨事精察，子貢之多學而識是也，夫子呼而告之，不已贅乎？於是著爲臆説，蓋將以質諸四方之君子，緣此爲受教之地也，僭妄之罪，夫復何辭？

聶豹集卷三白沙先生緒言序

予嘗與士友譚學，言必稱白沙先生，並歌詠其詩以自娱，嘆曰：「此周程之墜緒也。」或謂白沙禪學也，子何慕之深耶？予曰：夫謂白沙之學爲禪者，非以其主静虚乎？陽明先生之詩曰：「静虚匪寂虚，中有未發中。中有亦何有，無之卻成空。」若是，即謂陽明之學爲禪亦可也。夫人生而静，心兮本虚，天之性也。彼禪氏者索之過高，而於人生而静以後一段，更不省究，寂滅根塵，鄙夷倫理，而不屑於禮樂刑政之施，要之不可以治天下國家，白沙曾有一於此耶？其詩曰：「多病一生長傍母，孤臣萬死敢忘君？」又曰：「閲窮載籍終無補，坐老蒲團總是枯。」又曰：「六經盡在虚無裏，萬理都歸感應中。」又曰：「虚無裏面昭昭應，影響前頭步步迷。」又曰：「一笑功名卑管晏，六經仁義沛江河。」此其毫釐千里之差，居然可見。

今之學者，不訊其端，而日有事於宋人之助長，急於逃禪而安於義襲，矜持於念慮，揣摩於事變，依傍道理，倚靠書册，謂是格致之實學，而凡用心於内，根究性體以先立乎大者，率譁然目之爲禪。象山之被誣久矣，豈惟白沙之學爲然哉？予於是纂其緒言，僭爲之注，使後之辯儒釋者，得有所考，而静虚之學，不因噎而廢食也。

聶豹集卷五重修養正書院記節録

上略。竊謂不同不謀事。有曠世而相感，越數千里而相契者，其道同也。乃申諸君子之意，以諗多士，曰：爾多士知爾閩學之由始乎？昔龜山楊子受學於明道先生，歸而送之，有「吾道南矣」之嘆。龜山傳而爲豫章羅子，再傳而爲延平李子，又再傳而爲考亭朱子。朱子晚年之學，與早年迥異，至悟其失而嘆曰：「李先生門下教人，每令於靜中以體夫喜怒哀樂未發之中，使此氣象常存而不失，則自此而發者自然中節。此是日用本領工夫。當時竊好詞章訓詁之習，蹉跎辜負，念之汗流浹背。」噫，道南一脉之微，至是而發之盡矣。夫未發之中，非天命之性乎？人受天地之中以生，中即命，命即性也。子思述夫子之微言，以上遡夫堯舜精一之旨，「戒慎不睹，恐懼不聞」，允執之功也。程子曰：「不睹不聞便是未發之中。」不聞曰隱，不睹曰微，隱微曰獨。獨者非他也，天下之大本也。戒懼所以立本也，本立而道生，而位育之能事畢矣。後世不知求中於未發，而即事以求乎中，卜度擬量，密陷於義外之襲而不自知，流而爲五霸之假，又流爲記誦詞章之俗。於是有五霸之辨，俗學、正學之分。正學以希聖也，俗學以希世也。希世之學作，而希聖之學亡。道南之嘆，得不轉而爲楊、朱之泣也耶？書院取義於「養正」者，意蓋如此。下略。

聶豹集卷五復古書院記節録

學有古今，故人有古今，治亦有古今。欲還古治，當求古人；欲求古人，當復古學。學之古，何所始乎？「執中」一語，萬世心學之源也。中者，何也？天地之心耶，人得之而爲人之心。其未發也，五性具焉，天下之大本也，本立而天下之能事畢矣。惟夫不知中之爲未發也，索之於念慮，探之於事爲，逐逐焉役於外以襲之，而天德王道之幾於是焉息。夫子嘆斯民之鮮能，誅小人之無忌憚，祖述憲章，惟先進之是從。夫子何慕焉？當時及門之徒惟回也，其庶如愚屢空，三月不違，其餘至焉者，或日或月，瞠乎其後矣。夫子没而微言絶，子思子憂道學之失其傳，而作中庸，明堯舜允執之中，乃喜怒哀樂未發之謂。知喜怒哀樂未發之爲中，則知中節之和，位育之徵，皆無爲之變化也。有宋諸儒乃有以多説淆之，惟程伯子曰：「不睹不聞，便是未發之中。」又曰：「雖無所知所覺之事，而其能知能覺者自在。」知所知所覺與能知能覺不同，庶乎可以窺未發之藴。「吾道南矣。」令人於静中以體夫未發氣象，不一再傳而此意遂失。自是而降，記誦、詞章、科舉之學盛行於天下，而天下欲快志於富貴利達，舍是蔑濟。陽明先生悼俗學之塗生民也，毅然以身犯不韙，倡道東南，而以良知爲宗。蓋良知者，未發之中也，不學不慮，自知自能，故曰：「良知是未發之中，寂然大公的本體。」又曰：「有未發之中，便有發而中節之和。」又曰：「聖人到位天地，育萬物也，只從未發之中養來。」有志之士，聞風而興者，時惟江西爲盛。江西之盛，惟吉安。吉安之盛，惟安福，故書院之建，惟安福有之。題曰「復古」者，期有事於古人之學而學焉者也。下略。

聶豹集卷八啓陽明先生 節録

上略。中庸「尊德性而道問學」一句，精一執中之傳，萬古聖學之原也。朱陸之辯相持而不決者，幾三百年。比今豪傑之士，稍稍覺悟，而致知存心，并作一項下手，莫非先生倡明之力也。德性者，良知也；道問學者，致知之功也。是故外德性而道問學者，必非學；外問學而尊德性者，奚以尊？心外有知，存外有致，皆不得其説也。德性者，天德也，明德也，王道之本也。「大學之道，在明明德，在親民，在止於至善」者，尊德性而道問學也。克己以求仁，集義以養氣，慎獨以致中和，定之以仁義中正而主静，聖賢之所謂問學者，言人人殊，然未聞有外德性一爲道者也。廣大也，精微也，高明也，中庸也，故也，新也，厚也，禮也，皆吾之德性也。致也，盡也，極也，道也，温而知也，敦而崇也，道問學之功也。綱舉目張，中庸立言，意義自明，若無待於辯矣。其有辯而不明者，習於聞見之舊耳。甚矣，習見之蔽人也。近淮陰邂逅甘泉先生，深夜講論，偶因及此，亦微有不同焉，併録以請。

聶豹集卷八答歐陽南野太史二

久不奉聞起居，念之憮然。風塵埋没，遐想山林閒適，浴沂風詠之樂，不知穹壤間復有何物可代此耳？

立本之學，邇來何似？傳習録中自有的確公案可查，不可以其論統體、景象、效驗感應、變化處俱作工夫看，未有不著在支節而脱卻本原者。夫以知覺爲良知，是以已發作未發，以推行爲致知，以助長爲養苗。王霸、集襲之分，舍此無復有毫釐之辯也。夫動，已發者也，發斯妄矣。發而未發，動而無動也，其斯以爲定乎？考亭晚年有云：「向來講究思索，直以心爲已發，而止以察識端倪爲格物致知實下手處，以故闕卻平日涵養一段工夫。至於發言處事，輕揚飛躁，無復聖賢雍容深厚氣象。」所見之差，其病至於此，不可以不審也。又云：「程子云，未發之中，本體自然，敬以持之，使此氣象常存而不失，則自此而發者，自然中節，此是日用本領工夫。其曰『卻於已發處觀之』者，蓋所以察識其端倪，以致夫擴充之功。一有不中，則心之爲道，或幾乎息矣。」又曰：「李先生門下教人，每令於静中以體夫喜怒哀樂未發之中，未發作何氣象，存此則發無不中矣。時方貪聽講論，又方竊好章句訓詁之習，以故若存若亡，畢竟無一的實見處。蹉跎辜負此翁，念之流汗浹背。」此是程門相傳訣竅，以上遡夫精一執中之旨，雖聖人復起，不易也。陽明先生亦云：「聖人到位天地、育萬物，亦只從喜怒哀樂未發之中養出來。」養之一字，是多少體驗，多少汲蓄，多少積累，多少寧耐。譬之山下有雷，收聲於地勢重陰之下；龍蛇之蟄，存身於深昧不測之所，然後地奮天飛，其化神，其聲遠也。復生於坤，震出乎艮，巽辨於井，其旨微矣。蓋嘗反覆請正，而諸公未盡以爲然。近得明水一書，駁辨尤嚴。其謂「心無定體」一語，其於心體，疑失之遠矣。炯然在中，寂然不動，而萬化攸基，此定體也。恨相去遠，識趣日卑陋，愧心汗顔，如失柁之舟，飄泊於顛風巨浪之中，與世浮沉，茫然莫至所止，如之何，如之何？

虜寇以內備頗嚴，今秋可幸無事，而其所可憂者，固自在也。臨楮悵悵，不盡。

聶豹集卷八答歐陽南野太史三 節録

除前承翰教，痛切懇至，若不忍其謬迷而思有以援之，感佩何如！易曰：「君子以朋友講習，辯之弗明，弗措也。」若曰增勝心而長己見，其與自暴棄者何異？竊謂良知本寂，感於物而後有知，知其發也，不可遂以知發爲良知，而忘其發之所自也。心主乎內，應於外而後有外，外其影也，不可以其外應者爲心，而遂求心於外也。故學問之道，自其主乎內之寂然者求之，使之寂而常定也，則感無不通，外無不該，動無不制，而天下之能事畢矣。譬之鑑懸於此，而物來自照；鍾之在簴，而扣無不應，此謂無内外、動静、先後而一之者也。中略。又云：「延平先生言，爲學之初，且當常存此心，勿爲他事所勝。凡遇一事，即當就此事反覆推尋以究其理，待此一事融釋脱落，然後循序漸進，别窮一事。如此既久，積累之多，胸中自當有灑然處。」夫常存此心，勿爲他事所勝，已是識得仁體，故天下之物無以尚之。到此地位，一些子習氣意見著不得，胸次灑然，可以概見，又何待遇事窮理而後然耶？如理在事也，則即事以窮之，是也。理果在於是耶？先師云：窮理者，窮盡乎吾心之天理也。吾心之天理既窮，而不爲他事所勝，則爲子自孝，爲臣自忠，視自明，聽自聰，又何待反覆推究耶？即反覆推究，亦只推究乎此心之存否，與外物勝負何如耳？來論乃引以爲先師致知格物之證，何也？蓋大學傳注謂格物爲「窮至事物之理」，先師辯之詳矣，於是有「格其不正以歸於正」之説。夫心無不正也，感於物而動，然後有不正。於是即物以正吾心之不正，非謂物有不正而正夫物也。嘗記得先師云，此亦是爲困知勉行者開方便法門，乃若聖功致知焉盡之矣。夫致知者，充滿吾心虚靈本體之量，使之寂然不動，儒與釋一也。而吾儒之致知乃在格物，而釋氏以事物之感應，皆吾寂體之幻妄，一切斷除而絶滅之，比之儒者感而遂通天下之故，則毫釐千里矣。蓋感而遂通天下之故，即是格物，即是明明德於天下，即是以天地萬物爲一體。故致知譬之磨鏡，格物鏡之照也，姸媸在彼，隨物應之，而物無遁形，謂非通天下之故耶？如此似與經文「知止而後能慮」一條庶不牴牾。下略。

聶豹集卷八答玉林許僉憲

適承款遇，領益不細，不謂復廑墨教，甚幸甚幸。來論於事物上作步工夫，隨處體察，良是良是。乃吾輩進步第一着，不可少者。但云隨處體察，不知從事事物物上體之察之耶，抑於事物上體察吾心之本體也？夫言也、事也、行也、道也，紛乎不一，迎之不見其始。言而察之，事而察之，行也、道也，又從而察之，只恐賺入憧憧的科臼，其與何思何慮，精義入神境界，其相隔也奚翅徑庭哉？是故不跲不困，不疚不窮，本於前定。前定者，知止也。知止則定靜安慮，一以貫之，大本立而達道行矣。其曰「端緒其微，有自以爲安處，此正毫釐千里之辯」云云，此段尤精。夫事物之應，本於吾心。吾心之體，本自不睹不聞，微矣。夫不睹不聞者，虛也，鑑空衡平，感而遂通，尚何有自以爲安而謬千里者耶？自以爲安而謬千里者，非道理障，則格式障。故於事物若是，而於本體之真，去亦遠矣。其謂「温公之學，平生不欺」，是也。蓋不欺之誠，至兒童走卒頌之而不疑，世顧復有斯人哉？然乃不免於不著不察之譏，得無於毫釐處定盤針而始知其然耶？不然，吴氏亦刻矣。子路平生不及管晏，狂者之嘐嘐不掩，例之無舉無刺，可同日語耶？乃仲尼之徒寧爲此不爲彼者，蓋知風之自，知微之顯，而後可與入德。其曰「静坐有益，天君惺惺，衆欲退聽」，此已透程門訣竅，吾道南矣，以龜山獨領此耳。

執事天常之厚，而又能艱貞以守之，則信手拈來，頭頭是道，無事旁求，萬物皆備也。幸甚幸甚。執事謙降勤勵不凡之資，僕以駑鈍，得備採擇，共圖允升，其亦不偶之遇也耶？若曰面從仰負，拳拳神之聽之。外承藥惠，拜而嘗之，并謝不宣。

聶豹集卷八寄王龍溪二 節録

上略。達夫早年之學，病在於求脱化融釋之太速也。夫脱化融釋，原非功夫字眼，乃功夫熟後景界也。而速於求之，故遂爲慈湖之説所入。以見在爲具足，以知覺爲良知，以不起意爲工夫，樂超頓而鄙堅苦，崇虚見而略實功，自謂撒手懸崖，徧地黄金，而於六經、四書未嘗有一字當意，玩弄精魂，謂爲自得，如是者十年矣。至於盤錯顛沛，遇非其境則茫然無據，譬之摶沙捕螭，迷失當處，追尋無跡，不能不慟朱公之哭也。已而恍然自悟，考之易，考之學、庸，考之身心，乃知學有本原。心主乎内，寂以通感也，止以發慮也，無所不在，而所以存之養之者，止其所而不動也。動其影也，照也，發也。發有動静而寂無動静也。於是一以洗心退藏爲主，虛寂未發爲要，刊落究竟，日見天精，不屬睹聞，此其近時歸根復命，煞喫辛苦處。亦庶幾乎知微知彰之學，乃其自性自度，非不肖有所裨益也。下略。

聶豹集卷一〇答戴伯常 即幽居答述　節録

適接光霽，所謂見聞不能累心者，似以靈昭明覺，人人各具，堯舜可爲，何由以累？愚意竊謂物欲者，理性之障也，天理渾然，靈明固有，而物欲之蔽乃見聞致之。見聞之善，所資益明，而其不善則紛擾膠固於胸中，有終其身而不知其可脱者。爾乃依違顧忌，積習不忘，坐稽歲月，求其無累，亦可得乎？敢希裁教。

聞見者，虛靈流行之用，安得爲累？而反爲累者，虛靈先累於物故也。故戒慎不睹，則天下之睹無不善；恐懼不聞，則天下之聞無不善。是之謂致中，而天下之本立矣。若資聞見之善惡以爲吾心之勸懲，則已落在第二義，察之。

來諭云：「聞見者，虛靈流行之用，安得爲累？而反爲累者，虛靈先爲物累故也。」

傍批云：主本定静，豈有紛擾？蓋定静者，心之體也；見聞者，心之用也。愚前所謂「靈昭明覺，人人各具，堯舜可爲，何由以累」者，性真之本，其體定静，寂然之中，大本攸立者也。但物欲之感，善惡相形，而情妄之來，方屬於聞見也。夫天下未有無見聞之人，亦未有舍見聞之學。再希裁正。

虛靈者，鏡之明；見聞者，鏡之照。磨鏡者，亦惟於本體之明，去其塵垢班蝕，而於照則隨物應之，已無所與也。而反有所謂紛擾膠固者，只爲本體先受其病，故物交物引之，而去不難也。程子謂：「定則明，明則尚。」何應物之爲累哉？可於平旦之好惡觀之，當有得力處。

中略。

伏讀陽明先生古本大學，仰見聖域重新，周文復睹，誠爲曠千古之高見，定百世之久疑者也。但於格物致知之説，似若未安，謹陳所疑，伏冀請正。朱子曰：「致，推極也。知，猶識也。推極吾之知識，欲其所知無不盡也。格，至也。物，猶事也。窮至事物之理，欲其極處無不到也。」先生曰：「致者，至也，致吾心之良知焉爾。良知是乃天命之性，吾心之本體，自然靈昭明覺者也。凡意念之發，吾心之良知無有不自知者。其善歟，自知之；其不善歟，亦自知之，無與於他人也。物者，事也。凡意之所發，必有其事。意所在之事，謂之物。格者，正也。正其不正，以歸於正也。正其不正者，去惡之謂也；歸於正者，爲善之謂也。」夫物格致知，一也。自朱子所解推廣知識，窮極至善，已爲詳盡，夫何先生復解以爲善去惡，皆自知之？若夫自知其善之當爲，與惡之當去，則意不必誠而自誠，心不必正而自正，則天下無學矣。舍窮理而務自知，其意本於率性，其流必至於任情也。

知善之當爲而爲之，如好好色；知惡之當去而去之，如惡惡臭。此是天然真意，故曰自慊。陽明先生云：「無善無惡者，心之體；有善有惡者，意之發；知善知惡者，知之良；爲善去惡者，物之格。」蓋恐學者墮於解悟聞見之末，故就地設法，令人合下有用力處。若愚意，竊謂知，良知也，虛靈不昧，天命之性也；致者，充極其虛靈之本體，而不以一毫意欲自蔽，而明德在我也。格物者，感而遂通天下之故，而修齊治平，一以貫之，是謂明明德於天下也。正與「知止而後有定」一條，脉絡相應。知譬鏡之明，致則磨鏡，格則鏡之照。妍媸在彼，隨物應之而已，何與焉？是之謂格物。聖學本自簡易，只求夫性體，知善知惡，不知從性體上看，亦只隨念頭轉。若從念頭上看，何啻千里，今之以任情爲率性者，類如此。

以知爲虛靈之本體，以物爲感通之妙用。致則充極其知，此德乃明。格則任其物來，各當於理。如此致知格物，合爲一明。大學一書，「知」之一字可以盡其體，「物」之一字可以該其用。修身以上，固舉而措之，誠意、正心之功，未免附力於致知之地。若以致知爲誠意、正心工夫，則修齊治平即其效驗也。至簡至易，誠發前聖所未發，但窮理之功，終無以見。陽明先生以致知不在窮理，又謂昏闇之士，果能隨事隨物精察此心之天理，以致本然之良知，則雖愚必明，雖柔必强。文公用功之要，全在一窮字，用力之地，全在一理字。今謂精察者非窮乎？窮非精察乎？此心之天理爲理，而事物之理非理乎？既不云窮至事物之理者，將謂不必窮其理也。又自謂隨事隨物精察此心之天理者，是謂惟察於心也。不窮其理而惟察於心，非舍萬緣而求一悟者乎？天地間事事物物，孰非吾分内事也，若以事物爲外，又何隨而察之？即如昏闇之士，精察孝之理於其心，當此之時，良知猶未致也。既曰昏闇，將以養志爲孝乎，養口體爲孝乎？從親之令以陷於不義，亦將從之乎？是非兩端，交戰於胸中，所察未精，所知未致，使之行孝，不亦誣乎？察孝者，非據前人之論，必因長者之言。曰養口體，不若養志，從親之令，不若盡義。一加審察，即所謂窮理也。朱子所謂「極處」者，此也；所謂「無不到者」，亦此也。既謂文公多添一「窮」字，先生卻又改添一精察字，豈非增遠年之載籍，换前代之文辭者乎？高明以充極其虚靈之本體，而不以一毫意欲自蔽者，無乃窮理之地乎？抑亦精察於心以候其自知乎？一得之見，言有過中，仰冀教亮。

自吾身之主宰而言謂之心；自主宰之靈覺而言謂之知；自靈覺之生理而言謂之性；自靈覺之感而遂通天下之故，物各付物，各有條理而言謂之理；自吾心之盡夫天理之極，而無一毫人欲之私而言謂之窮理。故明道先生云：「窮理便盡性至命。」正謂此也。故精以察之者，一察夫此心之純不純、雜不雜，而益密夫窮理之功也。故以純乎天理之心以事父，便止於孝；以事君，便止於敬，是何等切實的工夫？乃欲舍此而隨事精察。夫視聽言動，喜怒哀樂，變化云爲，倏忽萬狀，才着思慮，便是憧憧，其害有不可勝言者。了此便可語「一以貫之」之義。以理在事，以考求事物爲窮理，不落道理，便落格式。先生費了許多口舌，才闢得此二障。下略。

張袞

張袞（一四八七—？），字補之，江陰（今屬江蘇）人。正德十六年（一五二一）進士，改庶吉士，授監察御史，官至南京光禄寺卿。著有張水南文集十一卷。事迹詳自撰豫撰壙記並銘。

張水南文集卷四中庸管窺叙

於乎，此傳道之書也。宋儒朱子集注，寔以發明子思憂失其傳之心，天下莫不知有孔氏之學。後世科舉制興，學者始以其私惑之，而本原之地不復深考矣。今太保龍灣先生憂之，爰取本文讀焉，讀而有得，章以別之，句解以釐之，凡其闕文疑義證之以經，旁考乎百家，釋以己意而加斷焉，然後中庸三十三章之本旨洞然無復餘藴矣。集成，私題之曰管窺，示不敢作也。衮也幸獲授而讀焉，嘆曰：君子若是其憂乎！聖人之道著於六經，六經之顯晦繫於傳注，而治忽因之，豈易言哉。昔尹焞遊於伊川之門，越數月始得大學、西銘看。古人之爲學，寔以蠲除氣習，厚養其誠心，洞悉天地萬物之情與吾爲一，匪直爲是見聞而已。今能言之士，執卷好爲文章，侈然謂足以窺聖賢之堂奧，至其爲文，率皆諧世取寵，離性背德，以自謂之華，君子直以類排斥之，惡其不聞道也。天下國家奚賴於是哉？先生靈質異稟，心古而貌虔，自童時即有志於聖賢之學，嘗取學、庸二書，謂爲六經之的，非是無以窺聖人也。精思覃力，窮考索，歷寒暑，凡四十餘年，積若干言，始克成編。當其讀時，群疑並起，勢莫與一。及其定静之後，衆理森然，若屈而伏，説而趨，若就能斷而聽曲直，非之不見其怍，是之不謂其同，真若與諸賢上下其議，於當時必心服乃已，而經復以無憾。余以爲先生寔有補於朱子，而非叛也。始朱子與陸象山講學鵝湖，當其未合，兩家門人至爲詆訾，及其讙然相得，晚號同歸，則見於道一編者可考。古昔大賢之心，求以明道而已，豈自謂必其言盡出於無疑，而不以俟知己於千百世之下哉？先生今所著心性二論，窮極本原，直指人心，惟一不當以既發觀之，謂疑爲二，而力以康節、明道爲是。於乎，盡之矣。衮不知道，童而習之，習矣而不加察，及讀是編而後知昔之未嘗深考也。先生之學悉本朱子，而折衷之以諸儒，發之於言，真足以見道，而傳世無惑者。衮實僭踰，特叙先生辛苦之志，以告後人，使知百世之憂有在，繼先生而起者，當不釋也。先生歷事三朝，正己格君，謀國用人，汲汲乎爲忠，以求必盡此心之爲慊，真無愧於其言者，職在史臣書之，茲不贅者，茲集爲明道作也。

楊慎

楊慎（一四八八——一五五九），字用修，號升庵，新都（今屬四川）人。正德六年（一五一一）狀元，授翰林院修撰。嘉靖三年（一五二四）以諫「大禮」，謫戍雲南永昌，嘉靖三十八年卒。隆慶初贈光禄大夫，天啓中追謚文憲。楊慎素有詩名，且博覽群書，長於考據之學，明史稱「明世記誦之博，著作之富，慎爲第一」。著有丹鉛録、升庵集等。明史卷一九二有傳。

升庵集卷四一太極

孔子曰「易有太極」，其説有本乎？曰：有，洪範、皇極是也。皇極者，人之極也。大傳曰：「六爻之動，三極之道也。」三極者何？立天之道曰陰與陽，陰陽，天之極也；立地之道曰剛與柔，剛柔，地之極也；立人之道曰仁與義，仁義，人之極也。天非陰陽不立，地非剛柔不立，人非仁義不立。天地人，其形也。陰陽、剛柔、仁義，道也。天以陰陽之道而立爲天，地以剛柔之道而立爲地，人以仁義之道而立爲人，猶屋之有極而立爲屋也。三極者，參而三矣。「一生二，二生三，三生萬物」，獨無所謂一乎？太極者，一也；一者，理也。極之爲言至也。太極者，至之又至，非尋常之極，故曰太極。屋極之極，有形也；無形之極，則曰太極。莊子之言「大塊」是已。土塊之塊有限也，無限之塊曰大塊，知此者知孔子立言之意矣。老子曰：「道可道，非常道。」强名曰道，蓋大道本不可名，而借道路之道而强名曰道也。引而伸之亦曰：理可理，非常理，强名曰理。蓋至理本不可名，而借木理之理、文理之理、玉理之理而强名曰理。合而觀之，極可極，非常極，强名曰極也。濂溪周子恐人滯于形，泥于象，曰「無極而太極」，又曰「太極本無極」，强名之上又加强名，千載而下未有知其解者也。陸子静以爲贅，蓋爲昧者泥象滯形慮，然不知聖人立言爲鈎深致遠者設，不爲泥象滯形者設也。若爲昧者言，則兩儀四象昭昭矣，太極之言亦贅也已。神而明之，默而成之，則孔子「太極」二字乃魚筌兔蹄，周子太極圖則繫風捕影，「無極」二字乃駢拇枝指也。象山之言不可謂無見，而其與朱子辯屢千言，而不能自發其本旨，亦所謂意圓語滯者與？

九原可作，起朱陸于寒泉精舍，而余以此説爲之調停，亦必含笑而息訟矣。

升庵集卷四一羲皇心易

陳希夷言：學易者當於羲皇心地上馳騁，無於周、孔注脚下盤旋。朱子云：非周、孔之注，安知羲皇之心乎？陸象山六經注脚及糟粕之説，正出於此。周、孔且注脚，六經尚糟粕，況其餘乎？

丹鉛總録卷一二太極無極

孔子曰：「易有太極，是生兩儀。」極者何？屋棟之名，屋必有極，而後成屋。元氣者，天地之極，故曰太極，言非尋常之極也。周子恐後人滯於有，故曰「太極本無極」，猶莊子名元氣曰「大塊」。塊猶極也，大即太也。而郭象解之曰：「大塊者，無物也。」夫噫氣者，豈有物哉？此可以證周子以無極解太極之義矣。老子曰：「谷神不死，是謂玄牝。」老子之「玄牝」即易之太極也。朱子謂：「玄牝者，至妙之牝，非尋常之牝。」然牝亦豈有物哉？合而言之，易之太極豈有物，謂之曰太極本無極可也。老之「玄牝」豈有物，謂之曰玄牝本無牝可也。莊之大塊豈有物，謂之曰大塊本無塊可也。朱子與陸子論太極無極數千言，惜未及此。陸子深於禪、老之學，聞此未必不服也。

薛蕙

薛蕙（一四八九——一五四一），字君采，號西原，亳州（今屬安徽）人。正德九年（一五一四）進士，授刑部主事，官至吏部考功司郎中。薛氏以程朱之學爲宗，其學以復性爲要，以爲未發之中即是性善，情則有善有不善。著有考功集。明史卷一九一、明儒學案卷五三有傳。

考功集卷九答崔子鍾書 節録

上略。尊德性論「德性、問學等而無辯矣」，不若注中「君子之學」云云者語意乃爲完全耳。象山曰「不知尊德性，焉有道問學」，此誠至當之論，不可因其與朱子相駁，挾私心而輕重之也。今兄復下一轉語曰「不知道問學，何以尊德性」，此難以絀象山之論也。象山之意以尊德性、道問學爲一事，吾兄之言猶合兩長之意，正象山之所譏也。中略。象山非疏也，自雜博者觀，類疏矣。慈湖非險也，習聞故常之説而乍聞其言，類險矣。下略。

考功集卷九答友人書

前後承講學之疏，殆不可以固陋少之也，幸甚幸甚。至導僕以言，謂勿使迷遠而不復，每觀來指，見執事之適道正矣，雖使岐路之中又有岐焉，宜不能惑，奚有於迷而可復乎？今顧云云，固在導僕以言也，然以所聞測來指，不無一二異同，故言之欲卒教焉。前僕舉知言「學欲博不欲雜，守欲約不欲陋」之言，來教謂孔顔博文約禮之博，孟子守約施博之博，蓋禮者理也，吾心有條理處是也。其見於事則謂之文，若三千三百之屬，皆心之所發也，事事而約之以禮，非禮勿視、聽、言、動是也。知言云者，非聖賢所謂博約也。竊謂博文約禮，侯氏、胡氏之解不可易已，儻如來教，當曰「約我以禮，博我以文」，不當反以博文先之，又與循循善誘之言不相蒙矣。孟子所謂守約施博，其曰脩其身而天下平者是也。大抵來教所稱，止可以言約禮，非可以言博文也。知言所謂「學欲博」、「守欲約」，正指夫聖賢之學，所謂「不欲雜」、「不欲陋」者，則辨別俗儒之學，異乎聖賢也，殆不可以遽然非之。然五峰之言意在夫溺心俗儒之學者，惑於其似而無辨；而僕昔者之言，意在夫從事聖賢之學者，又安於其偏而自足爾？又謂朱子傳注使孔、顔、曾、孟之言同者反異，如大學首簡言致知，而中庸首章無之；中庸首章言存養，而大學誠意章無之。竊以爲此二書本異，非傳注異之也。然中庸首章無致知，至於他章「學而知之」、「困而知之」，博學、審問、慎思、明辨之屬，與大學之道何異？若大學誠意與中庸存養異者，蓋存養乃未發之時，意則已發，故言誠而不言存養耳。然苟能正心誠意，未有不能存養者也，亦何害其爲同邪？夫孔、顔、曾、孟之言，要其歸未嘗不同，然斯道不容一言而盡，故或有不同者，故曰：「夫言豈一端而已，夫各有所當也。」至如孟子言性善、養氣之類，抑豈可謂論語無之邪？非獨四子然也。易之言有不同乎書者矣，書之言有不同乎詩者矣。各經之言，或先或後，或彼或此，何必一一强同乎？直要其歸，觀其所以同耳。若字量句較，往往固而不通矣。又謂：「甚愛明道之言似四子，而伊川、朱子多與之異。」夫明道、伊川其資稟氣象固有不同，其言亦不無小有異同者，然其學術則未始異也，是以當時從學者未有謂二先生之學異也。而明道亦亟稱伊川，豈有異而不相論難乎？朱子之學亦若是而已。此寡薄守舊之見。來指所謂異者，意非小有異同，蓋必就其節目而言，幸略諭及，容再質疑也。後疏所示心與理之説，大概即前約禮之義，益廣言之爾。僕謂執事之適道正矣，雖多岐路不能惑者以此也。夫蓋曰聖賢載籍皆心學也，執事既昭然於斯矣，豈慮其惑於他也哉？雖然，盡其心則難矣。張子曰「有外之心不足以合天心」，此在賢者之患。然僕尤有欲言者，執事與僕他論小有異同，苟此不同，雖他有同者非切也更異。博取二先生之書，深考而精思之，又必勿執獨然之見，勿主先入之言，以概衆理，然後二先生是非之實可得也。至是二先生之言卒不當於尊意，凡區區之説，又二先生之糟粕也，執事豈有取乎？言之猥雜，蓋不敢不盡，而況乎導僕以言也！

黄佐

黄佐（一四九〇——一五六六），字才伯，號泰泉，香山（今廣東中山）人。正德十五年（一五二〇）進士，選庶吉士，授編修，出爲江西僉事，後起侍讀學士，掌南京翰林院事，卒謚文裕。黄氏論學以博約爲宗旨，曾與王守仁辯難知行合一之説。有庸言、泰泉集等。明史卷二八七、明儒學案卷五一有傳。

庸言卷一

知，一也，然有聞見之知，有德性之知，何哉？德性之知，如所謂知愛其親、知敬其兄者，良知也，不學而能焉。聞見之知，如所謂多聞而擇、多見而識，學而後能，雖得其正矣，然猶曰「知之次也」，知之次，則非其至者矣。蓋德性之知，内也，得於天者也；聞見之知，外也，得於人者也。故唐儒李翱曰：「視聽昭昭，不起於見聞，其心寂然，光照天地。」幾於禪矣。宋儒張子曰：「聞見之知，由物而有知，非德性所知。德性所知，不萌於見聞。」其本諸中庸乎？今之傳習者，無非見聞之知，影響焉而已。然則終不可以合一乎？曰：見聞所及，擇善而默識之，必愜於德性以自養焉，故曰「多識前言往行，以畜其德」，又曰「尊德性而道問學」。

格物所以明善也，誠意所以誠身也。身主於心，心發於意，意萌於知，知起於物。曰「致知在格物」，不言先者，知與意雖有先後，其實非二事也。知之不至，則意不誠而無物。記曰「物至知，知而後好惡形焉」，何者？好善惡惡，感於物理者也。好妍惡媸，好富惡貧，感於物欲者也。道不離物，物不離事，盈天地間物，物各有一理存焉。去欲求理，豈以空談悟哉。不曰理而曰物者，踐其實耳。鄭玄曰：「格，來也。物猶事也。」程子因言物來知起。象山曰：「格，至也，研磨考索以求其至。」朱子因言窮至事物之理。温公曰「扞格外物」，以物至爲外，非合内外之道。黄潤玉曰，格，正也，義取格其非心，心正矣，奚用誠意致知爲哉。是數説皆因記而億者也。惟説文曰：「格，木長貌，從木各聲。」取義於木，聲以諧之，其訓精矣。今夫五行之各一其性也，水土金火匯萃鎔合，皆可爲一。惟木不然，挨接暫同，終則必異。理欲同行而異情，正如桃李荆棘共陌連根，始若相似，及至條長之時，形色别矣。荆棘必翦，猶惡之菑逮夫身者也。桃李必培，猶善之欲有諸己也。培其根而達其枝，則木各滋息而長矣。脩其本而達其末，則物各觸類而長矣。是故耳目口體，物也，心爲本，而視聽食息其末也。喜怒憂懼無節於内，胡爲物交物引之而去乎？必使心能爲身之本，明於庶物而後已。父子兄弟物也，自孝弟慈推之，則身爲本，而絜矩其末也。好惡胡爲而偏乎？必使身能爲家國之本，至誠動物而後已。天下大矣，始于格物，先事者也。理自理，欲自欲，則本根各異。物既格矣，至于天下平，後得者也。人人親其親，長其長，物各付物，則枝葉亦各不同焉。惟明也辨物之理欲，而至善存。惟誠也成物之始終，而大道得。孔子之成身不過乎物，孟子之萬物皆備，反身而誠，皆知本之謂也。或曰，禮樂刑政之道，鳥獸草木之名，莫非物也，汎而格諸？曰，否否。本則身，厚則倫，經不云乎：「其本亂而末治者否矣，其所厚者薄，而其所薄者厚，未之有也。」

庸言卷九

問：朱子釋太極圖，證以「易有太極」一語，周子自爲説，則終之曰「大哉易也，斯其至矣」，蔡氏清謂「易繫與圖不同」，何也，吴澄又謂「古今言太極者有二，夫子、周、邵與老、莊、列子」，漢唐諸儒絶不相同，蓋彼皆以爲先有理而後有氣，此則理氣不分故爾。若此，奚以折衷？曰：太極豈有二哉？「一陰一陽之謂道」，道，太極也。太極分陰陽爲兩儀，兩儀分老少爲四象，八木七火九金六水而土王五中，觀於河圖、參以月令可見矣。是則四象即五行也，五行一陰陽，陰陽一太極，蔡氏二之非也。陸象山與朱子書謂「無極」二字出於老子，若懼學者泥於形氣而申釋之，則宜如詩言「上天之載」，而於下贊之曰「無聲無臭」可也，豈宜以無極加於太極之上哉？朱子從之以解圖說，則是專以天言也。漢志曰：「太極元氣，函三爲一。」天，太極也。元氣則行乎地而生人物，至無之中至有存焉，故謂之函也。張遐少知易義，徐穉嘗稱之，陳蕃問遐，遐曰：「易無定體，强名曰『太極』，太者，至大之謂。極者，至要之謂。蓋言其理至大至要，在混沌之中，一動而生陰陽。陰陽者，氣也。」晋紀瞻與顧榮論易，謂太極者，極盡之稱，言其理極無復外形，外形既極而生兩儀。左思亦曰：「太極剖判，造化權輿，體兼晝夜，理包清濁。」唐孔穎達曰：「太極謂天地未分之前，元氣混而爲一。」柳宗元又曰：「無極之極，漭瀰無垠，或形之加，孰取大焉。」合而觀之，理即形氣也，其源則漢儒謂易無體而有太極，與周子實同。柏齊何氏瑭曰：「朱子以『上天之載』釋太極，而不知天地皆太極之分體也。以天爲太極之全體，而地爲太極之分體，悮甚矣哉。」然考之漢志，則朱子之所本也，晋、唐皆沿漢説，孰謂其異哉。若夫老子、列子皆言無極，莊子言道「在太極之先」，則是太極之外復有無極，歷空在先而謂之道，猶洪邁改周子圖説自無極而爲太極也，是則異矣。

問：象山云「看經書須看注疏及先儒解釋，不然執己見議論，恐自是」，黄氏震謂「平日以此等爲陷溺，而今日之言乃如此，乃知天下常理終不可逃也」，豈自欺者與？曰：釋氏自達磨即心見性，不立言語文字，然語録、傳燈之類，乃更繁多。昔楚人有鬻矛與盾者，譽之曰「吾盾之堅，莫能陷也」，又曰「吾矛之利，於物無不陷也」，或曰「以子之矛，陷子之盾，何如」，其人弗能應也。談禪者大抵類此。

顔子克己復禮，天下歸仁；孟子集義養氣，當大任不動心：可謂内外合一之學矣。漢初儒者論著猶不然，道今之陸賈新語贋本也。予得諸論衡、文選注者有曰「天地生人以禮義之性，人能察己所以受命則順矣」，與子貢不受命而貨殖同義。曰「順之謂道」，與中庸率性同義。其後佛老與吾儒混爲一途，唐文粹可概見已。白居易曰：「天地有常道，萬物有常性。道不可以終静，濟之以動。性不可以終動，濟之以静。取諸震而發身，受以復而知命，所以莊生曰『知養恬』，易曰『蒙養正』。」梁肅曰：「夫止觀何爲也？導萬法之理，而復於實際者也。實際者，性之本也。物之所以不能復者，昏動使之然也。照昏謂之明也，［駐］動謂之静，明與静，止觀之體也。」李翺復性書曰：「誠者，聖人之性也」，「知本無有思，動静皆離，寂然不動者是至誠也」，「視聽昭昭而不起於見聞，其心寂然，光照天地，是誠之明也」，「情者，妄也邪也。曰邪與妄，則無所因矣。妄情滅息，本性清明，周流六虚，所以能復其性也」。蓋高宗時六祖慧能説法曹溪，有語録，號爲法寶壇經，士大夫宗之，故雖名士如翱亦皆參禪，而僧道多以老、易講授，儒者反師事之，故其論著大氏以静覺爲宗。至宋，蘇轍序老子解，直以中庸爲佛法，六祖謂不思善不思惡，則喜怒哀樂之未發也。中者佛性之異名，而和者六度萬行之總目，致中和而天地萬物生於其間，非佛法何以當之。朱子謂既合吾儒於老子，又彌縫以釋氏，可謂舛矣。然轍猶云「君臣父子之間，非禮法則亂。居山林而心存至道，雖爲人天之師可也，以之治世則亂。」豈非以禪心起滅天地，不復知有禮義故與？南渡後大慧禪師宗杲者，龜山門人張子韶樂其捷徑，嘗師事之。陸象山又師其徒得光。杲教子韶曰：「既得欛柄，入手開導之際，當改頭换面，隨宜説法，使殊塗同歸。」故凡張、陸論著，皆陽儒而陰釋，愚人耳目，使入乎禪，雖欲復出而不可得。傳燈録曰：「作用是性，在目曰見，在耳曰聞，在鼻嗅香，在口談論，在手執捉，在足運奔。」即象山所謂「吾目視耳聽，鼻嗅口嘗，手執足運，不必存誠持敬者也」。嗚呼，顔子所謂「非禮」，孟子所謂「義襲」，至是皆悍然不顧矣。宗其説者，不求理義，惟談頓悟，大氏曹溪之流派爾。近清瀾陳氏建著學蔀通辯，謂「吾道蔀障至杲而極」。杲之祕計大類吕不韋，不韋陰以其子易秦，而秦人不覺；杲以其學易儒，而後世亦鮮知之。始皇既立，名號猶襲嬴秦，而血脉則已移于吕。張、陸繼作，名號猶襲吾儒，而血脉則已移于禪。二人者其古今之大盜與？

學蔀通辯首言儒佛混淆，朱陸莫辨，易曰「豐其蔀，日中見斗」，深言掩蔽之害也。象山援儒掩佛，朱子終身排之，近世迺謂朱子初年所見未定，晚始悔悟，與之合。始於趙汸對江右六君子策，成於程敏政道一編。王陽明因爲朱子晚年定論。於是考究朱子早年嘗出入禪學，與象山未會而同，中年方識象山，疑信相半，至晚年始覺其弊，攻之甚力。象山既没，排之尤明，所據歲月最爲精確。且謂其學遺物棄事，屏思黜慮，專務空覺，完養精神，不思義理，遏定此心，久忽明快，方謂之得，其爲禪顯然。其徒有傅子淵者，象山稱其人品甚高，非餘子比也。忽一日自以爲悟道，明日酗酒罵人。又有顔子堅者，棄儒爲僧，朱子答其書云：「所謂『古人學問不在簡編，必有所謂統之宗、會之元』者，僕愚於此未喻。聖人教人博文約禮，學問思辨而力行之，不可誣也。若曰不在簡編，而惟統宗、會元之求，則是妄意躐等，以陷于邪説詖行之流矣。聞已得祠牒，髡首有期，願更思慮，與子静謀之。」然陸子與書，一則曰「高明終當遠到」，二則曰「道非口舌所能辯」，嗚呼，髡首而胡服矣。不知所到者，何道邪？予謂象山嘗歎朱子泰山喬嶽，可惜學不見道，枉費精神，以道問學之功多也，故其教人務在收拾心之精神，閉目止觀，一朝頓悟，光含萬象，見景自詫，反至喪心。佛書云「惟有一乘法，無二亦無三」，又云「惟此一事實，餘二則非真」。文殊曰：「善哉，無有言語文字，是真入不二法門也。」此謂實際，此謂欛柄，故象山嘗舉禪偈曰「家有壬癸神，能運千斛水」，又曰「舉頭天外望，無我這般人」，其作詩則有「哮吼大嚼無毫全」及「始笑從前着意聽」之句，眇視聖經賢傳故爾，然則其徒猖狂，亦奚怪邪？

呂氏本中解「致知在格物，物格而后知至」曰：「致知格物，修身之本也。知者，良知也，與堯舜同者也。理既窮則知自至，與堯舜同者忽然自見，默而識之。」朱子謂「此釋氏一聞千悟，一超直入之說也」。象山武陵學記亦言「良知」，後渠曰「正物之謂格，至理之謂物，今之異言也，則心當何主，而至善有別名乎？孟子曰良知良能，心之用也。愛敬，性之實也。本諸天，故曰『良』。今取以證其異，删『良能』而不挈，非霸儒與？」

庸言卷一二

吾嘗讀程、陸之書矣，言必稱孔孟；又讀孔孟之書矣，言必稱堯舜；又讀堯舜之書矣，言必稱一。一者，羲畫之乾也。大人存誠，而天下之道源於此。自庖羲率而下之，皆子孫也。由程、陸等而上之，皆祖禰也。取程、陸一言以立門户，是舍祖禰而師童穉也。且又陽儒陰釋，自謂超悟，而斥孔子爲鈍根下乘，殊不知超悟孰若庖羲？而畫卦必用心觀察，乃協圖書，則其悟亦由積累而致爾。今也竊主六祖壇經，以爲聖門衣鉢，是猶薙髮之僧，指其麒曰：「吾闕里之幼孫也，吾誰欺，欺天乎？」或曰：「剖破藩籬，即大家也。」欲引之同歸于一，而不知彼披猖昏墊，惡乎其能藩籬，而又何事乎剖？是故讀書窮理，知天之所爲而性合之，則上治祖禰，下治子孫，大家在吾胸中矣。一誠立則萬僞消，大人出則群兒退，苟厭此常經，樂彼狂噪，及其自敗則又棄焉，無亦喪心者乎？詩曰「之子無良，二三其德」，此之謂也。

與徐養齋

昨承教中和之説，謂陽明傳習録云：「不可謂未發之中，常人俱有之。蓋體用一源，有是體即有是用，今人用未能有發而皆中節之和，則知其體亦未能得未發之中。」執事謂：「民受天地之中以生，其性無有不善，若無未發之中，則人皆可爲堯舜，豈謬語哉？」蓋陽明之學，本於心之知覺，實由佛氏。其曰：「只是一念良知，徹首徹尾，無始無終，即是前念不滅，後念不生。」此乃金剛經不生不滅，入涅槃覺，安知所謂中和也？又曰：「無所住而生其心，佛氏曾有是言，未爲非也。」又曰：「不思善不思惡時，認本來面目，即吾所謂良知。」又曰：「無善無惡者理之静，有善有惡者氣之動。不動於氣，即無善無惡，是謂至善。」此又畔孟子性善之説矣。既曰無善，安得又曰「是謂至善」，是自相矛盾也。又曰：「吾自幼篤志二氏，自謂既有所得，謂儒者爲不足學。其後居夷三載，見得聖人之學，若是其簡易廣大，始自悔悟，錯用三十年氣力。大抵二氏之學，其妙與聖人只有毫釐之間。」執事謂其與佛老汩没俱化，未嘗悔悟，但借良知以文飾之耳，誠然誠然。生謂中庸者，作聖之樞要，而精一執事之疏義也。明乎此，則佛老之説，祇覺其高虚而無實，避去不暇，又何汩没之有哉！夫堯舜始言中，孔子始言中庸之爲德，中不啻足矣，而言庸何也？蓋慮人以中難知難行，而不知人皆可以爲堯舜，故又以庸言之，蓋謂無過不及之中，乃平常應用之理，降衷秉彝，人人所同也。故子思述孔子之意，以爲此篇，凡言及品節限制，而操存於内者，皆以防人心之危也；言及天地民物，皆以廓道心之微也。然道心之發，恒與人心相參，則察之不容以不精，守之不容以不一，必精而至一，則中可用於民，推之天下國家，而天地位萬物育矣，其用功以致中和也。俗儒皆以戒懼爲静而存養，慎獨爲動而省察，然章句、或問惟言存養省察，未嘗分言動静也。生愚以爲此乃默識天性，而操存涵養之學，以此訓人，以此修道立教，無非中庸之爲德，合内外之道，即易所謂「默而成之，不言而信，存乎德行」。性既存於心，心自見於事，聖神功化之極，自有不疾而速，不行而至者矣。昨談及此，猶未之詳也，試更詳一得之愚可乎？蓋首章「戒慎不睹，恐懼不聞」，與末章「不動而敬，不言而信」，正是相應。聖學相傳，洪範五事，孔門四勿，皆從此用功，雖稠人廣坐之中，從事於此，惟恐少怠。記所云

「哀樂相生」，正明目以視之，不可得而見也，傾耳以聽之，不可得而聞也，豈待感物而動哉？故又曰：「人生而静，天之性也。」默識天性之中，庶乎情發而皆中節。由此推極，則中和致矣。若待静時存養，則無有所謂「不睹不聞，不動不言」之時矣。嘗當中夜不接物時驗之，目睹隙光，耳聞更漏，或擁衣而動，呼童而言，未有無思無慮如槁木者，故曰「纔思即是已發」。惟内視返觀，則性如皎日，有過即知，是謂明德。好惡本無一偏，豈非未發之中乎？若對客應酬亦然。一有偏處，即静以待之，則喜怒哀樂之發，無不中節，而和自中出矣。涵養日久，便是默而成之，篤恭而天下平，不獨成己而已。若嘵嘵講學，各執一端，則自相乖戾，去中和遠矣。明儒學案卷五一文裕黄泰泉先生佐

與何燕泉

孔子之教人，博約而已矣。博文而約之以禮，即多學而貫之以一者也。昔嘗談及尋樂，朱子曰：「不用思量顔子，惟是博文約禮後，見理分明，日用純熟，不爲欲撓，自爾快樂。」以佐觀之，論語言博約者凡三見，蓋從事經書，質問師友，反身而誠，服膺勿失，則此樂得諸心矣。樂善不倦，絶無私欲，天爵在我，不爲人爵所困役，天地萬物與吾同體，更無窒礙，隨時隨處，無入而不自得。然則寓形宇宙之内，更有何樂可以代此哉？莊誦執事餘冬

序録終篇，啓發滋多，與向日京邸共談時，樂無以異。然則執事殆真得孔顔之樂者哉！夫庖羲始造書契，治官察民，墳典興焉，皐、夔、稷、契既讀其書矣，是即博文也。得之於心，則天之敘秩我者，我得而惇庸之，同寅協恭和衷，如皐陶所云者，而能有行焉，是即約禮也。今之道學，未嘗讀書，而索之空寂杳冥，無由貫徹物理，而徒曰致和，則物既弗格矣，無由反身而誠，則樂處於何而得哉？善乎執事之論學也，其曰：「孔子後，斯道至宋儒復明，而濂溪實唱之。」先生令郴時，郡守李初平聞先生論學，欲讀書。先生曰：「公老無及矣，請爲公言之。」初平聽先生語，二年卒有得。此可見學必讀書，然後爲學，問必聽受師友，然後爲問。駕言浮談，但曰「學苟知本，則六經皆我注脚」，則自索之覺悟，正執事所謂「野狐禪」耳。吕希哲解大學曰：「致知，致良知也；物格，則知自至。堯舜與人同者，忽然自見。」又作詩，癖元凱而俳相如，以莊周所言顔子心齋爲至。嗟乎，莊周不讀孔子魯論之書，又安知心齋由於博而後得於約邪？謝顯道見明道誦讀書史，明道稱顯道能多識，伊川見人静坐以爲知學，蓋聖賢修習，必反躬内省，若徒誦其言而忘其味，六經一糟粕耳。又執事所謂口耳出入之間，言語文字之末，剪綵爲春，象龍救旱，抑竟何益哉？此周濂溪教二程尋樂之宗旨也。然世俗相傳，謂先生太極圖説得諸潤州鶴林寺僧壽涯者，其誣固不必辯。但此圖與通書相爲表裏，先生蓋讀書深造而自得，非索之空寂杳冥者。圖首曰「無極而太極」，蓋無聲無臭之中，而實理存焉。天地人物，一以貫之，道爲太極，心爲太極，其實理同也，即書「誠者，聖人之本也」。其言「動而生陽，静而生陰」，即書「誠源誠復」也。其言「聖人主静立人極」，即書「聖學一爲要，一者無欲，無欲故静」也。静則至無之中，至有存焉，其渾然太極已乎！徵諸易與中庸，則易「無思也，無爲也，寂然不動，感而遂通天下之故」，乃「太極生兩儀，兩儀生四象」之本也。不言四象而言五行者，「河出圖，洛出書，聖人則之」。圖書皆以土生數五居中，而四象成焉，亦中正仁義之所由定也。至聖之德，本得諸至誠之道蓋如此。至誠無息，至聖有臨，則天地合德矣。既與天地合德，則與日月合明、四時合序可知。故言孔子立人極，傳自堯、舜、文、武，及與上律下襲，必譬諸四時日月焉。天地之大德曰生，若或濬之，而小德分殊。四時各一其氣，日月各一其明，萬物各一其性，如所濬之川，東則不入於西，南則不入於北，而往過來續，不舍晝夜，故曰「小德川流」。萬物之所以並育者，無極之真，二五之精，妙合而凝，乾道成男，坤道成女，化生萬物也。四時日月之所以並行者，五氣順布，四時行也，孰綱維是，孰主張是？若有宰之而特不得其朕者矣，故曰「大德敦化」。此則書五行陰陽，陰陽，太極也。先生真積力久，融會貫徹，乃爲圖，又爲之説，自博而約，雖書不盡言，圖不盡意，豈非聞孔子之道而知之者哉！明儒學案卷五一文裕黄泰泉先生佐

答汪方塘思

指摘傳習録九條，如曰：「心之體，性也，性即理也。故有孝親忠君之心，即有忠孝之理，無忠孝之心，即無忠孝之理矣。理豈外於吾心邪？晦庵謂：『人之所以爲學者，心與理而已。心雖主乎一身，而實管乎天下之理。理雖散在萬事，而實不外乎人之一心。』是其一分一合之間，未免已啓學者心、理爲二之弊，此後世所以有專求本心，遂遺物理之患，正由不知心即理耳，此義外之説。」蓋朱子既謂理不外心，正自本體言，其格物傳「即物而窮其理」，即是我心即之也，非義外也。書曰「以義制事」，語曰「聞義不能徙」，以與聞皆自心言，即孟子所謂「理義之悦我心也」。理義不根於心，又何悦哉？然録中亦有嘉言，如曰：「理無内外，性無内外，故學無内外。講習討論，未嘗非内也；反觀内省，未嘗遺外也。夫謂學必資於外求，是以己性爲有外也，是義外也，用智者也。謂反觀内省爲求之於内，是以己性爲有内也，是有我也，自私者也。是皆不知性之無内外也。」是發明中庸合内外之道也。其辯「人謂『晦庵專以道問學爲事』，然晦庵之言曰『非存心無以致知』，曰『居敬窮理』，曰『君子之心常存敬畏，雖不見聞，亦不敢忽，所以存天理之本然，而不使離於須臾之頃也』。是其爲言，雖未盡瑩，何嘗不以尊德性爲事？而又烏在其爲支離乎？又恐學者之躐等，或失之妄作，使必先之以格致，而無不明；然後有自以實之於誠正，而無所謬。世之學者，苦其難而無所入，遂議其支離。不知此乃學者之弊，而當時晦庵之自爲，則亦豈至是乎」。此其最得者也。又曰：「聖人述六經，惟是存天理、去人欲。道問學時，就此心去人欲、存天理上講求至善，如事親溫清，必盡此心之孝，惟恐有一毫人欲間雜此心。若無人欲，純是天理，自然思量父母寒熱，求盡溫清道理。」此亦其最得者也。然亦有大弊，與孔孟相反者。如曰：「新民，從舊本作『親民』，孟子『親親仁民』之謂，親之即仁之也。」此則弊流於兼愛，而不自知矣。如曰：「今人知當孝弟，而不能孝弟，此已被私欲隔斷，非知行本體。未有知而不行者，知而不行，只是未知。」此則是矣。然講求既明，又焉肯爲不孝不弟之人乎？乃曰：「欲求明峻德，惟在致良知。」人喜其直截，遂以知爲行，而無復存養省察之功。資質高者，又出妙論以助其空疏，而不復談書以求經濟。此則弊流於爲我，而不自知矣。吾不知其於楊墨爲何如也！執事所指摘者，謂陽明陷溺於佛氏三十年，然後以致良知爲學，本不過一圓覺耳。如曰：「目可得見，耳可得聞，口可得言，心可得思者，皆下學也。目不可得見，耳不可得聞，口不可得言，心不可得思者，皆上達也。」此則佛氏不可思議之説也。吾儒下學而上達，惟一理耳，豈可岐而二之哉？既以親親即爲仁民，又以良知即爲良能，至此則又不合而爲一，口給禦人，陽儒陰釋，誤人深矣。明儒學案卷五一文裕黄泰泉先生佐

復何賓巖鏜

講學之徒，惟主覺悟，而斥絕經書，自附會大學，致知之外，不復聞見古今，連宇宙字義，亦所不識。蓋上下四方之宇，往古來今之宙，乃性分内事，必貫徹之，方可謂「物格而後知至」。羅念庵昔與唐、趙各疏請東駕臨朝，幾陷大僇，後得免歸，亦主覺悟而不讀書之所致也。今觀其集，首答蔣道林書「不展卷三閱月，而後覺此心中虛無物，旁通無窮，如長空雲氣，流行大海，魚龍變化」，豈非執靈明以爲用者邪？昔六祖聞師説法，悟曰：「何期自性？本自清淨。何期自性？本不生滅。何期自性？能生萬法。」楊慈湖倣之曰：「忽省此心之清明，忽省此心之無始末，忽省此心之無所不通。」可謂蹈襲舊套矣。然既曰「無物」，又有「魚龍」，而宇宙渾成一片，此即野狐禪，所謂圓陀陀、光爍爍也。其與舊日冬游等記更無二致。明儒學案卷五一文裕黄泰泉先生佐

原學

堯舜之世，道德事功，見於典謨者，無非學也。雖不言學，而其言皆知本，此其所以爲萬世法與？自成湯言性後，傅説始言學，説命之告王也，始之曰：「人求多聞，時惟建事，學

於古訓乃有獲。事不師古，以克永世，匪説攸聞。」蓋求多聞，式古訓，則理日明，苟無言語文字以爲學，則非吾之所謂學矣。次之曰：「惟學遜志務時敏，厥修乃來，允懷于兹，道積于厥躬。」蓋遜其志，敏其學，則道日積，苟不勉强學問以爲道，則非吾之所謂道矣。終之曰：「惟斆學半，念終始典于學，厥德修罔覺。」蓋斆學兼全，終始克命，則德日修，苟執圓明覺悟以爲德，則非吾之所謂德矣。自有書契，治百官，察萬民以來，不可一日廢也。雖言語文字日繁，仲尼删述六經，則已簡易矣。是故古之王者取士，爲其多聞也，爲其賢也。士之待聘者，博學而不窮，篤行而不倦，聞識雖多，而貫諸一心，則道明德立，丕建事功，而堯舜之治，有不復者哉？然好高欲速，厭常喜新，是己非人，黨同伐異，學者之通患也，雖堯舜在上，文章焕然，而言由其心，文見於行，命德亮工之外，蓋鮮見焉。故驩兜黨共工之象恭也，靖言庸違，反以爲功；有苗效伯鯀之方命也，昏迷侮慢，自以爲賢。而況孔子春秋之時乎？蓋道家者流起，自黄帝、伊、吕，歷記成敗之道，而書成於管仲，惟守清虚，持卑弱，以用兵權。孔門弟子，蓋有惑於異端，違離道本，而畔博約之教者，雖子路之勇，猶曰「何必讀書，然後爲學」，故教人一則曰「攻乎異端，斯害也已」，二則曰「君子博學於文，約之以禮，亦可以弗畔矣夫」。時則老子之學，無欲無爲，自然而民化，其要存乎致虚極，守静篤，萬物並作，吾以觀其復，而守中保盈，所寶者三，曰慈、曰儉、曰不敢爲天下先。以禮文爲亂之首，道之華，則是執三皇之治，以御季世也。孔子嘗問禮而知其意，夫道德仁義既失，則禮無本矣，此所以從先進與？及蕩者爲之，則欲絶去禮學，兼棄仁義，曰「聖人不死，大道不止，剖斗折衡，而民不争」，莊周之言也，豈老氏以正治國之意哉？時至孟子，楊朱、墨翟興焉。朱有言曰：「行善不以爲名，而名從之，名不與利期，而利歸之，利不與争期，而争及之，故君子必慎爲善。」其爲我也，有類於「不敢爲天下先」。翟之言其節用非儒，述晏嬰之毁孔子曰：「盛容修飾以蠱世，絃歌鼓舞以聚徒，當年不能究其禮，積財不能贍其樂。」其兼愛上同，則有類於慈儉者焉，然未嘗一言及於老氏以爲宗也。司馬遷引墨譏儒，崇黄老而薄六經，謂「經傳以千萬數，博而寡要，勞而少功」。殊不知吾儒之學，自本貫末，雖孔子之聖，猶資聞見，以次德性之知而擴充之，詩、書執禮，皆其雅言，而欲卒以學易，可謂念終始典於學者矣。故曰：「多聞擇其善者而從之，多見而識之，知之次也。」觀於攝相事，得邦家綏來動和之化，則其所擴充者，莫非道德事功，彼老氏焉能有以致此哉！况六經藉孔子删述，要而不繁。漢文帝旁求治之者，田何、伏生、孟喜，僅數人爾。迄武帝時，安得有千萬數哉？是遷之誣也。自是黄老大行於漢矣。佛雖興於晋、宋、齊、梁之間，然六經猶未泯也。自晚宋「學苟知本，則六經皆我註」之言出，禪學大昌，其徒心狹而險，行僞而矜，言妄而誑，氣暴而餒，則六經之道晦矣。嗟乎，傳説之言學之原也，士之志於「道積厥躬，德修罔覺」者，當何如？曰「學於古訓乃有獲」，此其斆學兼全，終始克念，當篤信而力行之，不可一日廢者也。後世學尚超異，凡經傳皆以爲古人糟粕，一切屏之，惟讀佛老書，雖數千卷，則未嘗厭，故予詳説而贅爲之辭。明儒學案卷五一文裕黄泰泉先生佐

劉文敏

劉文敏（一四九〇——一五九二），字宜充，號兩峰，安福（今屬江西）人。諸生。徐階提學江西，以貢生徵之，不起。劉氏論學以虚爲宗，主張從静處用功，故云：「知體本虚，虚乃生生，虚者天地萬物之原也，吾道以虚爲宗。」事迹見王時槐兩峰劉先生文敏墓志銘，明史卷二八三、明儒學案卷一九有傳。

論學要語

學術同異，皆起於意根未離，尚落氣質，故意、必、固、我，皆所以害我。若中涵太虚，順吾自然之條理，則易簡理得，時措適宜，往聖精神心術，皆潛孚而默會之。明儒學案卷一九處士劉兩峰先生文敏

張岳

張岳（一四九二——一五五三），字維喬，號凈峰，惠安（今屬福建）人。正德十二年（一五一七）進士，授行人，官至右都御史，卒謚襄惠。張氏論學大抵宗程朱，而不契於王守仁，以爲王氏良知之説，知行合一之言，必致「誤氣質做性，人欲做天理」。有小山類稿等。明史卷二〇〇、明儒學案卷五二有傳。

小山類稿卷六與聶雙江巡按

嚮承教格物説，匆匆未及奉答。此一義也，古人屢言之，及陽明而益詳，然鄙滯終不能釋然者。蓋古人學問，只就日用行事上實下工夫。所謂格物者，只事物交接，念慮發動處，便就辨別公私義利，使纖悉曲折，昭晰明白，足以自信不疑，然後意可得而誠，心可得而正。不然，一念私見横據於中，縱使發得十分懇到，如適越北轅，愈騖愈遠。自古許多好資質，志向甚正，只爲擇義不精，以陷於過差而不自知者有矣，如楊、墨、釋氏，豈有邪心哉？其流至於無父無君，此其病根所在，不可不深究也。來教云：「格物者，克去己私，以求復乎心之體也。」某謂一部大學，皆是欲人克去己私，以求復乎心之體也。但必先辨夫公私之所在，然後有以克而復之。此其節級相承，脉絡相因，吾學之所定疊切實，異於異教之張皇作用者，只這些子。且如讀書，講明義理，亦是吾心下元有此理，知識一時未開，須讀古人書以開之。然必急其當讀，沉潛反覆，使其滋味浹洽，不但理明，即此就是存養之功，與俗學之支離浮誕者全不同。豈有使之舍切己工夫，而終日勞於天文地理，與夫名物度數，以爲知哉？無是事也。數年來，朋友見教者甚多，終是胸中舊根卒難掃除，而私心習之既久，又不忍遽除之也。

小山類稿卷六又與聶雙江巡按

錢令過敝邑，辱賜今年鄉書，洋洋乎其言之也。披卷疾讀，心豁目開，然其中有可疑者，不能默默。大抵今之論文章者，必曰秦漢，蓋以近時之軟熟飣餖爲可厭也。講讀者，必曰自得，亦以傳注之拘滯支離，學之未必有得也。夫真能以秦漢之文，發其胸臆獨得之見，洋洋乎通篇累牘，而於根本淵源之地，未必實有得焉，君子未敢以作者歸之也。況所謂秦漢者，乃不出晚宋之尖新，稍有異於今之軟熟者爾，實亦無以異也。暗鬱而不章，煩複而無體，奔走學者於譎誕險薄之域，反不若淺近平易，猶得全其未盡之巧之爲愈也。秦漢之文，見於班、馬氏，所載多矣。其深厚醇雅之氣，明白正大之體，曾有一言一事譎誕乎哉？今之自託爲秦漢者，恐未必於班馬之書有得也。有得於中，則其發也必不掩矣。乃欲厚自與而疑學者，其亦可悲也夫！自得之言，出於孟子，其意亦曰漸漬積累，自然有得爾，夫豈必於排擯舊説，直任胸臆所裁，而謂之自得哉？三代而下，數聖人之經，秦火之後，人自爲説，至程朱始明矣。雖其言或淺或深，或詳或略，然聖人遺意，往往而在。學者不讀之則已，如其讀之也，豈可不深造而致其詳？詳讀古人之書而有得，其淺深詳略之所存，意有未安，姑出己見爲之説，期於明是理以養心而已矣，不在創意立説，以駭人耳目也。有是心而言又未或當，其自蔽也甚矣。嗚呼，學之不講久矣，文章議論，古人講學不以爲先也。今也窮日力以從事於此，猶不得其要領，況其遠且大者乎？此類得失，本無足辨，然場屋去取，學者趨向繫焉。新學小生，心目謭薄，一旦驟見此等議論，必以爲京師好尚皆如此，其弊將至詭經叛聖，大爲心術之害，有不可不深憂而豫防者，故一伸其拳拳之喙。伏惟裁教。

小山類稿卷六答參贊司馬張甬川

嚮蒙示以近時學術之弊，曰無理學、無心學者，剖判明盡，承教多矣。夫爲學之道，以心地爲本，若真見所謂心者而存養之，則其本體固自正。然非體察精密，義理明晰，有以備天下之故，於寂然不動之中，而曰心得其正者，未之有也。近時不察乎此，紐揑附會，恫疑虛喝，既不知有義理工夫之實，而亦安識所謂心體也哉？其團合知行，混誠正於修齊治平，而以心字籠罩之，皆謾爲大言者也。某之疑此久矣，朋友間一二有志者，皆相率而入於此，無可與開口者。又恐徒爲論辨，而未必有益，故於門下每傾心焉。又思近時所以合知行於一者，若曰「必行之至，然後爲真知」。此語出於前輩，自是無弊。其曰「知之真切處即是行」，見傳習録。此分明是以知爲行，其弊將使人張皇其虛空見解，不復知有踐履。凡精神之所運用，機械之所横發，不論是非可否，皆自謂本心天理，而居之不疑。其相唱和而爲此者，皆氣力足以濟邪説者也，則亦何所不至哉！此事自關世運，不但講論之異同而已。凡此皆欲質正於左右，而其所望於左右者，甚重且切也。伏乞開諭，俾承學有述焉。餘惟以時爲國爲吾道自愛，不宣。

鄒守益

鄒守益（一四九一——一五六二），字謙之，號東廓子，安福（今屬江西）人。正德六年（一五一一）進士，授編修，官至南京國子祭酒。嘉靖二十九年（一五五〇），以上疏論九廟災得罪落職。隆慶初，追謚文莊。鄒氏爲王守仁弟子，故論學一從「致良知」之教，以格物即誠意。所著有東廓鄒先生文集、東廓先生遺稿等，今人重編爲鄒守益集。明史卷二八三、明儒學案卷一六有傳。

鄒守益集卷二陽明先生文録序

錢子德洪刻先師文録於姑蘇，自述其裒次之意：以純於講學明道者爲正録，曰明其志也；以詩賦及酬應者爲外集，曰盡其全也；以奏疏及文移爲别録，曰究其施也。於是先師之言，粲然聚矣。以守益預聞緒言之教也，寓簡使序之。

守益拜手而言曰：知言誠未易哉。昔者孔子之在春秋也，從游者三千，速肖者七十矣，而猶有「莫我知」之嘆，嘆夫以言求之而昡其真也。夫子既没，門弟子欲以所事夫子者事有子，夷考其取於有子，亦曰「甚矣，其言之似於夫子也」，則下學上達之功，其著且察者鮮矣。推尊之詞，要亦未足以及之。賢於堯舜，堯舜未易賢也。走獸之於麟，飛鳥之於鳳，雖勉而企之，其道無繇，不幾於絶德乎？禮樂之等，最爲近之，然猶自聞見而求，終不若秋陽江漢，直悟本體爲簡易而切實也。蓋在聖門，惟不遷怒、不貳過之顔，語之而不惰；其次則忠恕之曾，足以任重而道遠。故再傳而以祖述憲章，譬諸天地四時，三傳而以仕止久速之時，比諸大成，比諸巧力，宛然秋陽江漢家法也。秦漢以來，專以訓詁，雜以佛老，侈以詞章，而皜皜肫肫之學，淆雜偏陂，而莫或救之。逮於濂洛，始克續其傳，論聖之可學，則以一者無欲爲要；答定性之功，則以大公順應學天地聖人之常。嗟乎，是豈嘗試而懸斷之者乎？其後剖析愈精，考擬愈繁，著述愈富，而支離愈甚。間有覺其非而欲挽焉，則又未能盡追窠臼而洗濯之。至陽明先師，慨然深探其統，歷艱履險，磨瑕去垢，獨揭良知，力拯群迷，犯天下之謗而不自恤也。天下之人稍稍如夢而覺，泝濂洛而達洙泗，非先師之功乎？以益之不類，再見於虔，再別於南昌，三至於會稽，竊窺先師之道，愈簡易，愈廣大，愈切實，愈高明，望望然而莫知所止也。

當時有稱先師者曰：「古之名世，或以文章，或以政事，或以氣節，或以勳烈，而公克兼之，獨除卻講學一節，便是全人。」先師笑曰：「某願從事講學一節，盡除卻四者，亦是全人。」又有訾訕之者，先師曰：「古之狂者嘐嘐，聖人而行不掩，世所謂敗闕也，而聖人以列中行之次；忠信廉潔，刺之無可刺，世所謂完全也，而聖門以爲德之賊。某願爲狂以進取，不願爲愿以媚世。」

嗚呼，今之不知公者，果信其爲中行之次乎？其知公者，果能盡除四者而信其爲全人乎？良知之明，蒸民所同，本自皜皜，本自肫肫，常寂常感，常神常化，常虚常直，常大公常順應，患在自私用智之欲所障，始有所尚，始有所倚。不倚不尚，本體呈露，宣之爲文章，措之爲政事，犯顔敢諫爲氣節，誅亂討賊爲勳烈；是四者，皆一之流行也。學出於一，則以心求言矣；學出於二，則以言求心矣。守益方病於二之未瘳也，故反覆以質於吾黨。吾黨欲求知言之要，其惟自致其良知乎！

鄒守益集卷六九華山陽明書院記節録

上略。守益竊聞緒言之教矣。先生之教，以希聖爲志，而希聖之功，以致良知爲則。良知也者，非自外至也。目之本體，至精至明，妍媸皂白，卑高大小，無能遁形者也，一塵縈之，則泰山、秋毫，莫之别矣。二三子亦知塵之害乎？良知之精明也，奚啻於目？而物欲之雜然前陳，投間而抵隙，皆塵也。故戒慎恐懼之功，如臨深淵，如履薄冰，所以保其精明，不使纖塵之或縈之也。纖塵不縈，則無所好樂忿懥，而精明之凝定，廓然大公矣。親愛賤惡無所辟，而精明之運用，物來順應矣。大公之謂中，順應之謂和。中以立天下之大本，而天德純矣；和以行天下之達道，而王道備矣。此鄒魯之真承也。古先聖王兢兢業業，克勤克儉，不邇不殖，亦臨亦保，率是道也。故堯、舜、禹、湯以是道君天下，而孔、顔、曾、孟以是道爲天下師。後之學者，見聖賢之君師天下，其成功文章，巍巍若登天然，而遂以爲不可階。

譬諸入明堂清廟之中，見其重門層閣，千方萬圓，前瞻後盼，眩然以駭矣，而不知所以創造圖回，規矩之外，無他術也。二三子其將求之規矩乎？將求之方圓乎？良知之教，操規矩以出方圓也。而摹方倣圓者，復閧然以禪疑之。嗚呼，愛敬親長，吾良知也。親親長長以達天下，將非致吾之良知乎？惻隱羞惡，吾之良知也。擴而充之，以保四海，將非致吾之良知乎？孰爲禮，孰爲非禮，吾良知也。非禮勿視聽言動，而天下歸仁，將非致吾之良知乎？是鄒魯之真承也，而何禪之疑？禪之學，外人倫，棄事物，遺肝膽耳目，而要之不可以治天下國家，其可以同年而語乎？

書院之建，群多士而育之，固將使之脱末學之支離，闢異端之空寂，而進之以聖賢之歸也。二三子之朝夕於斯也，其務各致其良知，勿使縈於塵而已矣。處則以是求其志，達則以是行其義，毀譽不能摇，利害不能屈，殀壽不能二，使尚論道術者按名責實，炳炳有徵焉，則良有司鼓舞之典，其於聖代作人之助，規模宏遠矣。豈繫山水巖壑之遇而已乎？

鄒守益集卷六臨川縣改修儒學記節録

上略。今夫浮屠氏之學，固亦不染聲利，不縈聞見，不怵利害，翛然自以爲明心矣；而外人倫，遺事物，畢竟非天然自有之中，而不免於自私自利。故象山子接孟子之傳，直以公私爲千古儒釋斷案，夫非諸生之鄉先哲乎？草廬子嘗記斯學矣，曰「洗濯舊染，以涉聖涯，與學宮俱新，俾臨川爲洙泗」，夫非諸生之夙訓言乎？陟降於斯，駿奔於斯，藏修詠歌於斯，肅然惕然，須臾勿離，庸德庸言，慥慥相顧，俾仁義之良充諸身，徵諸家邦，準諸四海，垂諸百世，庶幾無愧爾訓言，無玷爾先哲，無負爾良師良牧，否則浮屠氏其人反唇而哂之矣。吁，其蚤辨之哉！下略。

鄒守益集卷一〇復夏太僕敦夫

秋間辱惠浴沂亭記及示滁學諸生訓語，殊感誘引之勤，顧揆諸鄙心若有不安者，以迎醫治疾，未能以請。使至，復塵軫問，不以疏簡爲譴，是以輒呈固陋，以求指誨。

夫良知之教，乃從天命之性，指其精明靈覺而言。書謂之「明命」，易謂之「明德」，而惻隱、羞惡、辭讓、是非，無往而非良知之運用。故戒慎恐懼以致中和，則可以位天地、育萬物；而擴充四端，則可以保四海如運諸掌。今乃疑吾心之良知爲未足，則多學而識，其將愈於一以貫之乎？良知之明也，譬諸鏡然。廓然精明，萬象畢照，初無不足之患，所患者未能明耳。好問好察，以用中也；誦詩讀書，以尚友也；前言往行，以蓄德也：皆磨鏡以求明之功也。及其明也，只是原初明也，非合天下古今之明而增益之也。世之没溺於聞見，勤苦於記誦，正坐以良知爲不足，而求諸外以增益之，故比擬愈密，摹揣愈巧，而本體障蔽愈甚，終亦不能照而已矣。博文格物，即戒懼擴充，一個工夫，非有二也。果以爲有二者，則子思子開卷之首，得無舍其門而驟語其堂乎？曾氏之樂，與孔、顔之樂，無以異者，特有生熟之别耳。故常爲之説曰：童冠詠歸之樂，日至月至者也；簞瓢陋巷之樂，三月不違者也；曲肱飲水之樂，純亦不已者也：其功一也。由日至月而守之，則可以三月不違矣；由三月不違而化之，則可以純亦不已矣。若以放浪形骸、留連山水爲曾氏之樂，則夫子喟然之與，不亦輕乎？凡此皆鄙心之所疑而不敢以隱者也。無由面訂，有懷耿耿，佇望德音，慰其饑渴。

鄒守益集卷一〇復王東石時禎

明水使者致教言，殊感誘引之勤，以多病所困，遂稽於奉復。吾兄静養日深，注述日富，多士日歸，斯文之望也，敢不罄竭所聞以求是正？

先師格致誠正之説，初聞於虔州，以舊習纏繞，未敢遽信。及質諸孔孟，漸覺有合處，然後敢信而繹之。蓋聖門之論學，未有不行而可以爲學者。故學之弗能弗措之功，事父而未能也，則學之爲父子焉；從兄而未能也，則學之爲兄弟焉；先施而未能也，則學之爲朋友焉。故曰「我學不厭而教不倦」，又曰「爲之不厭，誨人不倦」。爲也者，爲仁聖之道也；誨也者，誨以仁聖之道，而欲其爲之也。由此觀之，則學之爲知行合一也，可知矣。聖門之論智，未有不行而可以爲智者，故知斯二者而弗去，乃爲知之實，而擇乎中庸不能期月守者，則比於自投罟獲，不得爲智。由此觀之，則智之爲知行合一也，可知矣。「忠信修辭」一章，尤爲明盡。自其忠信之存於中，謂之德；自其忠信之見於威儀言辭，謂之業。德業猶形影，初未可歧而二之。「知至至之」，進德居業之始；「知終終之」，進德居業之成。以其始條理而言，故曰「可與幾」，所謂智之事也；以其終條理而言，故曰「可與存義」，所謂聖之事也。知至知終者，知也；至之終之者，行也：始終條理，知行未嘗離也。由此觀之，則智之不可專以知言，聖之不可專以行言，其亦可知矣。孟子大成之譬，正以比三子之爲小成也。小成之樂，亦必金以始之，玉以終之。若謂三子饒於聖而略於智，則將謂樂之小成饒於玉而略於金，世寧有此節奏乎？樂之一字，必兼金玉；射之一矢，必兼巧力。有三子之玉，必有三子之金；有三子之力，必有三子之巧。特比諸孔子，有大小偏正之殊耳。以意逆志，是謂得之，此孟子讀書之方也。

大學古本，固未可必其爲孔門之舊，然以孔門他章例之，如克己復禮、修己以敬、出門使民、忠信篤敬，皆未嘗先知後行也。曾子之自言，如仁以爲己任、臨深履薄、遠暴慢鄙倍，則皆合知行而言之。由此觀之，則大學之爲完本而無闕傳，其亦可知矣。

大抵先師之教與諸儒不同者，以求理於心，而必求理於物也。求理於物，則以吾心之良知爲未足，而必求諸外以增益之，故不免以探討講究爲學，以測度想像爲智。若求理於心，則良知之明，萬物皆備，知善而充之，不善而遏之，如權之於輕重，度之於長短，無俟於揣摩而自得之矣。來教乃疑舍知而務行，不免毫釐千里之繆，此傳之者未審也。其謂格致是明此心之天理，誠正修是體此心之天理，則已知天理之不在物矣。然格致誠正修，皆明德之功。明德如明鏡，非用工摩擦，則自私用智之障未必能去，而大公順應之體未必能復。故明道先生曰：「天理二字，是自家體認出來。」若未體而先明，是先求磨鏡之方，未嘗實用其功而懸料其明，明其可得乎？

病體尚未愈，不得摳趨請教。廬陵諸友，約以七月既望會於青原，擬力疾買舟赴之。若得子敬同令侄本仁乘興一來，相與切磋所得，以質諸高明，亦離索之大快也。近作數篇，録上求教。佇望德音，慰其饑渴。

鄒守益集卷一〇簡方時勉 節録

上略。時勉來札，語意猶有出入，猶是以聞見測度，非自得之功。其末謂「昏弱之甚，習彼日深，故擺脱不開，擴充不去」，此卻正好商量。以時勉之質，豈是昏弱？特以平日就文義言語上測度，故不免障蔽，須是從擺脱不開處著實擺脱，從擴充不去處著實擴充，務求自快於良知，而不肯因循以自誑，則動静自合機，内外自合原，人我自合體，有不待比擬想像而得之矣。聖門修己以安百姓之功，祇是一敬字。果能實見敬字面目，則即是性分，即是禮文，又何偏内偏外之患？若歧性分、禮文而二之，則已不識敬，何以語聖學之中正乎？

下略。

鄒守益集卷一〇復李谷平憲長

青原再會，同志四集，渴望長者一臨以匡翼之，而貴恙所阻，甚矣，嘉會之難也。令郎惠來，獲奉至教，所以磨偏去蔽，宛然如面談，感服感服。所諭「知至至之」、「知終終之」，孔門之學也。今日學術必無以異於此，此正平日所服膺，以爲聖門開示要切之訣。一知行，貫德業，備始終，盡在此章，敢述所聞以求是正。

夫德業非二物也，自忠信之存主謂之德，自忠信之運用於言語威儀謂之業。知行非二功也，自主忠信之精明謂之知，自主忠信之真純謂之行。始終非二截也，自中忠信之入門謂之始，自主忠信之成就謂之終。故篤恭之功，即其内省不疚之不息者也；篤行之功，即其學問思辨之不息者也。後儒乃以「知至至之」爲致知、爲進德，以「知終終之」爲力行、爲修業，將無失之支乎？知至知終者，知也；至之終之者，行也：始終條理，知行未嘗離也。故知事親從兄而弗去，乃爲智之實；而擇乎中庸不能期月守，則比於自投罟獲，不得爲智也，此孔孟之學術也。學術異同，祇是學者所行有偏正，故所見有偏正。道若大路然，非有二也，行路者自二之耳。慢罵毀斥之戒，在後生輕俊者亦誠有之，似此習氣，祇是好名求勝，非有真切爲己之志，便不可以入忠信之道矣。然異同之間，亦當慎察。同於孔孟者，不可以苟訾；異於孔孟者，亦不可以苟狥。晦庵先生平日所尊信者，二程也。灑掃應對，本末之辯，窮理盡性至命之旨，畢竟未合於一，則將謂之毀斥二程，可乎？大學中庸或問，歷取諸家異同，而指摘正救，不遺餘力，何也？道也者，天下之公道也，公言之而已，非以黨同伐異爲一家之私言也。近跋大學古本，頗述此意，謹寓上求教。佇望藥石，以起夙痼。

鄒守益集卷一三答周道亨 節録

上略。今天下之俗，相馳於功利，相靡於辭章，若流蕩之人，東西奔逐，而莫顧其家。間有覺其非而凡求諸身心者，則群訾之以爲禪，遂使來學之志，莫知所從。狃於俗習之同，則畏難而自諉；怵於禪學之似，則疑忌以自沮。道之不明不行，奚足怪也。嗚呼，彼其功利辭章之習，固不近於禪學矣，其將謂之聖學乎？身心之學，固近於禪矣，然而爲聖學者，將外身心而求之乎？勉矣，道亨！及時自厲，無蹈疑畏之弊，將師友所傳、家庭所習者，日省而月試之，若登浮屠之頂，求至其巔而後已焉，則樓臺亭榭、溝渠糞壤，昭昭乎無能逃吾明矣。

鄒守益集卷一四答友人論學節録

上略。陽明先師與晦庵朱子之言，時有矛盾，然揆諸周、程，若合符節。故答問數條，直以濂溪、明道爲據，幸虚心反覆之。白沙先生之詩曰：「一語不遺無極老，千言無卷考亭翁。語道雖同門户異，君從何處覓高蹤？」知語道之同，而不知門户之異，此世之所以膠固而不可解也。其曰：「舍人己彼此之殊，忘古今是非之異，惟理是擇焉。」此非大公順應、静虚動直之學，其何以語此？願與高明共勉焉。有所未安，不惜嗣教。

鄒守益集卷一七跋古本大學問

聖學之明，其在大學乎！聖學之不明，其在大學乎！古者自小子至於成人，初無二教，故曰「蒙以養正，聖功也」；自天子至於庶人，初無二學，故曰「壹是皆以修身爲本」。後世歧小學、大學爲二，而謂帝王經綸之業與韋布章句異。嗚呼，聖人之教天下也，將望其爲經綸乎？將望其爲章句乎？古今學術之同異，執是可以稽矣。古者掃灑應對，造次顛沛，參前倚衡，無往非格物之功，故求諸吾身而自足；後世鑽研於書策，摹擬於事爲，考索於鳥獸草木，以一物不知爲恥，故求諸萬物而愈不足。求諸吾身而足者，執規矩一出方圓也；求諸萬物而愈不足者，揣方圓以測規矩也。絜矩以平天下，天下之大道也，而其目曰：「所惡於上，無以使下；所惡於下，無以事上。」千變萬化，只在自家好惡上理會。嗚呼，修己以敬，可以安百姓；戒慎恐懼，可以位育；擴充四端，可以保四海：夫非守約施博之要乎！

聖學之篇，要在一者無欲，無欲則静虚動直。定性之教，以大公順應學天地聖人之常，其於大學之功，同邪，異邪？陽明先師恐大學之失其傳也，既述古本以息群疑，復爲問答以闡古本之藴。讀者虚心以求之，泝濂洛以達孔孟，其爲同爲異，必有能辨之者。

鄒守益集卷二〇奠徽國朱文公文

益自童年，先大夫授以濂溪六君子贊，慨然有景星喬嶽之仰。及升南宫，列仕籍，竊餘膏以自潤，而繼往開來之緒，判然若不相屬也。受教先覺，始知反身以求。而繭絲牛毛之間，尚有未釋然者。及考晚年深悔，定本之誤，刊落枝葉，收功一原，深有契乎玄天無言之脉，然後知世之尊信，尚醊糟粕而棄其醇也。往聚青原，夢與同志聚講，舉小成虛遠之旨以爲勸戒，寤而惕然，曰：「此考亭公神明訓我也。」世之安於小成者，沾沾自足而不求極致，故行而不著，習而不察；其騖於虛遠者，嘐嘐自衒而不察實病，故人倫不察，庶物不明。其能切磋琢磨，瑟僩赫喧，以求大中至正者，鮮矣。晚景侵尋，猛自怨艾，取善四方，不遑寧處。出游新安，餘韻洋洋，耆舊俊髦，翕然砥礪。瞻紫陽之舊宫，觀泮水之遺衣，七斗鍾秀，五溪滙清，儼然先生之臨乎上也。采采頻藻，駿奔門墻，謹陳所學而質焉。惟先生之靈，不鄙而相之，啓我同志，以續遺休。

附録：明儒言行録卷八引彭躬庵雜録

鄒文莊公守益，王文成公高足弟子也。年七十時，在青原夢朱子曰：「小成與虛遠，子當發明之。」公曰：「何也？」朱子曰：「事小成者，微有踐履，不曾窮盡心性，行不著，習不察，於『無聲無臭』之旨失矣。務虛遠者，侈求幻妙，不慎操履，無庸德之行、庸言之謹，於『有物有則』之旨荒矣。」公醒而書壁曰：「考亭神授警策如此，余雖年邁，敢不自勉，願諸同志共加深省。」因爲文奠朱子，備載東廓文集。世儒分宗朱、王，彼此反訾，曾不聞朱子自謂「青田原無陸子静，新安原無朱晦庵」之言乎？東廓師文成，晚年服膺朱子，至形夢寐，亦是覷破龍溪一輩虛遠之病，故痛切警之耳。可知朱、王原無同異，末流偏病，互相救藥。施四明謂：「天下病虚，朱子救之以實；天下病實，陽明救之以虚。」此公論也。涇陽謂：「世人講學，其高者只一段光景，次者只一副意見，下者只一場議論而已。」又曰：「宗考亭者，其蔽也拘；宗姚江者，其蔽也蕩。拘者人情所厭，順而決之爲易；蕩者人情所便，逆而挽之爲難。與其蕩也寧拘。」此並勘定卓吾一派人矣。然正未可以邢恕議伊川也。

黄弘綱

黄弘綱（一四九二——一五六一），字正之，號洛村，雩都（今江西于都）人。正德十一年（一五一六）舉人，官至刑部主事。黄氏師事王守仁，故宗良知之説。著有黄洛村集等。明史卷二八三、明儒學案卷一九有傳。

洛村語録

或疑慈湖之學，只道一光明境界而已，稍涉用力，則爲著意，恐未盡慈湖。精於用力者，莫慈湖若也，所謂「不起意」者，其用力處也。絶四記中云云，慈湖之用力精且密矣。明道云：「必有事焉，而勿正，勿忘，勿助長，未嘗致纖毫之力。」此其存之之道，善用其力者固若是。慈湖千言萬語，只從至靈、至明、廣大、聖知之性，不假外求，不由外得，自本自根，自神自明中提掇出來，使人於此有省，不患其無用力處，不患不能善用其力矣。徒見其喋喋於此也，遂謂其未嘗用力焉，恐未盡慈湖意也。明儒學案卷一九主事黄洛村先生弘綱

陳九川

陳九川（一四九四——一五六二），字惟濬，號明水，臨川（今屬江西）人。正德九年（一五一四）進士，授太常博士，官至禮部郎中。陳氏師事陽明，以爲「心無定體」，而與聶豹「歸寂」之説不契。著有明水陳先生文集。明史卷一八九、明儒學案卷一九有傳。

明水陳先生文集卷一簡陳湘厓年丈

允承論學書，深服邁往，讀之數過，喜慰無量。昔臥病中，嘗草數字奉復，擬愈詳答請教，而孱軀至此未復，久負遠教，念之惕然。兹李邑博歸便，輒取來諭，裁答一二，亦以其行逼故也。吾兄於元公尊信其「無欲作聖」之訓，則此學早已傳其大端矣。吾人之學，在求諸其心，而後求正於先覺，就證於古訓爾。吾所以宗師群聖，折衷諸説者，豈惟簡册是信、人

言是從哉？要亦決諸其是非之本心而已矣。今之學者，莫不口宗濂溪，而實不知其所以尊也。吾兄獨爲尊周録，又特揭「無欲作聖」之語以自勵，此豈非有所觸悟，決諸其是非之良心，而不苟狗人言者哉？晦翁平生篤志聖賢之學，表章周、程，無一毫聲色利達之習得以染其胸次，而氣魄才力真□一世，誠象山所謂泰山喬木，豈非百世之師哉？而近時學者，驟聞簡易之説，妄生非議，其輕侮先哲之罪，可勝論哉？吾兄剛直正大之氣，爲之不平宜矣，但其議論未能如濂溪、明道純粹精一，以爲孔門諸賢，如赤、路、游、夏之倫，篤敬之則可矣，若以爲得孔門之正傳，承顔、曾、思、孟之嫡脉，則亦未敢阿其所好也。苟非孔孟之嫡傳，則尊敬之，而論説時有逢背，固亦無害也。何者？吾求諸吾心而不得，固不可苟從也，而況其與孔孟有違悖者哉？吾兄謂道問學以尊德性，固一句道盡矣，而晦翁分作兩項，雖曰交脩並進，然歧而二之，固與精一之旨遠矣。毫釐之差，而千里之謬。精義無二，又惡得不嚴乎哉？兄又云終日戒懼，不致□費矜持，此必有事爲，亦即是致良知，聖學命脉，只在此處，更無他歧矣。程子曰：「有天德便可語王道，其要只在慎獨二字。」即是「戒慎不睹，恐懼不聞」。吾兄之學既得於此，則兄舊習意見尚未有盡合者，久當自釋然矣，弟復何言？川衡山之游斷不爲虚約，但俟病體稍健即發行。面承有期，書不盡意。

明水陳先生文集卷一答危裔芳 節録

上略。近時學者，不知心意知物是一件，格致誠正是一功，以心應物，即心物爲二矣。心者意之體，意者心之動也，知者意之靈，物者意之實也。知意爲心，而不知物之爲知，則致知之功，即無下落，故未免欲先澄其心，以爲應物之則，□□□之學，所以似精專而實支離也，與孔門格物致知宗旨□毫釐而謬千里者也。下略。

明水陳先生文集卷一答聶雙江 節録

上略。昔晦翁以戒懼爲涵養本原，爲未發，爲致中；以謹獨爲察識端倪，爲已發，爲致和。兼修交養，似若精察，而强析動静反作兩項工夫，不歸精一。今吾丈以察識端倪爲第二義，獨取其涵養本原之説，已掃分析支離之弊，戒懼於不讀不聞之獨，一端盡之矣。此是聖門傳受正宗血脉，即是致知宗旨，其孰能異諸？丈亦如是，我亦如是。下略。

徐階

徐階（一四九四—一五七四），字子升，華亭（今上海松江）人。嘉靖二年（一五二三）探花，授翰林院編修，以禮部尚書兼東閣大學士入閣，參預機務，官至吏部尚書兼建極殿大學士，卒謚文貞。著有世經堂集。明史卷二一三有傳。

世經堂集卷二一示施生明

或問朱陸之學。某應曰：「君且勿求識陸象山，先認取箇真朱子。朱子之學何嘗不尊德性，今且道朱子著下許多書，那一句是教人詞章功利？尋常又説『朱子在道問學上多，陸子在尊德性上多』，不知尊德性之功何處可少却些子，而問學多處又是問學箇甚底也。」

歐陽德

歐陽德（一四九六—一五五四），字崇一，號南野，泰和（今屬江西）人。嘉靖二年（一五二三）進士，授六安知州，官至禮部尚書，卒謚文莊。歐陽德論學宗法王守仁，以講學爲事，並以是提倡良知之説。有歐陽德集。明史卷二八三、明儒學案卷一七有傳。

歐陽德集卷一答傅石山節録

論及知行合一，於日用應接之間，足見近來用功真切。忻慰忻慰。夫心之良知之謂道心，雜以私意之謂人心。知也者，致其良知於人心、道心之間而不自欺也。行也者，致知之功真實懇到，恒久而不已也。孟子所謂「知而弗去」是也。真知即所以爲行，不行不足謂之知。言實致其知於人心道心而不已焉，即所以爲行。苟不實致其知，則亦不足謂之知。此聖人致知之學，最爲緊切，所以異於後儒者也。後世棄其良知，從事於外，知之之功，茫無下落，尚安有所謂行哉？

來諭謂並進交修之功，無物不有，無時不然，則近之矣。然謂之交，猶有二也，二則不能無先後也。若無物不實致其知，無時不實致其知，則一而已矣，孰爲知焉，孰爲行焉，而何先後之可言哉？

來諭謂行先於知，心有不安，誠未安也。夫知行合一者也，不可先也，不可後也，君子無時無物不致其知，語默如是，動静如是，學問、思辨無不如是。故無時非行，無物非行，而無時無物非知矣。若謂知行略有先後，而行不可先知，則二之也。是其用功猶非精一於人心、道心之間者也。下略。

歐陽德集卷一答羅整庵先生寄困知記

披讀大篇，明暢痛快，温潤精密，使人起敬起慕，昏瞶警發，鄙吝消融。有道者之言，其感人如此，而况於親炙之者乎？

翰教拳拳引誘，使盡其所欲言，以求歸於是。某無似，先生長者不鄙其愚，俯就曲成，感幸何可云！承喻顧嘗聞學不躐等，故古之學者有聽而弗問。某罔所知識，何足以承先生長者之教？然隱之於中，有未能涣然而無疑者，謹誦述所聞，惟執事裁教焉。

竊觀記中反復於心性之辨，謂：「佛氏有見於心，無見於性，故以知覺爲性。」又舉傳習録中云「吾心之良知，即所謂天理也」，謂此言亦以知覺爲性者。某嘗聞知覺與良知，名同而實異。凡知視、知聽、知言、知動，皆知覺也，而未必皆善。良知者，知惻隱、知羞惡、知恭敬、知是非，所謂本然之善也。本然之善，以知爲體，不能離知而别有體。蓋天性之真，明覺自然，隨感而通，自有條理者也。是以謂之良知，亦謂之天理。天理者，良知之條理；良知者，天理之靈明。知覺不足以言之也。

致知云者，非增廣其見聞覺識之謂也。循其惻隱、羞惡、恭敬、是非之知，而擴充之以極其至，不使其蔽昧虧欠，有一念之不實者，所謂致曲以求誠，故知至則意誠矣。此與佛氏所謂「圓覺」，所謂「含藏識」者，既已不同，而其功在於格物，益與佛氏異矣。

物者事也，思慮、覺識、視聽、言動、感應、酬酢之跡者也。上而天子之用人理財，下而農商之耕鑿貿易，近而家之事親事長，遠而天下之正民育物，小而童子灑掃應對，大而成人之變化云爲，莫非思慮、覺識、視聽、言動、感應、酬酢之跡，皆其日履之固然而不可易者。然而有善有惡，有正有邪。格物者，爲善而不爲惡，從正而不從邪，隨其位分，修其日履，循其良知之天理，而無所蔽昧虧欠者也。

物無方體，知無方體，格致之功亦無方體。物無窮盡，知無窮盡，格致之功亦無窮盡。日積月累，日就月將，而自有弗能已者。不如是，則旦晝所爲，梏其良心，而其違禽獸不遠矣。故格物者，聖門篤實真切用力之地，没身而已者也。彼佛氏以事爲障，以理爲障，既不知所謂格物，而其徑超頓悟，又焉有積累就將之實哉？某之所聞如此。

竊考之孔、曾、思、孟、濂溪、明道之言，質之楞伽、楞嚴、圓覺、涅槃諸經，其宗旨異同，頗覺判别。然而尊教云云，是以不能涣然於中也。惟高明幸終誨之。

又觀記中有云：「厭夫學問之繁，而欲徑達於易簡之域。」某嘗聞，學問思辨皆明善之功。善者，人心天命之本然，所謂良知者也。良知，至簡至易，而其用至博。若孝親、敬長、仁民、愛物之類，千變萬化，不可勝窮，而其實一良知而已。故簡者未嘗不繁，而繁即所以爲簡，非有二也。夫學者學其所不能，良知之用至博，皆不學而能者也。蔽於私而後有不能，則必學而後能。是故本能愛親，蔽於私則有所不愛，學愛親而後能愛矣。本能敬兄，蔽於私則有所不敬，學敬兄而後能敬矣。學其事而能之，修其善而去其不善，格物之功也。然有弊而後有學，則其真妄錯雜，善惡混淆，必有不知不明者矣。問者問其所不知，思者思其所不得，辨者辨其所不明，皆就所學之事，真妄、善惡之間，講究、研磨、察識、辨別，求能其事而後已焉耳，學而能之則善得矣。「拳拳服膺而弗失」，所謂篤行之者也。故曰五者廢其一，非學。果能此道，而後本然之善全體明浄，渣滓渾化而無有蔽昧虧歉者。離本然之善，則別無可學可問之事；捨學問之繁，則別無至易至簡至功也。

讀書亦問辨之一端。書也者，紀人心善惡是非之跡者也。古人善惡是非之跡，亦吾心善惡是非之跡也。從事於學問者，或取決於師友，或考正於詩、書，其要去吾之不善，修吾之善，學而能之而已，故曰「學於古訓」。是故「道積厥功，而德修罔覺」也。故古訓非外，身心非内也；讀書非先，修身非後也。後世未免岐而二之，二則離，離則遠。其於不遠人以爲道之旨，似覺微有小異耳。惟高明幸終誨之。

某竊惟教學之興，蓋聖帝明王憂民之欲動情勝，喪其良心，五品失序，百行乖錯，相戕相賊，罔所底極。於是勞民勸相匡直而輔翼之，使之自易其惡，自盡其性。當其時，教無異學，學無異習。不但養於庠序者知實用其力，農賈罝兔之微，亦各安其業而敏於善，君卿大夫各循其職而盡其心，上下之間皆以實德實行爲學，而不騖於論說之繁，知見之多。百僚師師，比屋可封，非苟然也。世衰道微，諸子百家不知循其天性之真，而各以其意之所見者爲道、爲我、兼愛、縱横、術數、兵刑、名法、寂滅、虚無之習，紛然雜出，然皆力行深造，斐然成章，足以亂實學而溺人心。聖賢者作而拯人之溺，亦惟示天性之善，而道以日履之功，慎念慮之微，而決其蔽陷之端，使之無爲其所不爲，無欲其所不欲，各循其本心而已，非多爲論説，使人廣其知識於外也。厥後學諸子者，往往通其説以求獲，演其義以立言，其流爲訓詁爲詞章，以諸子自名而浸失諸子之宗。爲聖人之學者，亦復博通道德仁義之意，貫穿諸子百家之旨，相與並駕其説於天下，以爲講之精，辨之悉，知之明，庶乎其學之不差。其設心未爲不善也。源遠末離，枝盛本披，爲説愈繁，爲道愈難，農賈罝兔有所不能及，天子諸侯有所不暇爲，雖學校之俊秀亦往往汩於論説，蕩其知識，依擬形似，矜飾功能，非復真切篤實，致其良知於日履之間，以達之天下，是故知德者鮮矣。

先知覺後知，先覺覺後覺，固當有任其責者。仰惟先生大人正己以率物，明道以淑人，實德實行，嵬然後學山斗之瞻。自任之重，宜不可得而辭。某寡陋無聞，固願日操几杖，親承無行不與之教，時勢牽縛，莫之能遂，而徒託之簡札，言不盡意，尚賴教思無窮，誨迪不倦，庶以成痿不忘起之志耳。

臨風南向，無任耿耿。

歐陽德集卷一答羅整庵先生寄困知記二

今月十九日，拜領八月朔日教札，反復傾竭，惟恐後生小子學失其道，以陷於邪僻，誨之詳，愛之真，佩服感激，何有窮已！

某嘗莊誦前後書記，心性理氣之辨，其要欲學者識取本性，體認天理，而知所用力。此子思原天命、孟子道性善之意，大學「止至善」之教也。

每祇奉至言，以爲聖人所以正三綱而敘九疇，其精神命脉，端在於此。顧恐頑鈍蹇劣，未能服膺而弗失耳。

又嘗自念孟子論性善，以惻隱、羞惡、恭敬、是非爲言，程門學者亦以乍見入井，其心怵惕爲天理之自然，所謂良知者也。故竊意「良知」二字，正指示本性，而使人知所用其力者。其爲繁詞，以瀆高聽，非如尊教所謂「枘鑿不入」。蓋恐千里之外，詞不達意，使長者無所施其裁成，則非請益之道。故意知所及，不懼瑣瑣，惟懼不盡耳。

伏讀教札，謂「人之知識，不容有二，孟子但以不慮而知者，名之曰良，非謂别有一知也。今以知惻隱、羞惡、恭敬、是非爲良知，知視、聽、言、動爲知覺，殆如楞伽所謂『真識』及『分别事識』者」。某之所聞，非謂知、識有二也。惻隱、羞惡、恭敬、是非之知，不離乎視、聽、言、動。而視、聽、言、動，未必皆得其惻隱、羞惡之本然者。故就視、聽、言、動而言，統謂之知覺，就其惻隱羞惡而言，乃見其所謂良者。知覺未可謂之性，未可謂之理。知之良者，蓋天性之真，明覺自然，隨感而通，自有條理，乃所謂天之理也。猶之道心、人心，非有二心；天命、氣質，非有二性；源頭、支流，非有二水。先儒所謂視聽、思慮、動作，皆天也，人但於其中要識得真與妄耳。

「良」字之義，竊意晦庵所謂「本然之善」者，正孟子性善之旨。人生而静以上不容説，纔説性時，便有知覺運動。性非知，則無以爲體；知非良，則無以見性。性本善，非由外鑠。故知本良，不待安排。曰「不慮而知」者，其良知；猶之曰不待安排者，其良心。擴而充之，以達之天下，則仁義不可勝用。若楞伽所謂「真識」，則非孟子所謂良者。其於惻隱、羞惡、恭敬、是非乎何有？宜不得比而同之矣。

教札引「知性」、「知天」等語，謂「凡『知』字皆虚，下一字皆實。虚實既判，體用自明，不可以用爲體」。某竊意字義固有兼虚實體用言者，如「止至善」之「止」爲虚爲用，「知止」、「敬止」之「止」爲實爲體。「知」字以虚言者，如教札所引「知性」、「知天」、「知此事」、「知此理」，皆言其用者也。若「良知」之「知」，明道嘗言「良知良能，原不喪失，以舊日習心未除，故須存習此心，久則可奪舊習」，上云「良知」，下云「此心」，似指其實體言之。大學「致知」之「知」，與身心意物爲類，似不得爲虚字，而與「知性」、「知天」之「知」同爲用也。然體用一原，體之知即用之知，則亦本無二知，殆立言各有所當耳。

教札謂某前書「『隨其位分，修其日履』，雖與佛氏異，然於天地萬物之理，一切置之度外，更不復講，則無以達夫一貫之妙。祇緣誤認良知爲天理，天地萬物上，良知二字安著不得，不容不置之度外耳」。以某所聞，實異乎是。凡所謂「日履」者，吾心良知之發於視聽、思慮，與天地人物相感應、酬酢者也。夫人所以爲天地之心，萬物之靈者，以其良知也。故隨其位分日履，大之而觀天察地，通神明，育萬物；小之而用天因地，制節謹度以養父母，莫非良知之用。離卻天地人物，則無所謂視聽、思慮、感應、酬酢之日履，亦無所謂良知者矣。若於天地萬物之理，一切不講，豈所謂「隨其位分，修其日履，以致其良知者」哉？惟是講天地萬物之理，本皆良知之用，然人或動於私，而良知有蔽昧焉。權度既差，輕重長短皆失其理矣，必也。一切致其良知而不蔽以私，然後爲窮理盡性，一以貫之之學。良知必發於視聽思慮，視聽思慮必交於天地人物。天地人物無窮，視聽思慮亦無窮，故良知亦無窮。其所以用力者，惟在其有私無私、良與不良、致與不致之間，而實周乎天地人物，無有一處安著不得，而置之度外者也。

教札又謂，某所論學問思辨，但本領既别，則雖同此進爲之方，先後緩急，自有不可得而同者。蓋以良知爲天理，則易簡在先，功夫居後，後則可緩。謂天理非良知則易簡居後，功夫在先，先則當急。又云，始之開發聰明，終之磨礲入細。所賴者，經書而已。善讀書者，莫非切己。易簡之妙，於是乎存，豈可謂凡讀書者皆遠人以爲道乎？然某非以學問思辨爲後而可緩，但謂學問思辨者，學問思辨其良知耳。善讀書者，開發良知之聰明，而磨礲之日精日密，不以一毫私欲自累。則大訓古典，莫非切己；博識泛觀，莫非易簡。非外讀書而别有尊奉其良知，以從事於易簡之道。然必真能讀書之際，念念無自欺而求自慊，無爲其所不爲，無欲其所不欲，乃可謂之開發磨礲，不遠人以爲道者，而無先後緩急之可言也。

教札謂：「有物必有則，故學必先於格物。今以良知爲天理，乃欲致吾心之良知於事物，則道理全是人安排出，事物無復有本然之則矣。」某竊意有耳目則有聰明之德，有父子則有孝慈之心。聰明之德，孝慈之心，所謂良知也，天然自有之則也。視聽而不以私意蔽其聰明，是謂致良知於耳目之間；父子而不以私意奪其慈孝，是謂致良知於父子之間。是乃循其天然之則，所謂格物致知也。天理之則，民之秉彝，故不待安排而錙銖不爽。即凡多聞多見其闕疑闕殆，擇善而從者，秉彝之知，其則不遠，猶輕重長短之於尺度權衡，捨此則無所據，而不免於安排佈置，非所謂不遠人以爲道者矣。

教札謂某前書所舉，不及伊川、晦庵二先生，疑因其格物之訓於良知之説有礙而然，非敢然也。昔人謂天下萬世事，當以天下萬世之心處之，一言不合，遽分彼此，是誠何心？況晦庵百世之師，後學之稟承聽受宜如何也。以某所聞於晦庵所論格致之功，未嘗稍有遺闕。其曰事事物物擴充其良知，無自欺，求自慊，無爲其所不爲，無欲其所不欲者，雖非晦庵格致正訓，然皆古聖緒論，而晦庵所祖述焉者，則亦未至於有礙也。惟是濂溪通書首數章及聖學章、明道定性書及「學者須先識仁」諸語，諄諄懇懇，指出本原，無異於大學知本之教。明道表章大學，雖頗有更定，未嘗補格致之傳。竊意其或以獨知爲知，以無自欺而求自慊爲致知，而別無可補之説者。故因論格物致知，而以濂溪、明道爲言，非以伊川、晦庵爲可外也。使二先生如在，尚恐受教無地，不足以從弟子之列。然而異同之論，則雖面承教授，親爲弟子，亦豈可不盡其愚！蓋二程亦時異於濂溪，而游、楊諸子亦時異於二程。古之聖人亦未嘗有都俞而無吁咈，不如是則何取於講學，何貴於親師取友？此某之志也。

銘感厚德，極欲勉承鐫諭，庶或寸進，誠知無已之愛，不倦之教，必不以其愚而遂棄之。顧塵鞅驅馳，又文詞蕪穢，不能宣悉。萬惟推見至隱，啓蔀發蒙，不勝幸甚。

歐陽德集卷一答歐夢舉一

伏承翰教，謙虚下問，僕罔所知識，而賢者不見棄如此，慰感何可當也！雖然，執事豈真有疑，殆欲以發區區詞之所未達者耳。

僕前書謂良知與知識有辨，執事不以爲非，獨未能釋然於其體用無二之説。凡今疑此者實多，而未察夫言之各有所當也。請以水喻。皆水也，其源一，而其流清濁異。清者不失其本源，濁者失其本源。雖失其本源，然不可以濁者爲别一源。雖清濁未始異源，然不可不知其源之本清也。是故不可混也，亦不可二也。良知與知識，何以異於是？良知，至善者也；知識則有善有惡。不知所辨，則認知識爲良知，而善惡混矣。岐而二之，則外知識以求良知，良知何從而見哉？此源流清濁之論也。

來書云，良知者，知惻隱，知羞惡，不慮而知，繼之者善，而此知已具，由於義理之性者也。知識者，喻利喻義，隨念而起，成之者性，而此知方萌，由於氣質之性者也。又云，喻義者根於良知，體用同也；喻利者滯於氣稟，體用異也。夫既以喻義爲知識，而又根於良知，則非二知矣。獨其所謂「滯於氣稟，體用異者」，語意頗覺未瑩。若以喻利爲非良知之本體則可，若以爲別一體用，則五行陰陽，陰陽太極。繼之者善，善即性質體；成之者性，性即善之成。道一而已，豈容有二？故先儒論義理之性與氣質之性，二之則不是。人但於其中要識其善端，而擴充之耳。

來書謂，僕於致知之要，有引而不發之機。殆執事好學不倦，惟恐言之有未盡耳，豈固以爲然哉？夫大學論學之道，自天下國家而歸之正心，又舉正心之功而歸之誠意，舉誠意之功歸之致知，已是發露無餘。故致知者學之要，不容更復有要，而別有可發者也。今姑就大學所言以復。夫所謂誠其意者，在慎其獨知。獨知者也，良知也；慎之者，致知也。凡人意念之善惡，無有不自知者。善則慊，不善則不慊。雖小人之爲不善無所不至，而其消沮愧悔，自有不能慊於心者。此良知之不容自欺，所謂誠不可掩者也。小人猶然，況衆人乎！夫良知不可欺也，而顧欺之，欺之則有所不慊。有所不慊，則有所不致矣。良知不可欺也。而不欺之，不欺則無所不慊；無所不慊，則無所不致矣。程子云：「天德王道，其要衹在慎獨。」此堯舜之所以精一於人心、道心之間者也。致知在格物，格物是致知之所在，非外致知而復有格物之功。物者，良知之感應酬酢，實有其事，如喜怒哀樂，視聽言動，待人接物皆是也。良知感應酬酢，皆有其事，而人未必皆循其良知。不循其良知，則知善或不爲，知惡或爲之，甚者掩其不善而著其善，而事事不善矣。循其良知，則知善必爲，知惡必不爲，而事事善矣。爲善、不爲不善者，格物也。事事善，則物格矣。事事善，則無所不慊於心，而知致矣。昔者孔子告顏子以非禮勿視、聽、言、動，告仲弓以主敬行恕，告樊遲以居處恭、執事敬、與人忠，與其告諸弟子者不一而足。蓋皆格物致知之實學，即精一之傳也。

來書所論格物致知之功，蓋僕未盡其説，而執事以舊聞通之，故中間微有隔礙。執事誠於事事物物無自欺，而求自慊以致其良知，則孔子之本旨，衆説之紛紜，皆不待辨析而自明矣。

來書云，考聖賢之經傳，參事物之散殊，不過以資吾心之知識，豈藉此以收致知之全功哉？夫「君子多識前言往行，以畜其德」，非以資知識而已也。學者誠能於事事物物之間，念念毋自欺而求自慊，則凡考經傳、事物，莫非畜德之學，致知之全功哉，苟以資吾心之知識，則亦不得謂之致知矣。

歐陽德集卷一答歐夢舉二

承下問，欲僕揭示要領。僕鄙人也，何足以知之。雖然，執事非真有深疑而不可解也，亦知今之學者未能無疑，而求相與講明之耳，則僕亦何敢不盡其愚？

夫致知格物之學，先須體認良知明白而後有所用其力。良知與知識有辨。知識者，良知之用，而不可遂以知識爲良知；良知者，知識之本體，不學而能，不慮而知者也。故孩提之童莫不知愛親敬兄，而見孺子入井者，不待安排，皆有怵惕之心。小人閑居爲不善無所不至者，見君子而自厭然，而行道之人皆不屑嘑蹴之食。此所謂「是非之心，人皆有之」。蓋其心所獨知，自上智以至於下愚，其體一者也。然而有聖愚之分者，致與不致之間耳。

致之云者，充之而極其至之謂。充之而極其至者，實爲其良知所欲爲之事，而不爲其良知所不欲爲之事。如知愛、知敬，而達之天下無弗愛且敬焉。怵惕入井，而不以内交要譽雜之焉。見君子而厭然，而因以盡改其不善，而不詐善以掩惡焉。不屑嘑蹴，而不以宫室妻妾之奉，喪失其心焉。蓋即吾心感應酬酢之事，而循其良知之是是非非者而格之，以充其本體之善，非若後世懸空擬議於形跡之粗，以爲格致者也。堯舜之禪受，湯武之放伐，伊尹、孔子之取予久速，非決擇於其良知，則將何所取正？非即禪受、放伐、取予、久速之事，而實循其良知而爲之，則亦何以致其知耶？阿意曲從、割股以爲孝者，果嘗精察其心之是非、公私之間，於良知毫髪無所欺也耶？故知良知之所以爲良知，則知所以致知；知所以致知，則知所以格物；知所以格物，則致知之功切近精實，知行合一，非若後世之廣其知識見聞，使初學之士泛濫而無所歸者比也。執事於此固已實用其力，僕何敢贅？聊因虛懷所及，而陳其所見，以請正耳。

歐陽德集卷二答馬問庵

履辱翰教，畏浣良劇。示及異同之説，要之不足深論。此心此知，萬古所同。殊途百慮，莫非一致。學者誠不失其良心，則雖種種異説，紛紛緒言，譬之吴、楚、閩、粤，方言各出，而所同者義。苟失其良心，則雖字字句句無二無别，於古聖猶之孩童玩戲，妝飾老態，語笑步趨，色色近似，而去之則遠矣。吾兄以爲如何？

慈湖論學，往往指出本體，使人於此實落用功，積累深厚，乃能有得。與近世或忽其易、或疑其徑者，正自不同，俟他日更盡之。

承下問，草草奉覆。

歐陽德集卷二答李古原一

承翰教，論以知行合一之説。此固今之君子向所共疑，而近乃釋然者也。敢述以請。夫聖人之學，不失其本心而已。心之良知之謂知，心之良能之謂行。良知、良能一也。

故行也者，知之真切運用；而知也者，行之明覺精察，本合一者也。知而不真切運用，是謂「億度」，非本心之知；行而不明覺精察，是謂「冥罔」，非本心之行矣。故學以不失其本心者，必盡其知行合一之功，然後能得其知行合一之體。故事親而知行合一，則得其本心之孝；事兄而知行合一，則得其本心之友；讀書講論而知行合一，則畜其本心之德。以至事物細微，無往而不知行合一，則無往而不盡其本心之條理曲折。此合一之學，所以異於後世之知而不行，行而不知，終入於億度、冥罔而不得其本心者也。心之精微，言不能宣。何時披晤，傾竭所懷。

歐陽德集卷二答李古原二

向承翰教，論知行之義，雖微覺小異，不害其爲相發。然鄙意以爲心之所同者，是是非非之知；學之所同者，致其是是非非之知。致知之功，一念不欺，微疵不存，則雖制行殊方，立言異説，庸何害其爲同？雖然，誠致其是是非非之知，則知行固合一以進，而不容頃刻先後之矣。夫辨别精明之謂知，作用真切之謂行，故孟子以巧力譬之。然巧者力之巧，力者巧之力，張弓而射，巧力俱到，非力則巧無所著，非巧則力無所運。巧有餘而力不足，力有餘巧不足，皆不足以命中。此合一之説也。微有先後，則兩無著落矣。高明以爲何如？

歐陽德集卷二答歐夢舉一

泉翁三言之教，執事推衍其義，累數百言，體究精詳，發明透徹，深服才識超邁。然區區之私，不欲以是爲有道者頌也。

聖門之學，以德行爲務。才涉訓詁，便落第二義。德行者，根心生色，默而成之，不言而信，是謂實體。學者於此心善利之間，毋自欺而常自慊，以致其清明在躬，志氣如神之實，是謂實功。自古聖賢反覆闡明，無非此事。然自實體、實功觀之，雖聖賢之言，猶爲影響。正欲使人因影求形，緣響知聲耳。若復就影響而追逐尋伺，則其去形聲愈遠矣。執事之學已得其大者，然此等處，更願詳察，庶幾精專瑩潔耳。

歐陽德集卷二答歐夢舉二

來書惓惓下問，以先儒居敬窮理，克己反躬之言，中庸學問、思辨、篤行之訓，足知執事謙虛受益，而所以啓教僕者，亦不淺也。

窮理盡性以至於命，本孔子傳易之説。窮理者，盡性至命之功也。明道云：「祇窮理，便盡性至命。」命者，性之原；性者，理之體；理者，性之理。離性，則無從求所謂理者。但不知窮之之功，將如何作用，便可以盡性至命？若如後世所謂先窮理而後盡性，恐非惟與聖門窮理之功作用不同，而所謂理字，恐亦未有著落也。

學、問、思、辨、行，皆誠之者所以明善。善者，人心天命之本然，即所謂性，即所謂理，而非博學則無以明之。故君子有弗學，學之弗能弗措。學者學其所不能，學而能之而後已也。聖人所能者安在，吾輩所不能者安在？如何可以學而能之？讀書、考古皆問辨之事。知學，則問、辨、思始有根據，不至於泛問遠思，勞而無功者矣。孔門以不求安飽、敏事慎言爲好學。門人之好學，莫如顔子不遷怒不貳過，非禮勿視、聽、言、動，其功也，是故可以時習之。若後世所謂學，與聖門時習之旨，卻恐未相吻合。凡此皆僕所疑，而欲以請教者。使旋，適倦且病，草略不暇修辭，惟執事求之言意之外，有以見教，幸甚。

歐陽德集卷三答李古源

來教謂，儒者專以著述爲務，其教人又專以存心爲言，不知已馳於言語文字之末，其所著述非其所急務。誠然誠然。

著述所以明道，豈足以害道？然專以爲務，則務外矣。存心是聖賢第一義。君子者，以仁存心，以禮存心者也。仁者愛人，有禮者敬人，而孩提無不知愛，無不知敬。大人者，不以貨色名利自私用智，斫喪其赤子之心者也。如是而學，是謂身教。徒以爲言，則非教矣。夫道由之而後知，知之而後言。億而知之，億而言之，則於己於人，皆不足以達道。故好學則無物非學，言語文字亦學也；身教則無行非教，言語文字亦教也。來教所謂「即行以明理，因心以爲學」，僕何足以及此，而亦安敢不自勉哉！

甘泉先生諸著述，亦各發其所藴，吾輩治身心之病，諸書皆如藥方，取對症者服之，則邇言莫非精妙。不然，則五經四書，未必爲功也。何如？

歐陽德集卷三答孫蒙泉

近日，江陰之政，上下交贊，甚慰。然而謙虚下人，猶若未盡以與執事。雖然世俗溺於所見，然吾輩反躬之學，亦不可不自省也。來教「絲毫假即全體假，無此絲毫即本體直達」，警發多矣。説到此，須造到此，始是修辭立誠。不然，總是虚見虚談，無益於學。

朱子抄未曾詳觀，大意與先師採刻定論同意，而序中發明卻似未盡。末後引朱子新得數語，其命意發端猶是舊學。以此爲定見，恐未足破疑解惑，而反助之波也。以合之盡其大爲存心，朱子意本不如此。異時恐有援此爲辨者，省去文字，休養静觀，亦起人疑。學得其道，多識前言往行，亦是蓄德。苟失其道，雖休養靜觀，省去文字，亦未有入手處也。尊意如何？

「以通其故」一語，上下不相承。「注述」二字，古不併用，此猶是小疵。凡此等論學傳世之文，前輩往往反復商榷，不肯輕出，今即入刻，猶可及改否？然語意雍容，氣象寬大，殊無矜逸猛隘之態，足知近來學力所進，而觀者之所感必深矣。中間數覺有局縮處，卻恐是氣習消磨未盡，而用意收斂調停，簡擇不得，矢口而發故爾，以此益見得學尚有可進步處，須精義乃入神也。

道遠，無由面承。語多直致，諒不以爲罪。

歐陽德集卷四答應儆庵

承手書，教以學問之道，幸甚幸甚。且復拳拳以不得相與講明爲憾，鄙心更切也。謹略具請教，惟高明裁焉。

來教謂，陽明公道學自修之功，未嘗有缺。又謂，孔子教顔子以博文約禮，其他如問仁、問孝之類，皆因材而篤，未嘗輒語以高遠之事，誠然。至謂陽明公教人略下學而語上達，及門之士，能者從之，然不能者則多矣。此殆承傳之誤，未盡公立教之旨也。

公之教，本之大學，其言曰「學莫要於致知」。知也者，己所獨知，誠不可掩，不慮而知者也，應物處事，慎其獨而毋敢自欺，格物以致之也，至於事事物物能循其知而自慊焉，則物格知致而意誠矣。小人見君子而厭然，若人之見其肺肝。其獨知之明，誠中形外，至微而顯，苟由此而慎乎其獨，改不善而遷於善，則亦可以爲君子。蓋古之所謂下學者如此。而陽明述之，雖閑居爲不善，無所不至者，亦可使與能焉。執事乃病其略下學語上達，而及門之士有能與不能，殆狃於後世以心學爲上達，而專謂讀書考古者爲下學歟！審若是，則凡所謂道學自修，博文約禮，或亦未盡先聖之旨矣。敢併述所聞以請。

夫學者學其所未能，修者修其所已學。良知知惻隱、知羞惡、知恭敬、知是非，人皆有之，不學而能之也。欲動私勝而且有所未能，故學焉以求能，而學之弗能，則弗措焉。處事應物，慎其獨知而不自欺者，學之功也。讀書考古，則所以問辨其所學，而亦博學之一事。問生於有所不知，辨生於有所不明，有時乎爲之學，則無時無事而不習焉者也。孔子曰：「博學於文，約之以禮。」文非獨詩、書、六藝已也。物相雜，故曰文。若視、聽、言、動之類，燦然而有文者也。於視、聽、言、動，物物而學之，其要克己復禮而已。故博學者，博學其禮。禮一也，故曰約。約禮者，學禮於文，文不可窮也，故曰博。其實則所謂非禮勿視、聽、言、動輒也，本非二事，非有先後。孔子之言可考也。謂先博文而後約禮，孔子無是言也。

謂通古今、達事變爲博文，尊所聞行知爲約禮；謂格物致知爲博文，克己復禮爲約禮，孔子無是言也，皆後儒以己意附益之也。

今之學者習於附益之説，牽聖訓以就之者不少矣。其爲教，謂必求文字、索講論以明其知，而後慎獨知以誠其意，若秩然可條。然獨知無間可息，不可得而後也。文字講論，莫非良知之用，而亦莫非慎獨之所在，不可得而二也。其流以知識爲良知，知識甚廣，而良知之蔽日深，以詞説先踐履，踐履日衰，而詞説之文日盛。執事所謂競華忘實者，亦嘗深察其端，識其重而亟反之乎？

來教又謂，宜使人誠意、正心以修其身，庶幾士有實用，而淳厚之治可復。嗟乎，執事及此言也，斯民之幸也。然自三代而下，亦居可觀矣。要之，格物致知之道不明，而浸淫以至於今，先講説以廣知識，漢人之蔽也，而今則以爲聖學之宗。務踐履以充良知，孔孟之教也，而今則以爲近日之特倡。二者孰實孰虚，孰淳孰漓，宜若黑白之易辨者，其在高明當既有定見矣，惟無惜諄誨區區之祝。

歐陽德集卷四答陸主政子翼

昨者竟日淹留，然鄙懷尚未盡也。格物致知，是吾人日用間身心上著實踐履功夫。心必有意，意必有知，知必有物。物也者，知之感應酬酢，若視聽言動、喜怒哀樂之類，所謂「萬物皆備於我」者也。知也者，自知之明，視聽言動之非禮，喜怒哀樂之不中節，一切善與不善，誠密察而不自欺，則莫不知之，所謂物之則也。格如「格其非心」之「格」，是正其不正以歸於正。凡感應酬酢，察其自知之不可欺者，物物格之，視聽言動去非禮以復於禮，喜怒哀樂去過不及以中其節，一切事爲必不肯掩不善而著善，使吾自知之明常自快足，極乎其至，而無有厭然不滿之處。於身如此，是謂修身；於事親從兄、宜其家人如此，便是齊家；於事上臨民、錢穀甲兵、用人立政，莫不如此，便是治國平天下。吾人舍此一段工夫，更無安身立命處。然非真有明明德於天下之志，亦祇是空談。

子翼明敏特達，僕所望於子翼者，不但爲一代名世偉人，然名世偉人事業，亦不能舍此格物致知別有著力處也。先師大學古本，提掇此事頗明。今往一册，觀之，請於日用間切己體驗，必有所得，亦必有所疑。更能迂程過我，信宿而別，則後會雖未可期，亦庶幾不負子翼拳拳之愛矣。

歐陽德集卷四答項甌東

頃者，陶新岑遣使以尊教至，立候占復，既卒卒附短狀矣。所示地方事宜皆切民，隱私録警發尤多。

第二條謂「能知能行方是學」，又歷舉諸書，如「學於古訓」之類，皆兼知行，如學問思辨、好學近智之類，皆單主讀書，屬知而言。鄙心切有未安者。夫學何爲者也？人性本善，故其知本良。自親長之愛敬，以達之天下，皆良知本然之用，不學而能者也。蔽於私而後有不能，必學焉以求能者，去其蔽以復其良知之本能者也。故學者學其所不能，必無時、無處、無事不用其力，其用至博，而學之弗能，則弗措焉。學而有所不知則問，問而不得於心則思，思而不明則辨。誦讀詩書者，問辨於古人；親師取友者，問辨於今人。篤行，則學問、思辨而不已焉者也。問辨者，學問之一事；讀書者，又問辨之一事。而曰學問思辨單主讀書，竊所未安者此也。

孔子稱：「好學近乎知，力行近乎仁。」又曰：「知及之，仁守之。」而其論智則曰「不惑」，其論惑則曰「愛之欲其生，惡之欲其死」，曰「一朝之忿，忘其身以及其親」，論好學則曰「不遷怒，不貳過」，曰「不求安飽，敏事慎言」。就正有道，然則無纖毫忿欲惑乎其心，而後可以言智；必不以纖毫忿欲惑其心，而後可謂好學，而後爲知之功。讀書，則就正之事、問辨之謂也。力行，則學之不已，篤行之謂也。仁則智之不息，及則守之之謂也。知及而仁不能守，則雖得之，必失之。然則必得之，而後可以言及矣。夫道豈有未行而能得者？未有所得，則亦安所守也？則孔門之所謂知行，斷可識矣，而專以讀書爲好學近智，竊所未安者此也。

學古訓之説，始於傅説。昔者高宗恐德弗類，恭默思道。蓋師事甘盤，既知修道、修德之學，知思道之功，受師友之益矣。其命説曰「納誨輔德」，曰「爾訓朕志，予邁乃訓」，蓋以甘盤望説也。故説稱「學於古訓」以對，訓之邁，訓之命。若曰「維古有訓」、「匪説能訓」，蓋不敢以甘盤自居云耳。然必如古人之訓而學焉，自修其道，自修其德，孫志時敏，終始典於是而不已，然後「道積厥躬，德修罔覺」，故曰：「古訓是式則説之。」所謂學古訓者然也，與孔子學詩、學禮、學易之説一也。夫學詩則可以言，是故必有興也；學禮則可以立，是故必有立也；學易則可以無大過，是故必居而安乎易之序也。不然，則三百之詩，於政不能專對，蓋知誦而不知學，雖多而無益。如此則古之所謂讀書，亦不輕矣。而後之所謂讀書，則通其詁文，識其意義而已矣。以是爲知，不亦輕乎？於是以存心讀書，分先後内外，而不知其非二也。知其非二，則將二之；二之則失其道，非徒無益，而又害之矣。夫存心，猶之乎養生；讀書，猶之乎飲食也。養生、飲食，果可二乎？果有先後内外乎？飲食以養生，或失其道，毋寧反以喪生乎？此不可不察也。

道學自修，博學反約諸説及吾兄向時答李三洲格物之説，僕皆欲別有所請，而使人行迫，不能一一。又答三洲書，檢尋未得，更煩寫示一通，幸甚幸甚。蓋僕欲所請者，皆身心功夫，幾微之辨，而非徒文義訓詁之末，正吾輩講習麗澤之道也。千萬垂教。

《録》中所載漵縣楊東里公女必嫁解公編置之男，本無此事，不知兄何所聞？又王忠肅公卒於成化丁亥，未嘗爲弘治間宰相，公以景泰壬申入吏部，贊助漵縣王文端公同爲冢宰，天順丁丑，文端致仕，公始獨爲冢宰。是時王三原由庶吉士爲大理評事已十年，未幾，升揚州知府，未嘗遇忠肅公考察。蓋考察京官，正統以來，皆屬之本堂，至天順甲申始屬吏部，其時三原外補久矣。且三原亦未嘗爲户部主事，況謂念庵得之曾公，不知曾公何所據也？故僕素不敢輕信傳聞，《録》中恐須删此二事，或别寫一條明其誤聞，何如何如？

歐陽德集卷四答馮州守

來書云，心齋專以天德爲知而惡聞見，此其不由文字而頓悟者，有天資之高則然，其次聞見亦不可無。某以天德之知與聞見之知初無二理，聞見之知即所以致天德之知。良知不由聞見而有，而見聞莫非良知之用。猶聰明不由視聽而有，而視聽莫非聰明之用。心齋傳習師訓，必不至專以天德爲知而惡聞見。專以天德爲知而惡聞見，是以聰明爲聰明而惡視聽矣。

吾契又謂天資高者可無聞見，而其次則不可無聞見。是耳聰目明者可無視聽，而其次則不可無視聽矣。夫良知者，見聞之良知；見聞者，良知之見聞。致其良知之見聞，故非良知勿視，非良知勿聽，而一毫不以自蔽；致其見聞之良知，故見善則遷，聞過則改，而一毫不以自欺。是致知不能離卻聞見，以良知、聞見本不可得而二也。然多聞擇善而從，多見而識，則以聞見爲主，而意在多識，是二之矣。二之則非良知第一義，蓋已著在聞見，落在第二義，而爲知之次矣。今謂天德之知與聞見之知初無二理，謂聞見之知則所以致天德之知，是知其本無二。然於所謂第二義者，或未深察，而語意之間猶有彼此，則於所謂本無二者，亦未免察焉不精。至謂天資高者頓悟不由聞見，其次必由聞見，則已居然二之。而究其實，則有大不然者。夫孩提知愛敬，乞人知恥嘑蹴，皆不由學慮而知，豈皆天資高者耶？伏羲至聖，然仰觀俯察，遠求近取，豈無聞見而能類萬物之情耶？先師云：「良知即是獨知時，此知之外更無知。」吾契但於居處執事與人之際，視聽言動之間，念念慎其獨知，無自欺而求自慊，則良知一以貫之，有不假言説而自明者矣。

來書云，諸生讀書作文，不可謂之非學，不可謂之非良知。自天子以至於庶人，皆以修身爲本，故皆以格物致知爲本，而隨其位分各有其物。物者，事也。讀書作文者，諸生之事，猶知人安民爲天子之事，耕田鑿井爲農夫之事，制器通貨爲工商之事，灑掃應對爲弟子之事，皆其意之所用者。而意有善不善，故事有正不正。惟慎其獨知而格之，必盡其本然之善，而正其不正以歸於正。幾微之間，一毫不以自欺，則灑掃應對便可到聖人事，而況於讀書作文？苟且欺其獨知，不盡其本然之善，則雖一匡天下，民受其賜，猶不得謂之仁義，不得謂之學，而況若今之讀書作文，以功利爲心者乎？明道寫字時甚敬，曰「非是要字好，即此是學」。其看史逐行看過，不蹉一字，及上蔡舉史書成誦，又戒之曰「玩物喪志」。吾契試以此二事，令諸生於自心精察如何謂之學，如何謂之喪志？則讀書作文，便可到聖人事矣。

良知解云：「陽明不宗於堯舜，而宗乎孟子。蓋以孟子殁而聖人之道不傳，故從孟子說起，以明聖人之道。」又云：「陽明言良知，而不言良能，此知行合一之說。言良知，而良能在其中矣。」陽明先師本大學格物致知爲教，因後世學者以知識爲知，以凡有聲色貌象於天地之間者爲物，失卻大學本旨，故爲之說曰「致知是不欺其獨知」。獨知之知，孟子所謂「良知」是也。物是身心上意之所用之事，如視聽言動、喜怒哀樂之類。詩所謂「天生蒸民，有物有則」，孟子所謂「萬物皆備於我」是也。格物，是就視、聽、喜、怒諸事慎其獨知而格之，必循其本然之則，至於其極，以自慊於其知，如書言「格其非心」之「格」是也。蓋先師發明大學致知本旨，而引孟子以正後世之誤。近時乃又有不及良能之疑，又失卻先師良知之旨矣。舉良知，則良能固在其中，然非别有所謂良能，而故以良知該括之也。能者，知覺之運動；知者，運動之知覺。舉良能，則良知亦在其中，如孟子言「降才爾殊，不盡其才」，則又言能而不及知。蓋身心工夫一真俱真，一得俱得。若不於功夫上求實際，而於文義上求分曉，則將有無窮可疑，而辨之雖明，亦無分毫於己者矣。近日學者固已皆知有知行合一之説，然皆未嘗用知行合一之功，故精一之旨，終亦未明。

夫人惟一心，心惟一念。一念之中，明覺精察之謂知，真切懇到之謂行。知不能真切懇到，是知而不行，知而不行即是病，即不得謂之知；行不能明覺精察，是行而不知，行而不知即是病，即不得謂之行。故心之知行本一，而人之不能一者，失其本心者也。故學之道，必念念明覺精察，念念真切懇到，然後爲道心精一之功。讀書如此，即是讀書知行合一；應事接人如此，即是應事接人知行合一。蓋心體本如此，學亦如此。非若後世以讀書考古爲知，應事接物爲行，判然二事，而欲合之一也。惟慎其獨知，念念毋自欺而恒自慊，則知行無不合一者矣。

同志約中云：「静中觀良知本體，如何驗諸天理動處？果從良知發見便是自然天理，有物有則，至簡至易。若有造作安排，則是自私用智，支離駁雜，非良知也。」良知即是獨知，獨知非閑居獨處之謂也。静亦如此，動亦如此。雖稠人廣衆中，視聽言動、喜怒哀樂紛交錯應，而此知之明是是非非，毫髮不能自欺。即此是獨，即此是良知本體。從慎獨不自欺處發用，即是良知發用，即是天理物則。雖至於勉强困衡，亦不爲造作安排。若專於静中觀察本體，又於天理動處驗其果爲良知與造作安排與否，卻恐認虚静爲良知，以動念爲天理，以不費心力爲無所造作。此或語意未瑩，然亦或良知有未徹處，幸更察之。

歐陽德集卷五答沈思畏侍御二

來翰自見己過，痛自刻責，是致良知切實功夫。果若是，將駸駸不貳過矣。中間有個意思爲主，是學利困勉工夫，與生知安行不同處，然卻是良知覺得必須如此。如睡者欲醒，眼自不容不睜；扶病者欲行，足自不容撑拄。既自不容不如此，則勉强亦即是自然。若衹以不費力爲自然，卻恐流入恣情縱意去也。戰戰兢兢，臨深履薄，何嘗不用力？然皆良知自覺自修作用，何嘗於本體上添得些子？又何嘗不自然？今人不知良知，則自然亦正是安排耳。愛人不親反其仁，禮人不答反其敬，無一毫門面客氣，見之詞色間，則至誠未有不動。聞諸公於此等處甚服思畏德厚，幸更勉之。

傳習録後附以或問及定論，於學者極有益，甚好甚好。承欲擇一人，往彼中登壇説法，恐須東廓一行，他人不能任此也。

歐陽德集卷五答沈思畏侍御三 節録

上略。來書云，知行本體原是一個，陽明先生以飲食痛癢，發揮已甚明白矣。但孟子曰：「金聲也者，始條理也；玉振之也，終條理也。」又曰：「智譬則巧也，聖譬則力也。」夫曰「始終」，則不免有先後，曰「巧力」，則不免爲二事。不知孟子之意何如，抑别有説耶？

知之真切篤行處即是行，行之明覺精察處即是知，無二心也。金以始玉之振，玉以終金之聲，無二條理也。巧者，力之運用；力者，巧之充拓。引弓發矢，巧力俱到，而後可以中的。應事接物，知行合一，而後可以中道。然必念念明覺精察，念念真切篤實，乃爲合一，始以此始，終以此終，無先後之可言也。下略。

歐陽德集卷五答項甌東

來書，身心性情之德，人倫日用之常，在所當格；天地鬼神之變，鳥獸草木之宜，豈能盡格之也？惟或爲意之所注，知之所及者，便不可不格。如仰以觀乎天文，俯以察乎地理。曰「仰觀」，則天文是吾意知中一物矣，觀之則必上律天時焉。或躔次之失其度，惟戚戚焉修省，而無一毫怨天之意，此即格吾意中天文之物也。曰「俯察」，則地理是吾意中一物矣，察之而必下襲水土焉。或崩騰之失其常，亦惟戚戚焉修省，而無一毫咎地之意，此即格吾意中地理之物也。格者，格吾意之所注、知之所及者一歸於正，非是格天地鬼神、鳥獸草木之不正以歸於正也。

程門論格物者，謂物物知察，婉轉歸己，如察天行以自强，察地勢以厚德，來教正亦相似。然物在彼而格在我，猶有彼此之分也。夫意用於仰觀，則仰觀爲一物；意用於俯察，則俯察爲一物。同一觀察也，而用心不同。有鹵莽滅裂者，有沉溺倚著者，有以盡職業者，有以謀功利者，有以爲暴者，有以爲禦暴者，有如來教反身以修德者。蓋敬怠善惡異，而格與不格由分，其心之獨知，有昭然不可掩者。即觀察之事而格之，主敬勝怠，改惡從善，正其不正，以盡其當然之則，然後知至而意誠，是觀天察地，亦莫非日用身心性情之學。蓋意即觀察之意，知即觀察之知，觀察即是知之事。來教所謂「格者，格吾意之所注、知之所及者之一歸於正，非格天地鬼神、鳥獸草木之不正以歸於正」者得之，但上文語意尚未瑩耳。

來教云，朱子解「格」字已不同，而又謂必欲盡格天下之物，如今年雷從何處起？吾聽其起處起可也，又何必格之？況一草一木，其榮瘁開落、始終本末之故，吾又何能盡格之？格之又何用哉？是不求於内，而求於外，不求諸心，而求諸物。此陽明所以有「格者，正也，正意中之不正以歸於正」之謂也。意用於播穀種樹，芟草斬木，則播穀種樹、芟草斬木爲一物,即播種芟斬之物而格之,則於草木之榮瘁開落、始終本末,一一用心講究,以盡吾播種芟斬當然之則,然後吾之知始自慊,而意無不誠。如此則講究草木,亦是正心誠意之功,非不求於内而求於外,不求諸心而求諸物者。蓋所主不同,作用自别。推而至於士之讀書作文,商之通功易事,仕者之事君治民,童子之灑掃應對,莫不皆然。程子云:「灑掃應對與精義入神,通貫一理,雖灑掃應對,衹看所以然如何。」正此意也。故播種芟斬,亦即精義之地。蓋凡盡人之性,盡物之性,莫非吾良知之事。格吾盡人盡物之事,以致吾良知。仁,知之用,合内外之道也。又陽明所謂格物者,格其意之物,格其知之物,意、知、物爲一。今云「正意中之物」,著一「中」字,似未免爲二,幸更察之。

來教云:「若指『物』字爲視、聽、言、動,便屬『身』字;指爲喜、怒、哀、樂,便屬『意』字;指爲身之所以接乎天下國家者,便屬『知』字矣。」身、心、意、知、物,雖各有所指,其實一好惡而已矣。好惡根之心,著於身,而達之家國天下。知即好惡之知,物即好惡之事。格好惡之事,以致其好惡之知,而後好惡之意誠。故逆推功夫,則自修身而本之格物,其用力於好惡一也。順推功效,則自物格而達之身修,其收功於好惡一也。名言雖殊,實體無二。若泥名執言,則無由得其實矣。

來教云:「孟子謂『萬物皆備於我』,正以身心性情之德、人倫日用之常、天地鬼神之變、鳥獸草木之宜，其理皆備於我也。如以『發育萬物，峻極於天』爲聖人之道，以『鳶飛魚躍，察於上下』爲君子之道，則何一物而不備於我者耶？若反身而誠，便是聖人窮理之學；强恕而行，便是君子格物之學。所謂格者，非止講究思索之謂；所謂物者，非止視聽言動、喜怒哀樂之謂也。」天地鬼神、鳥獸草木，莫非日用身心性情之學。前觀天察地一段，既略言之，兹不必復論矣。夫道塞乎天地之間，所謂陰陽不測之神也。神凝而成形，神發而爲知，知感動而萬事出焉。萬事出於知，故曰「皆備於我」。而知又萬事之所取正焉者，故曰「有物有則」。知也者，神之所爲也。神無方無體，其在人爲視聽，爲言動，爲喜怒哀樂；其在天地萬物，則發育峻極者，即人之視聽言動、喜怒哀樂者也。鳶之飛，魚之躍，以至山川之流峙，草木之生生化化者，人之視聽言動、喜怒哀樂者也。故人之喜怒哀樂、視聽言動與天地萬物周流貫徹，作則俱作，息則俱息，而無彼此之間，神無方體故也。故格吾視聽言動、喜怒哀樂之物，則範圍天地之化而不過，曲成萬物而不遺，甚無方體故也。

來教謂：「反身而誠，便是窮理；强恕而行，便是格物。」又謂：「格非止講思索者。」皆得之。至謂「物非止視聽言動、喜怒哀樂」，卻恐未然。夫非禮勿視、聽、言、動，而天下歸仁；喜怒哀樂中和致，而天地位，萬物育。視聽、喜怒之外，更有何物？蓋古之視聽、喜怒者，有見於神，通天地萬物而爲言；後之視聽、喜怒者有見於形，對天地萬物而爲言。通則一，對則二，不可不察也。

來教謂：「知行合一，先因陽明之言，而僭爲之論，自謂愚者之一得。先後二字，如志至氣次二字之意，非今日知之，明日而後行之也。若謂君子隨時隨處隨事，念念明覺精察，念念真切懇到，纔是知行合一。」此與陽明所謂「知是行之明察處，行是知之真切處」、「知是行之主意，行是知之工夫」、「知是行之始，行是知之終」等説，亦似不同。蓋學問宗旨在先德行而後文藝。學問工夫，必先講學，而後自修。

尊意似主先儒所説，以講論文藝爲學問，爲知；以執事與人爲自修，爲行；以講論自修先後相資爲知行合一。此説之蔽久矣。而後世心學不明，有指者方汲汲於讀書，以廣其知識爲首務。不知讀書乃問辨之一事，問辨乃學之一事，而學之全功，固有所在也，故其蔽不能以遽解。

夫聖人之學，精一於人心、道心而已矣。故必一念之中發强剛毅，足以有執；文理密察，足以有別，乃爲知行合一之功。夫執事與人，必有講論，必有文藝。講論文藝，亦必與人。蓋莫非吾心視聽言動之用，而豈有知行之分哉？惟講論文藝時，吾之用心或純乎道，或雜以人，必於二者之間，致其發强剛毅、文理密察、知行合一之功，然後講論之物格，講論文藝之知致，然後念念精而不雜，一而不二，意誠心正而身修，如此則文藝亦即是德行，講論亦即是自修。不然，則未免於二之，非精一之學矣。

來教謂：「聖人論學，如曰『學而時習之』，是便專言之，而包力行在。」既以自修對道學，以力行對好學，以篤行對博學，以尊德性對道問學，則所指便不衹倒一邊矣。今曰始學之謂學，加功精密之謂修，然則中庸「好學近乎智，力行近乎仁」，力行固可謂加功矣，好學亦可謂始學乎？孔子不知老之將至，衹是好學。其於門弟，衹許顔回爲好學。然則孔、顔亦爲始學，而未及於力行乎？雖其所謂好學者，皆專言之學，非如學、庸所舉皆偏言之學。然若以好學爲始學，不宜聖人立言如此之不倫也。且學便是行，則好便是力，如何卻舉好學而歸之智，舉力行而歸之仁也？

中庸言「博學之」，而學之弗能弗措；「審問之」，而問之弗能弗措。孟子言「不學而能者，其良能；不慮而知者，其良知」，皆以學屬能，以問辨、思索屬知。蓋良知本能愛親敬兄，本能忠君信友，汩於私意，始有所不能，必學焉而後能。夫學所以求能其事，而人未有不行其事而遽能者。夫不行不可以求能，則知不行之不可以爲學矣。讀書考古，親師取友，皆問辨、思索之功，學中之一事，廢其一則非學。故學偏言則對問與思，如論語「學而不思」、中庸「道問學」、孟子「學問之道」之類是也。專言則兼辨問與思，如大學「道學自修」、論語「學而時習」及「好學力行」之類是也。偏言、專言雖異，而皆未有不以篤實踐履爲學者。今謂專言，則包力行，殆以學屬知而不屬能，沿後儒之誤，而非先聖之旨也。夫始學謂之學，加功精密謂之修，有味乎學謂之好，悦親信友、事上治民無所不學謂之博，而時習謂之力行。有味乎學，則得其本心，是謂知及。及之者，得之者也。「學而時習」，則無復私意之雜，而本心不息，是謂仁守。守之者，「拳拳服膺而弗失」者也。故知及之，仁不能守之，則雖得之，必失之。夫謂之得，則行而有得；謂之守，則守其行之所得。然則知及豈未見於行，仁守非始見於行矣。知仁始終之義，知行合一之功，豈不昭然矣乎！

來教謂：「孔子三知三行之説，其先後固昭然也。」三知三行，孔子常言之，先知後行，未嘗言也。若謂序知在先，序行在後，遂分爲兩事，而以爲功夫有先後，然則經傳所載，「敬以直内，義以方外」，「以義制事，以禮制心」，「言忠信，行篤敬」，義質禮行，孫出信成之類，先後序言，不一而足。其功夫亦將有先後耶？細詳尊意，切切於知行先後之辨，似疑恐缺卻讀書一段功夫，然不必疑也。讀書考古，親師取友，皆博學者問辨之一事。讀書考古，是問辨於古人；親師取友，是問辨於今人。誠學之，斯問辨之矣。故學作詩，則自然誦讀古詩與質之善作詩者；學作文，則誦讀古文與質之善作文者。況誠有欲明其明德於天下之志，而用力於格物致知之學，則其讀書考古，其容以自已乎？惟讀書考古，亦必如前所謂格觀天察地之物，格播穀種樹之物，格講論文藝之物者，而精一於人心、道心之間，必念念發强剛毅，文理密察，盡其知行合一之功，乃爲讀書考古之學。蓋孔子所謂知及仁守者如此，而非若後世之知行。所謂學詩以言，學禮以立，學易以無大過者如此，而非若後世之讀書者也。

歐陽德集卷五答聶雙江一 節録

上略。來教引考亭晚年有云：「向來講究思索，直以心爲已發，以察識端倪爲格物致知實下手處，以故缺平日涵養一段工夫。」此數語雖似是，然卻自是考亭之意。蓋考亭分心與理爲二，以主敬爲静養，爲存心；以講究思索爲格物致知，爲窮理；以誠意、正心、修身爲反躬實踐，爲力行。其本原功夫已自不同，則其所謂以心爲已發者，既未察識其未發之體，如晚年之所自悔；而其所謂涵養者，又或以發與未發爲二，亦非所謂一原無間者也。蓋先師之所默契往聖而異於諸儒者，正在於此。宜不得比而同之矣。下略。

歐陽德集卷五答曾雙溪二 節録

别久，曷勝馳企。尊教數條，皆切實語，見兄體認功到也。僕每欲有請，而多冗未遑。輒因來誨，附請數語，幸與王新甫同商之，如何？

來教謂，嘗讀先師惜陰會序有云：「天道之運，無一息之或停；吾心良知之運，亦無一息之或停。良知即天理，謂之亦，則猶二之也。」愚初意運動之氣，恐未可以語良知本體，及後體驗日久，乃知理氣原不相離，直是真切混一。故自氣之條理而言，謂之理；自理之運行而言，謂之氣。氣即理，理即氣，匪有二也。故孔子云：「一陰一陽之謂道。」朱子釋之曰：「陰陽迭運者，氣也，其理則所謂道。知此即知吾心運動之氣，精精明明，條條理理，即所謂理也。」何者？天以輕清之氣運浮於上，即所謂天道；人得天輕清之氣以爲靈明之氣，是氣即人氣，非有二也。直是與生俱生，其生生不息之機，化化不已之妙，有難以顯言者，是「謂之亦猶二之也」。其旨始明矣。天人、理氣本一，尊見甚是。然不必如此一一分疏，卻未免泥著文句。學祇要念念皆知，刻刻皆知，即此心精一無二矣。下略。

柯維騏

柯維騏（一四九七——一五七四），字奇純，號希齋，莆田（今屬福建）人。嘉靖二年（一五二三）進士，授南京户部主事，未任，以病告歸，講學著述終老。其所講論，弟子門人編爲柯子答問六卷。明史卷二八七有傳。

柯子答問卷二

黄幼柏問：「朱子言天理苟明，不須講學。夫陸子之學所以近禪，正在於此。竊疑朱子此言非其本意。」曰：「士之講學，正所以明天理也。設明天理而輟講學，則天理有時而晦矣。孔子至聖，尚憂學之不講，況中人以下者乎？朱子嘗對門人言，世人陽慕講學，而設心圖利，故矯之曰『天理苟明，不須講學』。蓋有爲之言也。」

唐樞

唐樞（一四九七——一五七四），字惟中，號一庵，歸安（今浙江湖州）人。嘉靖五年（一五二六）進士，除刑部主事，以彈劾李福達落職，後講學著述近四十年。唐氏少從湛若水，後慕王守仁良知之學，精究二家之旨，而以「討真心」爲要。著有木鐘臺集等。明史卷二〇六、明儒學案卷四〇皆有傳。

木鐘臺集亨卷宋學商求　朱熹

晦庵之學，後世宗之，以爲集宋諸儒之大成，大要居敬以立其體，窮理以致其知，反躬以踐其實。其居敬，内外合養；其窮理，本末兼致；其反躬，動静交修。語學，於是其誠謂之成矣。第頭腦浩繁，省持叢午，欲其序不可亂，則奚以爲歷，欲其功不可缺，則奚以爲期？安得起公，以承析請。

木鐘臺集亨卷宋學商求　陸九淵

象山之學，淵然心得，不落格套，拈出生天生地生人生物之本，自作爲自受用。丱角時，聞伊川言，便覺與孔孟語不類，讀論語便疑有子支離，天下人習染舊業，煞疑其爲禪。天下人不知禪，烏能以識象山？象山自信太篤，亦不知禪之所以爲禪，烏能知己之禪不禪？佛了正覺，空相不空，心未嘗離物理人情也。象山能漸學漸進，耐得商量，纔是入得指路，否則直下，能見性乎？

木鐘臺集亨卷宋學商求　楊簡

訓詁以爲窮理，而大要病於困心。章句以爲經義，是以記誦説釋。客勝主微，而孔子博約之旨反湮沉而亂其真矣。何之徒有婺川王柏，及有慶元王應麟、慈溪黄震，其爲功甚勤，而終非翕聚凝一之發。自是以後，求若數子又不可得，歧博約而爲二，其弊一至此乎？

木鐘臺集亨卷宋學商求　附録

謝成叔問：「道一編果是定論否？」答曰：「異者不得强同。初時二先生大辨，後來兩下俱平緩，大段是年力盛衰之故，壯時英氣鋭，競論不已，末後老成，説話乃妥帖。要之，學術各自成家。」又問：「二家誰是？」曰：「勝氣未除，總於性命有干涉，若謂透見一路，各能顯著宇宙好光景，三代而下，非人所能及也。」

木鐘臺集貞卷一庵語録

稃問：「知行何以合一？」先生曰：「主宰處是知，發用處是行。知即乾知大始，行即坤作成物，未有離乾以爲坤，亦未有離坤以爲乾者。獨陽舍坤，是落空想像，孤陰舍乾，則不知而作，皆非真乾真坤。故以考索記問爲知者，遂謂知先而行後，其知非允迪之明；以襲取强爲爲行者，遂謂行實而知虚，而行非由衷之典。兩者如形影，除一箇除不得。自來聖賢説知行，皆是假舉虚位，初未嘗實指知某行某。蓋隨其所行，能著能察處乃爲知。人之所以爲人，日用云爲，何曾缺乏？只少此一知，如無根之樹，滿天下都甘做無根人。」稃復問：「凡日用云爲，非知如何做得出？」先生曰：「皆是見聞習熟，心漫然隨意識轉動，未嘗的由主宰發越，試細體省自見。」

黄宗明

黄宗明（一四九八——一五三六），字誠甫，號致齋，鄞縣（今浙江寧波）人。正德九年（一五一四）進士，除南京兵部主事，官至禮部侍郎。明史卷一九七、明儒學案卷一四有傳。

與萬鹿園

學問思辨，即是尊德性下手功夫，非與篤行爲兩段事。如今人真有志於學，便須實履其事。中間行而未安、思而未通者，不得不用學問思辨之功。學問懇切處，是之謂篤行耳，故必知行合一，然後爲真學。學而真者，知行必合一，並進之説，決無益於行，亦非所以爲知也。故吾輩但於立志真僞處省察，學問懈弛時鞭策，即無不合，不必區區於講説爲也。來諭以僕爲格物者意，未有非意而格物者，分意與物爲兩事。僕未嘗有此事也。蓋大學綱領雖有三，而人己只一物，初非有彼此也。條目雖有八，而工夫只一事，初非有先後也。天下國家身心意知物者，其本體也；格致、誠正、修齊、治平者，其工夫也。吉凶悔吝生乎動，動處乃善惡所萌，獨知之地，故惟誠意爲實下手工夫。意之本體無不知，故格致即是誠意，無事於聞見也。意之所用無非物，故致知在格物，不落於虛無也。此其大本大原，聖人復起，有所不能易者。若曰「格物便有格物，致知便有致知，不容以混言」，不惟分析支離破碎，聖賢渾融之旨，亦焉能有如此學問而能有得乎？屋之喻，亦恐未然。若曰「此屋也，或自內而名之曰室，或自外而名之曰宇。此意也，或自其所明而言之曰知，或自其所向而言之曰物」，則可。其曰梁、曰棟、曰柱，乃其屋中之名色各有不同，以爲意知物之喻，則不可。如曰孝、曰弟、曰慈，乃父子兄弟所接之理。其念動於父子兄弟爲意，孩提之愛親敬長爲良知，知之所向爲物。有物必有則，不過其則之爲格物，不過其知之爲致知，父必慈、子必孝、兄必友、弟必恭之爲誠意，達之天下無不然之爲仁義、爲性。蓋人未聞道之先，百姓日用而不知，又何工夫之有？一有求學之意，即善善惡惡自能知之，不待外求；爲善去惡，亦在不自欺耳。此所謂「我欲仁，斯仁至」者，何等簡易，何等直截！今顧欲外此而求之煩難，獨何歟？明儒學案卷一四侍郎黄致齋先生宗明

陸垹

陸垹（一四九八——一五五〇），字秀卿，號簣齋，嘉善（今屬浙江）人。嘉靖五年（一五二六）進士，授南京刑部主事，官至右僉都御史。所著有簣齋雜著一卷。生平詳見徐階世經堂集卷一六明故巡撫河南都察院右僉都御史簣齋陸公墓誌銘。

太極論並序

太極之辨自朱陸後，若不可置喙。客復有以爲問者，予疏答之，然非敢求異也，姑存所疑爲論，尚請正於君子。

孔子曰「易有太極」，太極其儀象卦爻之會乎？在造化則一氣之渾淪者耳。由一氣之渾淪者分之爲陰陽，又分之爲五行，爲萬事萬物，統言之則一氣一物也。會歸所在，正如屋

之有極，故名太極。以此言之，太極不可訓理，不可謂形而上者。蓋既名太極矣，而兩儀以下，又不過即此以分之，特離合之名異耳，非有他也。太極既可以言理，則兩儀以下獨可以言器乎？蓋太極而兩儀而四象而八卦，以至於萬事萬物之彙，莫不有條理焉。其自然而不容已，當然而不可易。所謂形而上者，合於一而一之，所以爲一者，理也；散於萬而萬之，所以爲萬者，理也。是其不能外形器以有見，而亦不可滯形器以有求。此則理之於氣，本無先後彼此之别者。然非謂太極也。若認太極爲理，則儀象之生咸自於太極，故不得已而有理生氣之説。又謂冲漠無朕之中，而此理已具，則其説理似稍懸空矣。其不善學者遂至冥思妄想，以求所謂太極於天地萬物之先，其不流於老氏之論幾希。大儒朱子反覆辨解，雖其所以訓理者則是，然恐非太極本旨，而詞説纏繞，宜其無以服陸氏之心也。要之，周子之於太極，亦就陰陽之未分者言，故曰「太極動而生陽，静而生陰」，又曰「陰陽一太極，太極本無極也」。明文海卷九四

萬表

萬表（一四九八——一五五六），字民望，號鹿園，鄞縣（今浙江寧波）人。正德十五年

（一五二〇）武進士，寧波衛世襲指揮僉事，官至都督同知僉書南京中軍都督府。萬氏之學受王畿、錢德洪等影響，故學宗良知之説，而「究竟於禪學」。著有鹿園語要、玩鹿亭稿等。事迹詳見焦竑所撰墓志銘，明儒學案卷一五亦有傳。

鹿園語要

學不頓悟，才涉語言，雖勘到極精切處，總不離文字見解。聖學功夫，只在格物。所謂格物者，格其心之物也。凡不於自己心性心透徹得者，皆不可以言格。到得頓悟見性，則徹底明浄，不爲一切情景所轉。如鏡照物，鏡無留物；如鳥飛空，空無鳥跡。日用感應，純乎誠一，莫非性天流行，無擬議，無將迎，融識歸真，反情還性，全體皆仁矣。明儒學案卷一五都督萬鹿園先生表

或問「易簡超脱」。先生曰：「性命玄妙，更無可擬議，易簡超脱，只在妙悟。如欲易簡超脱，便不易簡超脱也。蓋悟入，即其礙處，便是超脱。今之超脱，便是滯礙。此即謂之玄關。若於方寸不超脱處不要放過，極精研思，不隨人語言文字作解，自然有個悟入處，則脱灑滯礙自不相妨也。即此滯礙處，便是格，便是玄關，便是參性命之要，無出於此。」明儒學案卷一五都督萬鹿園先生表